Über dieses Buch Als die Familie Sayn-Wittgenstein im November 1918 vor den Bolschewiken nach Rumänien floh, rettete Katherina Sayn-Wittgenstein auch ihre Tagebücher, die sie als Siebzehnjährige bei Ausbruch des Ersten Weltkrieges zu schreiben begonnen hatte. In ihren Aufzeichnungen, die im Januar 1919 enden, hat die Verfasserin nicht nur rein Persönliches notiert, sondern sie zeigt sich auch als aufmerksame Beobachterin der politischen Geschehnisse. Bei Kriegsausbruch überzeugte Monarchistin macht sie sich nach Ausbruch der Oktoberrevolution zunehmend Gedanken über die Rolle ihrer Gesellschaftsschicht. Mai 1918: »Alles Überlieferte, alle Grundlagen, die uns so fest schienen und die, wie sich herausgestellt hat, morsch und verrottet waren, sind eingestürzt. Wir sind überflüssig geworden. Wir sehen, daß wir unrecht hatten, daß das Alte untauglich war, daß etwas Neues geschaffen werden muß. Aber was soll dieses Neue sein und wie soll man es schaffen?«
Die Familie, die sich weit vom Zentrum der Revolution entfernt in einem kleinen Ort an der rumänischen Grenze aufhielt, machte sich zwar immer wieder Hoffnungen, in Rußland bleiben zu können. Da nach Abzug der österreichischen Truppen aber ihr Leben von den nun wieder herrschenden Bolschewiken bedroht war, verließ die Familie Sayn-Wittgenstein Rußland für immer.

Die Autorin Katherina Sayn-Wittgenstein, 1895-1983, verlebte ihre Kindheit auf den Familiengütern in Broniza und Kiew. Danach verbrachte sie einige Jahre im Ausland, als ihre Eltern bei zahllosen westeuropäischen Ärzten Heilung für ihre älteste Tochter Natalia suchten. Nach ihrem Tod kehrte die Familie nach Rußland zurück und hielt sich bis 1917 in Moskau, Petersburg und Broniza auf. Nach ihrer Flucht mit der Familie heiratete sie 1922 den Grafen Razumowski, lebte in der Tschechoslowakei und nach 1945 bis zu ihrem Tod in Wien.

Als unsere Welt unterging

Tagebuch der Prinzessin Katherina Sayn-Wittgenstein aus den Tagen der Russischen Revolution

Ins Deutsche übertragen von
Maria Razumovsky

Fischer
Taschenbuch
Verlag

Ungekürzte Ausgabe
Veröffentlicht im Fischer Taschenbuch Verlag GmbH,
Frankfurt am Main, Juni 1988

Lizenzausgabe mit freundlicher Genehmigung der
Wolf Jobst Siedler Verlag GmbH Berlin

Alle Illustrationen stammen aus dem
Familienarchiv Razumovsky
Die Karten zeichnete Jean-Claude Lézin
Umschlaggestaltung: Buchholz / Hinsch / Hensinger
Druck und Bindung: Clausen & Bosse, Leck
Printed in Germany
ISBN 3-596-25673-9

Inhalt

Gewidmet den Enkeln

Vera, Maja, André und Daria
Kyra, Katharina und Gregor
Andrej, Tatjana und Natascha

Vorwort

»... Sie waren wirklich eine scharfsichtige junge Dame, Sie haben eigentlich bereits Mitte März 1917 in Petrograd das Wichtigste von dem ausgesprochen, was sich mir in den acht Bänden meiner Erzählung erschlossen hat...«
(Alexander Solschenizyn an die Verfasserin, 6.5.1982)

Als die Familie Sayn-Wittgenstein im November 1918 vor den Bolschewiken über den Dnestr nach Rumänien floh, nahm die 23jährige Prinzessin Katja in ihrem Handköfferchen drei dicke, flüchtig mit Tintenstift vollgeschriebene Hefte über die Brücke mit: die Bände zwei bis vier ihres Tagebuches. Der erste Band, der die Eintragungen aus der Kindheit enthält, war in Kiew zurückgeblieben; der zweite setzt bei Kriegsbeginn ein.

Hundertfünfzig Jahre lang hat ein Zweig des gräflichen, später fürstlichen Hauses Sayn-Wittgenstein Rußland als seine Heimat betrachtet und dieser Heimat treu gedient. Wie im »Gothaischen genealogischen Hofkalender« nachzulesen ist, trat im Jahr 1762 Christian Ludwig Casimir von Sayn-Wittgenstein in russische Dienste. Er brachte es bis zum kaiserlich-russischen Generalleutnant, wurde aber an Berühmtheit und Popularität von seinem Sohn in den Schatten gestellt, dem Fürsten Peter (Pjotr Christianowitsch) Sayn-Wittgenstein, dem Verteidiger von St. Petersburg und siegreichen russischen Feldmarschall in den Napoleonischen Kriegen. Der Reichtum der Familie stammt aus dieser Zeit.

Der Feldmarschall war der Urgroßvater der Verfasserin. Auch ihr Großvater, Fürst Nikolaj Petrowitsch, erwarb einen gewissen Ruhm, wenn auch anderer Art: Jene Fürstin Sayn-Wittgenstein, die mit Franz Liszt das Weite suchte und ihre einzige, 11jährige Tochter mitnahm, war seine erste Frau. Er kämpfte jahrelang um die Scheidung seiner Ehe; sie wurde ihm von Zar Nikolaus I. verweigert. Erst nach dem Tode des Zaren (1855) wurde er geschieden; 1857 heiratete er zum zweiten Mal und hatte, ehe er 1864 starb, zwei Töchter und einen Sohn.

Fürst Nikolaj Nikolajewitsch, der Vater der Verfasserin, war beim Tod seines Vaters zwei Jahre alt. Wegen der Verdienste seines Großvaters hatte er Anspruch auf beste Erziehung und hohe Staatsstellen. Er wurde im Pagencorps erzogen, wollte aber nichts vom Hofdienst wissen und zog sich nach seinem Studium an der landwirtschaftlichen Akademie in Petrowsko-Rasumovskoje auf seine Güter in Südrußland zurück, die er in vorbildlicher Weise bewirtschaftete. Er errichtete Schulen, Straßen und Kirchen, legte eine Obstplantage an und sah seine Aufgabe darin, zusammen mit den einheimischen Bauern die Landwirtschaft auf ein höheres Niveau zu heben. Zum Stammgut Broniza bei Mogilew gehörten die Dörfer Grigorowka und Katerinowka und eine Spiritusbrennerei.

Seit 1888 war Fürst Nikolaj Nikolajewitsch mit Maria Pawlowna Zubova, die einer alten Moskauer Familie entstammte, verheiratet. Von ihren sechs Kindern ist in diesem Buch ausführlich die Rede: Natalia (Natascha), geboren 1889, gestorben 1910 in Davos an Tuberkulose, Boris (Boba), geboren 1890, Tatjana (Tanja) geboren 1894, Katherina (Katja) – die Verfasserin – geboren 1895, Andrej, geboren 1899 und Olga, geboren 1900. Eine weitere handelnde Person dieses Buches ist die Haushälterin Nadeshda Wladimirowna Sokolova, genannt Nadja oder Nuditschka, die bei der Geburt Nataschas als Kindermädchen aufgenommen wurde und seit dieser Zeit zur Familie gehörte. Die Autorin lebte in ihrer frühen Kindheit in Kiew und verbrachte dann mehrere Jahre im Ausland, weil die verzweifelten Eltern bei vielen westeuropäischen Ärzten Heilung für ihre älteste Tochter suchten.

Ungewöhnlich wie das Schicksal dieses Tagebuches war auch sein Wiederfinden. Unsere Mutter hatte völlig vergessen, daß die schwarzen, schwer entzifferbaren Hefte in einer Lade in der Wiener Wohnung lagen; sie kamen ihr erst wieder ins Gedächtnis, als Alexander Solschenizyn 1975 die alten russischen Emigranten aufforderte, ihm ihre Erinnerungen mitzuteilen. Sie schrieb einige Stellen ab und, als später Solschenizyn sein Interesse bekundete (»... wie Sie richtig schreiben: ein Tagebuch ist kein Memoirenwerk, sondern sehr viel wertvoller. Es ist zeitnah, wie es später kein Gedächtnis mehr hervorbringen kann, besonders bei der Wiedergabe einzelner Stimmungen, die sich später verwischen und verändern...«), machte sie sich an die große Aufgabe, das gesamte Tagebuch auf ein Tonband zu sprechen, das später abgeschrieben und übersetzt wurde. In der vorliegenden Ausgabe ist der Text um etwa ein Viertel gekürzt, wobei alles Wichtige beibehalten und sachliche Änderungen nicht vorgenommen wurden. Diese Arbeit ist das Werk der Kinder der Verfasserin, wobei meine Schwestern Daria und Olga und ich die Hauptlast trugen. Unserer Cousine Katharina Ciplea, geborene Wassilko, danken wir für die Überlassung einiger Photographien und zusätzliche Informationen.

Wenn wir heute dieses Tagebuch der Öffentlichkeit vorlegen, so tun wir es im ausdrücklichen Auftrag unserer Mutter, die wenige Tage nach Fertigstellung der Übersetzung im Alter von 87 Jahren gestorben ist. Sie, die zeitlebens ihre Liebe und ihre Sehnsucht nach dem »Einen, großen Rußland« nicht verloren hat, sah es als ihre Aufgabe an, »die Wahrheit und nichts als die Wahrheit« zu sagen über das, was sie erlebt und mit eigenen Augen gesehen hat, und dies vor allem der jungen Generation »hüben und drüben« zu erzählen. Manches in diesem Tagebuch eines jungen Mädchens ist naiv, manche Ansichten sind sehr subjektiv und werden einigen Lesern nicht gefallen, aber sie wurden unter dem Eindruck des unmittelbar Erlebten niedergeschrieben und spiegeln die Stimmungen und Gedankengänge der Zeit wider. Die leise Stimme aus dem Schattenreich des Vergangenen ist ein Zeugnis für das Denken und Fühlen, das Leben und Vergehen einer Schicht des russischen Volkes, die so vollständig ausgerottet wurde, daß sich die Heutigen von ihr kaum noch eine Vorstellung machen können, und über die nach 1917 und zum Teil bis heute sehr viel Ungerechtes und Unwahres gesagt worden ist.

Wien, im Oktober 1983 *Maria Razumovsky*

Tage der Siege und Niederlagen

Broniza, Sonntag, 3. August 1914, 11 Uhr abends

So beginne ich also das zweite Heft meines Tagebuches. Ich stelle mir die Frage: Was werde ich schreiben, wenn ich an seinem Ende angelangt bin? Immer noch über den großen europäischen Krieg? Oder über einen Weltkrieg? Dieses Heft ist so dick, daß es viele Ereignisse geben wird, bevor ich es zu Ende schreibe. Gute oder böse? Wozu raten, es ist besser, zur Seite zu treten und den sich bewegenden Strom des Lebens zu beobachten.

Heute sind endlich die Zeitungen gekommen, aber besondere Neuigkeiten haben sie nicht gebracht. Einige gibt es natürlich, und wie immer sind sie für uns günstig. Kann es wahr sein, wenn in den Zeitungen immer nur gute Nachrichten stehen? Unser Sieg bei Sokal wird offiziell bestätigt. Wir haben – wenn ich mich nicht irre – drei feindliche Regimenter aus der Stadt vertrieben und sie zum Rückzug gezwungen. Der Landsturm ist vor Beendigung der Kampfhandlungen davongelaufen, und die Stadt kam in unseren Besitz. Anscheinend bemühen sich die Deutschen schon seit einem Tag, unsere Truppen aus dem von uns besetzten Eydtkuhnen zu verjagen, ohne Erfolg. Das sind alles kleine Geplänkel, etwas Ernstes hat sich noch nicht ereignet. Aber bereits bei einem hat sich ein Kosak ausgezeichnet und schon jetzt das Georgskreuz erhalten. Er hat allein elf Deutsche getötet; er wurde durch sechzehn Bajonettstiche verwundet, und trotzdem geht es ihm schon wieder besser. Wirklich Mordskerle, unsere Kosaken! Wie gut, daß alle Sibirjaken mobilisiert wurden, sie werden es den Deutschen schon zeigen!

Die belgische und die englische Armee haben sich vereinigt. Liège wurde nicht besetzt, die Deutschen ziehen sich in Richtung Namur zurück. Wilhelm hat König Albert Frieden angeboten. Der König wies dieses liebenswürdige Angebot zurück und verständigte die befreundeten Nationen. Der Versuch des Kaisers ist ins Wasser gefallen.

Montag, 4. August 1914

Japan hat Deutschland ein Ultimatum gestellt: die japanischen und chinesischen Gewässer von deutschen Kriegsschiffen zu räumen oder diese abzurüsten, ebenso Kiautschou entschädigungslos an Japan zu übergeben. Dies alles muß innerhalb eines Monats durchgeführt werden. Das Ultimatum läuft sieben Tage. Danach behält sich Japan Handlungsfreiheit vor. Kurz und bündig. Die Japaner kommen ohne Frechheiten nicht aus, nur diesmal nützt ihre Frechheit uns. Aber es tut auch den Deutschen gut zu erfahren, wie es ist, wenn man

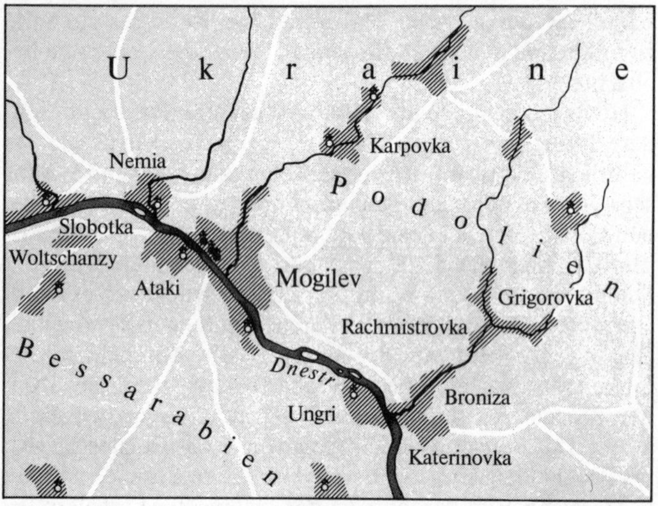

Zu Kriegsbeginn 1914 lebte die Familie Sayn-Wittgenstein auf dem Gut Broniza in der Ukraine, elf Kilometer von Mogilew entfernt. Vor heranrückenden österreichischen Truppen verließen sie zweimal das Gut, lebten in Moskau und Petersburg, dort auch zur Zeit der Februarrevolution. Die Verfasserin und Angehörige der Familie kehrten trotz Kriegswirren immer wieder nach Broniza zurück, das letzte Mal von Juni bis Dezember 1917. Das Gut wurde im Dezember 1917 von marodierenden Soldaten geplündert und verwüstet, die Familie übersiedelte rechtzeitig nach Mogilew, das bald darauf von den Österreichern besetzt wurde, und floh im November 1918 nach ihrem Abzug über den Dnestr ins rumänisch besetzte Ataki in Bessarabien.

Noten im gleichen Ton bekommt wie jene, die sie für die Österreicher zur Weitergabe an Serbien aufgesetzt haben.

Die Deutschen können nichts ohne Betrug machen. Die berühmten Kriegsschiffe »Goeben« und »Breslau«, die im Mittelmeer hängen geblieben sind, wurden von den Türken »gekauft«. Sie hätten sich mit den österreichischen Geschwadern vereinigen können, aber denkt denn der Kaiser an seine Verbündeten, wenn nicht für ihn selbst ein direkter Vorteil herausschaut? Für ihn war es viel vorteilhafter, der Türkei ein großes Atout, einen Trumpf, in die Hand zu geben. Ein weiterer Vorteil ist der Zugang zum Schwarzen Meer und die Möglichkeit, unsere Häfen zu zerstören.

Das alles war wunderbar ausgedacht und meisterhaft gespielt: die deutschen Besatzungen nahmen laut telegraphischer Anweisung die türkische Staatsbürgerschaft an, jeder setzte einen Fez auf, und sie fuhren durch die Meerenge. Aber die Mächte des Dreibundes fielen auf diesen Schwindel nicht herein: sie verlangten von der Türkei, die Schiffe augenblicklich zu entwaffnen und ihre Besatzungen nach Deutschland zu schicken, denn nach internationalem Recht ist es für Schiffe kämpfender Nationen verboten, in neutralen Häfen zu ankern. Die Mächte des Dreibundes kamen überein, diese Schiffe als deutsche zu betrachten und sie entsprechend zu behandeln. Vor Ankunft der »Goeben« und »Breslau« bei der Meerenge von Konstantinopel wurden sie von englischen Schiffen angegriffen, die »Goeben« floh mit einer beschädigten Flanke und getroffener Kommandobrücke. Schade, daß sie so billig davongekommen sind!

Bei uns ist alles ruhig, die Österreicher haben Broniza noch nicht zerstört. Es gibt Gerüchte, daß sie angreifen und Kamenez-Podolsk nehmen wollen. Dann bleibt uns nichts anderes übrig als »pendre la clef des champs«.

Wir haben bis jetzt noch keine Nachricht von Boba, außer dem Telegramm aus Moskau. Mamulitschka ist schrecklich besorgt, überhaupt ist die Stimmung nicht gerade die fröhlichste. Wenn nur morgen ein Telegramm käme!

Politische Karte 1914, vor Beginn des Ersten Weltkriegs.

Dienstag, 5. August 1914

Endlich kam ein Telegramm und gleich darauf ein Brief. Das Telegramm hat uns sehr verwundert und bekümmert. Dort steht: »Lage eben erst geklärt. Regiment nicht angetroffen, fahre Nowgorod Reservebataillon. Gesund. Schreibe ausführlich«. Wir waren überzeugt, daß das Garde-Kavallerieregiment nicht aus Petersburg verlegt werden wird, und jetzt heißt es plötzlich Nowgorod? Warum? Für lange? Und wenn man sie in Marsch an die Grenze setzt? Alles das ist unklar und deshalb angsterweckend. Heute haben wir auch Bobas Brief aus Moskau bekommen. Er ist fröhlich und in guter Stimmung geschrieben und zeigt, daß sich seine Laune nicht geändert hat. Er erzählt unter anderem, er habe mehrmals gehört, daß er als »Soldat« angesprochen wurde und daß er stolz darüber ist. Er sagt, je näher er seinem Ziel kommt, desto schneller möchte er seine neuen Verpflichtungen übernehmen. Das ist sehr verständlich, und ich beneide ihn schrecklich. Er erzählt, daß Tanja, Shenja und Natalja Bobrinski sich als Krankenschwestern in Moskauer Spitäler gemeldet haben. Werde ich noch lange mit gefalteten Händen dasitzen und zuschauen, wie andere arbeiten? Bis jetzt habe ich noch nicht den Mut aufgebracht, mit Mamulitschka zu sprechen, weil ich Angst habe, ein für alle Mal eine abschlägige Antwort zu bekommen. Aber ich kann wirklich nicht weitermachen wie jetzt, ich möchte so gern arbeiten! Heute habe ich den ganzen Tag Wäsche für Verwundete genäht, aber das ist nicht genug; ich weiß, daß ich mehr leisten kann. Wenn wir jetzt nur in Moskau wären!

6. August 1914, 4 Uhr nachmittags

Hartnäckige Gerüchte über die Eroberung von Kamenez durch die Österreicher zirkulieren weiter. Der alte Pan geht mit düsterem Gesicht herum und spricht davon, daß wir weg müssen. Wahrscheinlich wird es dazu kommen, denn heute habe ich ganz deutlich Maschinengewehrfeuer gehört; ich glaube, nicht nur ich allein. Anscheinend haben es alle bereits mehr als einmal gehört, aber niemand spricht darüber, jeder bemüht sich, es selbst zu vergessen und alles zu tun, damit auch die anderen die drohende Gefahr vergessen. Wir sind eine erstaunlich kaltblütige Gesellschaft; ich kann Hand aufs Herz versichern, daß ich keine Angst habe und daß nicht die kleinste Verwirrung entstehen wird, wenn man uns sagt, daß wir flüchten müssen. Niemand wird erschrecken, oder man wird es zumindest nicht zeigen. Solange der Krieg dauert, müssen alle wenigstens irgendein Opfer bringen. Wenn die Österreicher Broniza zerstören, so wird das unser Opfer sein. Wir haben schon Boba hergegeben, vielleicht ist das nicht genug. Wir wissen, daß unsere Front die allernebensächlichste ist; wahrscheinlich wird es den Österreichern möglich sein, in Podolien einzudringen. Hier gibt es anscheinend überhaupt keine Truppen.

Broniza. 1915. Aufnahme der Verfasserin

9 Uhr abends

Die Österreicher haben Kamenez eingenommen. Morgen in der Dämmerung fahren wir weg in Richtung Rochny, achtzig Werst (etwa fünfundachtzig Kilometer, Anm. d. Übers.) im Wagen. Alles steht Kopf. Man muß alles verstecken. Es heißt, daß sie bald hier sein werden.

Rochny, 7. August, 8 Uhr abends

Wir sind müde und erledigt. Dieser Tag war so reich an Eindrücken, daß sich mein Kopf dreht...

Folgendes Bild habe ich vor mir: Ein winziges Zimmer von zweifelhafter Reinlichkeit mit grünen Wänden, grünen Ledermöbeln und einem schief hängenden Spiegel. Der ganze Raum ist bis oben angefüllt mit unseren zahllosen Koffern,

Säcken und so weiter. Auf dem grünen Diwan in der Ecke sitzen Mamulitschka und Nadja. Alle beide schlummern. Mir gegenüber, auf einer Anhäufung von Säcken und Koffern, liegt zusammengekrümmt Tanja und schläft. Aus dem Nachbarraum, dem Wartezimmer, hört man einen ganzen Chor von Stimmen; es stinkt nach Tabak. Dort sitzen Papa, Andrej und Olga: die Herren, weil hier kein Platz ist, Olga deshalb, weil es hier zu heiß ist; wahrscheinlich eher darum, weil sie es dort lustiger findet.

Ich sitze allein unter all den Schlafenden und kann beim trüben Licht der Petroleumlampe nicht einmal die Zeilen unterscheiden. Der Zug soll um zehn Uhr abends abfahren, aber er hat natürlich schon jetzt Verspätung und kommt nicht vor halb elf. Die Zeit verrinnt langsam, aber trotz all der überstandenen Aufregungen bin ich nicht einmal müde. Und dabei habe ich die Hälfte der vergangenen Nacht auf den Beinen verbracht. Ich habe nicht mehr als zweieinhalb Stunden geschlafen und bin um fünf Uhr aufgestanden, dann den ganzen Tag in der »Linejka« gefahren. Trotzdem fühle ich überhaupt kein Bedürfnis nach Schlaf. Ich glaube, wenn man mir dasselbe unter anderen Bedingungen zugemutet hätte, würde ich jetzt erschöpft daliegen. Das ist einfach die Aufregung, die übergroße Anspannung aller Kräfte, die mir einen solchen Überfluß an Energien gibt.

Ich weiß nicht, wie wir die Nacht verbringen werden. Dieser Zug aus Odessa kommt vielleicht überhaupt nicht; es ist auch möglich, daß er überfüllt ist. Wenn wir nicht hineinkommen, können wir gar nichts anderes tun, als die ganze Nacht hier zu sitzen oder auf unseren Bündeln im Hof zu schlafen. Beides wäre schlecht, trotzdem ziehe ich letzteres vor.

Kiew, 8. August 1914
Hotel »Francija«

Alle gestrigen Befürchtungen haben sich als gegenstandslos erwiesen. Wir sind wunderbar bis Kiew gekommen, noch dazu sehr bequem: an unseren Zug wurden einige Militärwaggons angehängt, daher kamen wir in Kiew um zwölf Uhr an statt um fünf Uhr nachmittags. In Rochny sagte man uns, daß es keine Waggons erster und zweiter Klasse gäbe; Papa nahm aber trotzdem Fahrkarten erster Klasse. Die Auskunft erwies sich

Olga im Alter von zwölf Jahren. 1913

als falsch, wir eroberten zwei Plätze in der ersten und sechs in der zweiten Klasse. Wir schliefen uns herrlich aus, und alle waren bester Stimmung, weil uns ein Offizier erzählte, daß man beschlossen hat, Kamenez zurückzuerobern, daß die österreichischen Verbände bei Uschizy verjagt worden sind und daß bezüglich Mogilew nichts Bedrohliches zu hören ist. Das »Stimmungsbarometer« stieg augenblicklich sehr hoch, und wir begannen mit Begeisterung, die uns entgegenkommenden Kriegstransporte in Augenschein zu nehmen. Wir begegneten ihnen auf Schritt und Tritt: Waggons mit Maschinengewehren, Automobilen, Fahrzeugen, Güterwaggons mit Pferden - alles das erregte unsere Neugierde. Einige Soldaten schliefen im Stroh, einige tranken Tee und aßen Brot. Alle sehen gut aus und scheinen fröhlich zu sein. Dann werden Lieder gesungen. Wenn man sie so sieht, würde man nicht glauben, daß der Krieg so schrecklich ist.

So angenehm unsere Fahrt war, wir waren doch froh, als wir in unserem Hotel, in einem großen, luxuriösen Zimmer ankamen. Trotzdem kauften wir uns als erstes geschwärzte

Gläser und verbrachten zwei Stunden auf der Straße, um die berühmte Sonnenfinsternis zu beobachten. Zu unserer großen Enttäuschung war aber der Himmel mit dicken Wolken bedeckt, und obwohl es eine totale Sonnenfinsternis war, konnten wir nur ihren Anfang verfolgen. Es war finster wie in der Nacht, aber alles wurde dadurch verdorben, daß die Straßenbeleuchtung eingeschaltet wurde. Trotzdem war es sehr interessant.

Ich glaube nicht, daß die Österreicher Broniza zerstören werden. Dafür ist unsere Stimmung zu gut.

Kiew, 9. August, 9 Uhr abends

Um ein Uhr nachts brechen wir nach Moskau auf. Wir werden eine Nacht und einen Tag unterwegs sein. Wir können froh sein, wenn wir Plätze bekommen.

In Broniza ist vorläufig alles in Ordnung. Es halten sich Gerüchte, daß wir die Österreicher verjagt und die Grenze überschritten haben. War es nicht etwas zu früh, davonzulaufen?

Im Zug, 10. August, 4 Uhr nachmittags

In allen Ecken unseres Coupés schläft jemand. Die Nacht war schlecht. Wir haben ein Coupé erster Klasse für sieben Personen, und auch das haben Papa und Andrej erst nach einem langen, hartnäckigen Kampf erobert. Wir haben zu sechst dort geschlafen, Papa schlief irgendwo in der dritten Klasse. Andrej und Tatjana auf den oberen Plätzen haben gut geschlafen; uns unten ging es schlechter. Wir legten uns erst um drei Uhr nachts hin, danach habe ich die Hälfte der Zeit sitzend verbracht. Heute früh war ich sehr müde, aber jetzt fühle ich mich gut.

Hitze und Schwüle sind schrecklich. Das Fenster aufmachen kann man nicht, wenn man nicht vor Staub ersticken will. Es ist schlecht, im Sommer mit der Bahn zu fahren, noch dazu sieben Personen in einem Abteil. Aber wir haben kein Recht, uns zu beklagen - eine Menge von Anwärtern ist überhaupt nicht in den Zug hineingekommen; ganze Massen haben die Nacht und den Morgen hindurch den Gang überschwemmt. Sie schliefen auf ihrem Handgepäck sitzend, jeder wo er ein Eckchen fand. Der arme Papa war einer von ihnen. Der Zug ist unendlich lang, an die fünfzig Waggons. Es gibt nur einen am

Tag, die ganze übrige Zeit ist für Kriegstransporte reserviert...

In Broniza ist alles in Ordnung. Boba ist gesund, und außerdem zirkulieren Gerüchte, daß wir Krakau und Lemberg genommen haben!

Moskau, 12. August 1914
12 Uhr nachts

Gestern sind wir angekommen, und so traurig wir es fanden, wieder in unseren wohlbekannten Zimmern zu sein, so waren wir doch froh, daß unsere Irrwege beendet sind. Der gestrige Tag ist ruhig vergangen. Wir waren in der Banja (Dampfbad, Anm. d. Übers.) – das erste Mal im Leben. Sehr lustig! Dann kam Shenja Lopuchina. Sie ist in einen Ausbildungskurs für Krankenschwestern eingetreten. Sie hat uns erzählt, daß es unmöglich ist, dort hineinzukommen: alle freien Plätze für die nächsten drei Monate sind doppelt vergeben. Außerdem müssen alle Eintretenden eine medizinische Untersuchung durchmachen, die wir nicht bestehen können. Man verlangt große physische Kräfte, Ausdauer, Gesundheit – würden wir denn diese Anforderungen erfüllen? Aber Tatjana und ich werden nicht zu Hause sitzen bleiben und die Hände in den Schoß legen! Wir haben uns zur Tagesaufsicht in einem Lazarett gemeldet. Ich weiß noch nicht genau, zu welchen Arbeiten wir uns verpflichten müssen, vielleicht den Verwundeten vorlesen, Briefe für sie schreiben und so weiter. Die Leiterin ist Gräfin Bobrinskaja. Ich kann gar nicht sagen, wie froh ich bin, daß wir dort aufgenommen wurden.

Heute haben unsere Aufgaben bereits begonnen. Gräfin Bobrinskaja berief uns telefonisch zum Alexandrowski-Bahnhof. Es waren zwei Züge mit Verwundeten und Kriegsgefangenen angesagt, eintausendzweihundert Mann. Für jeden mußte ein großes Stück Brot mit Wurst und ein Glas Tee vorbereitet werden. Das war eine heiße Arbeit. Um zwölf Uhr kamen wir hin, um fünf Uhr nachmittags fuhren wir nach Hause. Ein Wartesaal dritter Klasse stand uns als »Küche« zur Verfügung. An einem langen Tisch standen alle Teilnehmer und schnitten Brot. Dann wurde Wurst darauf gelegt. Gleichzeitig wurden Riesenteekessel mit kochendem Wasser und Tee vorbereitet; in einem Sack lag Zucker. Die fertigen Brote wurden in große Körbe gelegt, die von je zwei Personen getragen wurden. War-

wara Nikolajewna kommandierte wie ein Feldmarschall, und die Ordnung war vorbildlich. Es gab zwei Mannschaften: die Brot- und die Teemannschaft. Wir gehörten zur ersten, wobei unseren Korb zwei Studenten trugen, während Mama, Tanja und ich das Brot austeilten. Als der Zug einfuhr, wanderten die Körbe die Waggons entlang, und jeder Verwundete erhielt ein Stück Brot. Dahinter kamen die Teeträger und schenkten Tee aus. Es waren meist Leichtverwundete, die schwerer Verwundeten sind in Kowno geblieben. Die meisten waren fröhlich; sie erzählten, daß wir Königsberg angreifen. Dasselbe sagten auch die Gefangenen. Sie kamen alle von der deutschen Grenze, aus der Gegend von Gumbinnen und Soldau. Es sind fast lauter Polen; sie sprechen ein bißchen russisch und machen einen sehr vergnügten Eindruck. Lauter starke, gut gewachsene und hübsche Burschen. Es gibt unter ihnen auch Preußen, mit Helmen, in khakifarbene Fetzen gehüllt. Sie benehmen sich sehr anmaßend und frech, verlangen mehr Brot. Die Polen verhalten sich ruhig und bedanken sich, wenn man ihnen zu essen bringt. Unsere Buben, Andrej, Gawrilka Bobrinskij und Wladimir Lwow, trugen Zigaretten und Zündhölzer durch die Waggons, unterhielten sich mit den Verwundeten und waren sehr zufrieden. Morgen fahren wir wieder zum Bahnhof.

(1 Uhr nachts)

13. August, 11 Uhr abends

Heute waren wir zweimal am Bahnhof. Der erste Zug kam um zwölf Uhr, der zweite um acht Uhr abends. Wir haben beide empfangen. Jetzt sind wir müde, aber sehr zufrieden. Wie viele verschiedene Menschentypen haben wir beobachtet, wieviel könnte man erzählen, aber jetzt sind wir so müde, daß ich nur mit Mühe diese Zeilen schreiben kann. Die Verwundeten und Gefangenen sind lebende Zeitungen; sie erzählen, was sie gesehen, was sie gefühlt haben - es sind diejenigen Soldaten, von deren Heldentum wir in den Zeitungen lesen. Wenn man sie anschaut, kann man nur staunen über ihre unglaublich gute, fröhliche Stimmung, ihre Bereitschaft, sofort nach der Genesung wieder ins Feld zurückzukehren. Sie erzählen von den Kämpfen bei Gumbinnen, als wäre das die einfachste Sache: »Wir haben die ganze Zeit angegriffen, ›sie‹ haben sich zurückgezogen.« - »Kämpfen die Deutschen gut?« - Einer sagt:

»Gut, aber Unsere sind besser«. Andere: »Was heißt gut? Sie laufen vor uns davon!« – »Habt Ihr Angst vor den Deutschen?« – »Nein, in zwei Tagen haben wir sie achtzig Werst weit gejagt.«

Die Gefangenen erstaunen mich sehr durch ihre Fröhlichkeit. Anscheinend freuen sie sich, wenn man sie in ihrer Sprache anspricht, und sie bedanken sich sehr für das Essen und die Zigaretten. Man sieht, daß sie auf eine solche Behandlung nicht gefaßt waren. Unsere Soldaten haben ihnen gegenüber eine merkwürdige Einstellung: nicht der Schatten einer Animosität. Sie behandeln die Gefangenen voll Nachsicht, freundlich, weich. Wir schenken in einem Waggon Tee aus; auf dem Trittbrett sitzt ein Freiwilliger und sagt: »Danke, wir haben alle genug, aber geben Sie unserem kleinen Deutschen dort noch ein bißchen, er ist ein netter Kerl!«

So verhalten sich die Soldaten gegenüber den Gefangenen, so verhält sich auch das Publikum, und man kann sich eigentlich nicht vorstellen, daß es anders sein könnte. Ob das gut oder schlecht ist, weiß ich nicht; diese Weichheit ist eine Eigenschaft aller Slawen...

Wir haben ein Telegramm von Boba bekommen. Er ist in Nowgorod und endlich dem Regiment zugeteilt. Das Kavallerie-Garderegiment wurde nach Wilna zur Erholung zurückberufen. Bei Kaumen waren sie die ersten, die eine Attacke gegen eine Batterie geritten sind; anscheinend hatten sie große Verluste. Es gibt Gefallene auch unter unseren Bekannten: beide Brüder Katkov, der arme Andrej Katkov, mit dem ich im vorigen Winter getanzt habe. Tot ist auch ein Lopuchin, ein Cousin von Tanja und Shenja. Unser Verwandter Bobrikov ist verwundet. Was für ein Glück, wie danke ich Gott, daß Boba nicht rechtzeitig dort war, um an dieser Sache teilzunehmen. Ich denke mit Schrecken, daß er möglicherweise nicht mehr am Leben wäre. Ein Aufschub für lange? Alles ist Gottes Wille.

Donnerstag, 14. August, 11 Uhr abends

Wieder sind wir einige Stunden auf dem Bahnhof auf und ab gelaufen. Dort wird die Unordnung von Tag zu Tag größer. Viele Leute, die mit der Sache nichts zu tun haben, haben es irgendwie zustandegebracht, auf den Bahnsteig zu gelangen und stören nur. Heute hatte ich mehr mit Gefangenen zu tun. Ich habe ihnen zu essen und trinken gegeben, auch einem schwerverwundeten deutschen Offizier. Er konnte sich nur mit Mühe bewegen und hat ununterbrochen gestöhnt. Ich habe ihm beim Trinken geholfen. Alle verwundeten Gefangenen schauen sehr bemitleidenswert aus. Was können diese Leute dafür, daß ihr Wilhelm beschlossen hat, die ganze Welt zu erobern? Unsere Soldaten werden immer lustiger. Nur wenige fragen, ob sie hier auswaggoniert werden, und sagen, daß sie »nicht weiterfahren können«.

Heute besuchte uns V. A. Woloshskoj. Er kommt gerade aus Petersburg, wohin er gefahren ist, um den verwundeten Bobrikov zu besuchen. Von ihm haben wir Einzelheiten über das heldenhafte Verhalten des Kavallerie-Garderegiments bei Gumbinnen erfahren. Hier wurde gesagt, daß fast das ganze Regiment vernichtet worden sei. Das ist nicht wahr. Soldaten sind weniger umgekommen, dafür aber sehr viele Offiziere. Das Kavallerie-Garderegiment und die Reiter-Gardisten (die beiden renommiertesten Regimenter, Anm. d. Übers.), sollten eine Batterie nehmen. Zu diesem Zweck mußte die vierte Eskadron (heute: Schwadron, Anm. d. Übers.) der Kavallerie-Garde unter dem Befehl von Bobrikov die Aufmerksamkeit des Feindes auf sich lenken. Die Offiziere versteckten die Soldaten in Unterständen, ergriffen die Bajonette und gingen allein auf den Feind los. Er stürzte sich auf sie. Das war der Moment, in dem so viele Helden umkamen. Bobrikov wurde wie durch ein Wunder gerettet: er wurde an der Hand verwundet und fiel hin, doch in diesem Augenblick sprang ein Freiwilliger, ein Graf Gudowitsch, aus dem Unterstand heraus und schleppte ihn ungeachtet des Kugelregens zurück. Und während sich das alles abspielte, warfen sich die Soldaten auf den Feind. Andere Kräfte fielen mit starkem Druck über die Batterie her, und nach einem langen, heftigen Kampf wurde sie erobert.*

Diese heldenhafte Aktion unserer Garderegimenter wird lange in Erinnerung bleiben. Bobrikov wurde für die »goldene Waffe« eingegeben, Gudowitsch bekam das Georgskreuz. Vorerst wurden beide Regimenter zurückberufen, jedoch nicht nach Libau, da es gesprengt wurde und eine Belagerung vorbereitet wird.

* Diese Attacke wurde von Baron Wrangel kommandiert. (Ergänzung der Verfasserin 1982)

Was werden uns wohl die morgigen Zeitungen bringen? Vorläufig befinden sich unsere Heere an der preußischen Grenze, bei Insterburg, bei Königsberg, und an der österreichischen Front bei Lemberg.

Mich erschreckt das Fernbleiben der verbündeten Armeen. Es ist wahr, daß gegen sie die Hauptstreitmacht des Feindes steht, aber wahrscheinlich wird ein Teil jetzt an unsere Grenze geworfen werden...

Samstag, 16. August, 12 Uhr nachts

Lange habe ich nicht über die historischen Ereignisse geschrieben, die jetzt stattfinden, und dabei sind sie wirklich erstaunlich. Am 4. August wurde Kamenez von den Österreichern genommen, am 6. zeigten sie sich in Uschizy. Am Morgen des 7. fuhren wir weg; am gleichen Tag wurden die Österreicher verjagt. Sie vereinigten sich mit stärkeren Verbänden, die am 8. von unseren Truppen aufs Haupt geschlagen wurden. Seitdem werden die Österreicher überall in die Flucht geschlagen, und Kamenez war bald geräumt. Jetzt gibt es innerhalb unserer Grenzen keinen einzigen Österreicher mehr, dafür stehen unsere Truppen vor Lemberg. Seit unserer Abreise aus Broniza sind bloß zwölf Tage vergangen, und wie hat sich alles verändert! Damals war die Zeit der noch nicht beendeten Mobilisierung und unserer Inaktivität an der preußischen Grenze. Seitdem wir die notwendigen Kräfte zusammengezogen haben und vorrücken, bringen die Zeitungen jeden Tag Berichte über neue Siege. Wir stoßen vor wie der Blitz, nehmen unaufhaltsam eine Stadt nach der anderen, jagen den Feind vor uns her und brechen jeden Widerstand. Ein englischer Schriftsteller hat richtig gesagt: Rußland darf sich nicht rühren, solange es nicht vollständig gerüstet ist. Wenn sich die russische Lawine vorwärtsbewegt, wird es unmöglich sein, sie aufzuhalten.

Der Kampf bei Gumbinnen am 9. August, unsere erste große Schlacht, in der der Sieg so glorreich war, hat den Geist der Armee, der ganzen Nation auf eine noch nie dagewesene Höhe gehoben. Er hat gezeigt, daß die Deutschen gar nicht so unbesiegbar sind, wie es schien, und daß wir wieder ebensolche Russen geworden sind, wie wir es einmal in alten Zeiten waren. Wir haben Goldap, Soldau, Neidenburg, Ortelsburg, Gumbinnen und wichtige Eisenbahnknotenpunkte genommen, die jetzt die Grenze des von uns besetzten Territoriums bilden: Tilsit, Insterburg und Allenstein. Es gehen Gerüchte um, daß wir direkt vor Königsberg stehen, daß wir es sogar schon genommen haben. Das ist zu unwahrscheinlich: Königsberg ist eine sehr starke Festung; man sagt, daß wir es jetzt gar nicht erobern wollen, sondern eine Ausbuchtung zurücklassen und weitergehen werden. Aber heute steht in der Abendzeitung folgende Mitteilung: »Es wird offiziell mitgeteilt, daß unser Vormarsch in Preußen weiterhin erfolgreich verläuft. Aus glaubwürdigen Quellen wird bekannt, daß unsere Erfolge so glänzend sind, daß sich ganz Rußland vor ihnen verneigt.« Heißt das vielleicht, daß Königsberg bald in unseren Händen sein wird?

Die Bevölkerung der eroberten Städte flieht in Panik nach Berlin, erschreckt von ihren Behörden, die ihnen sagen, daß die Russen Barbaren sind und man sich vor ihnen in Sicherheit bringen muß. So verbreiten sie Angst und Unordnung unter den Einwohnern, denen die wahre Lage verheimlicht wird. Hat sich Wilhelm dadurch nicht selbst einen schlechten Dienst erwiesen?

Sonntag, 17. August, 11 Uhr abends

Heute haben wir ein Telegramm bekommen, daß Papa morgen aus Petersburg kommt und Boba mitbringt. Was kann das heißen? Vielleicht haben sie ihm für einen Tag freigegeben, bevor er zum Regiment einrückt? Gebe Gott, daß alles in Ordnung ist!

Vom Kriegsschauplatz keine Neuigkeiten. In Galizien tobt eine große Schlacht. Das Resultat ist ungewiß. Unser Vormarsch in Preußen geht weiter.

Dienstag, 19. August, 12 Uhr nachts

Vor drei Tagen ist Boba angekommen. Sie haben ihn für zwei Tage beurlaubt, wahrscheinlich vor dem Abmarsch. Er ist fröhlich, frisch und munter und sehr stolz auf seine neue Uniform: blaue Hose, khakifarbenes Hemd, weißer Gürtel, schwarz-rote Schulterklappen und der Säbel an einem weißen Riemen. Die Uniform steht ihm sehr gut, er schaut darin noch größer aus, ein richtiger Gardesoldat. Er lebt in einem kleinen Dorf bei Nowgorod, wo sich die Reserveschwadronen aller Garderegimenter befinden. Sie werden bald nach Wilna abgehen, dort kommt jeder in sein Regiment. Vorderhand wohnt er in einer Holzhütte mit zwei anderen Freiwilligen und zwei Soldaten. Die Herren Freiwilligen wohnen in einer Hälfte des Hauses, sie essen aus einem Feldkessel, schlafen auf dem Boden, wobei der Raum so klein ist, daß man, wenn sie liegen, nur mit größter Schwierigkeit vorbei kann. Aber Boba fühlt sich ausgezeichnet und schaut gut aus. Heute früh ist er wieder abgereist, diesmal richtig. Oh Krieg, Krieg, du bist zwar groß, aber du verlangst auch große Opfer! Was wird das nächste sein? Nein, ich schäme mich, das ist Kleinmut. Wir müssen alle Kräfte anspannen, wir müssen alles opfern, sogar unser Liebstes - die uns Nahestehenden. Wieviel leichter wäre es, wenn wir uns selbst schenken könnten, unsere eigenen Kräfte, unsere Hände, unsere Energien!

Auf dem Kriegsschauplatz kam jetzt nach einer Reihe von glänzenden Siegen der erste Rückschlag! Die Nachricht vom Rückzug unserer Truppen, vom Tod des Generals Samsonov und den kolossalen Verlusten von zwei Armeekorps. Es war wie ein Blitz aus heiterem Himmel, Leid nach der Freude. Alle haben etwas den Mut verloren. Ist das nicht zu früh? Wir waren von den Erfolgen verwöhnt und haben irgendwie vergessen, daß wir gegen einen überaus starken Feind kämpfen, daß das Glück launisch ist. Es gibt keinen Krieg, der ohne Fehlschläge und schwere Verluste verläuft. Diese Niederlage wird die Kräfte Rußlands nicht schwächen, sondern sie im Gegenteil verdoppeln. Das haben bereits die nachfolgenden Ereignisse erwiesen. In dieser Schlacht haben nicht die Deutschen als Menschen gesiegt, sondern die schwere Artillerie, die schrecklichen 42-Zentimeter-Kanonen von Krupp, die eine Reichweite von zwanzig Werst haben. Diese Kanonen waren es, die zwei von unseren Korps fast ganz vernichtet und unseren talentierten General und mehrere Stabsoffiziere getötet haben.

Diese Niederlage hat einen schweren Eindruck hinterlassen, und jeder richtet seine Augen mit noch größerer Hoffnung auf die österreichische Grenze, wo sich ein acht Tage währender heftiger Kampf zu unseren Gunsten wendet. Am Abend kam die Nachricht von einer vollständigen Niederlage der Österreicher. Heute morgen wurden die Gerüchte durch eine offizielle Meldung bestätigt: die österreichische Armee wurde von ihrer Nachschubbasis abgeschnitten, die 15. Division ist vernichtet, einhundert Offiziere und viertausend Soldaten gerieten in Gefangenschaft, es gibt eine Menge Verwundeter, Fahnen und mehrere Maschinengewehre wurden erbeutet; das Schlachtfeld ist übersät mit Gefallenen.

Diese Nachrichten haben alle unsagbar erfreut. Aber es folgte eine andere, noch erfreulichere: In Preußen sind unsere Truppen zum Gegenangriff übergegangen und haben die Deutschen zurückgeworfen. General Rennenkampf war der Held dieser schwierigen, blutigen Angelegenheit. Sein Name ist in aller Munde. Der Kaiser hat ihm den Wladimirorden zweiter Stufe mit Schwertern verliehen. Die Nachricht von diesem neuerlichen Sieg hat augenblicklich alle Ängste und Unruhe zerstreut. Alle schauen wieder fröhlicher und freundlicher drein. Das russische Volk läßt nicht so schnell die Arme sinken; man kann es nicht so leicht zum Stolpern bringen, nicht einmal in der Stunde einer so schweren Prüfung. Groß ist die Kraft des russischen Volkes, sie wird gestärkt durch den Glauben an die Gerechtigkeit seiner Sache und an den günstigen Ausgang des Krieges. »Gott ist mit uns! Versteht das, ihr Heiden, und unterwerfet euch, denn Gott ist mit uns!«

Mittwoch, 20. August 1914

Wieder gute Nachrichten! Die Zeitungen sprechen von der vollständigen Vernichtung der österreichischen Armee bei Lemberg, von vielen Gefangenen und vielen eroberten Waffen. Es gehen sogar Gerüchte, daß die Festung Lemberg in unseren Händen sein soll. Wenn das stimmt, wird die Stadt bald gezwungen sein, sich zu ergeben. Lemberg, das ist das Bollwerk ganz Galiziens; wenn es fällt, wird das ganze Umland bald uns gehören. Die Galizier sind darüber sehr froh: man hört von Kapitulationen ganzer Abteilungen und von Überläufern. Heute steht in der Zeitung, daß ein ganzes aus Slawen bestehendes Regiment - Tschechen und Polen - nach Vernichtung ihrer Fahne und unter den Klängen von »Gott schütze den Zaren« unsere Grenze überschritten und sich unseren Soldaten ergeben hat. Sie baten um russische Uniformen und darum, daß man ihnen erlaubt, die Deutschen zu verprügeln. Ihre Bitten werden erfüllt werden.

In Galizien hat noch eine Schlacht stattgefunden, bei Belaja

Lipa, am Zusammenfluß von Bug und irgendeinem Flüßchen. Nach Meinung der Österreicher war das eine uneinnehmbare Festung, aber das hat uns nicht daran gehindert, sie zu erobern und den Feind zurückzuwerfen. Gibt es denn für unsere Soldaten uneinnehmbare Stellungen? Es werden große Kämpfe an der Weichsel erwartet. Anscheinend will man die Heere in Richtung Krakau in Bewegung setzen.

Aus Ostpreußen sind die Nachrichten ebenfalls gut. Es wurde wieder bei Osterode gekämpft, wieder ging es für uns gut aus. Die Deutschen ziehen in Eile Truppen vom westlichen Kriegsschauplatz ab, aber es scheint, daß auch wir nicht schlafen. Von hier ebenso wie von Kiew geht jede Viertelstunde ein Transportzug ab. Die Deutschen sollen nur nicht hoffen, uns aus Preußen zu vertreiben. Briefe aus Städten, die wir erobert haben, kommen mit russischen Marken.

Samstag, 23. August 1914

Gestern gab es großes Ereignis in der Geschichte des europäischen Krieges: Nach schweren Angriffen haben unsere Truppen Lemberg genommen! Diesem Sieg kommt eine riesige Bedeutung zu. Wir haben das Herz Galiziens erobert und mit ihm die Freiheit der galizischen Slawen. Wir haben nicht nur Lemberg genommen, sondern auch Halycz, und diese alten russischen Städte gehören wieder ihrer ersten Mutter Rußland.

Die gespannte Stimmung, die aufgeregte Erwartung von Nachrichten über die schrecklichen Kämpfe entlud sich beim Vernehmen der Siegesbotschaft in einem Sturm der Begeisterung. Es ist schwer zu beschreiben, was sich in Moskau bei der Verkündung der großen Freude abspielte. Es war in der Nacht vom 21. auf den 22. August, um Mitternacht. Und als die wartende Menge auf dem Gebäude der Zeitschrift »Russkoje slovo« plötzlich die Worte erscheinen sah

LEMBERG EROBERT

herrschte zuerst Schweigen, dann entblößten alle die Köpfe, und es ertönte ein mächtiges »Hurra«. Es war die Nacht, in der zum ersten Mal auf den Straßen für die Kriegsopferhilfe gesammelt wurde. Zufällig ergab sich, daß Sobinov mit einer Sammelbüchse dort war. Er hielt eine Rede, in der er die

Anwesenden um Spenden bat. Das Geld floß aus freigiebigen Händen; innerhalb von wenigen Minuten waren drei Sammelbüchsen voll. Daraufhin sang Sobinov »Gott schütze den Zaren«, die Menge fiel ein, und ein riesiger Zug bewegte sich durch die Tverskaja zum Skobelew-Denkmal. Hier nahm die Manifestation grandiose Ausmaße an, Begeisterung und Enthusiasmus fanden kein Ende. So feierte Moskau den großen Sieg des Slawentums.

11 Uhr abends

Ich glaube, ich werde bald erreichen, was ich so gern möchte: arbeiten... Wir wissen, daß unsere Brüder »dort« allen Schwierigkeiten und Gefahren ausgesetzt sind, die der Krieg bringt, deshalb müssen auch wir etwas tun, wir müssen arbeiten, um Angst und Unruhe irgendwie zu unterdrücken. Wir können nicht nichts tun, das ist der allgemeine Schrei aller unserer Bekannten. So gut wie alle arbeiten jetzt den ganzen Tag: Shenja und Olga Stachowitsch, Sonja und Marina Gagarin, Olga Matwejeva sind Hörerinnen medizinischer Kurse und arbeiten von sieben bis drei Uhr in Spitälern, Natalja Bobrinskaja und Sonja Nowosilzewa sind in Sanitätszügen an die österreichische Front gefahren. Alle jungen Männer haben sich freiwillig gemeldet*, entweder an die Front oder als Sanitäter. Übriggebliebenen sind nur wir und schauen voll Verzweiflung zu, wie alle etwas tun. Unsere Arbeit bei der Verpflegungsstelle haben wir schon lange aufgegeben; dort erschienen so viele überflüssige Helfer, daß nichts mehr zu tun blieb.

Mein Traum wäre es, Krankenschwester zu werden, und jetzt bin ich diesem Ziel näher als jemals bisher. Mamulitschkas Arzt Dr. Milowidov hat zusammen mit anderen ein Privatspital ausgerüstet und sucht Schwestern. Wir haben durch die Wasilewskys unsere Dienste antragen lassen, und heute ist Dr. Milowidov gekommen, um uns anzuschauen und auszufragen. Als er nämlich im Spital sagte, daß zwei Prinzessinnen als Krankenschwestern kommen wollen, erhielt er zur Antwort:

* Nicht alle. Einige sind aus Feigheit zu Hause geblieben, einige »Protestierer« aus Protest gegen die Regierung. Moskau war immer schon »rot«. Sogar damals fanden sich einige solcher Lumpen. (Ergänzung der Verfasserin 1917)

»Weißhändchen können wir nicht brauchen!« Deshalb wollte er erfahren, ob wir Weißhändchen sind oder nicht. Wir wurden einem strengen Verhör unterworfen; er hat uns darauf aufmerksam gemacht, daß wir die ganze grobe Arbeit werden leisten müssen, ohne jede Ausnahme. Darauf haben wir geantwortet, wenn wir selbst unsere Dienste angetragen haben, so war eben das unsere Absicht. Anscheinend ist er mit uns zufrieden; er sagte, wir seien angenommen.

Trotzdem ist noch nicht alles in Ordnung. Mamulitschka ist einverstanden, aber ich kann nicht verstehen, ob sie dafür oder dagegen ist. Jetzt hängt alles davon ab, wie Papa dieses Sache betrachtet – er kommt übermorgen aus Petrograd (wie merkwürdig, diesen neuen Namen zu schreiben!). Wenn er es erlaubt, werde ich sehr glücklich sein...

Nicht eine Minute lang mache ich mir Illusionen bezüglich der Schwierigkeiten, die vor mir liegen. Ich weiß, es werden viele sein, aber ich weiche nicht zurück. Ich verschließe die Augen nicht vor ihnen, ich sehe ihnen tapfer entgegen. Lieber vorwärts!

26. August 1914, 12 Uhr nachts

Endlich haben wir unser Ziel erreicht! Alles hat so gut geklappt, man hätte es sich nicht besser wünschen können! Vom morgigen Tag an werden Tatjana und ich in das Nowo-Jekaterininski-Spital gehen, wo wir als Praktikum den kompletten Schwesternkurs machen werden. Wenn wir ihn beendet haben, fahren wir nach Broniza und richten dort ein Spital ein – das ist unser Programm. Papa hat es arrangiert, der sich anscheinend sehr darüber freut, daß wir arbeiten wollen...

Wovor ich mich ein bißchen fürchte, ist die erste Probe, die erste Prüfung morgen. Am Ende gar müssen wir gleich bei einer Operation dabeisein, vielleicht wird uns schlecht? Ich kann für mich nicht garantieren, weil ich weiß, daß ich sehr leicht ohnmächtig werde. Gott gebe, daß alles gut abläuft!

Ich möchte noch schnell etwas über die Kriegsereignisse sagen: Unsere Truppen marschieren in Galizien weiter vor. Wir haben Czernowitz erobert, die Hauptstadt der Bukowina, und die Festungen Stryj und Mykolajew. Unsere Kavallerie und die Bergartillerie sind schon in den Karpaten. Papa hat übrigens in Petrograd gehört, daß dort unsere Batterien aus Mogilew sind und daß sie zu den besten der Armee gehören...

Es ist spät, Zeit aufzuhören. Morgen müssen wir um zehn Uhr im Spital sein, vorher noch Schürzen und Schwesternhäubchen kaufen und deshalb früh aufstehen.

27. August 1914

Der erste Versuch, die Feuertaufe! Mir läuft ein Schauer über den Rücken, wenn ich an diesen Tag denke! Tatjana und ich wurden zu den schwierigsten Verbänden gestellt, und ich staune über die Tapferkeit, mit der Tatjana bei allem dabeiwar und die ganze Zeit geholfen hat. Ich habe es nicht ausgehalten. Beim ersten Verband, der an einen durch einen Schrapnellschuß zertrümmerten Ellenbogen angelegt wurde, mußte ich das Gefäß halten; beim Anblick der riesigen, eitrigen Wunde und der Knochensplitter, die der Arzt in das Gefäß warf, wurde mir schlecht, und ich fiel in eine tiefe Ohnmacht. Ich erinnere mich, daß ich jemandem das Gefäß übergab, wegging und mich an die Wand lehnte; dann wollte ich den Verbandsraum verlassen, um weiter entfernt von dem schweren Geruch zu sein; ich ging hinaus auf den Gang – dann wurde ich bewußtlos. Es stellte sich heraus, daß ich auf die Tür des Verbandsraumes gefallen bin, die sich öffnete, so daß ich mit Krach zurück in den Verbandsraum fiel. Wahrscheinlich ein sehr komischer Anblick!

Ich kam zu mir und fand mich auf einem Bett in einem Krankenzimmer liegend, um mich herum mehrere Aufräumerinnen, Schwestern und ein Arzt. Man gab mir Baldriantropfen und befahl mir, ruhig liegen zu bleiben. Mir war schlecht und ich schwor mir, nicht mehr in dieses schreckliche Zimmer zurückzugehen. Meine Gedanken verwirrten sich, und ich fragte mich voll Schrecken: »Wie sind wir hierher gekommen? Warum sind wir hier?« Als ich ganz zu mir kam, begann ich mich zu schämen. Trotz des Brausens im Kopf und meiner Schwäche stand ich auf und ging auf den Gang hinaus. Er war leer. Ich wollte Tatjana finden und hören, wie es ihr geht, aber sie war nicht zu sehen. Ich ging langsam durch den Gang, um das Krankenhaus kennenzulernen. Als ich alle diese leidenden Menschen sah, packte mich die Reue: ich hatte Angst, ich würde ihnen nicht nützlich sein und ihre Schmerzen nicht lindern können. Ich nahm mich zusammen und beschloß, in den Verbandsraum zurückzukehren, als ich plötzlich auf Olga Bronislawowna Iversen stieß, die vorschlug, mir den Operationssaal zu zeigen. Ich war so dumm, darauf einzugehen.

Im Operationssaal, einem Raum, der nach dem letzten Stand der Wissenschaft ausgestattet ist, drängte sich eine Menge Menschen um einen Tisch; alle trugen gleiche, weiße Schürzen. Als ich näher kam, sah ich einen Menschen mit dem Gesicht nach unten liegen und zwei Ärzte, die sich über ihn beugten. Sie machten etwas in seinem Rücken, aber ich sah nur ihre blutigen Hände, die irgendwelche dunklen Sehnen hielten. Mir wurde schwarz vor den Augen, ich begann zu wanken.

»Mir scheint, Ihnen ist schlecht?« fragte Olga Bronislawowna und faßte mich an der Taille. Mein einziger Wunsch war, möglichst weit weg von hier zu verschwinden.

»Gehen wir, gehen wir weg von hier« sagte ich meiner Begleiterin, und wir verließen diese Hölle. Ich entschlüpfte Olga Bronislawowna und setzte mich auf einen kleinen grünen Diwan am Stiegenabsatz. Hier war es kühl, und die Luft war reiner. Bald erschien Tatjana, sie suchte mich. Sie hatte die ganze Zeit beim Verbinden geholfen und fühlte sich ausgezeichnet. Nach kurzer Zeit ging sie zurück, und ich konnte nicht genug staunen über ihr Heldentum! Ich sah ihr voll Neid nach.

Ich begann mich zu schämen und beschloß, was immer auch geschehen möge, in den Verbandsraum zurückzukehren. Tapfer öffnete ich die Tür und blieb stehen: Ich hatte Angst, Angst wie ein Kind, das sich vor einem finsteren Zimmer fürchtet. Aber so darf sich eine zukünftige Krankenschwester nicht gehen lassen. Ich trat ein.

Dort ging das Anlegen der Verbände weiter. Tatjana war anwesend und blickte mich streng an. Sie hielt eine Hand, in der eine große Wunde war; man konnte den Knochen sehen. Zum Glück wurde die Hand gerade verbunden; Tatjana und mir wurde der Auftrag erteilt, den Kranken in den Saal zu führen und ins Bett zu legen.

Als er im Bett lag, bat er mich, einen Brief für ihn zu schreiben. Als ich fertig war, ging ich wieder in den Verbandsraum, und obwohl ich einige Male auf die Stiege flüchten mußte, blieb ich dort, bis alle Verbände angelegt waren. Dort sagte man uns, daß Tatjana und ich in die Gruppe der Zimmerschwestern aufgenommen würden, das heißt nicht bloß als Zuschauende. Wir waren über diese Ernennung sehr stolz.

Die Zeit zog sich endlos hin. Ich wollte mich so gern aus der schrecklichen Atmosphäre des Krankenhauses befreien und frische Luft atmen. Endlich kam Mamulitschka und, nachdem wir von unserer Obrigkeit die Erlaubnis erhalten hatten, brachte sie uns nach Hause. Jetzt fühle ich mich müde, zerschlagen und denke - warum soll ich es verschweigen - voll Angst an den morgigen Tag.

Freitag, 28. August 1914

Ich bin sehr müde und kann nicht lange schreiben. Gern würde ich einschlafen und alle schrecklichen Bilder vergessen!

Der heutige Tag ist viel besser vergangen als der gestrige: ich war bei allen Verbänden dabei, sogar bei zwei Operationen, und alles ist gut gegangen.

Eine Operation war klein und dauerte nicht länger als zwei Minuten: das Herausnehmen einer Kugel, die sehr oberflächlich im weichen Teil der Hand saß. Ich hielt den Kopf des Patienten - er ist einer von »meinen« aus meinem Krankensaal - und schaute nicht zu, wie Dr. Feigengold schnitt. Ich war erstaunt, wie schnell die Sache vorüber war. Die zweite Operation war sehr schwer, aber natürlich stand der Patient unter Narkose: Es wurden Knochenstücke aus dem Handrücken einer zerschmetterten Hand entfernt. Von dieser Operation habe ich nur einen Teil gesehen und Tatjana überhaupt nichts. Wir faßten den Entschluß, nicht zuzuschauen, und gingen weg, sobald der Kranke eingeschläfert wurde. Sie ging in ihren Saal und las ihrem Nikolaj aus der Zeitung vor; ich stand auf dem Gang herum, beschloß aber dann doch, zur Operation zurückzukehren. Als ich kam, war die Hand schon geschnitten; ich staunte über das viele Blut. Der Doktor zog mit einer Zange Knochensplitter aus der Wunde; sie krachten so schrecklich, daß einem das Herz weh tat. Trotz der teilnehmend-spöttischen Blicke meiner Kollegen blieb ich drinnen, und obwohl ich dreimal auf die Stiege hinaus mußte, um Luft zu schöpfen, kam ich jedesmal sofort zurück und blieb bis zum Ende. Auch bei den Verbänden war ich dabei. Ich bin sehr müde, weniger physisch als seelisch, und bin mit mir zufrieden.

Samstag, 29. August 1914

Heute begann unsere Arbeit mit einer Operation. Operiert wurde ein armer kleiner Offizier von zwanzig Jahren, dem eine Kugel zwischen den Rippen steckte, die eine Vereiterung und andere Komplikationen hervorgerufen hatte. Wir versammelten uns im großen Operationssaal und errichteten uns in Erwartung des Patienten eine Tribüne: zwei lange Bänke von verschiedener Höhe, von denen aus man der Operation sehr gut folgen konnte. Endlich wurde der Kranke gebracht - das reinste Kind! Wir halfen ihm, sich auf den Operationstisch zu legen. Man sah, daß er große Angst hatte, aber er versuchte zu scherzen und zu lachen! Er schlief so friedlich ein, als ob er in seinem Bett läge.

Die Operation dauerte dreißig Minuten, und während ihrer Dauer erklärte der Doktor - ich glaube, es war der Professor selbst - jeden Handgriff; es war wie eine Vorlesung. Sie machten zwei Schnitte und eine Drainage, aber die Kugel fanden sie trotzdem nicht... Zum Schluß wurde ein Stich durch das Rippenfell gemacht, und es stellte sich heraus, daß es voll von blutigem Eiter war. Die Ärzte warfen sich vielsagende Blicke zu und schüttelten die Köpfe. Ich mußte an die verweinte Dame denken, die ich in der Spitalskirche gesehen hatte, seine Mutter, und unfähig, noch länger das totenblasse Gesicht des Kranken anzuschauen, verließ ich den Operationssaal. Ich hätte am liebsten geheult. Ich überwand mich, kehrte zurück, gerade als sich die Tür zum Operationssaal öffnete und Tatjana mit einigen anderen den Kranken herausführte. Ich ging ihnen nach. In der Tür der Kapelle stand seine Mutter und weinte bitterlich; sie blickte mit Schrecken und Schmerz auf unsere Prozession. Ich bedauerte tief, daß ich ihr nichts Tröstliches sagen konnte.

Wir legten den Kranken ins Bett und blieben zu dritt bei ihm. Er wachte ebenso still und friedlich auf, wie er eingeschlafen war. Tatjana und ich ließen unsere Kollegin bei ihm und gingen zur zweiten Operation.

Der Verwundete kam gerade aus einem anderen Spital mit einer gebrochenen Hand und zerrissener Arterie. Der Blutverlust war schrecklich, sein Leben hing an einem Haar. Die Arterie wurde zusammengenäht, und der Puls der verletzten Hand begann wieder zu schlagen, aber die Ärzte befürchten eine neue Blutung, und deshalb muß jemand ständig bei ihm wachen. Tatjana und ich werden in der Nacht von zwölf bis sechs Uhr mit noch einer Kollegin bei ihm sitzen. Das wird schwer sein, denn morgen um neun Uhr ist wieder eine Operation, aber auf diese Weise werden wir noch etwas aus dem Leben einer Krankenschwester kennen lernen: die Nachtwache.

30. August, 3 Uhr nachmittags

Gerade sind wir aufgestanden und haben unser Frühstück beendet. Ich fühle mich großartig, überhaupt nicht müde nach dieser langen Nacht und bedauere nur, daß Mamulitschka uns nicht erlaubt hat, auch heute ins Spital zu gehen... *(Es folgt die Schilderung der ersten Nachtwache.)*

31. August, nachmittags

Heute hatte ich ein sehr unangenehmes Erlebnis, deswegen liege ich jetzt im Bett. Vom Morgen an war mir nicht gut, Tatjana übrigens auch nicht, aber natürlich gingen wir trotzdem ins Spital. Es waren schwere Verletzungen zu verbinden; bei einer wurde mir schlecht. Ich bekam starke Schmerzen in der Leistengegend, so daß ich kaum auf den Beinen stehen konnte. Es blieb nichts anderes übrig, als nach Hause zu fahren. Ich ging Tatjana suchen; sie saß mit grünem Gesicht auf dem Divan am Gang, direkt neben der Tür zum zwanzigsten Saal. Mir war sehr schlecht, trotzdem wollte ich rasch nachsehen, wie es meinem nächtlichen Patienten ging. Wir gingen beide zu ihm. Der arme kleine Leutnant lehnte schwach und blaß im Bett. Er erkannte mich sofort und freute sich sehr, mich zu sehen. Seine Mutter war auch da, die – so scheint es mir – keine Ahnung hat, wie krank ihr Sohn ist. Er begann sofort, ihr zu erzählen, daß ich »die Schwester bin, die in der Nacht bei ihm gesessen hat« und fügte hinzu: »Was sind das schon für Schwestern, die die Kranken nur bei Tag pflegen? Ihnen müßte man eine Medaille verleihen!« Seine Mutter bedankte sich bei mir, so daß ich mich fast schämte: was habe ich schließlich so Besonderes getan?

Mir war so schlecht, daß ich nur mit Schwierigkeiten zum Divan zurückkonnte, und dort wurde mir übel. Während Tatjana lief, um Wasser zu bringen, dachte ich wirklich, daß ich in die bessere Welt abberufen werde. An unsere Heimfahrt erinnere ich mich nur dunkel wie an einen Alptraum. Wahrscheinlich haben sich die Passanten über die zwei Krankenschwestern in der Droschke gewundert, von denen die eine ohne Hut halbtot auf der Schulter der anderen lag, von ihr sorgsam gestützt.

Zu Hause verursachte unser Erscheinen große Aufregung. Ich wurde sofort ins Bett gelegt, wo ich mich jetzt noch befinde, in sehr düsterer Stimmung. Wie langweilig, daß die Menschen so beschaffen sind, daß sie immer müde werden und nicht tun können, was sie vorhaben. Morgen werde ich wohl zu Hause sitzen müssen.

1. September 1914

Ich liege im Bett, es ist langweilig! Die ganze Zeit denke ich an das Spital und meine Kranken. Wie schlecht ist es, wenn man nichts tut und im weichen Bett liegt! Morgen gehe ich bestimmt wieder ins Spital. Tatjana war dort, ist aber mit einer schrecklichen Migräne zurückgekommen. Es gab vier Operationen...

17. November 1914

Zweieinhalb Monate! Ich habe mich davon überzeugt, daß Tagebuch entweder Nichtstuer schreiben können oder sehr fleißige und gewissenhafte Menschen. Das erste bin ich in letzter Zeit nicht mehr, das zweite und dritte war ich niemals. Aber trotzdem - zwei Monate völlig auszulassen, noch dazu solche Monate, das ist unverzeihlich!

Von der Minute an, als ich das Schwesternhäubchen aufgesetzt habe, das heißt von der Zeit an, in der man jeden Tag hätte schreiben müssen, habe ich das Heft in die Lade gelegt und bis zum heutigen Tag nicht wieder hervorgeholt. Natürlich nicht aus Faulheit, sondern einfach, weil es keine freie Minute gab oder keine Minute, in der ich nicht zu müde war, um mich zu konzentrieren, zu denken, zu schreiben. Ich habe bloß gegessen, gestrickt und geschlafen, das letztere am häufigsten.

Es war eine schwierige Zeit. Wie viele Prüfungen, niederschmetternde Eindrücke, Enttäuschungen, Arbeit im Operationssaal, Wachen - und immer wieder das gleiche Bild der schrecklichen, quälenden, sprachlosen menschlichen Leiden, die zu lindern man nicht die Kraft hat. Wieviel Schmerz, aber daneben auch wieviel Freude! Das erste Lächeln eines

Tanja (in Schwesterntracht) mit ihrer Cousine Olga Zubov. Moskau 1916

Schwerkranken, seine Dankbarkeit, ein gut verlaufener Verbandswechsel, schließlich die Liebe, die Anhänglichkeit und das grenzenlose Vertrauen des Kranken in dich und deine Fähigkeiten - ist das nicht genug, um Müdigkeit und alle Schwierigkeiten zu vergessen? Die kolossale Beliebtheit, die Tatjana und ich unter unseren Verwundeten genießen, ihre Liebe zu uns haben uns den schwierigen Weg von »Schwestern-Neulingen«, die ihre praktischen Arbeiten in der Klinik absolvieren, sehr erleichtert.

Jetzt, wenn wir unsere Ausbildung beendet und uns eine gewisse Position geschaffen haben, ist das Arbeiten für uns leichter und angenehmer. Unsere Arbeit wird von Ärzten und Kranken geschätzt. Als wir uns nach den sechs Wochen des Kurses darauf vorbereiteten, in ein Privatlazarett zu übersiedeln, wie das alle tun, wurden wir nicht fortgelassen; wir wurden gezwungen, wie ganz wenige Auserwählte, im Spital zu bleiben. Ich sage es, ohne mich zu brüsten: wir und noch zwei andere gelten als die besten Schwestern unseres Krankenhauses, und es gab im ganzen mehr als zweihundert!*

Ich habe verlernt zu schreiben; jetzt schreibe ich nur, weil ich krank war und im Augenblick nicht ins Spital gehe. In Kriegszeiten ist das Kranksein unerträglich. Es bleibt nichts anderes übrig, als Strümpfe zu stricken. Das ist auch eine Hilfe, aber was ist das im Vergleich zu dem, was ich leisten könnte!

Diese letzten Tage war Boba bei uns. Sein Regiment ist zur Bewachung des Hauptquartiers eingesetzt, bei Mogilew-Gubernskij. Papa möchte Boba im Korps unterbringen, damit er die Offiziersprüfung macht. Aber jetzt rückt das Regiment aus, und Boba natürlich mit. Diesmal ist es ernst.

28. November 1914

Die Tage schleppen sich eintönig dahin, aber die Stimmung hat sich verändert. Alle schleichen herum, als ob man sie ins Wasser geworfen hätte. Es ist jetzt zehn Tage her, seitdem Boba weggefahren ist, und wir haben von ihm noch kein Wort gehört. Das Kavallerie-Garderegiment ist fort aus Baranowiczi, sonst hätte er sicher von dort geschrieben, aber wohin es verlegt wurde, wissen wir nicht. Wahrscheinlich in die Gegend von Warschau, wo jetzt gerade ein schrecklicher Kampf tobt.

* Von den zweihundert Schwestern-Kandidatinnen der Universitätsklinik wurden fünf behalten: eine Arzthelferin, die Tochter von Professor Aleksinskij, eine junge, energische und gescheite Kosakin und wir beide, Tanja und ich. (Ergänzung der Verfasserin 1981)

Die Deutschen haben an dieser Front fast ihre gesamten Kräfte zusammengezogen, sie haben sie von der Westfront hierher geworfen. Wir sind natürlich in einer starken Position wegen unserer früheren Siege, wir wissen, daß der Ausgang dieses Kampfes vieles entscheiden wird, aber was ist, wenn wir nicht durchhalten? Die Deutschen haben ja Lodz wieder genommen!

Ich habe einen Trost: das Spital. Sobald ich den langen Gang betrete, stürze ich mich in dieses mir so bekannte Leben; ich vergesse alles außer den Interessen meiner Kranken. Ich habe jetzt Erfahrung und Kenntnisse, viel guten Willen, viel Liebe, aber eine unbedingt wichtige Sache fehlt mir: die Kräfte. Ich bin todmüde. Früher hat es das bei mir nie gegeben, daß ich immer erschöpft war, am Tag und sogar bei Nacht. Die Schuld daran tragen die zwei Anginen, die ich hintereinander hatte. Die einzige Zeit, in der ich diese Müdigkeit nicht spüre, ist während der Arbeit im Spital. Dort laufe ich, führe den Wagen, schleppe Kranke, mache Verbände, assistiere bei Narkosen, richte die Neuen ab, kommandiere die Krankenträger herum, mache Bäder und Massagen, ohne irgend etwas zu spüren, aber sobald alles vorbei ist, kann ich meine Füße kaum bewegen.

Mein Trost ist meine Arbeit, aber die arme Mamulitschka hat nicht einmal das... Es kommt mir so merkwürdig vor, daß wir einmal friedlich und glücklich und ohne Sorgen gelebt haben, daß Sommer war und wir um niemanden Angst haben mußten. In diesen vier Kriegsmonaten bin ich um vier Jahre älter geworden.

17. Dezember 1914

Am 20. fahre ich fort. Wie dumm! Ich habe mir niemals vorgestellt, daß man mitten im Winter wegfahren muß, um sich zu erholen. Nie habe ich gedacht, daß ich plötzlich nicht genug Kräfte haben werde, um das fortzusetzen, was ich begonnen habe, und daß ich alles werde stehen und liegen lassen müssen, um nach Broniza zu fahren, damit ich meine Kräfte und Energien wieder bekomme.

Ich hatte in mir einen Motor von zehn Pferdestärken, aber ich habe ihn gezwungen, die Energien von zwölf PS zu verbrauchen. Zuerst hat er einwandfrei, schnell und gut gearbeitet und

Andrej im Alter von fünfzehn Jahren. 1914

sich nicht beklagt. Wenn ich vorsichtig gewesen und seine Arbeit auf acht PS beschränkt hätte, so wäre vielleicht alles gut gegangen. Aber das habe ich nicht getan. Jetzt klopft er und bemüht sich, aber ich warte nur darauf, daß er ganz stehen bleibt. Mit einem Wort: mir geht es miserabel. Ich schleppe kaum meine Füße. Ich bin erschöft und kann mich nicht erholen, ich schlafe schlecht, habe Herzklopfen, ich habe viele Pfunde abgenommen. So weitermachen kann ich nicht. Mamulitschka schickt mich nach Broniza. Wir fahren zu zweit, Andrej und ich; er schleicht auch herum, und es wird ihm gut tun, sich an der frischen Luft zu erholen.

Hier lasse ich alle im Stich: Mamulitschka, meine Patienten, meine Arbeit. Das ist schwer, aber man muß sich damit abfinden. Ich weiß, daß es unmöglich ist, so weiterzumachen, ich kann einfach nicht mehr. Wenn ich arbeiten will, muß ich mich vorher erholen. Dort werde ich schlafen, mich ausruhen, essen, spazieren gehen, mich um die Hunde kümmern...

20. Dezember 1914

Ich packe meinen Koffer, mein Kopf dröhnt entsetzlich. Alles liegt herum, ich muß noch mein Zimmer aufräumen. Um acht Uhr fahren wir. Andrej widmet mir schon die gebührende Aufmerksamkeit und spricht vor allem mit mir, so als ob wir schon miteinander im Zug säßen. Olga schaut düster drein und sagt, daß es ohne mich langweilig sein werde, daß sie aber, um sich zu trösten, zu Weihnachten ins Theater gehen werde. Tatjana hat Kopfschmerzen, trotzdem behauptet sie, daß ich müder sei als sie, daß ich mich ausruhen müsse.

Heute bin ich ins Spital gegangen, um mich von meinen Patienten zu verabschieden. Sie haben mir alle so nett auf Wiedersehen gesagt, mir viel Glück gewünscht und mich gebeten, bald wiederzukommen. Merkwürdig, daß sich alle so an mich angeschlossen haben.

Broniza, 1. Jänner 1915, 12.30 Uhr nachts

Jetzt ist das neue Jahr 1915 erst eine halbe Stunde alt, und das Jahr 1914 mit allen seinen Aufregungen, Freuden und Schmerzen ist vergangen. Das neue Jahr hat begonnen, das Jahr, für welches große Ereignisse und Katastrophen vorausgesagt worden sind. Diese Katastrophen sind aber schon 1914 ausgebrochen. Vielleicht werden sie ihren Höhepunkt erreichen und in diesem Jahr eine völlige Veränderung Europas bringen? Vielleicht werden sie die ganze Menschheit erschüttern?

Und was bringt uns dieses neue Jahr? Wieviel Kummer, wieviele Freuden? Die brennende Frage nach der Zukunft stellt sich nie so scharf wie in der Neujahrsnacht. Nie fühlt man so stark die beklemmende Angst vor dem dunklen Abgrund der Ungewißheit. Ich schaue in diesen Abgrund und mir wird schwindlig, vor den Augen wird es schwarz. Alles liegt in Gottes Hand!

Moskau, 1. April 1915, 4 Uhr nachmittags

1. April – was für ein Datum, um wieder anzufangen, Tagebuch zu schreiben. Es wird doch nicht alles, was ich am heutigen Tag

schreibe, Lüge, Schwindel oder ein Scherz sein? Wir werden sehen, ich weiß noch nicht, was ich schreiben werde.

Über die Ereignisse? Seit drei Monaten habe ich dieses Heft nicht mehr berührt, und während dieser Zeit haben zu viele Ereignisse stattgefunden, oder vielleicht zu wenige, um sie hier zu beschreiben. Oder über meinen Seelenzustand? Ich habe in letzter Zeit wenig Emotionen gehabt. Ich führte ein leeres, dummes Leben! Ich stehe spät auf, gehe früh schlafen und mache den ganzen Tag nichts. Das ist besonders erstaunlich nach diesem Winter, in dem ich mich begeistert habe, Kräfte und Energien in meine Arbeit investiert und sie von ihr wieder zurückbekommen habe, mich aufgeregt, bemüht und unterhalten habe und glücklich war. Jetzt fühle ich keine großen Aufregungen, ich bin ruhig, nichts berührt mich, und dabei ist in mir eine dumpfe Unzufriedenheit; ich bin unglücklich. Solange ich gearbeitet habe, war ich zufrieden, und das kleinste Vergnügen, die kleinste Zerstreuung haben doppelt gezählt; jetzt, wo ich herumsitze und nichts tue, weiß ich selber nicht, was ich will...

Ich werde versuchen zu erklären, wodurch dieser traurige Zustand entstanden ist. Meine letzte Eintragung war am 1. Jänner in Broniza. Obwohl ich frisch und erholt und um sechs Pfund schwerer hierher zurückkam, hat es nur zwei Wochen gedauert, dann war alles wieder dahin, was ich mit so viel Mühe erreicht hatte. Am 2. Jänner morgens bin ich zurückgekommen, am Abend ging ich ins Theater, in »Zar Fedor Iwanowitsch«, und am nächsten Tag ins Spital. Damals war Tatjana krank: sie wurde an den Mandeln operiert. Nach zehn Tagen war ich am gleichen Punkt wie vor meiner Reise nach Broniza. Es wurde immer schlimmer: jeden Abend hatte ich erhöhte Temperatur, es kamen Ärzte, dann zwei Wochen Bettruhe, totales Verbot, ins Spital zu gehen, zuletzt Anordnungen wie in einem Sanatorium.

Seitdem man mir die Möglichkeit genommen hat, etwas Nützliches zu tun, befinde ich mich in dem Gemütszustand, den ich oben beschrieben habe. Was kann man noch sagen?...

Dieser dumme Zustand wird bestimmt bald aufhören. Man schickt mich und Tatjana nach Bronzia, ins rettungbringende Broniza, in dem alles auskuriert wird, alle Wunden heilen, alle Unannehmlichkeiten vergessen werden. Tatjana hat immer weiter im Spital gearbeitet und ist übermüdet. Und ich? Wie auch immer, ich freue mich, nach Broniza zu fahren.

Ist das oben Gesagte also »Lüge, Schwindel oder ein Scherz«? Ich weiß es nicht.

Moskau, 2. April 1915, mein Zimmer

Heute habe ich den ganzen Nachmittag mit Räumen und Sortieren meiner Sachen verbracht. Einige fahren nach Broniza, andere nach Petrograd. Ich habe noch gar nicht geschrieben, daß wir nach Petrograd übersiedeln und dort wohnen werden. Der Grund: Andrej tritt ins Pravovedenie-Gymnasium ein, und Olga wird das Obolensky-Gymnasium besuchen. Wir verlassen Moskau für lange, vielleicht für immer. Ich habe nie eine besondere Zärtlichkeit für Moskau empfunden, doch jetzt, wenn wir wegfahren, scheint mir, daß ich Moskau gern habe und es mir leid tut, die Stadt zu verlassen. Die Menschen sind merkwürdig veranlagt.

Tatjana und ich fahren am 12., in zehn Tagen, und mir kommt es vor, als ob wir ins Paradies auf Erden führen. Zum Beispiel: heute nacht hat es hier geschneit! Jetzt ist der Schnee natürlich schon geschmolzen, aber ist es denn angenehm, wenn es im April schneit? Das Eis auf der Moskwa ist erst gestern getaut. Zur gleichen Zeit kommen in Broniza schon die ersten grünen Blättchen an den Johannisbeersträuchern und bestimmt gibt es schon frisches grünes Gras! In zwei Wochen sind wir dort!

Postskript: Boba ist Unteroffizier geworden. Er schreibt, daß bei ihnen an der Front ein derartiger Schlamm sei, daß man nichts machen könne. Man begnügt sich mit kleinen Scharmützeln und Patrouillen. Sein Regiment liegt jetzt nicht weit von Mariampol, ganz im Norden des preußischen Rayons.

Zweites Postskript: Ich habe vergessen zu schreiben, daß die Österreicher wieder ganz in der Nähe von Broniza waren. Diesmal war es ernster als das erste Mal. Sie wollten nach Chotin, kamen mit starken Kräften und wollten in unser Hinterland am äußersten Ende der Front durchbrechen, da wir dort, wie ihnen bestimmt die ihnen dienstbaren Juden erzählt haben, fast keine Truppen stehen hatten. Man sagt,daß wir auch starke Kräfte dorthin verlegt hatten, und so konnten wir sie zurückwerfen. Trotzdem schreibt Nuditschka, daß in Broniza die Erde vom

Kanonenfeuer bebt. Dessen ungeachtet gehen die Vorbereitungen für unsere Abreise weiter. Ich habe keine Angst vor den Österreichern! Sogar wenn man in Broniza die Kanonade hört, werden sie sowieso nicht in die Nähe kommen. Und im ärgsten Fall kann man ja wieder nach Rochny fliehen.

Samstag, 11. April 1915, 5 Uhr nachmittags

Morgen fahren wir. Die Zubovs und alle sind erstaunt, daß wir allein fahren; ich wundere mich über nichts mehr. Vor zwei Jahren sind wir nie allein auf die Straße gegangen, voriges Jahr selten, und heuer gehen wir überall hin, zu zweit oder allein; jetzt fahren wir zu zweit nach Broniza. Das ist der Einfluß des Krieges...

Broniza, 28. April 1915

Warum vergeht mir, kaum bin ich in Broniza, jeder Wunsch, auch nur irgend etwas zu tun? Der Tag ist angefüllt mit herrlichen, wichtigen Beschäftigungen. Hier als Beispiel der gestrige Tag: Aufgestanden sind Tatjana und ich um halb neun, in der Frische des Morgens; wir haben uns angezogen und ein Frühstück eingenommen, das an Reichhaltigkeit einem »english breakfast« gleicht. Bis elf Uhr sind wir im Park spazierengegangen, haben geschaut, wie die Apfelbäume blühen, ob die Bienen fliegen und die Maiglöckchen schon anfangen, sich zu öffnen. Wir haben den Nachtigallen zugehört und einen Kanal gereinigt, damit eine Wasserlache abrinnen kann. Um elf Uhr haben wir saure Milch getrunken und sind dann Spargel schneiden gegangen. Die Spargelfelder sind der heißeste Platz in Broniza. Bald sind wir müde geworden, wir haben uns zuerst auf die heiße, trockene Erde gesetzt, dann gelegt; zu guter Letzt waren wir nicht mehr imstande, uns zu bewegen, und sind dort eine gute Stunde liegen geblieben. Beim Mittagessen konnte ich meine Augen kaum offen halten und bin anschließend schlafen gegangen. Um vier Uhr bin ich aufgestanden, wir sind spazierengegangen, haben gegessen, ich habe Mamulitschka einen Brief geschrieben und mich wieder in die Horizontale begeben. Ich muß nicht ausdrücklich betonen, daß ich wie eine Erschlagene geschlafen habe. Das ist ein Beispiel, wie sich unser Erholungsurlaub abspielt.

Broniza, 16. Juni 1915

Worüber soll ich schreiben? Viel zu viele Ereignisse und Gefühle habe ich ausgelassen, als daß ich sie aus der Erinnerung wieder aufleben lassen könnte; zu viel habe ich erlebt, überdacht. Das alles ist weit, weit vergangen, dorthin, woher nichts mehr zurückkommt - in die Vergangenheit.

Was für Gedanken kann man haben in einer so beunruhigenden Zeit, wie wir sie erleben? In der man packen und jede Minute darauf gefaßt sein muß, das Haus zu verlassen, Broniza und alles, was wir lieben, aufzugeben und genau zu wissen, daß von unserem Nest nicht ein Stein mehr auf dem anderen stehen wird, wenn man zurückkommt? Es gibt Dinge, über die man nicht spricht, und es fällt mir sogar schwer, darüber zu schreiben. Was kann man fühlen, wenn Boba die ganze Zeit im Einsatz, in Gefahr, und Mamulitschka krank ist und sich jeden Tag schlechter fühlt?...

Natürlich haben die Österreicher auch früher schon unsere Grenze überschritten und sind bis in die Nähe von Broniza vorgestoßen, doch das war damals ganz anders. Damals waren das kurze Mißerfolge, damals haben wir gesiegt. Und jetzt - um Gottes Willen! Diese Schlachten, diese Mißerfolge, die Aufgabe Galiziens, die Übergabe von Przemysl und Lemberg! Das alles schmerzt so sehr, als ob man mir ins lebende Fleisch schneiden würde.

Broniza, 18. August 1915

Seitdem ich das letzte Mal geschrieben habe, ist ein Monat vergangen, ein ganzer Monat in herrlicher Ruhe. Obwohl jeden Tag, mit jeder Post immer neue Schläge kamen, haben die Kriegsberichte unser Leben nicht verändert. Wenn man uns vor einem Jahr gesagt hätte, daß die Deutschen Warschau einnehmen werden - ich glaube, diese Nachricht hätte uns derart betäubt, daß wir für eine lange Zeit alle unsere Gewohnheiten aufgegeben hätten und unsere Stimmung auf den Nullpunkt gesunken wäre. Jetzt kommen fast täglich solche Nachrichten und wir können aufs Feld und in den Wald fahren, Pilze sammeln, spazieren gehen, reiten, Krocket spielen, lachen ...

Bobas letzter Brief war vom 6. Juli, seitdem kein Wort. Was ist mit ihm, wo ist er? Wir wissen gar nichts. Papa hat vor ein

Katja und Rex. Broniza 1915

paar Tagen seinem Regiment telegraphiert, um etwas zu erfahren; bis jetzt ist keine Antwort gekommen. Ist es ein Wunder, daß einem die ärgsten Gedanken durch den Kopf gehen? Und trotzdem, was immer es auch sei, wenn er nur nicht in Gefangenschaft zu diesen Unmenschen gekommen ist!

Es gibt auch andere Schmerzen. Gestern haben wir erfahren, daß die Deutschen Luck genommen haben, es liegt auf dem direkten Weg nach Kiew. Bald werden sowohl Broniza als auch Starostinze abgeschnitten sein. Hierbleiben ist unmöglich; schon jetzt können unsere Verwandten und Bekannten nicht verstehen, was wir immer noch hier machen. Sie wissen nicht, daß wir mit dem Verlust von Broniza und der heurigen Ernte alles oder fast alles verlieren. Und wohin sollen wir fahren? Es sieht so aus, als ob Petrograd evakuiert würde; von dort bekommt man keine Zeitungen, nicht einmal Telegramme. Von Kiew nach Petrograd werden keine Platzkarten ausgegeben. Wenn die Vermutung bezüglich Petrograd stimmt, was sehr glaubwürdig ist, da wir keine einzige Festung mehr haben, um die Stadt zu verteidigen – wohin sollen wir dann? Diese Frage stellt sich in letzter Zeit jeder von uns.

Eine andere Frage: Was sollen wir tun, wenn uns die völlige Verarmung bevorsteht? Tatjana und ich können doch nicht bloß herumsitzen, die Hände in den Schoß legen und nichts versuchen, um diesem Unglück abzuhelfen? Aber wie können wir helfen? Wie kann ich mein Brot verdienen? Ich habe keine einzige Schule beendet; es gibt kein Gebiet, auf dem ich eine abgeschlossene Ausbildung habe. Das heißt, ich kann nicht Lehrerin oder Gouvernante werden wie Katja Zubova. Gesellschafterin oder Sekretärin kann ich nicht werden, weil ich oft Fehler in der russischen Sprache mache. Ich spreche vier Fremdsprachen, aber ich beherrsche sie nicht gut genug. Ich spiele Klavier, aber nicht gut genug, um Stunden zu geben. Ich bin eine Dilettantin im vollen, echten Sinn dieses Wortes. Ich kann vieles oberflächlich, aber nichts wirklich! Ich bin imstande, über Politik, Musik, Mechanik, Kunst, Geschichte, Literatur zu sprechen, aber gründlich verstehe ich von allen diesen Dingen nichts. Was soll ich also tun? Das einzige, was ich für möglich halte, wäre, eine fix bezahlte Stelle in einem Lazarett anzunehmen, doch auch da gibt es zwei Hindernisse: mein Name und meine physische Schwäche...

Postskript: Wenn man uns vor einem Jahr gesagt hätte, daß wir, in Broniza sitzend, beobachten werden, wie man uns gegenüber, auf der anderen Seite des Flusses, Schützengräben aushebt, so wären wir wohl beunruhigt gewesen. Jetzt aber schauen wir schon seit zwei Wochen täglich diesem Schauspiel mit Interesse zu. Sie graben Schützengräben in Bessarabien, hinter Ungry, und bald werden sie auch diesseits des Dnestr graben - in unseren Feldern und in unserem Park, wo es anscheinend einfacher ist. Am ersten Tag hat der Anblick dieser Arbeiten einen unangenehmen Eindruck hervorgerufen. Man begann, von Tatjanas und meiner Abreise zu reden. Noch vor kurzem gab es einen Plan, daß wir beide hierbleiben und nur Papa, Mama, Andrej und Olga wegfahren. Am 1. und 3. September fangen ihre Schulen an. Aber wie sich die Dinge entwickeln, glaube ich, daß auch wir nicht lange hier bleiben werden. Werden wir Broniza jemals wiedersehen?

Am selben Tag, 11 Uhr nachts

Eine unerwartete Freude! Wir sitzen und trinken Tee, plötzlich stürzt Nuditschka herein und ruft, daß Boba den Berg herauffährt! Wir springen auf, eilen durch die Allee zum Tor, und da kommt er uns schon entgegen in seinem grünen Mantel mit den roten Schulterstücken. Mamulitschka und Nadja weinen, ich kann mich auch kaum zurückhalten. Er lebt und ist gesund und hat zwei Wochen Urlaub! Das vor zwei Wochen abgeschickte Telegramm ist noch nicht angekommen. Der so traurig begonnene Tag hat unerwartet freudig geendet. Wir haben sogar die Österreicher und unsere Abreise vergessen. Boba ist zuversichtlich und sieht gut aus. Schrecklich zu denken, in welchen Gefahren er sich befunden hat, aber Gott hat ihn beschützt. Nur auf zwei Fingern der rechten Hand hat er weiße Narben – eine Kugel hat ihn gestreift.

Freitag, 19. August 1915

Das Bild hat sich wieder geändert: beim Nachtmahl haben wir ein dringendes Telegramm von Papa aus Starostinze bekommen: »Sofort fertig machen, 23. Abfahrt aller.« Was kann da nur geschehen sein? Ziehen sich unsere Truppen aus Galizien zurück? Jedenfalls haben wir drei Tage vor uns, es wird nicht so ein Durcheinander und eine Flucht im Morgengrauen werden wie letztes Jahr. Nuditschka bleibt hier und hat die Absicht, so viel wie möglich mit Fuhren von hier fortzubringen und das Vieh wegzutreiben. Ich glaube nicht sehr daran, daß dieser Plan auszuführen ist. Das Allerbeste, Allerschönste, Allerliebste, nämlich Broniza selbst, kann man nicht mitnehmen!

Broniza, 20. August 1915

Wir fahren morgen, nachts um drei Uhr, alle außer Papa und Nuditschka. Es ist schlecht, daß man in Kiew fünf Tage sitzen muß, um die Platzkarten zu bekommen, die für den 28. bestellt sind. Dann fahren wir nach Moskau, wo Tatjana und ich bei Tante Zubov bleiben; die anderen fahren nach Petrograd. Der Grund unserer verfrühten Abreise ist die Panik, die in Kiew und in unserer Umgebung ausgebrochen ist. Die Deutschen haben Luck genommen und stoßen auf Kiew vor. Unsere Truppen ziehen sich aus Galizien zurück. Vielleicht werden sie bald hier sein. Derweil ist noch alles ruhig. Die Arbeiten auf dem Feld gehen weiter, dafür gehen unter den »Einheimischen« die phantastischsten Gerüchte um: das hartnäckigste ist, daß die Schützengräben in Ungry bereits eingenommen worden sein sollen - von Rumänen! Woher diese Rumänen erschienen sind und wozu, weiß niemand, jedenfalls sagen alle, daß es schlecht steht. Andere erzählen, daß der Befehl erteilt wurde, aus Mogilew das ganze Kupfer wegzubringen. Dieses letzte Gerücht stammt daher, daß die Regimentskirche nach Winniza evakuiert wurde; die Ikonen und Glocken wurden abtransportiert. Wahrscheinlich wird unsere Abreise eine Panik auslösen.

Kiew, 23. August 1915, Hotel Francija

Wärme, Stille, Finsternis. Von der Freitreppe sind die undeutlichen Konturen von drei Wagen zu sehen; zwei Laternen blinken, in der Nähe verabschieden sich ein paar Leute. Rundherum, wohin man schaut, bekannte Umrisse, geliebte Silhouetten. Sie zerfließen in der Dunkelheit, doch das wissende Auge sucht und findet ihre Formen. Und das Herz schlägt dumpf und schmerzt in der Brust.

Rundherum Geschäftigkeit. Man schleppt und verstaut Sachen in die Wagen; die Hunde sind aufgewacht, drängen sich an uns, bellen, als ob sie verstünden, daß sie uns nie mehr sehen werden. Heimlich küsse ich ihre Schnäuzchen und drücke noch einmal meine für immer verlorenen Lieblinge an mich. Aber es ist Zeit loszufahren: wir steigen ein und setzen uns langsam in Bewegung. Man hört kein »Auf Wiedersehen« der Hierbleibenden, kein Wort von unserer Seite. Alles ist still, die Menschen, die Luft, die Landschaft, unser trauriger Turm. Nur die Räder unserer Wagen sagen langsam »zum letzten Mal, zum letzten Mal...« und das Herz wiederholt dumpf diese Worte. Und der Himmel schaut ruhig auf dieses Bild herab, wie er schon viele Jahre auf Freud und Leid unserer Vorfahren und unserer Familie herabgeblickt hat. Durch die ab und zu aufreißenden Wolken glitzern teilnahmslos die Sterne. Auf dem Berg ein letztes Lebewohl der schwarzen Masse des Parks und dem versinkenden Turm, der letzte lange Blick, und alles versinkt in der Dunkelheit. Ich kann die Tränen nicht zurückhalten, niemand sieht sie in der Finsternis. Daneben beugt sich Olga auf der anderen Seite aus dem Wagen und schaut auch zurück. Die Seele bewegt nur ein Gedanke, ein Gebet: »Lieber Gott, sei gnädig, rette und beschütze unser Broniza!« Und die Räder wiederholen: »Zum letzten Mal...«

Dieses Bild verfolgt mich, und wenn ich noch sechzig Jahre leben sollte, ich werde es nie vergessen!

Kiew, 24. August 1915

In Kiew herrscht Panik. Alle packen, machen sich fertig, flüchten. Auf den Straßen und in den Tramways sind alle besorgt, man hört nur Gespräche, wohin man flüchten soll und wie man Fahrkarten bekommt. Das letztere ist schwer; am Bahnhof steht man fast drei Tage in der Schlange. Der ganze Bahnhof ist vollgestopft mit Flüchtlingen, von den Bahnsteigen über sämtliche Wartesäle bis zu den Trittbrettern der Züge. Vollgestopft im buchstäblichen Sinn des Wortes, denn diese unzählige Menge von Alten, Kindern und Frauen liegt haufenweise auf ihren Bündeln, einfach auf dem Boden. Wir kamen in Kiew um halb zehn Uhr abends an. Der größte Teil dieser Unglücklichen schlief erschöpft, und es war ihnen völlig gleichgültig, daß wir über sie gestiegen sind. Am Tag unserer Ankunft sind in Kiew zehntausend Menschen eingetroffen! Es sind Flüchtlinge aus dem Kampfgebiet: aus Rowno, Wladimir, Wolhynsk, Kamenez, Proskurov und – Mogilew-Podolsk! Natürlich noch aus vielen anderen Orten, aber diese Namen, die ich aus der Zeitung habe, berühren mein Herz ganz besonders. Denn obwohl die nahende Katastrophe unvermeidlich ist, denkt man unwillkürlich: vielleicht doch nicht? Vielleicht bleibt Broniza doch unbeschädigt? Nein, das ist ein nutzloser Gedanke, und je mehr man hofft, desto bitterer wird die Enttäuschung. Kann man denn auf etwas Unmögliches warten, sich mit Utopien trösten? Ein Wunder erwarten? Dessen sind wir nicht würdig.

Jelisaveta Michajlowna Karzewa ist mit vielen wichtigen Persönlichkeiten und Militärs gut bekannt, auch mit dem Kreiskommandanten General Mawrin. Er hat ihr gesagt, daß es »anscheinend« unvermeidlich sein wird, das ganze südwestliche Gebiet samt Kiew aufzugeben. Ich glaube, mit dem Wort »anscheinend« verniedlichte er nur diesen schrecklichen Entschluß.* Kiew aufgeben, die Mutter der russischen Städte, mit

* Der Befehlshaber des Kreises Kiew war der Hauptschuldige an der Panik in Kiew. Er persönlich hat vielen gesagt, daß sie alles stehen und liegen lassen und möglichst weit weg flüchten sollten. (Ergänzung der Verfasserin 1917)

Maria Pawlowna Fürstin Sayn-Wittgenstein mit Katja. Um 1897

seinen vielen Heiligtümern, dem Höhlenkloster, mit allem, was dem russischen Herzen teuer ist, die erste russische Stadt, das heilige Kiew – wie schrecklich, was für ein Alptraum!!! Mögen sie doch unsere Güter zerstören, mögen sie uns und tausende zu Bettlern machen, aber Kiew muß verteidigt werden! Kann man nach solch einem Schlag, der ganz Rußland erschüttern wird, noch an irgend etwas glauben, auf irgend etwas hoffen? Gott kann alles, es ist doch nicht möglich, daß er die Kiewer Heiligtümer nicht retten wird? Oder werden wir wirklich so für unsere Sünden bestraft?

Kiew, 26. August 1915

Wir waren mit Mamulitschka im Pokrowski-Kloster, in der Lawra, und sind durch die Dionisewskigasse gegangen. In den zehn Jahren, die vergangen sind, seit wir hier in unserem Haus wohnten und im Klostergarten spazieren gingen, hat sich nichts verändert, alles ist noch so, wie es war. Nur auf dem Friedhof gibt es mehr Gräber, und die Bäume haben sich zu einem ganzen Wald ausgewachsen. Der Anblick der rosafarbenen Mauer, der Pappelallee, des alten Glockenturmes und all dieser Gebäude, das Bild, das ich so oft in den schönen, glücklichen Tagen meiner Kindheit vor Augen hatte, hat auf mich einen bedrückenden Eindruck gemacht. Dort ist alles so geblieben, wie es war; ich aber bin für diesen friedlichen Winkel eine Fremde geworden. An unserer Stelle leben dort jetzt andere... Alles ist vergangen, nichts kehrt zurück! Als ob es gestern wäre, erinnere ich mich, wie wir Kinder aus dem Tor liefen, im Schnee spielten, die ersten grünen Grashalme suchten. Und Natascha war noch mit uns! Lang vergangene, schöne Zeiten!

Moskau, 4. September 1915, Nikolajewski-Institut

Für den Augenblick scheinen unsere Strapazen ein Ende gefunden zu haben: die armen Flüchtlinge haben »ein schützendes Dach« bei ihren Verwandten gefunden. Tante und Cousinen Zubov sind mit uns sehr lieb und freundlich, und wir fühlen kaum unsere Einsamkeit. ... Im Moment leben hier nur Tante Olja, Lena, Mascha und Kolja, so daß Tatjana und ich nicht zu viel Platz einnehmen. Onkel Kolja wird aber bald aus Petrograd zurückkommen, Olja und Wolodja vom Land und Katja von der Krim. Dann werden wir eine große Last sein, fürchte ich.

Am selben Tag

Diese ganze letzte Zeit bin ich einfach nicht imstande, über die verschiedenen politischen Ereignisse zu schreiben, über den Krieg im allgemeinen und was sich daraus ergibt. Ich kann nicht einmal daran denken, darüber lesen oder sprechen. Ich bin irgendwie erstarrt, und mein Gehirn weigert sich zu denken. Die Umbesetzung des Oberkommandos, dieses ganze

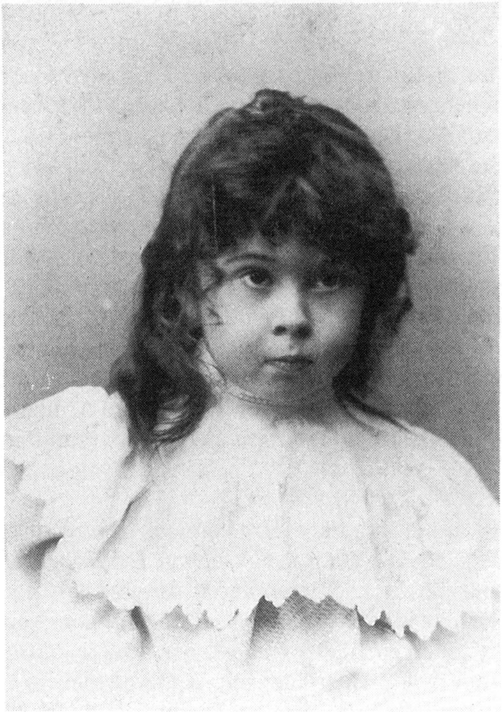

Katja im Alter von drei Jahren

Durcheinander in der Staatlichen Duma und zuletzt ihre Auflösung - eine Reihe von Schlägen! Es sieht so aus, als ob sich Rußland nicht mehr erheben könnte!

Wir haben noch gestern abend von der Auflösung der Duma erfahren. Wir waren entsetzt über diese Nachricht: Was wird daraus entstehen? Die Unzufriedenheit wird natürlich allgemein sein, und Gott weiß, was für Folgen dieser unvorsichtige und sinnlose Beschluß hervorrufen wird. Schon jetzt fahren in ganz Moskau keine Tramways mehr, und man spricht von einem Generalstreik. Alles wird stehen bleiben, alles wird aufhören, und wir werden nichts von den Unseren in Petrograd erfahren. Was wird geschehen, was wird nur geschehen?

5. September 1915

Der Streik breitet sich nicht aus. Die Tramways fahren nicht, und es scheint, daß die Maschinen in einigen Fabriken stillstehen, aber alles andere funktioniert im Augenblick noch.

Die Stimmung ist miserabel. Es ist schrecklich, sich vorzustellen, was sich abspielt. Die Maschinen, die für die Armee arbeiten sollen, stehen still, gerade jetzt, wo jeder Tag, jede Stunde wichtig ist. Und das soll heißen, daß die Arbeiter sich der Wichtigkeit des Augenblicks bewußt sind, daß sie der Armee helfen wollen, den Feind zu schlagen? Es kann nicht sein, daß sie so blind sind; wahrscheinlich haben sich ein paar Verräter gefunden, die diese Herde dafür bezahlt, daß sie streikt. Die Moskauer Unruhen werden die Armee verunsichern, und sie werden bestimmt nicht ihre Stimmung heben!

6. September 1915

Heute ist außer »Ranneje utro«, einem miesen roten Blättchen, keine einzige Zeitung erschienen. Dort steht, daß morgen wieder alles funktionieren werde, daß eine Arbeiterdelegation bei Tscheljukov erschienen sei und mit ihm verhandelt habe. Sie sehen ein, daß jetzt nicht der richtige Zeitpunkt für einen Streik ist; sie haben aber keine andere Möglichkeit, ihren Protest gegen die Schließung der Duma auszudrücken, und haben deshalb beschlossen, drei Tage lang zu streiken. Wenn das nur alles bald ein Ende nähme; ich möchte so gern ins Spital arbeiten gehen, ohne Tramway kommt man aber nicht hin.*

8. September 1915

Endlich fahren die Tramways und die Zeitungen erscheinen wieder. Diese freudige Botschaft haben wir gestern abend erfahren. Natürlich sind Tatjana und ich heute um acht Uhr aufgestanden und ins Spital gefahren.

* Ich möchte hinzufügen, daß Tatjana und ich sofort nach unserer Ankunft in Moskau wieder in unserem Jekaterininski-Krankenhaus zu arbeiten begannen. In unseren Krankenzimmern hatte sich viel verändert, so daß wir sehr enttäuscht waren. (Ergänzung der Verfasserin 1981)

Petrograd, 17. Dezember 1915

Gestern war ich in einem Konzert von Enery. Ich liebe Chopin sehr, aber es ist bewundernswert, daß ein Mädchen, das drei Jahre jünger ist als ich, so spielt! Heute früh habe ich anderthalb Stunden am Klavier gesessen und geübt, was in einem derart kalten Zimmer sehr weh tut.

In letzter Zeit ist eine der unangenehmsten Seiten des Lebens in Petrograd die Kälte. Überall, auf der Straße und zu Hause verfolgt und bedrückt sie einen. Ich habe genug von diesen Temperaturen von minus zwanzig Grad Réaumur und darunter, begleitet von starkem Wind und der Angst, sich irgendwelche Körperteile abzufrieren, y compris die Nase. Wie ich sie hasse, die Kälte in den Zimmern, das Einhüllen in Tücher, das Anwärmen bei einem Ofen, die eiskalten Füße, die sich nicht einmal im Bett erwärmen! Der Platz beim Klavier ist der kälteste in der ganzen Wohnung: neben dem Fenster, wo es nur dann nicht zieht, wenn das Fenster zugefroren ist. Ich werde ganz steif vor Kälte, wenn ich lange dort sitze.

Diese Kälte ist eine der Besonderheiten von Petrograd. Wir erleben sie zum ersten Mal, und ich kann nicht sagen, daß es angenehm ist. Jetzt aber, bedingt durch zu wenig Heizmaterial während des Krieges, ist die Kälte noch eine Draufgabe zu den Schlangen, die um Zucker anstehen sowie um andere Dinge, zu den schlecht funktionierenden Tramways, den steigenden Preisen und so weiter. Es scheint wirklich, als ob es nur deshalb so kalt wäre, um die Unordnung und das Durcheinander in Petrograd perfekt zu machen, als ob die Natur beschlossen hätte, sich über die armseligen Einwohner und die »Stadtväter« lustig zu machen. Wir sind noch glücklicher als viele andere: wir haben eine Wohnung, in der Holz vorhanden ist; alle anderen, die wir hier kennen, kommen vor Kälte fast um. Im Schlafzimmer der armen »Grand'tante« sind nur acht Grad. Wir haben einen Spiritusofen gekauft und tragen ihn von einem Zimmer ins andere, aber das hilft auch nicht viel. Tatjana und ich verfügen über ein ganzes »Appartement«: das Schlafzimmer ist warm, dort sind zwölf bis dreizehn Grad, im Salon ist es kälter, acht bis zehn Grad, und der Erkerraum ist ein Eiskeller. Um dort zu sitzen, braucht man eine gehörige Portion Mut. Manchmal taut morgens das Eis von den Fenstern – es gibt fünf im

Eiskeller - und stürzt wie eine Lawine herunter, aber woran haben sich die armen Petrograder nicht schon gewöhnt! Überhaupt braucht man viel Energie, um hier zu leben.

Alle Kräfte werden im Kampf um das tägliche Brot benötigt; man muß alle möglichen Kriegslisten anwenden und seine eroberten Stellungen halten, wenn man Fleisch, Brot und Milch bekommen will. Man rauft sich in den Geschäften, auf dem Markt, in den Tramways. Um Fleisch, Petroleum und Kerzen steht man tagelang Schlange. Im Geschäft, in dem die Angehörigen der Garderegimenter einkaufen können, muß man sich registrieren lassen, um sich am nächsten Tag für ein Pfund Mehl oder Graupen anstellen zu dürfen. Als es keinen Zucker gab, waren alle entsetzt; jetzt gibt es nicht nur Schlangen um Zucker, sondern auch um Mehl, Seife, Graupen, Reis, Makkaroni und so weiter. Die Preise sind ganz unglaublich: ein runder holländischer Käse kostet sechs Rubel, ein Pfund Butter mehr als zwei Rubel, Zunge zwei Rubel sechzig und so geht es weiter, bei allem und jedem. Und diese dreimal so teuren Waren sind bei weitem nicht das wert, was sie kosten. Es wäre interessant zu wissen, woraus die Milch gemacht ist, die wir zum Kaffee trinken. Es ist irgendeine geschmacklose Flüssigkeit, die die Farbe des Kaffees kaum verändert und an der Oberfläche zu Fettringen zusammenläuft. Der Rahm ist eine wässrige Milch, die in Broniza niemand auch nur angeschaut hätte. Nicht umsonst gab es vor kurzem in »Vetschernoje vremja« einen Artikel mit der Überschrift »Wieviel Milch enthält die Petrograder Milch?« Wir nennen sie »Newa-Wässerchen«. Jeder der kann, schlägt heraus, was nur geht; alle profitieren schamlos - es ist empörend! Die Droschkenkutscher hauen einen übers Ohr, ebenso die Geschäftsleute; alle bereichern sich.

Nur die Tramways haben sich nicht verändert. Danach schauen sie aber auch aus! Auf die Tramway wird am allermeisten geschimpft. Man verbraucht wirklich nirgends so viele Energien, nirgends ärgert man sich mehr als in der Tramway. Es fängt damit an, daß an einer Doppelgarnitur, wenn sie endlich kommt, auf sämtlichen Trittbrettern bereits Trauben von überzähligen Passagieren hängen. Dessen ungeachtet geht das wartende Publikum zu einem Sturmangriff über; es entsteht ein kurzes Handgemenge; die Hineinwollenden drängen, schimpfen, die Aussteigenden schreien und stoßen die auf den Trittbrettern Stehenden hinunter. Der Wagen fährt ab. – Die Petrograder Tramway wartet überhaupt nicht! – Jetzt hängen noch größere Trauben von Passagieren heraus. Die Glücklichen, denen es gelungen ist, auf den Trittbrettern oder auf der Plattform Fuß zu fassen, beginnen, ihre beschädigten Körperteile zusammenzusuchen, dann drängen sie geduldig und beharrlich ins Innere. Durch das Rütteln der Tram wird das Publikum nach und nach »zusammengeschüttelt«; es gibt ein bißchen mehr Platz. Daraufhin versuchen die auf den Trittbrettern Hängenden auch noch, hineinzukommen. Stimmen werden laut: »Meine Herrschaften, gehen Sie bitte weiter, drinnen gibt es noch massenhaft Platz!« Die ärmsten Menschen sind die Schaffnerinnen; sie sind derart eingezwängt, daß sie sich nicht bewegen können, was das Publikum ungeheuer ausnützt und schwarz fährt. Drei bis vier Stationen bevor man aussteigen möchte, beginnt man, sich zum Ausgang zu drängen. Alle bemühen sich, machen sich dünn, und die, die hinauswollen, drängen mit schreckverzerrten Gesichtern zum Ausgang. Oft gelingt es ihnen nicht, durchzukommen, und sie fahren ein bis zwei Stationen weiter, als sie wollten.

Das sind die Annehmlichkeiten einer Tramwayfahrt in Petrograd. Ich selbst habe nichts dagegen, ich habe vor dem Gedränge keine Angst. Im Gegenteil, diese Fahrten sind oft sogar sehr lustig, mit vielen aufregenden und unerwarteten Erlebnissen. Überhaupt ist das Leben hier ganz eigenartig und mit nichts zu vergleichen.

24. Dezember 1915

Heiliger Abend! Wieviel Bedeutung liegt in diesem Wort, welche Erinnerungen tauchen auf! Ich liebe unsere großen kirchlichen Feiertage, ich liebe sie wegen ihrer Einfachheit, wegen des Friedens, der mein ganzes Wesen durchflutet, wegen des Lichtes und des Stillen, das in diesen Tagen in mir lebt.

Seitdem ich mich erinnern kann, habe ich diesen Feiertag mit freudigen Gefühlen erwartet, und diese Gefühle sind mit den Jahren immer stärker geworden. In der Kindheit habe ich mich auf den Weihnachtsbaum, die Geschenke, die Ferien gefreut, doch dann hat alles einen anderen Sinn angenommen. Was für herrliche Christbäume haben wir immer gehabt, Kinderfeste, Berge von Geschenken! In unserem Kiewer Haus, im großen Saal die prächtig geschmückte Tanne bis zum Plafond, voll von Kerzen. Wir Kinder, glücklich, fröhlich, feiertäglich gekleidet, inmitten einer Menge von Geschenken, hatten nichts anderes im Kopf als uns zu unterhalten und zu freuen.

Dann änderte sich das Bild. Ich erinnere mich an die Weihnachtsfeste, die wir in Davos verbracht haben, fern von Rußland, wo es in den ersten drei Jahren nicht einmal eine russische Kirche gab. Auch dort waren wir glücklich - aber anders. Zu Weihnachten kamen Papa und Boba aus Kiew. Wir lebten im eng verbundenen Familienkreis, und darin lag unser Glück. Die Feiertage vergingen still, aber auch mit fröhlichen Vorbereitungen, es gab auch einen Christbaum; er war zwar kleiner und bescheidener, aber mit ebensoviel Liebe und Fürsorge von Mamulitschka und uns geschmückt. Damals waren wir noch sechs, wir ahnten nichts von dem bevorstehenden schrecklichen Schmerz und waren glücklich. Dann wurde dank der unermüdlichen Energie und Liebe von Mamulitschka und Maria Alexandrowna Kraigher eine Kirche gebaut. Wie sehr nahmen wir alle Anteil an jeder Kleinigkeit während des Bauens unserer kleinen Kirche, wie haben wir sie mit ganzem Herzen geliebt!

Weihnachten 1909 war das erste Mal, daß ich die Größe und geistige Freude dieses Tages verstanden habe. Mit welchen Gefühlen haben wir im Weihnachtsgottesdienst und in der Messe gesungen. Das war das letzte Weihnachtsfest meiner Kindheit. Die darauf folgenden Feiertage gehören zu meinen ärgsten Erinnerungen: nur vier Monate waren seit dem Tod von Natascha vergangen. Wir befanden uns in Vevey, Papa, Olga und ich: die anderen waren schon in Nervi. Als wir am Heiligen Abend aus der Kirche nach Hause kamen, fanden wir in unserem Zimmer auf einem weiß gedeckten Tisch einen kleinen Weihnachtsbaum in weiß und silber, mit weißen, brennenden Kerzen. Er machte auf mich einen traurigen Eindruck - unser Schmerz war noch so frisch, die Gegenwart so finster. Ich kann nicht beschreiben, was für ein Gefühl von Trauer, von Schmerz über die für immer verlorene Kindheit damals mein Herz erfüllte.

Mit Beginn des Krieges hat sich natürlich wieder alles verändert. Von einem Familienfest konnte nicht die Rede sein;

Fürst und Fürstin Nikolaj Sayn-Wittgenstein.
Davos 1907

Andrej und ich fuhren nach Broniza, Tatjana schmückte einen Christbaum für die Verwundeten im Krankenhaus, und alle bemühten sich, die Kranken, die über die Feiertage nicht nach Hause fahren konnten, zu unterhalten. Wir waren sehr glücklich in Broniza. Nuditschka verbrachte die freie Zeit, die ihr der Haushalt ließ, mit uns, und Andrej und ich waren unzertrennlich. Am Heiligen Abend fuhren wir mit Nuditschka im großen Schlitten zu den Familien unserer Angestellten, die eingerückt waren, und verteilten Geschenkkörbe, und als wir zurückkehrten, zündeten wir im Speisezimmer die Kerzen auf einem kleinen Christbaum an, der kaum größer war als ein Samowar. Wir waren nur zu dritt und es war sehr lustig. Andrej war ganz traurig, als er aus Broniza wegfuhr. Beim Abschied - ich fuhr zwei Tage später - küßte er mir die Hand. Ich war tief gerührt und konnte mich kaum zurückhalten, ihm zu sagen, wie sehr ich ihn liebe.

Heuer haben wir traurige Weihnachten. Andrej ist krank und niemand weiß, was er hat. Alle sind in die Kirche gegangen, nur ich sitze zu Hause, da ich erst heute aufgestanden bin. Ich war hier zwar erst das erste Mal krank, aber ich habe vier Tage mit irgendeiner rätselhaften Krankheit im Bett gelegen. Ich bin sehr besorgt wegen Andrej und müde. Das sind heuer keine fröhlichen Weihnachtstage.

25. Dezember 1915

Ich war doch in der Kirche, bin aber sehr müde. Andrej ist sehr krank, und ich habe Angst um ihn. Ich habe lange geweint, aber zum Glück sieht man mir das nicht an. Der Doktor war hier und hat gesagt, daß das hohe Fieber von einem Geschwür am Kinn herkomme…

26. Dezember 1915

Wir waren in der »Aida«, nicht sehr leichten Herzens. Wenn es einem so schwer ums Herz ist, hat man keine Lust, ins Theater zu gehen; wenn so etwas zu den Feiertagen passiert, ist es noch viel trauriger. Beim Weggehen haben wir Andrej nicht gesehen, doch als wir zurückkamen, wurden wir mit der freudigen Botschaft empfangen, daß es ihm viel besser gehe, daß das Fieber gefallen sei. Es war, als ob plötzlich alles aufgetaut wäre: wir haben den Abend in bester Stimmung verbracht, uns über die »Aida« unterhalten und sogar gelacht, was in den letzten Tagen nicht der Fall war.

Vom »Narodnyj dom« (Volkshaus, Anm. d. Übers.) sind wir zu Fuß nach Hause gekommen; es gab keine einzige Droschke, keinen einzigen »Stehplatz« auf dem Trittbrett einer Tramway. Wir waren eine Stunde und zwanzig Minuten unterwegs.

6. Jänner 1916

Nichts habe ich heuer zu Neujahr geschrieben. Mein Sinn stand nicht danach. Ich habe Neujahr nicht gern; man wird immer erinnert, wie schnell die Zeit vergeht, wie schnell die glücklichen Tage verrinnen. Rundherum hört man nichts anderes als von den Schrecken des vergangenen Jahres; ich jedoch werde mich an dieses Jahr mit einem guten Gefühl erinnern. Uns hat das Jahr 1915 nichts besonders Schlechtes gebracht; wir haben ebenso ruhig, friedlich und freundschaftlich gelebt wie in allen vergangen Jahren. Ich liebe dieses Leben viel zu sehr, ich habe allein vor dem Gedanken Angst, daß es nicht mehr lange so weitergehen kann, nicht bis zu meinem Tod. Ich will kein anderes Glück, ein Glück, in dem es keine Mamulitschka und die anderen geben wird, die ich liebe. Ich habe Angst vor der Zukunft, Angst vor dem echten Leben, vor dem Ungewissen; vor allem habe ich Angst davor, auch nur einen einzigen meiner Nächsten zu überleben. Mein größter Wunsch ist, jetzt zu sterben, solange ich die Reize des Lebens noch nicht kenne, die mich vielleicht dazu verleiten werden, anders zu denken. Denn ich liebe das Leben trotzdem, ich gehöre nicht zu denen, die nur an überirdische Dinge denken. Es gibt Dinge, die ich so liebe, daß sogar mein Herz hüpft, vor allem die Musik und besonders das Theater. Ich liebe alles Schöne, die Schönheit in jeder Form - ich kann sie nicht gleichgültig betrachten: die Natur in ihrer Unendlichkeit, schöne Bilder, schöne Menschen, seien es Männer, Frauen oder Kinder, schöne Tiere, schöne Gebäude und Kunstwerke - alles das liebe ich mehr als alles auf der Welt.

Aber am meisten liebe ich die Musik ... Ja, ich möchte jetzt sterben, solange mir diese Berauschung das höchste auf der Welt bedeutet.

Petrograd, 19. Februar 1916

Sehr konsequent schreibe ich dieses Tagebuch! Schon wieder eine Unterbrechung von mehr als einem Monat! Wir sind mitten in der »Masleniza« (Butterwoche, die Woche vor dem Beginn der großen Fastenzeit, Anm. d. Übers.), wir essen Bliny, Andrej und Olga haben keine Schule und - das beste von allem - wir waren im Theater! Zwei Tage nacheinander! Wir haben Sobinov gehört ...

(Es folgt eine Beschreibung der Aufführung.)
Wir kamen spät nach Hause, in sehr fröhlicher Stimmung. Sie wurde dadurch verdorben, daß sich die arme Mamulitschka so schlecht gefühlt hat, daß sie nicht mit uns fahren konnte.

Ich liebe die Opern so, daß ich mich kopfüber in die Musik stürze, völlig in ihr aufgehe. Aber was den allgemeinen Eindruck bei den Gastrollen von Sobinov stört, das sind die »Sobinistinnen«. Diese Damen jüngeren und älteren Geburtsdatums, die mit hysterischen »Sobinov-Sobinov«-Rufen zur Rampe stürzen, Blumen auf die Bühne werfen, bei jedem Auftritt klatschen und brüllen, die Wiederholung jeder Arie verlangen, während der Handlung schreien, ihn ohne Ende herausrufen – das alles ist dumm, unangenehm und hauptsächlich lächerlich. Während dieser zwei Gastauftritte Sobinovs haben die »Sobinistinnen« ganze Arbeit geleistet. Widerliche Gänse, sie verderben nur den allgemeinen Eindruck!

Bald kommt Schaljapin hierher. Ich werde »intrigieren«, daß Karten genommen werden, damit wir ihn hören können. Schade ist nur, daß auch er im »Narodnyj dom« singen wird. Es sieht so aus, als ob sich die Berühmtheiten abgesprochen und sich mit der Direktion des Kaiserlichen Theaters zerstritten hätten. Vielleicht nur in dieser Saison?*

8. März 1916

Nochmals über das Theater, aber zum letzten Mal. Gestern waren wir im »Faust« mit Schaljapin – mein Gott, ich habe mir niemals vorgestellt, daß man auf der Bühne so spielen kann! Nicht eine Minute lang sieht man Schaljapin, man sieht den lebenden Mephistopheles, den Satan, den allerechtesten Teufel! Er geht, bewegt sich, schaut, sitzt, singt, alles auf teuflische Art; keine Minute würde man denken, daß das ein einfacher Mensch ist ... Aus jeder seiner Geste und Bewegung erkennt

* Das »Narodnyj dom« wurde, glaube ich, von der Stadt Petersburg im Kampf gegen den Alkoholismus gebaut, ein Theatergebäude, in dem Sprechstücke, Ballette und Opern gespielt wurden. Dort wurde überhaupt kein Alkohol verkauft, nur Kwas und alkoholfreie Getränke. Es war so billig, daß jeder an diesen Veranstaltungen teilnehmen könnte, damit das ganze Volk wirklich etwas davon habe. Deshalb hieß es »Volkshaus«. Dort sind sehr oft auch die großen Sänger und Schauspieler aufgetreten. (Ergänzung der Verfasserin 1981)

Fürst Sayn-Wittgenstein und Boris. Petrograd 1916

man, daß er sich nicht nur als Beherrscher der Bühne fühlt, sondern auch als Beherrscher der vor ihm sitzenden, zahllosen Menschen, als Mephistopheles, den alle fürchten und vor dem sich alle beugen. Er ist überzeugt vom Erfolg jeder seiner Bewegungen... Er ist der Teufel und sonst nichts, von Fedja Schaljapin bleibt kein Schatten zurück...

Man kann sich kaum vorstellen, was geschah, als er fertig war. Solch ein Geschrei und Gekreische, einen derartig stürmischen Applaus habe ich noch nie gehört. Ich selbst habe wie verrückt geklatscht, obwohl ich das sonst nicht tue... Wie merkwürdig, daß ein so unsympathischer, häßlicher Mensch so genial ist.

Petrograd, 25. April 1916

Ich habe das Tagebuchschreiben ganz verlernt.

Petrograd, 1. Juni 1916

Ja, immer noch Petrograd. Wir haben uns noch nicht in Bewegung gesetzt, aber anscheinend verlassen wir Petrograd jetzt bald, das so gastfreundlich ist, daß wir uns von ihm nicht trennen können. Aber im Grund ist es mir egal! Nach Broniza fahren wir jetzt nicht - dort hat sich erst vorige Woche die Situation konsolidiert, seitdem unsere Truppen zum Angriff übergegangen sind und die Österreicher verjagt haben. Mamulitschka muß unbedingt eine Kur in Staraja Russa machen, und Papa hat dort für uns eine Unterkunft gefunden, als noch völlig ungeklärt war, wohin wir fahren sollen. So fahren wir, das heißt Mama, Tatjana, Olga und ich, nach Staraja Russa; Papa bleibt hier, um seine Arbeit in der Hilfsorganisation der Großfürstin Maria Pawlowna fortzusetzen, Andrej ist bereits seit einem Monat in Broniza - der glückliche! - und Boba wird in zwei Tagen zum Kornett befördert und geht zurück in sein Regiment bei Dwinsk. Jeder in eine andere Richtung. Das ist, glaube ich, das erste Mal, daß alle so auseinanderfahren. Wir sind so lange hier geblieben, weil wir Bobas Beförderung abwarten wollten, die übermorgen stattfindet. Er war ein Jahr und neun Monate Soldat; es wird merkwürdig sein, ihn jetzt in Offiziersuniform zu sehen.

Noch merkwürdiger, daß er jetzt wieder zur kämpfenden Truppe abrücken wird, dorthin, wo er so oft in solch großer Gefahr war. Gestern haben wir Sascha Zubov verabschiedet, der an die Front geht; demnächst geht auch Kolja ab, Wolodja ist heute in einen beschleunigten Kurs zur Aufnahme in das Pagenkorps eingetreten. Wann wird das alles zu Ende sein? Sie werden doch um Gottes Willen nicht auch meinen kleinen Andrej einziehen? Lieber nicht jetzt schon daran denken!

Petrograd, 3. Juni 1916

Die Beförderung hat stattgefunden: seit heute ist Boba Offizier, ein Kornett der Leibgarde im Garde-Kavallerieregiment. Er hat seine Uniform mit den glitzernden Schulterklappen angelegt und genießt die Freude, in all seiner Pracht auf- und abzustolzieren. Sicher ist er einer der am besten Aussehenden in seinem Regiment, er schaut wirklich fabelhaft aus in seiner Uniform! Er bleibt noch eine Woche hier, dann geht er an die Front. Wir fahren am 5. Juni.

Boris in Offiziersuniform. Petrograd 1916

Staraja Russa, 3. Juli 1916, im Park

Selbstverständlich muß ich wieder damit anfangen, daß wir schon einen Monat hier sitzen, daß ich aber erst heute schreibe. Meine Faulheit ist eben unüberwindlich.

Staraja Russa ist überhaupt kein hinterwäldlerisches Nest, wie die Cousinen Zubov uns weismachen wollten, sondern ein sehr eleganter und viel besuchter Kurort, mit dem typischen Kurort-Publikum und allen üblichen Unterhaltungen: zweimal am Tag spielt eine Kapelle, im Theater sind dreimal pro Woche Aufführungen, bekannte Künstler geben Konzerte. Zwei Tennis- und Krocketplätze sind ständig von der jüngeren Generation besetzt. Der Park ist riesig, und seine versteckten

Winkel und kleinen Weglein dienen anscheinend der Anknüpfung von Flirts, die hier sehr gedeihen. Das Publikum ist zwar nicht besonders elegant, recht gemischt; es besteht fast ausschließlich aus Kleinbürgern, die sich nach der letzten Mode kleiden und auf alle stolz herabschauen.

Der erste Eindruck war nicht gerade der angenehmste: Ein schmutziges Zimmer in unserer Datscha, mit verdächtigen Möbeln und Betten ohne eine zweite Matratze, mit zerrissenen Tüllvorhängen an den Fenstern, zerrissenen Möbelüberzügen, das Aussehen überhaupt recht billig und »vulgär«. Es war kein sehr angenehmes »welcome«. Dann hat sich herausgestellt, daß unsere Zimmer ausgiebig von Küchenschaben und sogar von Wanzen besiedelt waren! Den ersten Tag haben wir damit verbracht, große Mengen von Insektenpulver zu kaufen. Wir haben es überall hingestreut, die Böden gewaschen – ein fast sträflicher Luxus, weil man Wasser hier kaufen muß und nicht mehr als einen Eimer pro Tag erhält –, unsere eigenen Tischtücher und Servietten herausgezogen und die schrecklichen Tische damit zugedeckt. Unsere Datscha erinnert an schäbige möblierte Zimmer – so stelle ich sie mir wenigstens vor. Mamulitschkas Zimmer im Kurhaus ist rein und hell; es erschien uns als etwas unwahrscheinlich Schönes. Später hat sich alles eingerenkt, die Wanzen wurden vertilgt, auf die Betten wurden unsere eigenen Matratzen gelegt; wir haben uns eingewöhnt und nicht schlecht eingelebt.

Die meiste Zeit des Tages verbringen wir im Park, nach Hause kommen wir nur zum Essen und Schlafen. Ich habe hier einen großen Trost trotz verschiedener Mißstände und eine große Befriedigung entdeckt: das Kurorchester, das vier Stunden am Tag spielt, von elf bis ein Uhr und von fünf bis sieben Uhr nachmittags. Ich versäume keinen Tag und trachte immer, rechtzeitig zum Konzert zu kommen, obwohl Tatjana schon öfters darüber geschimpft hat. Obwohl Signor Armando Zaniboni, glaube ich, kein besonders guter Dirigent ist, spielen sie nicht schlecht. Natürlich keine besonders ernsten Sachen, aber ich habe hier viel kennengelernt, von dem ich früher überhaupt keine Ahnung hatte...

Wannenbäder nehmen Mamulitschka und ich; Mamulitschka einen Tag ein Schlammbad, den zweiten ein Fichtennadelbad, dann wird ein Ruhetag eingeschaltet. Ich nehme jeden zweiten Tag ein Fichtennadelbad...

Im gleichen Gärtchen wie wir lebt ein alter Fürst Golizyn mit seinem Enkel. Wie merkwürdig, daß sie und wir die einzigen Vertreter der »titulierten Welt« sind und direkt nebeneinander wohnen. Wir kennen ihn nicht, überhaupt haben wir hier keinerlei Bekannte und sitzen immer allein. Wahrscheinlich halten uns alle für sehr stolz. Ist mir egal!

17. Juli, Kursaal

Heute ist schlechtes Wetter, ich bin allein in den Park gekommen. Dr. Werman war bei uns und ich bin gleich nach der Visite hergekommen, um Musik zu hören. Bereits seit einer Woche nehme ich keine Bäder wegen meiner Hüfte, die mir in Petrograd oft wehgetan hat und die ich nie beachtet habe. Der Doktor hat gesagt, daß ich im Winter eine kleine Rippenfellentzündung hatte, obwohl ich nicht einmal einen Schnupfen hatte! Mir wäre es im Prinzip egal, wenn sich Mamulitschka nicht so aufregte.

Ich habe keine Angst vor Krankheiten, mir scheint, daß ich nicht wirklich schwer erkranken kann. Aber dabei bin ich, ich weiß nicht warum, davon überzeugt, daß ich nicht sehr lange leben werde. Ich habe überhaupt keine Angst vor dem Tod, viel mehr Angst habe ich vor dem Leben. Wahrscheinlich ist das der Gipfelpunkt der Feigheit. Aber irgendwie sitzt das in mir, seitdem ich gelernt habe zu denken und zu überlegen.

Und trotzdem denke ich manchmal, wie schön es ist, auf der Welt zu sein! Eine Familie zu haben, einen Mann, Kinder, das zu sein, was bei uns Mamulitschka ist - wie schön! Ich glaube aber, daß ich eines solchen Glückes nicht würdig bin. Ich bin fast davon überzeugt, daß ich nicht heiraten werde, daß mir das von der Wiege an nicht bestimmt ist. Könnte denn ich, die ich nicht für einen Groschen Willensstärke habe, ein Haus führen, Kinder erziehen, meinem Mann helfen und überhaupt den Kampf mit dem Leben aufnehmen? Sicher nicht. Ich muß mich ganz ändern, um wenigstens zu irgendetwas zu taugen. Ein anderes Leben führen? Aber was für eines? Ich kann meinen Lebensunterhalt nicht selbst verdienen, ich kann überhaupt nichts. Werde ich wirklich niemals lernen, ein richtiger, tätiger, nützlicher Mensch zu sein? Wahrscheinlich nicht, deshalb habe ich ja Angst vor dem Leben.

Was ich aber mehr als alles andere fürchte, ist, jemanden von den mir Nahestehenden zu überleben. Ein Leben ohne Mama, ohne die anderen ist unmöglich. Ich kann nicht leben, wenn mich nicht jemand liebt... Ich möchte jetzt sterben, aber leider wird das nicht geschehen, denn mein Wunsch ist ein Beweis für einen Egoismus, wie es ihn sicher selten gibt. Die Leute, die sich einen frühen Tod wünschen und nicht an das schreckliche Leid denken, das ihr Tod hervorruft, sind böse Egoisten. Ich gehöre auch dazu. Es wird wohl nichts anderes übrig bleiben als zu leben, zu kämpfen und möglichst tapfer alle Unglücksschläge und Stürme zu ertragen, die Gott schickt. Dann, wenn man ehrlich seine schwere Pflicht auf Erden erfüllt hat, darf man die wohlverdiente Ruhe wünschen und um sie bitten. Für mich ist es jetzt eine Sünde. Und daß mir scheint, daß ich nicht mehr lange leben werde - alles ist Gottes Wille und wir müssen glücklich sein, uns ihm unterzuordnen.

Staraja Russa, 23. Juli 1916

Ich habe einen schrecklichen Schnupfen, deshalb kommt mir alles fad und unerträglich vor. Ich fühle mich so schlecht. Der Kopf ist wie mit Blei angefüllt, es rauscht in den Ohren, ich kann schwer atmen. Und das soll Sommer sein, Juli! Das Wetter ist so, daß man es für September halten könnte, Kälte, Feuchtigkeit! Überhaupt hängt mir Staraja Russa zum Hals heraus, sein obskures Publikum, der Lärm und alle Unannehmlichkeiten, die zu einem Kurort gehören. Ich fühle mich wieder so schlecht wie in Petrograd. Wir müssen hier noch zwei Wochen bleiben, dann ungefähr vier Tage in Petrograd, dann - Broniza! Es ist schrecklich, jetzt in Petrograd zu sitzen. Es gibt nichts zu essen, alles geht drunter und drüber...

Staraja Russa, 11. August 1916

Morgen fahren wir! Endlich! Was kann ärger sein als die letzten Tage und Stunden in einem Kurort, der einem bis zum letzten zuwider geworden ist? Jetzt müssen wir die ganze Langeweile dieser Erwartung durchleben, die noch achtundzwanzig Stunden dauern wird. Wir bleiben fünf Tage in Petrograd, gerade die Zeit, um Fahrkarten zu kaufen und unser Gepäck umzupacken, und dann geht es direkt nach Broniza... Noch nie habe ich solch eine Sehnsucht nach Broniza gehabt wie in diesem Jahr. Das letzte Mal sahen wir es an jenem 21. August, als wir uns verabschiedeten, so, als ob wir es für ewige Zeiten verloren hätten. Damals haben wir nicht mehr gehofft, Broniza wiederzusehen – und jetzt kehren wir dorthin zurück! Dort ist es still und friedlich, niemand redet mehr von den Österreichern und der Gefahr, daß es zerstört werde; man hört nicht mehr das ferne Grollen der Kanonen. Auf den Feldern arbeiten allerdings gefangene Österreicher, aber sie sind keine Feinde mehr, sie sind, wie Papa schreibt, »nicht gekommen um Broniza zu vernichten, sondern um zu helfen«. Ohne sie wäre es heuer unmöglich, die Ernte einzubringen, denn Arbeitskräfte sind unerschwinglich teuer geworden, und die Ernte ist sehr gut. Obwohl der Sommer kühl und regnerisch war, ist es gelungen, alles rechtzeitig einzubringen, wenn auch mit großer Verspätung.

Petrograd, 16. August 1916

Es ist merkwürdig, in unsere »stilvolle« Wohnung zurückzukommen, nach der verlotterten Richter-Datscha. Mit besonderem Vergnügen habe ich alle Zimmer inspiziert, verblüfft über ihre Reinheit und ihr anständiges Aussehen. Unsere Möbel, unser Geschirr, die ganze Wohnung haben mir diesmal mehr als sonst gefallen. Aber was mir eine ganz besondere Freude gemacht hat, ist unser, »mein«, wie ich immer sage, Steinway. Wie schön kommt er mir vor nach der berüchtigten »Galosche« in Staraja Russa, auf der ich trotzdem jeden Tag gespielt habe. Was könnte es für mich Angenehmeres geben als sein weicher, zärtlicher Ton, der unter den Fingern wie etwas Lebendiges klingt, wenn man die Tasten berührt. Ich liebe »meinen« Steinway und es wird ein trauriger Tag für mich, wenn Tante E.A. ihn zurückverlangt.

Merkwürdig ist auch, jetzt durch die Straßen von Petrograd zu gehen. Sie sind ganz leer. Nach dem Gedränge im Winter ist man erstaunt über die ungewöhnliche Leere und verhältnismäßige Stille. Die Straßen erscheinen noch breiter. Ich hätte vieles zu erledigen, aber das Wetter ist echtes Petrograd: es gießt in Strömen, ist feucht und kalt. Hier ist Herbst; in Broniza scheint sicher die Sonne und es ist warm. Ich kann kaum glauben, daß ich heuer noch Wärme erleben werde. In Staraja Russa gab es meiner Meinung nach keinen Sommer.

Wenn man die Landkarte betrachtet – wie weit müssen wir

fahren und wie lange! Wir verlassen Petrograd um fünf Uhr zwanzig abends, schlafen, fahren einen ganzen Tag, dann noch eine Nacht und sind um sechs Uhr früh in Kiew. Dort bleiben wir einen ganzen Tag bis um vier Uhr nachmittags. Dann schlafen wir noch einmal im Zug und kommen um sieben Uhr früh in Mogilew an. Die letzte Etappe ist Mogilew–Broniza. Diese zehn Werst bringen wir in etwas mehr als einer Stunde hinter uns, wenn die Straße gut ist, und dann sind wir zu Hause! Wie lange ist es noch bis dahin!

Im Zug, 18. August 1916

Wie langweilig ist die Windau-Rybinsker Eisenbahnlinie! Und unser Waggon ist auch uralt und häßlich. Trotzdem liebe ich die Fortbewegung. Wir sind bei unseren Fahrten im Ausland so viel gereist, daß das Reisen für mich kein solches Schreckgespenst ist wie für viele andere. Die letzte Nacht haben wir herrlich geschlafen, und überhaupt ist einem so fröhlich zumute. Seit dem Morgen scheint die Sonne, in der Luft liegt eine Wärme und Weichheit, wie wir sie schon lange nicht erlebt haben.

Diese Bahnlinie ist ebenso wie unsere Südwestlinie eine wichtige militärische Verbindung. Mit uns fahren fast ausschließlich Offiziere; wir kennen schon viele vom Sehen... Sie schauen alle sehr anständig aus, weil sie aus Petrograd kommen und wahrscheinlich an die galizische Front fahren. Heute früh um vier Uhr sind wir durch Mogilew-Gubernskij gefahren, wo sich derzeit das Hauptquartier befindet. Im Wald, nicht weit von der Station, haben wir einige Reihen von Schützengräben und Stacheldrahtverhauen gesehen. Zu jeder anderen Zeit hätte das in hohem Maße unsere Aufmerksamkeit erregt, aber jetzt habe ich das ganze mit Gleichmut betrachtet: das alles können wir in Broniza jeden Tag sehen. Auf dem Bahnsteig in Mogilew sahen wir Igor Konstantinowitsch. Er sieht Gabriel K. sehr ähnlich*.

Dieses Mogilew heißt »Mogilew am Dnepr«. Unser »Mogilew am Dnestr« ist noch sehr weit.

* Großfürst Igor Konstantinowitsch war der Bruder jener beiden Konstantin-Söhne, der Großfürsten Joann und Gabriel, mit denen wir in Davos sehr befreundet waren. (Ergänzung der Verfasserin 1981)

Kiew, 19. August 1916

Es war eindrucksvoll, wieder in Kiew anzukommen. Wir betrachteten heute morgen mit einem ganz eigenen Gefühl das prachtvolle Panorama des mächtigen Dnepr mit seinem hohen, grünen Ufer, auf dem sich oben auf dem Berg das Lavra-Kloster ausbreitet. Die Sonne ging auf, und ihre ersten Strahlen beleuchteten die goldenen Kuppeln der Kirchen, die erstrahlten und brannten, als wären sie aus Feuer. Und ich erinnerte mich an den Abend im vorigen Jahr, der ebenso still und friedlich war wie dieser Morgen, als wir bei der Abreise nicht mehr hofften, Kiew wiederzusehen. Damals zweifelte kaum jemand daran, daß die Stadt erobert werden würde. Es waren die militärischen Kreise selbst, die Panik verbreiteten, allen den Rat gaben, abzureisen und alles, was möglich war, wegzuschaffen. Jetzt, beim Anblick dieses so bekannten und geliebten Bildes, erinnerte ich mich an diese schrecklichen fünf Tage, an meinen Besuch im Kloster, an meine Gebete in der Kathedrale und im Höhlenkloster um die Errettung der Heiligtümer von Kiew. Wie lange ist das alles her, und trotzdem, wie kurz!

Broniza, 2. November 1916

Zweieinhalb Monate sind vergangen, seitdem wir in Broniza sind. - Wie schön waren diese ersten zwei Wochen, als wir von den Unsrigen mit so großer Freude empfangen wurden. Ihre Abreise wurde um eine Woche verschoben, und diese vierzehn Tage haben wir verbracht, ohne uns zu trennen. Wir besuchten zusammen alle unsere Lieblingsplätze und gingen abends bei Mondschein im Garten spazieren. Wir hatten viele Gesprächsthemen und in ihnen fand ich mich wieder mit meinem lieben Andrej, mit allen seinen Ansichten über das Leben, das wir alle noch nicht aus der Nähe kennen... Als sie abreisten, verabschiedeten wir uns von ihnen mit so viel Bedauern, als ob wir sie lange nicht sehen würden. Das hat sich bewahrheitet, aber damals wußten wir nicht, daß wir so lange hier bleiben würden.

Dann wurde ich krank. Und dann habe ich zufällig in »Novoje vremja« gelesen, was alle vor mir verheimlichen wollten: daß Alexander B. gefallen ist. Warum wollte man mir das nicht sagen? Hat Mamulitschka gedacht, daß ich ihn

Fürstin Sayn-Wittgenstein und Tanja, Broniza »am Ende der Welt« 1915. Aufnahme der Verfasserin

wirklich liebe? Nein, zum Glück ist das nicht wahr, aber ein Schlag war es trotzdem. Er ist der erste Mensch, den ich seit Kriegsbeginn beweine. Es waren böse Tage; ich konnte diese schwarzen Quadrate auf der ersten Seite von »Novoje vremja« einfach nicht mehr sehen. Alle diese »Heldentod auf dem Felde der Ehre«, »Gefallen in Ausübung seiner Pflicht«, »Gestorben für das Vaterland« – und so viele aus den Garderegimentern; zahllose Spalten, die Blüte unserer Jugend!

Seit diesem grauen, warmen Tag, als ich allein auf der steinernen Bank »am Ende der Welt« saß und über den mir ganz fremden Menschen weinte, ist viel Zeit vergangen, aber seither mache ich täglich zwei Dinge: ich bete für den Frieden seiner Seele und lese die Liste aller Gefallenen in »Novoje vremja«. Merkwürdig, mein Trost war damals, daß ich vielleicht auch bald sterben werde. Mein Gott, was wäre gewesen, wenn ich ihn wirklich geliebt hätte?

Ganz unerwartet ist Boba gekommen; unsere Freude war umso größer. Meine offene, schmerzende Wunde hat sich durch diese Freude geschlossen. Boba hat sechs Tage hier verbracht. Er kam aus dem Hauptquartier zurück und traf in Kiew den General Skoropadski, den Kommandanten der ersten Garde-Kavalleriedivision; er stellte sich ihm vor und bat um einen Urlaub von acht Tagen. Am 6. ist er mit Mamulitschka und Papa nach Kiew gefahren, am 8. fuhr Boba von Kiew über Rowno an die Front, Mama und Papa nach Petrograd. Tatjana und ich blieben allein mit Nuditschka. Wir leben still und friedlich, wir haben zu tun; wie man sich langweilt, wissen wir nicht – es geht uns sehr gut.

Seit dem 20. Oktober kränkle ich. Es ist das gleiche wie immer, jeden Tag leichtes Fieber, abends eine große Schwäche, manchmal Schmerzen in der Hüfte. Das kränkt mich nicht besonders.... Ich bin fast sicher, daß ich nicht lange leben werde. Zum ersten Mal wollte ich am Tag von Nataschas Tod sterben. Am 1. Dezember werde ich einundzwanzig Jahre alt, das Alter, das sie gerade erreicht hat. Sie starb am sechzehnten Tag nach ihrer Großjährigkeit. Als Tatjana vor ihrem einundzwanzigsten Geburtstag stand, habe ich ein bißchen Angst gehabt und war ehrlich froh, daß dieses Jahr gut vorüber gegangen ist. Jetzt ist die Reihe an mir.

Broniza, 22. November 1916

Wahrscheinlich wollte mich Gott strafen, denn am Tag nach meiner letzten Tagebucheintragung haben wir erfahren, daß Olga an Scharlach erkrankt ist; Andrej ist isoliert und wohnt in Sestrorezk. Das war so unerwartet, daß ich völlig den Kopf verloren und mir alles in den finstersten Farben ausgemalt habe: Scharlach ist eine böse Krankheit, danach gibt es immer irgendwelche Komplikationen mit der Lunge, den Ohren, dem Magen und so weiter. Nicht daß Olga erkrankt ist, ist unheimlich; sie ist ein gesundes und starkes Mädchen, sondern daß es niemanden gibt, der sie pflegen kann, außer Mamulitschka. Am Abend, als wir den Brief bekamen, habe ich darum gebetet, im Traum zu sehen, ob Andrej auch erkrankt sei. In der gleichen Nacht träumte ich, daß er krank ist. Eine Antwort auf unser Telegramm kam verhältnismäßig schnell. Ich habe mich nicht geirrt, Mamulitschka antwortete, daß Andrej auch erkrankt sei.

Endlich kamen zwei Briefe, adressiert an Papa, der noch nicht eingetroffen war. Wir wußten nichts. Am 20., nach allen diesen Tagen des Wartens, kam Papa endlich zurück. Das war, wie wenn nach einem kalten Wintertag ein warmes Lüftchen zu wehen beginnt. Außer sich selbst überbrachte uns Papa alle Nachrichten von den Unsrigen, auf die wir mit solcher Verzweiflung gewartet hatten. Er las uns Mamulitschkas Briefe vor und brachte in unser stilles, leeres Haus endlich wieder jene Familienatmosphäre, ohne die wir zwei Monate hatten leben müssen. Er blieb nur zwei Tage bei uns, ordnete die Wirtschaft und ist heute weggefahren mit dem Versprechen, am 27. wiederzukommen. Am 30. reisen wir zusammen ab, bleiben ein paar Tage in Kiew und dann geht es auf nach Petrograd, zu den Unsrigen!

Diese ganze Zeit haben Tatjana und ich uns sehr für Alexandre Dumas begeistert. »Les trois mousquetaires«, »Vingt ans après«, »Le Vicomte de Bragelonne« - alles in allem elf Bücher. Diese urlange Geschichte mit unendlich vielen Peripetien und Intrigen ist so interessant, daß man sich davon überhaupt nicht losreißen kann. In unserer bedrückenden Zeit ist es angenehm, alles zu vergessen und sich, weit weg vom Krieg des 20. Jahrhunderts, in die Tiefe der Geschichte zu versenken. Athos, Portos und Aramis, d'Artagnan und so weiter dienen mir dazu, unser großes, stilles Haus, in dem ich bei Tag fast immer allein sitze, zu bevölkern und mit Leben zu erfüllen; sie sind meine Freunde und Genossen. Es kann merkwürdig scheinen, daß ich mich nach »Novoje vremja« und »Kiewskaja mysl«, nach Staatsduma und Bukarest, nach Protopopov, Stürmer und ähnlichen Krisen, nach den Begräbnissen von Franz Joseph, Sienkiewicz, Verhaeren, Jack London und anderen in die neutrale Ferne des 17. Jahrhunderts versenken möchte, möglichst weit und tief, daß ich möglichst lang in dieser Epoche verweilen möchte, um von der Gegenwart auszuruhen. Das ist Kleinmut, aber es ist eine Reaktion.

3. Dezember 1916, zwischen Kiew und Petrograd,
1. Klasse des internationalen Waggons

Wir fahren den vierten Tag. Es wäre lustig, wenn es nicht ziemlich ermüdend wäre. Wir reisen mit so viel Luxus und allen Bequemlichkeiten wie jetzt niemand; deshalb sind wir in guter

Verfassung und gar nicht erschöpft. Von der Minute an, seit wir uns in Kiew in diesem Waggon eingerichtet haben, war unser Leidensweg vorbei, da wir so reisen, wie wir es seit Jahren gewohnt sind. Aber von Broniza bis Kiew war es abwechslungsreicher: die Entfernung, für die wir in Friedenszeiten neun bis zehn Stunden gebraucht haben, haben wir in sechsunddreißig zurückgelegt. Obwohl wir uns allein in einem großen, fest verschlossenen Waggon erster Klasse befanden, war diese Reise zu lang. Unser Wagen wurde an einen Kriegstransportzug angehängt; wir konnten froh sein, daß es kein Sanitätszug war, denn das hätte noch länger gedauert. Transport- und Sanitätszüge sind jetzt die einzigen, die bis in unsere Gegend geführt werden.

In Kiew habe ich am 1. Dezember meine Großjährigkeit gefeiert. Obwohl ich mich bemühte, lustig zu sein, war es schrecklich traurig und langweilig ohne die Familie, unter fremden Menschen. Mein lieber Papulitschka hat es so eingerichtet, daß wir an diesem Abend ins Theater gegangen sind, noch dazu in die Loge des Generalgouverneurs. Aufgeführt wurde »Konjok-Gorbunok«, und eigentlich war es sehr schön, nur wurden wir die ganze Zeit durch Operngläser begutachtet, und die Künstler haben sich vor uns ganz besonders verbeugt.

Die Nacht über haben wir uns im Hotel »Rossija« gut ausgeschlafen, obwohl die Betten dort miserabel sind. Am zweiten streiften wir durch Kiew, abends um neun Uhr gingen wir ins Schanzer-Kino, um elf Uhr fuhren wir zum Bahnhof.

Morgen sind wir in Petrograd bei den Unsrigen! Wie schön!

Petrograd, 12. Februar 1917

Natürlich habe ich diesen ganzen Monat nichts geschrieben, und wenn man daran denkt, daß man sich hinsetzen müßte, um über alles, was jetzt so passiert, zu schreiben, hat man dazu wirklich keine Lust. Alles ist so widerlich, grau, unangenehm; je mehr man darüber nachdenkt, desto schwerer wird einem ums Herz. Man möchte die Augen schließen, nichts sehen, nichts denken, nichts wissen; man möchte vergessen, sich ablenken, um diese Zeit möglichst schnell hinter sich zu bringen. Je länger es geht, desto ärger wird es. Über dem armen Rußland hängt eine schwarze Wolke, und niemand kann sich vorstellen, wie sie sich entladen wird. Wir leben in einer gräßlichen Zeit! Natürlich ist es schön zu predigen, daß man sich schämen solle, den Mut zu verlieren, daß man immer tapfer und fröhlich in die Zukunft blicken solle, daß alle Pessimisten Feiglinge seien – aber wir sind schließlich nicht blind! Wir sehen, daß rundherum alles einstürzt, daß wir alle auf einen Abgrund zugehen, daß uns nur mehr ein Wunder retten kann.

In Rußland wird jetzt alles getan, um Rußland zugrunde zu richten. Jeder Schritt der Regierung führt in diese Richtung. Ich glaube, es gab noch nie einen derartigen inneren Verfall im Lande wie jetzt. Sicher wird sich alles in nächster Zukunft entscheiden, und diese Entscheidung wird eine Katastrophe sein. Man sagt, daß am 14. Februar, am Tag der Eröffnung der Duma, Streiks und Unruhen ausbrechen werden. Das Schreckliche an allem ist, daß jetzt nicht die Zeit dazu ist. Für die Armee ist es unbedingt notwendig, daß im Hinterland Ruhe und Ordnung herrschen. Sie braucht sowohl materielle als auch ideelle Hilfe und Unterstützung. Unsere Armee ist genau so stark und unerschütterlich, wie sie es früher war, aber ihr Rückhalt, das Hinterland, ist angefault und drauf und dran, zusammenzustürzen, und das wird unseren Feinden nur allzusehr zugute kommen. Ich war nie eine Pessimistin, und auch jetzt würde ich nie einem Fremden alles das sagen, aber denken kann jeder, was er will. Jeder muß sogar nüchtern den Ereignissen entgegensehen und niemand darf sich Illusionen machen!

Tage
der Revolution

23. Februar 1917

Bei uns wird von den Unannehmlichkeiten der gegenwärtigen Zeiten fast nicht gesprochen. Alle scheinen Gesprächen über aktuelle Dinge aus dem Weg zu gehen. Die Mode dieser Saison ist Musik im allgemeinen und vor allem die Oper. Wenn jemand mein Tagebuch läse, würde er verstehen, daß diese Atmosphäre mir weitaus am liebsten ist. Diese Vorliebe wurde unterstützt durch den Kauf eines Grammophons. Seitdem ist es unsere liebste Beschäftigung, gute Schallplatten zu hören. Nach einer allgemeinen, friedlichen Übereinkunft haben wir beschlossen, daß in unserem Repertoire keine einzige Zigeunerromanze sein darf und daß wir unsere Lieblings-Opernarien kaufen werden. Zu meinem großen Leidwesen gibt es im Augenblick keine Platte mit Sobinov. Dafür haben wir viele Platten mit Schaljapin, Smirnov, Caruso und Neshdanova. Ich besitze sogar drei eigene Schallplatten aus »Lohengrin«, die ich immer spiele, um wenigstens so meine geliebten Wagnermelodien zu hören.

Wir leben so friedlich und glücklich, daß bestimmt etwas Unangenehmes geschehen wird, um alles zu zerstören.

27. Februar, 12 Uhr mittags

Jetzt sind wir soweit! Schon seit vier Tagen gibt es Unruhen in Petrograd: die Maschinen in den Fabriken stehen still, die Tramways auch, alle streiken. Heute haben fast alle Marschabteilungen der Garderegimenter rebelliert. Neben uns, in der Kaserne des Wolhynischen Regiments, wird seit heute früh gemeutert; unter unseren Fenstern steht ein Zug des Preobrashensky-Regiments und hat seine Maschinengewehre auf die Kaserne gerichtet. Von Minute zu Minute können wir uns darauf gefaßt machen, daß das Feuer eröffnet wird.

Wir haben alle Türen abgesperrt und sitzen im Augenblick in unserem Turm. Böse Zeiten! Papa ist in Kiew; wenn er erfährt, was hier geschieht, wird er schreckliche Angst um uns haben. Es ist nur gut, daß Boba, der vor einigen Tagen auf Urlaub gekommen ist, und auch Onkel Kolja bei uns sind. Mamulitschka will uns mit dem Onkel nach Wologda schicken, bis es hier wieder etwas ruhiger wird; sie selbst will mit Boba hier bleiben. Ich möchte wirklich nicht fahren! In solchen Zeiten ist es besser, sich nicht zu trennen, sondern zusammen zu bleiben. Es ist schon genug, daß Papa nicht bei uns ist.

4 Uhr nachmittags

Vorderhand ist alles ruhig. Ab und zu hört man vom Litejny Prospekt einzelne Schüsse. Onkel Kolja ist zur Bank gegangen; wir haben große Angst um ihn.

5 Uhr

Onkel Kolja ist wohlbehalten zurückgekommen. Er sagt, daß auf dem Litejny Prospekt geschossen wird. Unter unseren Fenstern wird die Menge immer dichter, und es wird immer lauter gebrüllt. Schade, daß man das Maschinengewehr weggebracht hat. Wir beobachten die Straße von den Erkerfenstern in unserem Zimmer, von wo man die ganze Baskowskaja mit den Kasernen, die Bassejnaja und ein Stück des Litejny sehen kann. Auf den Straßen umringen Massen von Soldaten und »Genossen« die Offiziere und nehmen ihnen die Säbel ab. Wir haben gesehen, wie ein Soldat zu Pferd auf einen Offizier zugeritten ist und ihm direkt ins Gesicht gezielt hat. Durch die Straßen fahren Autos voll Soldaten mit Gewehren und roten Fahnen. Die Menge stürzt ihnen entgegen und gröhlt »Hurra«.

Das alles ist abstoßend und es ist schwer, seinen Augen zu trauen. Wir telefonieren und werden angerufen, um zu hören, was in den verschiedenen Stadtteilen los ist. Überall geschieht das gleiche. Auf der Zacharjevkaja brennt das Bezirksgericht; die Hauptverwaltung der Artillerie wurde zerstört; aus dem Gefängnis wurden alle Häftlinge befreit, und das Gefängnis brennt. Heute früh wurden die Duma und der Staatsrat aufgelöst; gerade hat man uns aber gesagt, daß in der Duma eine außerordentliche Sitzung stattfindet. In der Stadt gehen die unglaublichsten Gerüchte um, die per Telefon weitergegeben werden. Die einen sprechen von einem »Verantwortlichen Ministerium«, geleitet von Michail Wladimirowitsch Rodzjanko, andere, daß Protopopov zum Diktator ausgerufen wurde, die dritten, daß General Alexejew zum Ministerpräsidenten ernannt wurde und so weiter. Andere, die überhaupt keine Beziehungen zur Duma oder zum Staatsrat haben, erzählen die unglaublichsten Dummheiten, zum Beispiel daß aus einem Haus ein Weib ein Maschinengewehr herausgeschleppt und irgendwohin geschossen hat, entweder in die Menschenmenge oder auf die Soldaten, oder daß um vier Uhr ein Aeroplan angeflogen ist, direkt zur Duma (?). Am Abend, wenn Rodzjanko aus der Duma nach Hause kommt, wird ihn Onkel Kolja anrufen, dann werden wir etwas Genaueres erfahren. Boba hat gesagt, daß die Marschbataillons der ganzen Ersten Division letzte Nacht in Petrograd eingetroffen sind. Es ist nur gut, daß nicht die Erste Division selbst hierher verlegt wurde, wie ursprünglich beabsichtigt, sonst müßte Boba jetzt auf Patrouille durch die Straßen Petrograds reiten und auf die Menge schießen! Gräßlich!

9 Uhr

Es ist finster, durch die Bassejnaja ziehen aber immer noch Mengen von Menschen. Ab und zu hört man laute Gewehrschüsse. Bis jetzt haben wir nichts Neues erfahren. Wir sitzen in unserem Turm wie in einer Festung. Es wäre nur gut, wenn auf diese Festung kein Sturmangriff erfolgt. Was für eine Nacht steht uns bevor? Wir haben alle Jalousien heruntergelassen und in den Zimmern, die nur Vorhänge haben, kleine Lampen angezündet.

Es ist schwer zu glauben, daß wir solche Zeiten erleben müssen!

11 Uhr

Die letzten Nachrichten: Ein »Exekutivkomitee«, bestehend aus zwölf Mitgliedern der Duma, wurde gewählt; den Vorsitz hat M. W. Rodzjanko. Das hat uns Anna Nikolajewna Bobrinskaja telefonisch mitgeteilt. Das ganze Präsidium ist im Komitee und die anderen sind »lauter ehrenhafte, bekannte Namen«, sagt A.N. Es wurden auch Kerenski und Tschcheidze gewählt; sie haben aber, heißt es, abgelehnt. Das ist sehr schade, weil Michail Wladimirowitsch auf diese Weise ihre Tätigkeit nicht kontrollieren kann. Der heutige Tag war ausgefüllt mit verschiedenen Ereignissen, ich bin sehr müde. Wenn ich die Augen schließe, sehe ich deutlich die Straße vor mir, mit einer schwarzen, chaotischen Menschenmenge. Die anderen haben sich schon schlafen gelegt; vielleicht wird es nicht viel Schlaf geben. »On se couche tôt les jours d'émeute« sagt Victor Hugo. Wir tun das gleiche.

Diese zwei Tage konnte ich mich wirklich nicht zum Schreiben zwingen. Und so viel wäre zu schreiben gewesen! Dieser 28. Februar war der ärgste Tag, den wir jemals erlebt haben. Diese lange Nacht vom 27. auf den 28. Februar, da es schien, als ob unter dem Lärm von Schüssen in der Finsternis durch die schwarzen Straßen ein grauenhaftes Ungeheuer kröche mit dem Namen Revolution. Aber wenn mir die Nacht schrecklich vorkam, der nächste Tag war noch viel schlimmer. Vom Morgen an ununterbrochen Schüsse und dann der erste Besuch des »Revolutionären Volkes und der Armee« ...*

* Ich sehe, daß ich damals am 2. März nicht weiter geschrieben habe. Ich erinnere mich, wie wir in unserem Salon saßen, als plötzlich laut an die Tür gehämmert wurde und ein furchtbares Gebrüll zu hören war. Onkel Kolja öffnete die Tür und uns schien, daß das ganze Treppenhaus voll war von einer tobenden und schreienden Menge, viele in schwarzen Lederjacken, mit Patronengürteln um die Schulter, alle bewaffnet, alle wollten in unsere Wohnung eindringen. Onkel Kolja gelang es, nicht mehr als zehn Leute einzulassen. Sie liefen durch alle Zimmer und schienen etwas zu suchen; sie sagten, daß sich auf dem Dach Maschinengewehre befänden, die auf das revolutionäre Volk schössen. Ich weiß nicht, ob wirklich vom Dach unseres Hauses geschossen wurde; jedenfalls sahen wir plötzlich vor dem Haus einen Tank auffahren, der seine Geschütze auf unsere Fenster richtete. Unterdessen bemühten wir uns, vorsichtig zu beobachten, was die bei uns eingedrungenen Revolutionäre machten. Ich erinnere mich, daß ich dasaß und meine Hände betrachtete, die plötzlich mit kleinen Schweißtröpfchen bedeckt waren – aus Angst. Niemand bewegte sich von seinem Platz. Wir saßen alle und schwiegen. Später entdeckte ich, daß aus meinem Nachtkästchen meine Uhr verschwunden war; dann stellte sich heraus, daß jedem etwas fehlte. Ich erinnere mich nicht, wie lange alles gedauert hat; es muß ziemlich bald gelungen sein, die Leute loszuwerden, und sie verließen uns mit Geschrei und Schimpfen. Das war aber nur die erste Begegnung mit den revolutionären Massen. Das hat sich dann täglich, manchmal sogar mehrmals am Tag wiederholt, und jedes Mal brüllten sie die gleichen Phrasen, daß wir Offiziere versteckten, daß aus unseren Fenstern geschossen würde, und natürlich drohten sie uns, sie würden uns festnehmen und abführen. (Ergänzung der Verfasserin 1981)

Petrograd, 14. März 1917

Es war mir nicht möglich, über diese Tage, die in die Geschichte eingehen werden, zu schreiben; die Zeiten waren einfach zu schwer. Es klingt merkwürdig, wenn ich sage »sie waren«, wo es doch auch jetzt noch so weitergeht, doch jetzt haben wir uns irgendwie an die neuen Zustände gewöhnt, auch daran, uns über nichts mehr zu wundern. Man kann sich an alles gewöhnen. Nach dem ersten Schreck, den ersten Tagen der Revolution schien es wirklich, daß etwas Neues beginnt, daß sich etwas Großes ereignet hat. Doch diese Begeisterung ist schnell vergangen; übrig blieb, außer der Enttäuschung, eine tiefe Abscheu vor den stattgefundenen Ereignissen.

Im Moment befindet sich ganz Rußland, sein Glück, seine Zukunft, seine Ehre, in den Händen einer Bande ungebildeter, grober Banditen, die nichts anderes im Kopf haben als das Aufhetzen einer Bevölkerungsschicht gegen die andere, die Autonomie der Juden, die Aufteilung des Grundbesitzes, den Achtstundentag und derartiges mehr. Der »Arbeiter- und Soldatenrat« hat in Rußland alle Macht in Händen. Er kontrolliert das Exekutivkomitee und die Minister. Ich werde nicht ihre ganzen »faits et gestes« beschreiben, weil schon der Gedanke daran widerlich ist. Jeder Tag bringt empörende Neueinführungen. In den zwei Wochen ihrer Regierung haben die Herrschaften bereits unendlich viel Böses für Rußland gebracht, so viel Unordnung angerichtet, daß dieses Unheil bestimmt nie wieder gutzumachen sein wird. Sie haben es fertig gebracht, alles zu zerstören; ob sie aber jemals etwas Neues und Besseres aufrichten werden, ist äußerst fraglich.

Die Unzufriedenheit wächst mit jedem Tag; darüber spricht man aber nur leise untereinander, da man jetzt seine Meinung weniger frei äußern kann als früher. Das Leben in Petrograd ist so schwer geworden, daß alle, die können, versuchen, wegzukommen. Alle leben nur von einem Gerücht zum anderen. Bei der kleinsten beruhigenden Nachricht blühen alle auf, freuen sich; dann kommen schlechte Nachrichten und alle sind wieder niedergeschlagen unter dem Eindruck der traurigen Wirklichkeit. In solchen Minuten erscheint alles noch hoffnungsloser. Alle sind schrecklich nervös.

Im Moment ist Petrograd sehr gefährdet wegen des deutschen Vormarsches. Es gibt Panikmacher, die behaupten, daß die Deutschen in einem Monat die Hauptstadt einnehmen werden. Wenn in unserer kämpfenden Armee ein ebensolcher Zerfall und Niedergang der Disziplin herrscht wie bei den hiesigen Garderegimentern, wäre das nicht erstaunlich, doch scheint es bis jetzt noch nicht der Fall zu sein. Die Matrosen der Baltischen Flotte haben allerdings, nachdem sie die meisten und besten Offiziere erschlagen haben, die ganze Nordfront und Petrograd verraten, aber vielleicht werden sie, wenn der Frühling kommt, zur Besinnung kommen und doch daran denken, sich gegen die Deutschen zu verteidigen. Im Augenblick werden die baltischen Geschwader von einem Matrosen namens Sisov befehligt, dem man hier nicht einmal die Erlaubnis gegeben hat, in der Duma zu sprechen, weil er betrunken war. Das ist nur ein Beispiel für die derzeitigen Zustände.

Vor drei Tagen haben wir endgültig beschlossen, aus Petrograd abzureisen. Das Leben ist hier wirklich zu schwer geworden. Zuerst fahren wir nach Kiew und werden dort auf bessere Zeiten warten. Alle unsere hiesigen Bekannten fahren fort, außer den Lwows, aber sie fahren zu Verwandten und Bekannten nach Moskau. In Kiew werden wir in der Nähe von Boba, der gestern an die Front abgegangen ist, und Papa sein. Papa wird dann »faire la navette« zwischen Broniza, Starostinze und unserem zur Unzeit neu erworbenen Gut »Korshewoj Kut«, das Papa auf den Namen von Tatjana und mir gekauft hat. Irgendwo in weiter Ferne zeichnet sich die rosige Aussicht ab, daß wir nach Broniza fahren werden, wenn sich alles beruhigt...

Petrograd, 15. März 1917

Es stellt sich heraus, daß es viel schwerer ist abzureisen, als wir dachten. Es ist fast unmöglich, Fahrkarten zu bekommen. Der Bahnhofsvorstand hat versprochen, Fahrkarten herzugeben, wenn er für jede dreißig Rubel Trinkgeld bekommt. Anscheinend hat die Miliz ihn dabei erwischt, und er hat unter dem Vorwand, daß Papa ihn provozieren wollte, das Geld zurückgegeben und abgelehnt, die Karten zu beschaffen. Dann haben Papa und Onkel Kolja versucht, durch das Transportministerium Fahrkarten zu bekommen, das ist aber auch nicht gelungen. Jetzt ist Wladimir auf den Bahnhof gefahren, um auf dunklen Wegen wenigstens einzelne Karten für verschiedene Tage zu beschaffen. Irgendwie werden wir versuchen, allein unseren Sammelpunkt Kiew zu erreichen.

Heute hat man mir einen Zahn gezogen, und mir tut der halbe Kopf weh. Gerade war Njura Lwowa bei uns und hat erzählt, daß gestern Schaljapin bei ihnen war und die von ihm selbst komponierte neue Hymne gesungen hat. Wenn man Njura glaubt, ist sie phantastisch gut! Natürlich weiß ich, daß Schaljapin nichts Schlechtes komponieren kann; er hat einen viel zu guten Geschmack. Dann hat er den Lwows vorgeführt, wie ein betrunkener Soldat und ein altes Weib auf einer Versammlung die Marseillaise singen. Die Lwows sind vor Begeisterung fast verrückt geworden. Ich glaube, daß er in ein paar Tagen wieder zu ihnen kommt und vielleicht gelingt es mir dann, auch hinzugehen und die neue Hymne zu hören...*

* Gemeinsam aus Petrograd abzureisen, erwies sich als unmöglich – es gab keine Fahrkarten. Es wurde beschlossen, in kleinen Gruppen zu fahren, egal wohin. Die erste Gruppe bildeten Tanja und ich, die zweite Mama und Andrej, die dritte Papa und Olga. Die beiden ersten sollten sich nach Moskau durchschlagen, die dritte nach Kiew. Das Endziel für alle: Broniza.

Ich erinnere mich, wie Papa, Mama und Andrej uns zum Bahnhof der Nikolajewski-Linie begleiteten. Dort versuchten Hunderte von Menschen, ebenso wie wir, aus Petrograd wegzukommen. Ob wir Papiere oder Fahrkarten hatten, erinnere ich mich nicht. Wir standen auf dem Perron, jede mit ihrem Koffer, als nach endlos langem Warten der Zug nach Moskau hereingeschoben wurde. Obwohl er erst in Petrograd zusammengestellt wurde, waren bereits alle Waggons, Plattformen und Trittbretter überfüllt. Ich erinnere mich, daß ich, auf meinen oder Tanjas Koffer springend, versuchte, durchs Fenster in den Wagen zu gelangen: aus dem Inneren zog mich jemand, um mir zu helfen, auf dem Bahnsteig stieß jemand mit dem Fuß den Koffer weg, damit es mir nicht gelänge. Ich erinnere mich nicht an die Einzelheiten, aber schließlich befanden sich Tanja, ich und beide Koffer im gleichen Gang, der bis zum äußersten vollgestopft war, zuerst stehend, dann auf unseren Koffern sitzend. Das war die erste Nacht, die ich inmitten einer Menge im überfüllten Gang eines Waggons verbracht habe.

Wir kamen in der Früh in Moskau an. Es schien uns damals, als ob dort alles beim alten geblieben wäre: niemand lief, niemand schoß, auf dem Platz vor dem Bahnhof standen Droschken. Wahrscheinlich war es eine Folge der überstandenen Ereignisse und der schlaflosen Nacht im Waggon, daß wir keine Droschke nahmen, sondern einen Lastfuhrwagen für schweres Gepäck; wir stellten unsere beiden Koffer auf die Plattform, setzten uns selbst dazu und hielten auf diese malerische Weise unseren Einzug in die Wohnung von Onkel und Tante Zubov hinter dem Arbat.

Ich erinnere mich wenig und schlecht an unseren Aufenthalt in der Wohnung der Zubovs. Es gab Diskussionen und Streit mit Freunden, Bekannten und Verwandten. Der »Moskauer Geist« äußerte sich darin, daß Moskau sich von jeher bemühte, nicht »rot«, wohl aber »rosa« zu sein, so daß Tanja und ich damals mit wenigen Ausnahmen die einzigen Monarchisten waren. Wir warteten täglich auf die Ankunft von Mama und Andrej. Es kam die Karwoche. Zu Hause gab es, glaube ich, keine Karwoche, nicht einmal einen Ostertisch. Unmittelbar vor Ostern erschienen Mama und Andrej. Im Oster-Mitternachtsgottesdienst war ich allein. Tanja und Andrej fuhren sofort über Kursk nach Kiew weiter, eine Strecke, die uns neu war. Mama und ich folgten ihnen gleich darauf, ebenfalls über Kursk. Wir fuhren ganz normal aus Moskau ab. Der Zug war überfüllt, aber wir hatten Fahrkarten und Sitzplätze. Ich erinnere mich wie heute, daß es die beiden ersten Plätze neben der Eingangstür waren. Ich weiß nicht, wie lange wir friedlich dahinfuhren, als plötzlich der Waggon stark zu schwanken begann und am Fenster eine dichte Staubwolke vorbeiflog. Ein Teil des Zuges war entgleist. Mama und ich sprangen auf, wir packten unsere Koffer und liefen nach vorn. Mit großer Schwierigkeit gelang es uns, die Plattform des ersten stehenden Wagens zu erreichen, unsere schweren Koffer hinaufzuwerfen, selbst hinaufzuklettern und sogar noch zwei Sitzplätze zu belegen. In der Zwischenzeit strömten immer mehr brüllende Passagiere aus den beschädigten Waggons herein. Sogar auf den Dächern saßen und lagen die neuen Fahrgäste. Ich erinnere mich genau, wie beängstigend es war, ihre Fußtritte auf dem Dach des Waggons und ihre Flüche zu hören.

Im Haus von Tante Manja Tschernitzkaja, der ältesten Schwester unseres Vaters, die in Kiew lebte, trafen wir Papa und Olga. Olga hatte sich irgendwo an Scharlach angesteckt und lag halb bewußtlos mit schrecklichem Fieber im Bett. Uns drei – Tatjana, Andrej und mich – schickte man schleunigst nach Broniza weiter.

Auf dem Bahnhof in Mogilew erwartete uns wie immer unsere bekannte und geliebte Equipage mit den Pferden. Der Kutscher grüßte uns wie eh und je. Es schien, als habe sich nichts verändert. Das war unsere letzte Heimkehr nach Broniza. (Ergänzung der Verfasserin, 8.10.1981)

Broniza, 27. Juni 1917

Rußland geht zugrunde! Ist es möglich, daß ein vernünftiger, denkender Mensch diese Tatsache nicht sieht? Niemand von denen, die etwas zu sagen haben, spricht mehr von Heimat, Vaterland, Rußland. Das alles gibt es nicht mehr. Es gibt die »Proletarier aller Länder«, die »Freie Ukraine«, Finnland, Sibirien, die Krim, Kaukasien und zirka zwanzig weitere selbständige Republiken. Theoretisch heißt die Union dieser ganzen Organisation »Freies Rußland«, aber wo die Freiheit ist und wo Rußland, das weiß kein Mensch. Das, was sich »Russische Republik« nennt, hat weder einen Präsidenten, noch ein Parlament, dafür aber den »Rat der Arbeiter- und Soldatendeputierten«. Es gibt keine verantwortlichen Ministerien, stattdessen eine Behörde, die sich »Provisorische Regierung« nennt, das heißt eine Ansammlung von Leuten, die keine Macht, keine Gewalt und auch nicht das Wissen haben, um, wie ihr Name sagt, regieren und ihre Vollmacht ausüben zu können. Ein glänzendes Beispiel dafür ist der Herr Minister für »Volksbildung«, Professor Manuilov. Er hat bereits wichtige und weise Reformen durchgeführt, die jedwede Rechtschreibung der russischen Sprache verstümmeln. Eine erfreuliche Ausnahme ist der Heeres- und Marineminister Kerenski, der sich am 18. Juni selbst an die Spitze des Angriffs der Soldaten gestellt hat. Jetzt gehen aber Gerüchte um, daß er von einer verräterischen Kugel in den Rücken getroffen, verwundet oder tot sei.

Wir haben keine öffentliche Meinung mehr, nur mehr das Geschrei der Bolschewiken und Leninisten. Es gibt »das große arbeitende Volk« und alle, die nicht dazugehören, das heißt Menschen, die nicht ausschließlich von ihrer Hände Arbeit leben, sind die »Burshui« (von »Bourgeois« = Bürger, Anm. d. Übers.), die man verfolgen, berauben und ausrotten muß. Es gibt fast keine Armee mehr, dafür aber zwei Millionen oder mehr Deserteure; es gibt keine Gerichte, stattdessen die Lynchjustiz der Massen; es gibt nicht einmal einen Bruchteil der Ordnung, die es unter dem »alten Regime« gab. Dafür herrschen totale Entfesselung, Zerfall, mit einem Wort Anarchie. Das ist eine schwache Beschreibung der herrschenden Zustände; sie gibt nicht ein Zehntel dessen wieder, was wir im

Moment erleben. Die Ereignisse überstürzen sich mit schwindelerregender Eile, und es werden kaum mehr als ein paar Monate vergehen, bevor alle in einen Abgrund stürzen, aus dem wir nicht wieder herauskommen werden.

Das Allerärgste, nicht mehr Gutzumachende ist, daß Rußland sich für immer vor der ganzen Welt durch diese verfluchte und irrsinnige Politik unserer jetzigen Regierung, der Bolschewiken und Sozialisten, blamiert hat. An unsrer Front werden jetzt bereits seit fast vier Monaten »Separatfriedensgespräche« geführt. Diese ganze Zeit haben sie keinen Finger gerührt, um die Deutschen daran zu hindern, fast ihre gesamten Kräfte an die Fronten unserer Verbündeten zu verlegen. Unseren Alliierten gegenüber haben wir uns gemein und abscheulich verhalten. Wir haben sie nicht unterstützt, wir haben sie verkauft und den Deutschen ausgeliefert! Die verfluchten »Genossen« verlangen den Abschluß eines »Separatfriedens«, sie verlangen die Überprüfung der Geheimabkommen mit England und Frankreich und die Parole »Frieden ohne Annexionen und Kontributionen«, die von der Provisorischen Regierung und allen russischen Hooligans angenommen wurde, ist auch nicht dazu angetan, den Ruhm Rußlands zu vergrößern. Und das in diesem Krieg, zu dessen Beginn die Leute wirklich ausgezogen sind, um zu kämpfen und zu sterben für den Ruhm und die Zukunft Rußlands! Von diesem patriotischen Aufbruch wird in der zukünftigen Geschichte Rußlands nichts zu lesen sein, man wird im Gegenteil voll Stolz sagen, daß dem russischen Soldaten Rußland egal war, daß er sich mit den Deutschen verbrüdert habe, damit die Internationale triumphiert – das heißt einfach aus Dummheit und Feigheit – und unter dem gleichen Vorwand aus den Schützengräben davongelaufen sei. Die Geschichte ist unparteiisch: sie wird der ganzen Welt dieses schmachvolle Benehmen Rußlands zeigen, und diese Schmach wird ewig haften bleiben. Was für einen Sinn hat es für uns, diese Zeit zu überleben, Zeuge zu sein dieser Schande, die auf uns zurückfällt? Wir sind aufgewachsen in Liebe zu Rußland; von Kindheit an waren wir daran gewöhnt, Patriotismus und Liebe zur Heimat als hohes Ideal anzusehen. Jetzt ist alles eingestürzt. Die Heimat, die wir für groß gehalten haben, ist vor unseren Augen entehrt, in den Dreck getreten worden! Was würde ich dafür geben, unsere Heimat zu retten,

Katja. Um 1917

sie auf eine nie dagewesene Höhe zu heben und der ganzen Welt zu zeigen, daß Rußland noch lebt, daß seine Ehre und Kraft nicht unter den schmutzigen Stiefeln der Genossen umgekommen ist.

Im Augenblick können wir gar nichts anderes tun als zuzuschauen, wie alles, was uns heilig ist, in den Dreck gezerrt, mit Schalen von Sonnenblumenkernen bespuckt und mit Zigarettenstummeln beschmutzt wird.

Broniza, 19. Juli 1917

Ich schreibe nie mehr Tagebuch, denn schreiben kann man nur, wenn man sich ein bißchen ruhiger fühlt, was jetzt sehr selten der Fall ist. Seit meiner letzten Eintragung ist nicht viel Zeit vergangen, aber wir haben uns dem Abgrund um ein gutes Stück genähert. Ich glaube, in der ganzen Weltgeschichte gibt es kein zweites Beispiel eines derartigen Verrates, wie ihn jetzt unsere Südwestarmee oder wenigstens einige Regimenter, die siebte und elfte Armee, begangen haben. Als sie unter den Beschuß der Deutschen kamen, sind sie einfach auf und davon ins Hinterland gelaufen und haben ihre mit allen technischen Mitteln ausgebauten Stellungen aufgegeben, dem Feind -zig Geschütze, Munitions- und Lebensmittellager, Sanitätsabteilungen und so weiter zurückgelassen. Sie haben Tarnopol aufgegeben, das seit Beginn des Krieges in unserem Besitz war, einen der wichtigsten strategischen Punkte von ganz Galizien. Die Deserteure laufen wie eine Viehherde, lassen alles zurück und plündern die Bevölkerung aus. Sie halten Züge auf, werfen alle Reisenden hinaus, zwängen sich selbst hinein, erschlagen alle, die versuchen, sie aufzuhalten oder zur Besinnung zu bringen. Es ist ein totaler Zerfall.

Und die Deutschen warten natürlich nicht; sie gehen vor und treiben diese Herde von Verrätern vor sich her. Kann das Vaterland vor dieser Katastrophe noch gerettet werden? Kann die von Kornilov wieder eingeführte Todesstrafe für Verrat noch helfen? Kann es noch helfen, daß sich Lenin in Deutschland versteckt hat, daß Zinowjew, Kamenew und andere derartige Typen verhaftet wurden? Hilft noch der Wechsel in der Provisorischen Regierung und der Sieg der Kadetten? Oder das Verbot der »Prawda«?

Nein, Genossen, zu spät! Ihr könnt nicht mehr das zurückbringen, was war, nicht mehr auferstehen lassen, was gestorben ist! Aus einem Haufen von Verrätern und Deserteuren könnt ihr nicht mehr die große, mutige russische Armee machen; ihr werdet aus ihr nicht mehr die bolschewistische Propaganda austreiben; ihr werdet sie nicht mehr dazu bringen, die von euch entehrten und in den Dreck getrampelten Offiziere anzuerkennen! Jetzt ist es zu spät! Ihr könnt nicht aus Bauern, die gewissenlose Räuber geworden sind, wieder die ehrlichen Arbeiter von früher machen! Auch da haben die Bolschewiken bereits ihre Lunte gelegt, den Bauern gesagt: »Nimm, was dir nicht gehört, raub das Geraubte, du bist der einzige Mensch, der das Recht hat zu leben; nimm das Gut der anderen, und sie selbst hänge auf und verbrenne sie!« Kann man nach solchen verlockenden Versprechungen wieder ein anständiger Mensch werden? Kann ein Arbeiter, der jetzt Rußland beherrscht, seine Zeit nur auf Versammlungen und bewaffneten Aufmärschen verbringt und für diesen Zeitvertreib große russische und deutsche Geldsummen bezieht, wirklich wieder ein ehrlicher und guter Mensch werden? Kann ein Schüler fleißig lernen, wenn man ihm einredet, daß es nicht notwendig ist, lesen und schreiben zu lernen? Kann ein Offizier wie früher alle Schwierigkeiten mit den Soldaten brüderlich teilen, wenn diese Soldaten nur darauf aus sind, ihn zu verhöhnen und zu töten? Kann ein Gutsbesitzer wie früher die Bauern ehren und schätzen, wenn diese nur daran denken, wie sie ihm am besten alles wegnehmen und durch ihre Grobheiten und Gewalttaten ihre Macht zeigen können? Nein, nein und abermals nein! Genossen, ihr könnt stolz sein! Euch ist es gelungen, Rußland total zu vernichten, nach allen Gesetzen eurer sozialistischen Kunst!

Wer einmal ein neues Rußland errichten soll, das kümmert euch natürlich nicht. Ihr werdet es sicher nicht sein, ihr, die »revolutionäre Macht«, der »revolutionäre Durchbruch«, die »revolutionäre Demokratie«, das »Volk«. Alles was »revolutionär« war, hat bereits jetzt ein geeignetes Tätigkeitsfeld gefunden. »Die Revolution ist in Gefahr, rettet die Revolution, rettet die Freiheit!« Nein, das könnt ihr mir glauben, die Freiheit und die Revolution retten, könnt nur ihr selber. Habt ihr sie nicht beide selbst zerstört? Nicht ein einziger anständiger Mensch wird auch nur einen Finger rühren, um diese Freiheit und diese Revolution zu retten. Habt ihr denn an die wie ein Feuerwerk leuchtenden Schlagworte des Sozialismus geglaubt, die ihr gepredigt habt? Nein, ihr habt euch nur selbst die Freiheit genommen, die Freiheit, noch größere Schufte zu sein als ihr vorher wart, und die Revolution habt ihr dazu benutzt, um euren Lastern und Launen zu frönen.

Wenn jetzt irgend etwas Rußland rettet, so wird es die Konterrevolution sein, die Reaktion, vor der ihr die Staatsbürger warnt, ohne zu merken, daß ihr sie vor euch selbst warnt. Und wenn sie anbrechen wird, diese neue, strahlende, echte Freiheit, für wen wird sie da sein? Jene, die für sie kämpfen, lassen ihr Leben in den Drahtverhauen; sie sterben, weil sie versuchen, die Fahnenflüchtigen zurückzuhalten; sie gehen zugrunde von den Händen von Verrätern und gedungenen Mördern. Es sind Offiziere, Kinder jener »Burshui«, die noch vor vier Monaten an die »große russische Revolution« geglaubt und sie geschickt haben, daß sie diese Revolution in der Armee verteidigen. Jetzt hat sich die Armee in »Internationalisten« verwandelt, die »Burshui« in Blutsauger und ihre Kinder, die Offiziere, in Märtyrer.

Ich habe das alles nicht geschrieben, um es an eine Zeitung zu schicken – Rede- und Pressefreiheit gibt es ja nur in der Theorie –, sondern nur, um mein schmerzerfülltes Herz auszuschütten. Dieser moralische Schmerz ist manchmal so groß, daß ich das Gefühl habe, es nicht aushalten zu können. Wie wird das alles enden?

Broniza, 22. Juli 1917

Die Deutschen rücken vor: anscheinend haben sie Chotin und Kamenez genommen. Wir fliehen in einem Sanitätszug.

Broniza, 2. August 1917

Es ist wieder ruhiger geworden. Der deutsche Vormarsch ist zum Stehen gekommen, wir rühren uns nicht von der Stelle. Man kann sich an alles gewöhnen, auch an die verrücktesten Zustände. Diese letzten zwei Wochen waren sehr arg: wir mußten aus der Nähe mit ansehen, was wir mehr fürchteten als die deutsche Besatzung – unsere eigene zurückflutende Armee. Die Armee ist nicht bis zu uns gekommen, erschienen ist nur ihr Abschaum: Ersatzregimenter, die durch ihre Disziplinlosigkeit berühmt sind, Sanitätsabteilungen, Trains. Mogilew hat sofort das charakteristische Bild einer Etappenstadt angenommen: der Stab der 8. Armee wurde aus Kamenez dorthin evakuiert, ein Fliegerpark, viele Sanitätsabteilungen, Lazarette, Autobasen und so weiter. Mogilew hat noch nie so viel Verkehr und so viele Menschen gesehen. Über die Landstraßen zogen Trains, die Ersatzteillager wurden in den Dörfern untergebracht. Da haben wir das Vergnügen des Lebens im Hinterland der Front kennengelernt. Herumlungernde Banden von Soldaten, barfuß, abgerissen, frech, tauchten in unserem Park und vor allem im Obstgarten auf. Diese Banden wurden nach und nach immer größer, und wie die Heuschrecken verheerten sie alles, was sie fanden: Obst, Gemüse und, was sie nicht essen konnten, Kürbisse in Faustgröße, Wintersorten von Äpfeln und Birnen, wurden abgerissen oder zertrampelt. Sie meinten, es sei ja egal, die Deutschen würden sowieso alles nehmen. Jede Nacht versuchten sie, die Bienenstöcke zu zertrümmern, aber diese Angriffe wurden von unserer freiwilligen Miliz, die aus unseren beiden Alten Lawron und Maxim, aus Kyrill und dem Soldaten Iwan Sundjuk besteht, glänzend abgewehrt. Einmal konnten sie es allerdings nicht verhindern: eine große Menge von »Genossen« zerstörte zwei Bienenstöcke.

An diesen Tagen saßen wir zu Hause und rührten uns nicht hinaus. Wenn Papa und Andrej hinausgingen, um mit den Soldaten zu sprechen, die einmal Brot, dann wieder Alkohol verlangten, hatten sie Revolver in den Taschen. Unter unseren Fenstern lungerten Soldaten mit roten Geranien aus unseren Beeten in den Knopflöchern.

Was taten wir, als wir unter solchen Bedingungen zu Hause eingesperrt waren? Alle waren sehr ruhig und sehr beschäftigt. Es wurden viele Pläne gemacht und viel debattiert: soll man weggehen, soll man bleiben und auf die Deutschen warten als auf die einzigen, die Ordnung machen könnten? Seit dem Beginn des deutschen Vormarsches faßte Papa den Entschluß, nicht wegzufahren, und Mama sagte, sie wolle bei ihm bleiben. Wir übrigen können unmöglich bleiben. Zunächst wollten Papa und Mama, daß wir versuchen, nach Kiew oder Moskau durchzukommen. In den Städten herrschen aber Hunger und Anarchie. Die einzige Möglichkeit, in der Nähe zu bleiben, damit wir sofort zurückkommen könnten, wenn sich alles beruhigt, war, sich bei einer Sanitätsabteilung oder bei einem Sanitätszug aufnehmen zu lassen und bei diesem zu bleiben, bis sich die Lage klärte.

Der Chef der Sanitätsabteilung und der Oberste Bevollmächtigte des Roten Kreuzes bei der 1. und 8. Armee erklärten sich bereit, uns aufzunehmen. Papa war bei ihnen in Mogilew und in unserer Fabrik, wo sie ihr Quartier haben. Falls wir nicht hierbleiben können, werden wir sofort in die Evakuierungsstation in Mogilew aufgenommen: Tatjana und ich als Verbandsschwestern, Andrej als Hilfskraft des Bevollmächtigten und Olga als Hilfskrankenschwester.

In diesen Tagen haben Mama, Olga und ich in aller Eile Uniformen genäht. Tatjana und ich besitzen noch unsere Kleider aus den fernen Tagen des Jekaterinenski-Spitals; für Olga mußte alles neu gemacht werden. Anton Tschaikovsky, einer unserer österreichischen Kriegsgefangenen, hat ganz schnell für Andrej eine Uniformbluse und Hosen angefertigt. Wegen dieser dringenden Arbeiten habe ich die Unannehmlichkeiten dieser Tage völlig vergessen.

Es gab einen Tag, an dem wir einstimmig beschlossen haben, am nächsten Morgen nach Mogilew zu verschwinden. Die Wohnung, die Papa dort gemietet hat, ist zwar zur Hälfte von Fliegeroffizieren besetzt, aber ich glaube, daß anständige Leute sicher zusammenrücken werden, um uns Platz zu machen. Dieser Tag war ärger als alle vorhergehenden. Soldaten des in Broniza einquartierten 86. Ersatzregiments trieben sich scharenweise unter unseren Fenstern herum. Gegen Abend saß ich in meinem Zimmer in meiner Lieblingsecke und beendete gerade eine Schürze, als ich plötzlich einen lauten Schrei und Weinen hörte. Es war »Großvater Tanas«, unser alter Wächter, der mit verzweifelter Stimmte erzählte: »Diese verfluchten Moskowiter sind mit Pferden gekommen und haben Heu mitgenommen«. Er schrie und weinte so laut, als ob es sein Heu gewesen wäre. Aus dem Fenster habe ich gesehen, wie eine Horde von Soldaten erschien, seelenruhig den Heuhaufen unter dem Essigbaum auflud und weiter in den Park zum nächsten Heuhaufen gefahren ist. Diesen ganzen Abend galoppierten dunkle Gestalten in Soldatenuniformen auf Pferden im Park und auf dem Platz vor der Terrasse auf und ab. Am selben Tag erschien eine Gruppe von Soldaten mit dem Juden Podgaiz an der Spitze; sie schrien etwas von »Tatjana Nikolajewna« und zeigten auf Warja,* die beim Fenster saß.

Am Abend beschlossen wir, daß wir am nächsten Tag das Nötigste zum Leben in Mogilew zusammenpacken und noch am selben Tag in die Stadt übersiedeln werden. Am nächsten Tag, als wir alles fertig hatten und uns vor Müdigkeit kaum noch auf den Beinen halten konnten, wurden uns völlig unerwartet sechs Kosaken als Wache geschickt. Nach dem, was gestern geschah, weiß ich, daß diese Wache uns mehr Unheil als Nutzen gebracht hat, doch damals – es war der 26. Juli – konn-

* Warja war unser Stubenmädchen. (Ergänzung der Verfasserin 1981)

ten sie die herumlungernden Banden von Soldaten verjagen und uns wenigstens kurz so etwas wie Ruhe verschaffen.

Unsere Beschützer haben uns unabsichtlich große Unannehmlichkeiten eingebrockt: sie haben den Juden Podgaiz verhaftet, den die einheimische Bevölkerung beschuldigt, ein Provokateur zu sein. Wir bestätigten, daß er die Soldatenbanden in unseren Park geführt und die Soldaten überredet habe, unseren Iwan zu verhaften, weil er ein Deserteur sein soll, und viele andere Gemeinheiten dieser Art begangen habe. Podgaiz wurde verhaftet, aber obwohl alle Aussagen gegen ihn waren, wurde er am nächsten Tag wieder freigelassen. Wie hätte man auch den Genossen Podgaiz, ein Mitglied verschiedener Komitees und Kommissionen, einen Bürger der Stadt Mogilew, nicht freilassen sollen? Hat es denn etwas zu bedeuten, daß dieser Bürger ein Provokateur, ein Dieb und ein Schuft ist?

Am 1. August erschien bei uns ein Fähnrich, der die Zeugen befragte; es fanden sich viele, die den Juden bei der Arbeit gesehen hatten. Das war aber noch nicht genug. Am nächsten Tag kam ein Soldat, ein Mitglied des »Komitees der Armee«, zusammen mit dem gleichen Fähnrich, und befragte die Zeugen wieder. Vier Stunden lang notierte er ihre Aussagen und teilte dann Papa mit, man werde ihn wegen »Freiheitsentzugs des Bürgers Podgaiz« unter Anklage stellen, der natürlich völlig unschuldig ist. Die »Burshui« sind schuld, daß man ihnen sechs Kosaken geschickt hat, damit ihre Sicherheit wenigstens annähernd gewährleistet wird. Der »Genosse Podgaiz« ist für das Komitee ein wichtiger Parteifunktionär und der »Herr Fürst« jemand, den sie aus tiefster Seele hassen.

Wir waren alle sehr aufgeregt und erschrocken über diese Geschichte. Jetzt ist der im Recht, der die Macht hat, und die ist nicht auf unserer Seite. Es ist ganz unsicher, wie alles enden wird.

Broniza, 24. September 1917

Wieder sind fast zwei Monate vergangen, aber die Situation ist immer noch die gleiche. Wir leben nach wie vor in Broniza, beinahe ruhig, fast glücklich und sehen Gefahren oder Ereignissen von der Art, wie wir sie Ende Juni hatten, kaltblütig entgegen. Wenn nicht eine unerwartete Erkrankung von Mama wäre, könnte man von dieser Zeit nichts Schlechtes berichten. Einige von uns sind ruhiger geworden, andere reagieren auf alles noch gereizter als früher, die dritten interessieren sich für alles und bemühen sich, wenigstens irgend etwas Gutes in den furchtbaren Ereignissen dieser Zeit zu finden. Zu diesen letzteren gehören Olga und ich. Natürlich sind alle nervöser geworden, haben an Gewicht verloren und schauen schlechter aus. Aber für die Charakterisierung der Epoche, die ich beschreibe, ist das nicht wichtig. »In Rußland« - wir befinden uns ja im Frontgebiet und dieser Ausdruck ist üblich für das Hinterland - haben so viele Veränderungen stattgefunden, daß es schwer ist, das müde Gehirn dazu zu bringen, sich zu erinnern und zu konzentrieren. Die Moskauer Konferenz, der Fall von Riga, die Kornilov-Affäre, die Ausrufung der Republik, die Demokratische Versammlung - alles das wirbelt durcheinander wie ein endloses Kaleidoskop. Bei jedem dieser Ereignisse schien es, als ob jetzt eine Entscheidung fallen und die Lage sich klären müßte. Aber nein, alles fiel wieder zurück ins alte Gleis, alles blieb beim alten, es wurde höchstens noch schlechter.

Ich beobachte mit riesigem Interesse, was sich in der Demokratischen Versammlung abspielt. Dort wird eine Entscheidung fallen, und es wird bestimmt keine gute sein. Der Sieg der radikalen Parteien, der Bolschewiken, der Abgang von Kerenski - seine Ablösung durch Tschernov oder Lenin? - Es sieht ganz so aus. Wenn unser interner Jakobinerklub, der »Rat der Arbeiter- und Soldatendeputierten«, die Oberhand erhält, dann ist es nicht mehr weit bis zum Terror.

Bei uns gibt es jetzt oft Diskussionen über Kerenski. Mamulitschka und Tatjana fallen über ihn her, mit schwacher Unterstützung von Andrej. Ich verteidige ihn, mit rechter starker Unterstützung von Olga. Ich habe schon verstanden, daß man bei Debatten niemanden überzeugen kann. Das Hauptargument ist, daß Kerenski kein Genie ist und daß es ihm bis jetzt noch nicht gelungen ist, Rußland zu retten, obwohl er sich dazu für fähig hält. Daß er nicht genügend darauf vorbereitet ist, ein Land zu regieren, daß er zwar ein ehrlicher Mensch ist, alles aufrichtig meint - so die Meinung von Mamulitschka - aber doch nur ein talentierter Schwätzer ist. Tatjana findet, daß er nicht eine Minute an das glaubt, was er predigt, und nur an sich selbst denkt, daß er bereit ist, für seinen Ehrgeiz alles zu verkaufen. Daß er jeder Gemeinheit fähig ist, zum Beispiel bereit wäre, aus dem Winterpalais alles wegzuschleppen, was ihm »in seinen alten Tagen nützlich sein könnte«... Ich glaube an die Ehrlichkeit und Aufrichtigkeit von Kerenski. Ist denn ein Mensch, der sein ganzes Leben vom Umsturz in den leuchtendsten Farben geträumt hat, schuld, wenn er, an die Spitze dieses Umsturzes gelangt, sich bemüht, diese seine Ideale zu verwirklichen? War es denn Kerenski, der Rußland zerstört hat?

Nein, es waren Tausende, die Rußland zerstört haben, und als sie zur Besinnung kamen und es retten wollten, gab es kein entsprechendes Gegengewicht. Ist es gerecht, jetzt einem einzigen Menschen die Schuld zu geben für diese gräßliche Katastrophe, die über unser Vaterland gekommen ist? Das, was jetzt geschieht, ist furchtbar. Aber muß man dafür einen einzigen Schuldigen finden? Man muß tapfer bekennen, daß entweder alle schuld sind oder niemand. Zweifellos sind die Bolschewiken schuld, weil sie, die gekauft wurden, durch ihre Propaganda die Armee und die Bauern demoralisiert haben. Schuld sind die Soldaten, die, um ihre eigene Haut zu retten, ihre Stellungen im Stich gelassen und ihre Offiziere erschlagen haben, die ihre Flucht aufzuhalten versuchten. Schuld sind auch die Arbeiter, die nichts für die Verteidigung des Landes getan haben und jetzt sein Geld verlangen; schuld sind die Bauern, die den Städtern und der Armee kein Brot geben wollten; die Eisenbahner, die Gewerbetreibenden, die Industrie; schuld sind auch die verschiedenen politischen Parteien. Aber können wir sagen, daß alle schuld sind außer uns, daß wir unschuldig leiden? Natürlich nicht. Wir, das heißt unsere Klasse, ist schon seit Jahrhunderten den anderen Klassen gegenüber schuldig! Daran denken wir nicht, aber es ist doch ganz natürlich, daß der Haß gegen uns ein Haß ist, der dem Neid entspringt, der früher oder später ausbrechen mußte.

Jetzt hassen sie uns, hartnäckig und bösartig, ohne zwischen den einzelnen Personen zu unterscheiden. Sie sehen nur die »Klasse« der »Gutsbesitzer«, die »Burshui«, die »Herren«, und sie werden von vielen diensteifrigen Leuten aufgehetzt, uns noch mehr zu hassen. Daß sie uns hassen, ist verständlich und verzeihlich - aber daß auch wir sie hassen, ebenso böse und hartnäckig, ja mehr noch, daß wir sie verachten, ist das verständlich? Wir verurteilen sie wegen ihrer Dummheit, ihrer Habgier, ihrer Grobheit und ihres Schmutzes; wir beschuldigen sie, daß sie keine patriotischen Gefühle und menschlichen Regungen zeigen und sich nur für ihr eigenes Wohlergehen interessieren. Daß sie unwissend und ungebildet sind, ist natürlich richtig, aber können sie etwas dafür? Sie sind keine Patrioten, für sie ist Rußland uninteressant, aber wer hat ihnen beigebracht, die Heimat zu lieben? Kann man von einem Volk etwas Besseres erwarten, das bis vor kurzem noch versklavt war, das von Zivilisation und Kultur unberührt geblieben ist? Und solch ein Urteil über das Volk ist auch nichts anderes als eine Verallgemeinerung, denn auch unter ihnen gibt es Persönlichkeiten – davon haben wir uns mehr als einmal überzeugen können. In die Verständigung zwischen »uns« und »ihnen« hat sich ein schwerer, schicksalhafter Fehler eingeschlichen. Beide Seiten wollen sich gegenseitig nicht verstehen, wollen ihre Stellung nicht aufgeben, nicht verzeihen, beide wollen siegen.

Das muß zum größten Unglück führen, das ein Land treffen kann, zum Bürgerkrieg. Ich kann den Sieg der Seite, zu der ich gehöre, nicht aufrichtig wünschen, da ich nicht glaube, daß sie ganz im Recht ist. Wenn es mein Schicksal ist, dereinst auf der Guillotine hingerichtet zu werden oder etwas Ähnliches, so werde ich mich nicht ungerecht behandelt fühlen. Jetzt, wo jeder jeden beschuldigt, jeder auf jeden böse ist, dreht sich in meinem Kopf alles im Kreis. Auch ich bin empört, beschuldige und bin wütend, doch wenn ich mir alles gut überlege, verstehe ich gar nichts mehr. Niemand ist zu verurteilen. Schuld sind alle, und alle müssen das zugeben. Wenn ein Versöhnungs- und Sühneopfer gebraucht wird, ich wäre froh, es zu sein. Ich bin sicher nicht die einzige, die so denkt, es gibt noch viele andere.

Broniza, 30. September 1917

Warum bin ich so reizbar? Warum kann ich bisweilen nicht einmal einen völlig harmlosen Gegenstand anschauen, ohne eine unerträgliche Gereiztheit zu verspüren, so daß man die Augen schnell etwas anderem zuwenden muß? Manchmal beginne ich mitten in einem Gespräch, mich plötzlich zu ärgern und unangenehme Sachen zu sagen. Alles erscheint mir langweilig.

Das einzige, worauf man den ganzen Tag voll Ungeduld wartet, sind die Zeitungen. Ich möchte mich in ihnen vergraben, alles wissen, alle Kleinigkeiten, und dann über das Gelesene nachdenken, sprechen, diskutieren. Wie gerne wäre ich den Ereignissen näher, wie gerne würde ich nach Moskau fahren oder noch besser nach Petrograd, dort die heutigen Zeitungen lesen, alle Morgen-, Mittags- und Abendausgaben, mit den »höheren Sphären«, Onkel Mischa Rodzjanko, telefonieren. Hier ist alles so langweilig; es wird mir richtig Angst, wenn ich daran denke, daß der ganze Winter noch vor uns ist. Im Augenblick ist schönes Wetter, es ist noch erträglich, aber wenn der echte Spätherbst kommt, wird es sehr langweilig werden. Alle werden gereizt und schlecht aufgelegt sein. Bis jetzt gab es einen Trost, meine Kaninchen. Ich gehe zu ihnen, sperre mich ein, setze mich auf den Boden ins Heu und schaue zu, wie sie herumlaufen und denke nach. Danach wird meine Stimmung besser.

Broniza, 1. Oktober 1917

Heute hat sich die Stimmung abrupt verändert. Wieder herrscht die Atmosphäre wichtiger Entschlüsse, Besprechungen hinter verschlossenen Türen, ernste Gesichter, verschiedene Meinungen. Die Frage lautet, ob man hier noch bleiben kann. Es hat sich herausgestellt, daß wir in das neue Haus, das Papa jetzt, auf Tanjas und meinen Namen in Mogilew gekauft hat, nicht übersiedeln können, weil es nicht möglich ist, die Bewohner, die sich dort eingenistet haben, hinauszubekommen.

Das könnte auch sein Gutes haben, denn in Mogilew werden schon lange Judenpogrome erwartet. Zuerst verprügelt man sie, dann die Gutsbesitzer, wie das in Kozlov war. In Mogilew gibt es ein gefährliches Weinlager. Was in Bendery geschehen ist, kann sich leicht wiederholen. Wir, die der Stadt am nächsten gelegenen Gutsbesitzer, tragen noch dazu den allerbekanntesten, das heißt den am wenigsten »demokratischen« Namen in der Umgebung. Und in Mogilew herrscht jetzt Munja Podgaiz, der die Soldaten mit Vergnügen hierher führen wird. Alles läuft wie am Schnürchen.

Wegfahren? Aber wohin? In Petrograd haben wir eine Wohnung, aber nichts zu essen; die Bolschewiken sind nebenan, die Deutschen nicht mehr weit, und täglich droht ein Zeppelinangriff. In Moskau scheint es etwas weniger gefährlich zu sein, aber dort können wir nirgends unterkommen; Bolschewiken gibt es auch dort, zu essen nichts, dafür aber die Gefahr von Judenpogromen. An die Provinz braucht man nicht einmal zu denken. Überall herrschen die gleichen Zustände: Hunger, keine Wohnung, die Gefahr von Plünderungen durch Soldaten und Einheimische.

Um das Bild noch zu vervollständigen, haben wir abends in der »Kiewskaja mysl« ein Telegramm aus dem Hauptquartier gelesen, über zunehmende Ausschreitungen im Gouvernement Podolien, über die Zerstörung von Gütern in einigen Bezirken, unter anderem auch in unserem. Am Abend, als es dunkel wurde, war es richtig unheimlich. Ich bin gegen zehn Uhr vor das Haus gegangen. Jeder Laut schien verdächtig. Jetzt, während ich schreibe, bin ich ganz ruhig.

Wir haben über alles gesprochen, aber nichts entschieden. Wie kann man Entscheidungen treffen in einer Zeit, in der alles, sogar das Leben, nur an einem Haar hängt? Kann man sich denn dafür verbürgen, wie es morgen ausschauen wird?

Broniza, 2. Oktober 1917

Heute ist mir von früh an irgendwie schwer ums Herz. Ich wußte nicht, womit ich mich beschäftigen sollte, und begann, alte Nummern von »Novoje vremja« zu lesen. Dabei stieß ich auf das, was jetzt »Kornilov-Rebellion« genannt wird.

Wie konnte dieses schreckliche, groteske Mißverständnis passieren? Rußland ist es anscheinend wirklich beschieden, unterzugehen! ... Wer ist schuld an dem schicksalhaften Fehler, der hier begangen wurde? Wenn man »Novoje vremja« glaubt, fällt die ganze Schuld auf Wladimir Nikolajewitsch Lwow ... War es eine ungeheure Provokation oder war er nicht bei Verstand? Warum hat Kerenski sich nicht selbst bei Kornilov über die Einzelheiten erkundigt, warum hat er ihm das Telegramm über seine Absetzung geschickt, das so viel Verwirrung in der Armee und im Land gestiftet hat? ... Kann es sein, daß Kerenski durch seine Partei so die Hände gebunden sind, daß er ohne ihre Anweisungen nichts tun darf? Wann werden jene, die Rußland führen, an etwas anderes denken als an sein Wohl, ohne sich nach der einen oder anderen Seite zu verneigen? Für mich ist Kornilov kein Meuterer, wie ihn alle Zeitungen darstellen. Er ist ein Mensch, der der höchsten Verehrung würdig ist. Was er bisher getan hat, tat er aus Liebe zu Rußland – und jetzt sind alle gegen ihn, sogar jene, mit deren Unterstützung er hätte rechnen können.

Es gibt noch andere Stimmen, die an allem, was geschehen ist, Kerenski die Schuld geben. Auch damit kann ich mich nicht einverstanden erklären. Es kann doch nicht sein, daß Kerenski absichtlich diese ganze Geschichte konstruiert hat, um Kornilov das Genick zu brechen? Er muß doch wissen, daß er zugleich mit Kornilov auch sich selbst ins Verderben stürzt! ... In meinem Kopf dreht sich alles, mein Herz schmerzt bis zum körperlichen Schmerz. Ich kann an nichts anderes denken. Gibt es wirklich nichts, was Rußland retten kann?

4. Oktober 1917

Noch ein Unglück, ein riesengroßes Unglück! Die Deutschen sind auf den Inseln Ösel und Dagö gelandet, mit ihren acht riesigen Dreadnoughts (Schlachtschiffe, Anmerkung d. Übers.) haben sie unsere Küstenbatterien vernichtet! Das ist eine direkte Bedrohung von Petrograd, entscheidend für den Ausgang des ganzen Krieges. Obwohl einem das gesunde Urteilsvermögen schon lange einflüstert, daß dieser Ausgang unvermeidlich ist, obwohl schon im März einige Offiziere gesagt haben, daß der Krieg nach dem Heeresbefehl Nummer eins verloren ist, hat man trotz allem immer noch geglaubt, daß irgend etwas geschehen wird, was unsere Demokraten zur Vernunft bringt. Allerdings gibt es dafür wenig Hoffnung.

Statt an die Hebung der Kampfkraft der Flotte zu denken, führen die »Vertreter aller Seestreitkräfte Rußlands«, der sogenannte »Zentroflot«, während dieser ganzen Zeit Krieg mit der Provisorischen Regierung, um Räume zu bekommen, »in denen die Delegierten rauchen können«! Es wäre lächerlich, wenn es nicht so traurig wäre. Die Zeitungen schreiben, daß sich das Verhältnis zwischen Matrosen und Offizieren wieder sehr verschlechtert hat. Ein Beispiel dafür ist, was sich auf der »Petropawlowsk« ereignete. Solange verantwortungslose Organisationen und Zeitschriften wie Gorkis »Novaja shizn« nicht aufhören, Matrosen und Soldaten gegen ihre Vorgesetzten aufzuhetzen, wird noch viel unschuldiges Blut zu Rußlands Schaden fließen! Und das alles, während die Deutschen vor

Reval stehen und sich auf den Marsch auf Petrograd vorbereiten!

Die Provisorische Regierung hat beschlossen, alle Fragen auf der Tagesordnung hintanzustellen und sich nur mit der Verteidigung zu befassen. Als ob jetzt irgend etwas helfen könnte! Sie will auch eine Proklamation an alle erlassen, alle Parteidifferenzen zu vergessen und nur an die Rettung des Vaterlandes zu denken. Es sind schon so viele Proklamationen erlassen und Reden gehalten worden, daß das nicht mehr wirken wird.

Kerenski ist krank, er hat vierzig Grad Fieber, wie »Novoje vremja« mitteilt. An der Spitze der Regierung steht im Augenblick Konowalov, der stellvertretende Ministerpräsident. Konowalov ist ein neuer Minister im neuen Koalitionsministerium; er interessiert sich am meisten für den Kampf gegen die Anarchie im Land und versammelt täglich alle Minister um sich, um diese Fragen zu beraten.

Unsere Abreise nach Petrograd verschiebt sich wieder. Es wurde beschlossen, hierzubleiben und abzuwarten, was sich aus alledem entwickelt. Andrej hat einen Passierschein, um in die Schule zu fahren, aber es ist noch nicht entschieden, ob er überhaupt abreisen wird. Ich würde am liebsten auf der Stelle fahren, wenn es von mir abhinge.

6. Oktober 1917

»Novoje vremja« veröffentlicht Dokumente über die Affäre Kornilov. Es wird immer deutlicher, daß das ganze entweder eine grandiose Provokation oder ein Irrtum war. Eines ist klar: Kornilov ... wollte eine starke und machtvolle Herrschaft in Rußland errichten. Deshalb ließ er nach dem vorausgegangenen Mißverständnis das dritte Kavalleriekorps weitermarschieren mit dem Ziel, einige Minister zu entfernen, die, wie er sicher wußte, Verräter waren. Der erste von ihnen war Viktor Tschernov, der damalige Landwirtschaftsminister. Bereits einige Zeit vor dieser Affäre hatte Kornilov, der damalige Oberbefehlshaber, auf einer Sitzung der Provisorischen Regierung von der bevorstehenden Offensive der Deutschen gegen Üxküll und – angesichts der Lage in der Armee – von der Unmöglichkeit gesprochen, Riga zu halten. Damals bat ihn Kerenski vertraulich, über derartige Dinge nicht laut zu sprechen. Kornilov war empört, daß man vor den versammelten Ministern nicht über notwendige Maßnahmen der Landesverteidigung sprechen konnte. Nachher wiederholte Savinkov das gleiche, er deutete an, daß man in Gegenwart von Tschernov auf der Hut sein müsse. Tschernov wurde allerdings bald darauf aus dem Ministerium verjagt, aber es ist unverständlich, wie ein so verdächtiger Mann und Weggenosse Lenins auch nur einen Tag lang in der Regierung sein konnte.

Was diese schreckliche Geschichte zur Folge hatte: überall eine fürchterliche Zunahme der Bolschewiken - allein die Wahlen zur Moskauer Rayons-Stadtduma und zum Sowjet der Arbeiter- und Soldatenräte in Petrograd und Kiew sprechen da eine deutliche Sprache -, das Entstehen einer noch nie dagewesenen Anarchie im ganzen Land, eine noch stärkere Zersetzung der Armee, als logische Folge davon, die Landung der Deutschen in der Bucht von Riga und die Vorbereitung von Operationen gegen Minsk und Moskau. Nein, wenn Kerenski wirklich, wie man sagt, diese ganze Sache inszeniert hat, um Kornilov zu schaden, wo bleibt da die Logik? Er mußte doch wissen, wohin das alles führen wird; konnte er selbst das wünschen?

Morgen findet die erste Sitzung des Vorparlamentes statt oder, wie es jetzt heißt, des Provisorischen Rates der Russischen Republik. Wenn die Gesetzgebende Versammlung wirklich zum geplanten Zeitpunkt am 12. Oktober zusammentritt, wird es nur eine Lebensdauer von ein paar Tagen haben, außerdem sind seine Rechte und Vollmachten sehr nebelhaft. Wenn die Gesetzgebende Versammlung jetzt zusammentritt, so ist das der endgültige und sichere Untergang Rußlands. Denn überall, bei allen Wahlen, erobern die Bolschewiken jetzt die ersten Plätze ...

8. Oktober 1917

In »Novoje vremja« erscheinen weitere Dokumente zur »Affäre Kornilov«. Die Regierung scheint nicht sehr glücklich darüber zu sein, daß alle diese Einzelheiten der Öffentlichkeit bekanntgegeben werden. Anscheinend hat Kerenski Angst, daß die Bolschewiken und andere extreme Elemente seine Stellung noch mehr untergraben werden, seit bekannt ist, daß er selbst, zusammen mit Kornilov, den Sowjet davonjagen und

Kronstadt entwaffnen wollte. Durch diese offiziell belegten Tatsachen bekommt man ein immer klareres Bild der handelnden Personen dieses Dramas. Eine sehr unschöne Rolle hat der Kommissar des Hauptquartiers Filonenko gespielt. General Lukomskij aus dem Hauptquartier beschreibt ihn als großen Schuft, obwohl ich ihm nicht besonders glaube, denn Lukomskij ist nicht der Idealist und glühende Patriot, für den ich ihn gehalten habe. Je mehr Artikel man in »Novoje vremja« dazu liest, desto verwirrter wird man. Klar ist bloß eines: Kornilov ist nicht nur kein Rebell und Abenteurer, wie die Zeitungen verschiedener roter Schattierungen schreiben, sondern die lichteste Persönlichkeit seit dem Beginn des Februarumsturzes.

12. Oktober 1917

Gestern kam keine Post; heute erhielten wir nur zwei Nummern von »Novoje vremja«. Man erfährt nichts Neues über die Landung in der Bucht von Riga. Die Nachrichten von dort sind allerdings immer so, daß man sich zwingen muß, die offiziellen Kommuniqués zu lesen. Noch dazu soll gut die Hälfte frei erfunden sein. Die Version von den Verlusten der Deutschen, nämlich von zwölf Minenlegern und zwei Schlachtschiffen gegenüber unseren eigenen, »Slawa« und »Grom«, klingt doch recht unwahrscheinlich.

Während sich die anderen unterhielten, packte ich beide Nummern von »Novoje vremja« und zog mich auf meinen kleinen Diwan zurück, damit mich niemand störte. Als erstes vertiefte ich mich in den Artikel »War es Meuterei?« Was für einen unangenehmen Eindruck machten auf mich diese beiden Artikel vom 6. und 7. dieses Monats: Die Gerüchte von einer bevorstehenden Lynchjustiz an den in Bychov eingekerkerten Generälen, diese nur allzu durchsichtigen Andeutungen, daß es eine Provokation von Kerenski war. Schon früher ist bei mir der Gedanke aufgetaucht, daß der Ministerpräsident an vielem schuld sei, aber ich wollte es nicht glauben. Ich habe an seine Aufrichtigkeit und Ehrlichkeit geglaubt und tue das sogar noch heute. Wenn die Angelegenheit General Kornilovs und der anderen Generäle nicht vor ein öffentliches Gericht gebracht wird, wenn ihnen in Bychov in irgendeiner Form Gewalt angetan wird, dann liegt die ganze Verantwortung, der ganze Schatten auf der Provisorischen Regierung und auf Kerenski.

Schon am 10., als Olga und ich nach Mogilew fuhren, las ich von der Eröffnung des Provisorischen Rates der Russischen Republik. Ich schreibe erst heute darüber, weil ich verschiedene Zeitungen gelesen habe, das heißt nach Betrachtung der verschiedenen Gesichtspunkte erst heute dazu komme, mir so etwas wie eine eigene Meinung zu bilden. Der erste Eindruck: alles wie gewohnt! Eine sehr schlechte Rede Kerenskis; die Bolschewiken bereiten einen Skandal vor, aber er ist im Grunde nicht gelungen. Awksentjew, der seine Rede ablesen mußte, ist eine ungebildete Puppe, die »Babuschka«* nichts als eine Witzfigur. Fazit: Alles ist völlig überflüssig und zu nichts zu gebrauchen ...

Wenn nur bis zur Gründungsversammlung etwas mehr Zeit bliebe als fünf Wochen! Von der ersten Sitzung könnte man einen allgemeinen Aufschwung erwarten. Aus Kerenskis Rede kann man immer wieder eine große Müdigkeit heraushören, immer wieder die gleichen Worte: »Das Vaterland steht am Rande des Abgrundes«, »Schließen wir keinen Schandfrieden!«, »Vergessen wir die Parteistreitigkeiten!« - Worte, von denen man von Anfang an weiß, daß sie keinen Eindruck machen werden. Wie viel Bitterkeit spricht aus ihnen; wie schwer für einen Oberkommandierenden, offen auszusprechen, daß der Sieg des Feindes nicht in seiner Stärke begründet ist, sondern in unserer Schwäche ...

Die »Bombe«, die die Bolschewiken vorbereitet haben, ist völlig danebengegangen. Dadurch, daß sie den Arbeiterrat verlassen haben, verliert dieser überhaupt nichts, im Gegenteil, er kann besser arbeiten. Dieser Exodus der Bolschewiken zeigt ihre Schwäche. Allerdings werden sie jetzt ihre Energien für die Arbeit im »ISKOSOL« (Exekutivkomitee des Soldatenrates, Anm. d. Übers.) und auf der Straße einsetzen. Michail Wladimirowitsch Rodzjanko sagt, daß eine Aktion der Bolschewiken um den 20. herum mehr als wahrscheinlich ist. Die Petrograder Garnison und die Arbeiter planen in enger Verbindung miteinander, die Regierung zu stürzen und aus Mitgliedern des »ISKOSOL« eine neue zu bilden. Vielleicht bedauert Kerenski schon, daß es den General Kornilov nicht mehr gibt, der ihm helfen könnte!

* Die »Großmutter der Revolution«, Breschko-Breschkovskaja. (Ergänzung der Verfasserin)

15. Oktober 1917

Das Gerücht vom 20. ist bis hierher gedrungen. Vor kurzem haben Soldatengenossen unserer Paraska erzählt, daß am 20. hier eine »Bartholomäusnacht« stattfinden wird. Sie hat es uns mit diesen Worten wiedergegeben, aber lange Zeit wollte sie nicht sagen, was unter diesem hochtönenden Ausdruck zu verstehen ist. Erst nach langem Fragen ist es Tatjana gelungen, aus ihr die Auskunft herauszuholen, daß darunter die Plünderung und vollständige Ausrottung der »Burshui« zu verstehen seien. »Was soll man tun, wenn die Menschen solche Bestien geworden sind«, ruft die konservative Paraska voll Entsetzen. Es stellt sich heraus, daß ihr diese Neuigkeit ein Soldat der Automobilkompanie erzählt hat. Auf ihre Bemerkung, daß man fremdes Gut nicht nehmen dürfe, antwortete er, daß das Gut dann ihnen gehören werde, so daß es keine Rolle mehr spiele. Paraska zittert im voraus und sagt, daß sie in dieser Nacht zu Xenia schlafen gehen werde; nicht deshalb, weil sie Angst für sich selbst habe, sie weiß, daß sie nicht zu den verhaßten »Burshui« gehört, sondern weil sie »dabei nicht zuschauen will«.

Ich verhalte mich diesen Gerüchten gegenüber ziemlich kaltblütig, weil ich nicht glaube, daß irgend etwas geschehen wird. Das tun wir alle. Mir scheint, daß Papa von diesen Gerüchten nicht einmal weiß. Wir sind alle ruhig und sprechen sogar lachend von der Nacht des 20. Oktober, weil wir überzeugt sind, daß nichts geschehen wird. Aber eigentlich stimmt das ja nicht, es kann etwas geschehen! Und wenn man das überlegt, wird einem unangenehm zumute. Es ist bös, daß Aktionen, die die Bolschewiken in Petrograd vorbereitet haben, ihren Widerhall hier finden, in einem Nest wie Mogilew-Podolsk, das heißt überall. Die Bolschewiken ruhen also nicht.

Olga hat den Plan entworfen, in dieser Nacht nicht schlafen zu gehen, sondern in meinem Zimmer eine Lampe anzuzünden und sich nicht auszuziehen – wir schlafen in zwei nebeneinander liegenden Zimmern, weit weg von den anderen –. Ich habe nichts dagegen: erstens möchte ich sehr ungern im Bett liegen, wenn etwas geschieht, zweitens ist es gut, angezogen zu sein, damit man jeden Moment anständig und nicht verschlafen zu den »Genossen« hinausgehen kann. Aber es gibt auch

Argumente dagegen: erstens, wenn sie mit der Absicht kommen, das Haus zu stürmen und uns umzubringen, wird ein erleuchtetes Fenster sogleich ihre Aufmerksamkeit auf sich ziehen, zweitens, da höchstwahrscheinlich nichts passieren wird, ist es dumm, die ganze Nacht aufzubleiben, weil man am nächsten Tag sehr schläfrig sein wird.

Und trotzdem, wie man es dreht und wendet, es ist unangenehm. Ich glaube daran, daß das Blut unschuldiger Menschen nicht umsonst vergossen werden kann, und widerrufe meine Worte vom 24. September nicht. Einmal wird dieses Blut die Grundlage für das künftige Glück Rußlands sein. Ich kann nicht Anspruch darauf erheben, daß ich durch meine unbedeutende Persönlichkeit einmal Rußland werde dienen können, so möge man mich für würdig befinden, für Rußland mein Leben zu geben. Von Wert ist es ja nur für jene, die mir nahestehen.

Eine Bestätigung für diesen Gedanken habe ich in einem Artikel in »Novoje vremja« gefunden. Bei der Totenmesse für die Offiziere, die in Kronstadt, in Helsingfors, Wiborg und auf der »Petropawlowsk« getötet wurden, hielt einer der Priester, Vater Kondratjew, eine Predigt. Er ist der Vater eines der vier Opfer der »Petropawlowsk«. Er sagte: »Rußland ist noch nicht untergegangen. Die Zeit wird kommen, da sich das ganze russische Volk bis zur Erde verneigen wird vor jenen, die jetzt eines Märtyrertodes sterben. Das Volk wird begreifen, welches Opfer seine besten Söhne gebracht haben.« Nicht mit einem einzigen Wort beschuldigte Vater Kondratjew jene, die seinen Sohn auf bestialische Weise umgebracht haben. Er ist ein echter Christ. Er hat den Mördern seines Sohnes verziehen, aber sind wir imstande, das gleiche zu tun? Können wir »ihnen« diesen Haß verzeihen, den sie uns gegenüber hegen? Können wir ihnen im voraus verzeihen, daß sie uns töten wollen? Ja, es ist unbedingt nötig! Möge Gott der Herr selbst uns richten; ich für meinen Teil wünsche den zukünftigen Bürgern, dem künftigen freien und großen Rußland das größtmögliche Glück.

Postskript: Und trotzdem habe ich Angst vor der Gewalt, Angst vor der Minute, wenn die Meute hier mit der offenkundigen Absicht einbricht, uns umzubringen. Ich habe davor Angst, daß jemand von den Meinigen vor mir erschlagen wird, vor meinen Augen. Ich habe Angst, daß mich jemand packt, daß ich vielleicht gefoltert, nicht sofort erschlagen werde. Wir werden versuchen, uns zu retten, davonzulaufen, uns in entfernten Räumen zu verstecken; wir werden danach trachten, uns loszureißen, werden schießen, uns verteidigen. Aber sie werden viele sein und wir wenige, sie werden eindringen ... Wenn sie uns nur gleich erschießen würden! Von weitem, ohne uns nahezukommen, ohne uns zu berühren! Erschießen, das ist doch der schnellste Tod! Alle zusammen und schnell! Das wäre das Beste, aber wieviel muß man trotzdem durchmachen, um so weit zu kommen? Ich habe immer geglaubt, daß ich vor dem Tod keine Angst habe. Ich weiß nicht, es ist besser, nicht nachzudenken. Zu leben ist ja auch schrecklich.

Und trotzdem kann ich einfach nicht glauben, daß das alles geschehen kann!

18. Oktober 1917

Heute gibt es keine Post und es wird auch keine geben. Der Zug ist nicht gekommen. Daher konzentrieren sich die Gedanken auf näherliegende Interessen. Ich habe den ganzen Tag meinen Kaninchen gewidmet, »meinen Hasen«, wie ich sie gern nenne. Es ist komisch, daß diese »Hasen« für mich die beste Ablenkung und Zerstreuung sind. Heute habe ich sie endgültig für den Winter in der alten Küche einquartiert und habe mir dort auch mein Reich eingerichtet, in dem ich mich verstecken kann, wenn mir trüb ums Herz ist.

Broniza, 29. Oktober 1917, im großen Speisezimmer, 1 Uhr nachts

Tatjana und ich halten Wache. Die anderen schlafen. Das heißt, daß eine bessere Zeit angebrochen ist.

Ich werde von Anfang an erzählen: Der zweite Umsturz in Petrograd, der für den 20. Oktober geplant war, ist bereits beendet. Er begann am 22., aber langsam, und ist am 25. voll ausgebrochen. Am 20. begann ein »Revolutionskomitee« in Aktion zu treten, allerdings nicht öffentlich. Wir mit unseren ewig verspäteten Zeitungen haben die ersten Nachrichten erst am 27. erhalten. Wir haben von der Errichtung des »Komitees« und von seinen Auseinandersetzungen mit dem »ISKOSOL« und dem Generalstab gelesen, von Kerenskis Aufruf an den

Sowjet der Russischen Republik, ihm bei seinem Kampf gegen die Bolschewiken zu helfen, und von der verbrecherischen Weigerung des Sowjet. Es sah nach Sturm aus. Fieberhaft erwarteten wir den nächsten Tag. Als gestern die Post kam, hatten wir nicht einmal Zeit, die Tasche zu öffnen, da kam schon Nuditschka und beglückwünschte uns zum neuen Ministerpräsidenten - Lenin. Olga und ich spielten gerade vierhändig Klavier - als wir diese Neuigkeit hörten, erstarrten wir. Wir rissen die Zeitungen aus der Tasche. Wir lasen wie Verrückte, suchten die wichtigsten Tatsachen, bemühten uns, Einzelheiten zu erraten.

Der Umsturz ist leicht und schnell gegangen. In der letzten Minute standen auf seiten der Provisorischen Regierung nur Offiziersanwärter, einige Freiwillige, ein Frauenbataillon und anscheinend auch ein paar Kosaken. Die gesamte Petrograder Garnison und die gesamte Baltische Flotte stellten sich auf die Seite der Bolschewiken. Wo sich die Mitglieder der Regierung befinden, ist im Augenblick nicht bekannt. Es gibt Gerüchte, daß Kerenski entweder verhaftet oder tot ist oder daß es ihm gelungen sein soll, sich im Hauptquartier zu verstecken, von dem aus er Truppen gegen Petrograd führt. Die letzte Annahme ist die am wenigsten wahrscheinliche. Im Sowjet sind Soldaten mit Panzerwagen erschienen und haben ihn auseinandergejagt. Die Bolschewiken haben keine Zeit verloren: sie haben erklärt, daß die Regierung abgesetzt sei und haben ein neues Kabinett in folgender Zusammensetzung gebildet: Vorsitzender des Ministerrates: Lenin, Innenminister: Trotzki, Kriegsminister und Diktator: Verchowski - nicht umsonst hat man ihn aus der Regierung entfernt und aus Petrograd ausgewiesen -, Arbeitsminister: Frau Kollontaj. Andere Posten haben sie sich nicht ausgedacht.

In Petrograd geht alles drunter und drüber: man prügelt sich auf den Straßen, überall sind Schützengräben ausgehoben und Barrikaden errichtet worden. Die Bolschewiken haben die Bahnhöfe, die Brücken, das Postamt, die Staatsbank und das Telegrafenamt besetzt. Die Stadt ist in ihren Händen. Das Winterpalais, in dem sich Mitglieder der Regierung mit einer Gruppe von Offiziersanwärtern verteidigt haben, wurde von Kanonen aus der Peter-Pauls-Festung und vom Kreuzer »Aurora« beschossen, der in die Newa ausgelaufen ist. Es wurde besetzt, ebenso das Marmorpalais.

Wir wußten, daß die Nachrichten schlecht sein würden, aber das haben wir nicht erwartet. Eine kleine Notiz hat unsere Aufmerksamkeit auf sehr unangenehme Weise erregt: die Anarchie bricht in der Armee und in den frontnahen Gouvernements aus. In Winniza hat ein Infanterieregiment bereits das Arsenal gestürmt und Waffen an die Menge verteilt; ein Maschinengewehrregiment hat sich ihnen angeschlossen.

Trotz aller dieser Nachrichten sind wir vollkommen ruhig geblieben. Nur Mama haben wir nichts gesagt; wir hatten Angst, daß sie wieder einen Anfall bekommt. Wir haben gesagt, daß die Zeitungen nicht angekommen seien. Jeder hat auf die schlechten Nachrichten auf seine Weise reagiert: Andrej begann mit großer Energie, unsere »Festung« zu befestigen; Tatjana, Olga und ich legten letzte Hand an unsere Männerkleidung, unsere »Genossengewänder«, die wir tags zuvor vorbereitet hatten. Wenn wir verkleidet sind, wird es uns vielleicht gelingen zu fliehen, wenn es Nacht ist. Trotz dieser Kleidung kann man uns schwerlich für »Genossen« halten! Papa hat die Kosaken im Büro angerufen, Nuditschka packte ihren Geheimkoffer.

Abends wurde bekannt, daß eines unserer Nachbargüter verwüstet worden ist, man spricht von Rotmistrowka oder Karpovka.* Die Stimmung wurde noch gespannter. Es ist zwar ein Trost, daß das »der Anfang vom Ende« ist, die Krise, nach der entweder alles untergeht oder alles in Ordnung kommt, aber wenn man denkt, daß wir dieses Ende vielleicht gar nicht mehr erleben werden –. Alle legten sich mit der Gewißheit schlafen, daß in der Nacht etwas geschehen wird.

Ich bin davon aufgewacht, daß Rex unter meinem Fenster gebellt und gejault hat. Es war finster. Ich lag im Bett und lauschte, als mir plötzlich schien, daß auf dem Vorplatz unter dem Fenster jemand geht und redet. Ich erstarrte. Als die Laute verstummten, beschloß ich, daß ich mir das nur eingebildet habe. Gerade, als ich mich bequem zurechtlegte, um wieder einzuschlafen, ertönte wieder undeutliches Gemurmel. Mir verging jede Lust zu schlafen; ich konnte mich aber noch immer nicht entschließen aufzustehen.

* Das war die Plünderung von Rotmistrowka, dem Gut von Krassowski. (Ergänzung der Verfasserin 1918)

Plötzlich knarrte die Tür und Olga kam herein: »Hört ihr, daß da jemand auf und ab geht und redet?« Nuditschka und ich setzten uns in unseren Betten auf. »Vielleicht sind es die Kosaken, die ihre Runde machen?« sagte Nuditschka und zog sich schnell an. Auch ich hatte bereits das Männerhemd und die Socken angezogen, aber von dieser Version waren Olga und ich erfreut und beruhigt. »Sollen wir uns nicht wieder schlafen legen?« Schnell zog ich mich wieder aus, zog über das Männerhemd mein Nachthemd und kroch unter die Decke. Auch Olga schlüpfte in ihr Bett, sie ließ die Tür zwischen unseren Zimmern offen. »Wie spät ist es?« fragte Nuditschka. Ich zündete ein Streichholz an. Es war ein Viertel nach vier. In meinem Zimmer waren die Winterfenster bereits eingesetzt; bei Olga hatte man dazu noch keine Zeit. Deshalb waren bei ihr Geräusche von außen viel besser zu hören.

Es verging nicht viel mehr als eine Viertelstunde, als ich die gleichen Schritte und Laute wieder hörte. Jetzt kroch ich aus meinem Bett und schlich vorsichtig in der Dunkelheit in Olgas Zimmer. Nuditschka und Olga blieben liegen. Ich hob den Vorhang einen Spalt und schaute hinaus. Es war still und der Mond schien so hell, daß man alles sehen konnte. Ich brauchte nicht länger als zehn Minuten zu warten, als ich ein näherkommendes Geräusch hörte, und aus der Finsternis, vom Tor kommend, schwarze Silhouetten erschienen. Zwei Soldaten in langen Kavalleriemänteln kamen auf das Haus zu, hinter ihnen liefen noch zwei Gestalten; einer rannte auf die Terrasse, der andere näherte sich dem Fenster, hinter dem ich stand. Ich hatte starkes Herzklopfen und wollte den Vorhang fallen lassen, aber ich mußte sehen, was weiter geschieht. Alle vier gingen unter dem Fenster vorbei und verschwanden hinter der Hausecke.

Ich berichtete Nuditschka und Olga, was ich gesehen hatte, und ging zu Papa. Er schläft in letzter Zeit im großen Speisezimmer, um im Zentrum des Hauses zu sein. Er zündete sofort, als ich die Tür aufmachte, eine Kerze an. Papa weckte Andrej und ging zu den Kosaken. Die sagten ihm, daß Kavallerie nach Broniza gekommen sei. Wir freuten uns: gestern hat Oberst Lerche angerufen und mitgeteilt, daß hier eine Schwadron Dragoner zum Schutz des Gutes stationiert werden soll.

2.30 Uhr

Tatjana und ich haben gerade eine kleine Mahlzeit eingenommen, bestehend aus kalten Eiern und Butterbroten. Alles ist still. Alle schlafen, nur Mama war gerade da, um nachzuschauen, was wir machen. Von Zeit zu Zeit machen wir einen Rundgang durchs Haus. »Klementij«, mein kleiner Clément-Revolver, ruht in der Tasche meiner »Genossenhose«. Vorderhand ist alles in Ordnung.

Diese Dragoner haben wir als unsere Verteidiger erwartet, daher waren wir sehr froh, daß sie gekommen sind. Mamulitschka machte Licht. Papa erzählte ihr diese angenehme Neuigkeit, dann ging er, um mit dem Büro zu telefonieren, in dem sich die Offiziere der Schwadron befinden. Es stellte sich heraus, daß wir uns zu früh gefreut hatten. Ich hörte vom Gang aus Papas Telefongespräch. Mit jedem Satz wurde deutlicher, daß von der neu angekommenen Schwadron ein Schutz nicht zu erwarten ist, daß man sich vor ihnen wird verteidigen oder fliehen müssen. Es war ein böser Moment, als Papa sagte: »Kinder, es steht schlecht. Die Soldaten sind sehr feindlich eingestellt. Es ist nowendig, daß sich alle anziehen!«

Alle hörten diese Nachricht ruhig an, so als ob nichts geschehen wäre, und zogen sich in ihre Zimmer zurück, um sich anzuziehen. Olga und ich legten unsere Männerkleidung an, darüber Röcke; in die Tasche steckte ich meinen kleinen Clément, den ich seit voriger Woche besitze.

Der Offizier hatte Papa gesagt, daß es sich um die zweite Schwadron des Transamur-Regiments, eine Grenzschutztruppe, handelte, die auf Wunsch der Gutsbesitzer geschickt worden sein soll, um die staatlichen Getreidedepots vor Unruhen zu schützen. Die Soldaten sind fürchterlich aufgebracht und unzufrieden, weil sie weder Depots noch Unruhen vorgefunden haben. Sie verlangen Fourrage: Fleisch, Tee, Zucker, Graupen und zwanzig Rubel pro Kopf wegen der Belästigung.

Es begann ein fürchterlicher Wirbel. Nuditschka und Papa bereiteten im Seitentrakt das Essen vor. Unser tschechischer Koch Neumann schlachtete unsere arme schwarze Dinka, damit die Genossen Fleisch bekommen, wir sorgten für Tee und

Zucker. Dann erschien ein verschreckter Leutnant, der Nuditschka im Vertrauen erzählte, daß er wie im Zuchthaus lebte. Es waren ungefähr hundertvierzig Mann. Papa erklärte ihnen, es sei ein Mißverständnis, niemand habe sie gerufen. Ein »Komitee« holte das Essen ab. Der Leutnant versprach, dafür zu sorgen, daß sie um zwei Uhr abziehen. Während wir selbst beim Essen saßen, erschienen zwei Genossen und verlangten frech mehr Brot. Papa sagte, daß wir gerade hundert Mann verköstigt hätten und nichts mehr geben könnten. Daraufhin verschwanden sie.

Damit waren die Aufregungen der heutigen Nacht beendet. Gegen drei Uhr zogen sie ab, und wir legten uns schlafen. Am Abend wurde beschlossen, daß wir Wachen einteilen werden, damit die einen schlafen können, während die anderen aufpassen. Tatjana und ich werden bis halb vier aufbleiben, dann bis sieben Uhr Olga und Nuditschka.

3.15 Uhr

Alles ist ruhig. Bald wecken wir die nächste Schicht auf.

4 Uhr

Nuditschka und Olga sind gekommen, gut ausgeschlafen und lustig. Tatjana und ich gehen schlafen.

3. November 1917

Die gestrige Nacht war die erste, die alle in ihren Betten verbracht haben. In der Nacht vom 1. auf den 2. haben Nuditschka und ich die Wache übernommen. Unser Haus ist wie eine mittelalterliche Festung befestigt: um sechs Uhr abends wird das Eingangstor, eine Doppeltür, mit zwei Schlössern versperrt und durch einen Schild aus dicken Holzbrettern, auf ukrainisch heißt er »Ljada«, verstärkt, der durch zwei Eichenbalken befestigt wird. So werden auch die Fenster verschlossen. Abends machen die hell erleuchteten Zimmer mit den verrammelten Fenstern einen gemütlichen und sogar sicheren Eindruck. Es wurde beschlossen, daß wir schießen, wenn die Scheiben zertrümmert und die »Ljadas« eingedrückt werden. Bisher hat es noch niemand versucht, nur manchmal schleichen oder laufen irgendwelche Typen um das Haus. Seitdem es die Ljadas gibt, haben wir uns beruhigt; wir schlafen wieder, und es scheint, als ob man aufgehört hätte zu glauben, daß etwas geschehen kann. Gestern hat Lidija Dmitriewna geschrieben, daß die Bauern ihr Gut Chilkowo niedergebrannt haben; es ist kein Stein auf dem anderen geblieben. In ihrem Bezirk im Gouvernement Tula wurden fünfunddreißig Güter vernichtet, im Nebenbezirk ebenso viele. Das alles ist schrecklich.

Heute sind keine Zeitungen gekommen. Gestern gab es eine einzige Nummer des »Kievljanin«. Die Nachrichten sind erfreulich: Kerenski ist mit seinen Truppen, der Ussuri-Division, bis Gatschina gekommen, dort hat sich die Garnison kampflos ergeben. Krasnoje Selo wurde erobert; auf seiten der Bolschewiken sollen an die fünfhundert Mann gefallen sein. In Petrograd wartet man stündlich auf das Eintreffen der Ussuri-Division. In der Stadt spielen sich unbeschreibliche Szenen ab, die Straßenkämpfe zwischen den Bolschewiken auf der einen und Offiziersanwärtern, männlichen und weiblichen Freiwilligen, auf der anderen Seite gehen weiter. Bolschewiken gibt es viele: ganz Kronstadt, die ganze Petrograder Division und die »Rote Garde« - warum das eine »Garde« sein soll, weiß Gott allein –. Wenn nicht Truppen von der Front zurückkommen, wird das schlecht ausgehen. Irgendwie kann ich nicht glauben, daß das alles so schnell liquidiert werden kann und daß es ein gutes Ende nehmen wird. Ich habe die Vorahnung von etwas sehr Bösem.

In Petrograd werden Wohnungen verwüstet, anständig gekleidete Personen auf der Straße erschlagen; man verspricht eine Bartholomäusnacht für alle »Burshui«. Die Stadt wird unaufhörlich mit Kartätschen beschossen. Das Winterpalais und die Staatsbank wurden erstürmt und ausgeplündert. In Moskau haben sich die Bolschewiken im Kreml eingenistet; es heißt, daß die Kadetten sie von dort vertrieben haben. Der Kreml wurde von der Chodynka aus mit Artillerie beschossen. In Kiew hat eine Kosakenversammlung beschlossen, die Ordnung wieder herzustellen, aber anscheinend will sich die Zentrale Rada (»Zentralrat« - höchstes Regierungsorgan der Ukraine, Anm. d. Übers.) auf die Seite der Bolschewiken stellen. In der Stadt ist ebenfalls Artillerie- und Gewehrfeuer zu hören. Überall hat es Umstürze gegeben, und alles bricht zusammen.

Lenin hat ein Dekret erlassen, daß der gesamte Boden in den Besitz des »arbeitenden Volkes« übergeht. Vielleicht wird das bald auch hier Konsequenzen haben. Anscheinend will er auch die Privatbanken verstaatlichen. Alles nach dem gleichen Schema.

4. November 1917

Ich war mit Andrej in Mogilew, um bei Narishski einen großen Browning zu kaufen und unsere neuen Pferde anzuschauen. Es war schrecklich kalt. Wir sind fast erfroren, bevor wir in der Stadt ankamen. Allein wegen des Brownings hat sich diese Reise gelohnt; er ist mit neun Millimetern und einem Patronenstreifen von elf Schuß der größte Revolver überhaupt. Andrej hat ihn von seinem eigenen Geld gekauft, er hat fünfhundert Rubel gekostet; Andrej ist auf seine Neuerwerbung sehr stolz.

Noch besser haben mir die Pferde gefallen. Ich habe lange bei ihnen im Stall unseres Hauses gesessen und sie mit Brot gefüttert. Ich habe Pferde sehr gern. Eines gehört Andrej. Wir waren auf der Post, aber es gab keine Zeitungen. Wieder wissen wir nichts. ---

Während wir beim Nachtmahl sitzen, kommt Kilija hereingelaufen und schreit, daß eine Wand brennt. Wir stürzten auf den Gang. Es stellte sich heraus, daß die Verschalung im Bügelzimmer wegen eines überhitzten Rohres zu brennen begonnen hatte. Andrej schlug ein Loch in die Verschalung und goß Wasser auf den Brandherd. Wir schleppten Wasser. Alles war sehr schnell zu Ende. Alle verhielten sich äußerst kaltblütig. Dieser kleine Probealarm hat noch einmal bewiesen: im Notfall verliert die Garnison unserer Festung nicht die Nerven.

5. November 1917

Die »Kievskaja mysl« ist gekommen und hat, wie erwartet, schlechte Nachrichten gebracht, nichts Genaues, nur eine Menge von Gerüchten, die sich gegenseitig widersprechen. Wenn man einem Telegramm glauben kann, hat ein gewisser Oberst Murawjew bei Krasnoje Kerenskis Heer geschlagen. Die Bekanntmachung erfolgte durch Murawjew selbst und durch Trotzki. Auf der anderen Seite schreibt Plechanovs »Jedinstvo«, daß Kerenski mit seinem Heer den Zarskoselsker Bahnhof erobert und mit dem Sturm auf die Peter-Pauls-Festung begonnen hat. Wahrscheinlich ist das eine ebenso unwahr wie das andere. Auf Petrograd marschieren Verstärkungen der Bolschewiken aus Finnland. Petrograd selbst ist von ganz Rußland abgeschnitten, so daß es von dort keine sicheren Informationen gibt. Moskau ist von Kiew abgeschnitten, von dort weiß man ebenfalls nichts. Es heißt, daß die Stadt mit Artillerie beschossen wird und daß es viele Tote gibt. In Kiew hat die Zentrale Rada die Macht an sich gerissen, was ebenfalls ein schlechtes Zeichen ist. Am Don bekämpft General Kaledin sehr energisch die Unruhen. Die Militärregierung hat sich zur einzigen Macht im Land proklamiert und General Kaledin mit fast diktatorischen Vollmachten zum Befehlshaber gewählt. Die Kosaken wollen Kerenski einladen, zu ihnen an den Don zu kommen, dort eine neue Regierung zu bilden und von dort die Ordnung wiederherzustellen. Es wäre schön, wenn das möglich wäre.

Leider werden wir es nicht mehr erleben. An unserer Front haben die Deutschen ihren Vormarsch begonnen. Die Kanonade ist noch viel lauter zu hören als früher, und heute schießen sie so, daß ich sogar in meinem Zimmer, trotz der doppelten Fenster, die dumpfen Einschüsse ganz laut höre. Wenn das so weitergeht, wird unsere fliehende Armee nicht warten, bis die Brücke über den Dnestr fertig ist, und bald hier erscheinen. Dann gnade Gott unsrer Festung und uns allen: diesen Ansturm wird nichts überstehen.

6. November 1917

Furchtbare Nachrichten aus Moskau: Ich weiß nicht, den wievielten Tag die Kämpfe zwischen den Kadetten und den Bolschewiken schon andauern. Die Stadt wird ununterbrochen von Artillerie beschossen, Häuser werden zerstört, friedliche Bürger getötet. Der Kreml ist beschädigt, wie sehr, weiß man noch nicht. Auf beiden Seiten gibt es eine Menge von Toten. Es scheint, daß die Bolschewiken siegen. Noch nie hat Rußland eine derartige Schande gesehen. Aus Petrograd weiß man immer noch nichts.

In Kiew regieren der Ukrainer Oberst Pawlenko und Genosse Pjatakov, ein Bolschewik. Zwei Früchtchen vom gleichen Stamm. Die Rada hat die gesamte Macht ergriffen. Petljura hat sich selbst zum Kommandanten aller Streitkräfte der Ukraine ernannt.

Von Kaledin hört man nichts. Dafür gibt es Gerüchte, daß Kornilov aus Bychov geflohen ist. Das wäre zu schön, um wahr zu sein!

In Broniza ist alles ruhig. Diese Nachrichten machen einen beklemmenden Eindruck auf die Garnison unserer Festung, besonders mit den österreichischen Kanonen als täglich stärker werdender Begleitmusik. Sie versetzt einen jetzt allerdings nicht mehr in Angst. Wie weit entfernt ist der warme Augustabend, als wir in der Dämmerung auf der Bank vor dem Haus den gleichen entfernten Artillerielärm hörten. Jetzt erwarten hier alle die Österreicher als Befreier. Die polnischen Gutsbesitzer verbergen nicht ihre Freude darüber, daß der Feind näher kommt; die Bauern sagen: »Wenn doch die Deutschen endlich kämen, vielleicht wird dann mehr Ordnung sein!« Sogar einige von den Unsrigen sehnen die Ankunft der Deutschen herbei. Sie sagen das natürlich gegen ihre Überzeugung, aber hier ist eben wirklich alles zu widerlich geworden.

Ich kann mich noch nicht dazu bringen, so zu denken. Allein die Vorstellung, daß die Deutschen hierher kommen werden, daß sie hier die Herren sein werden! Nein, da ist es schon besser, daß die Bolschewiken bleiben! Sie sind wenigstens nur Bestien, keine Kulturmenschen; sie werden alles zerstören, aber vor ihnen braucht man sich wenigstens nicht zu schämen. Und nur deshalb die ganzen Schrecken der zurückflutenden Armee über sich ergehen lassen, um dann, im besten Fall, das höflichhöhnische Mitleid der Deutschen ertragen zu müssen - nein, dann lieber schon die Bolschewiken!

7. November 1917

Gestern schien es, daß schwerlich noch schlechtere Nachrichten kommen können - die heutigen sind noch schlimmer. Endlich wurde bekannt, was sich in Petrograd abspielt und warum die Truppen, die von der Front abberufen wurden, bis jetzt nicht in die Stadt einmarschiert sind und die Bolschewiken vertrieben haben. Die erste Ussuri-Division, die erste Don-Division, eine Freiwilligenabteilung von Offiziersanwärtern und noch andere Einheiten sind bei Krasnoje Selo stehengeblieben und haben nach Verhandlungen mit den Bolschewiken beschlossen, den Feldzug gegen Petrograd einzustellen und Kerenski auszuliefern. Wo die Bolschewiken nicht mit

Waffengewalt siegen konnten, haben sie es bestimmt mit Hilfe von deutschem Geld oder vielleicht bloß mit unseren wertlosen Papierchen getan. Kerenski wurde verhaftet und sollte nach Petrograd gebracht werden, aber es ist ihm gelungen, als Matrose verkleidet zu fliehen. Sie werden ihn natürlich finden und umbringen.

Mittlerweile hat sich General Duchonin, ohne Zeit und überflüssige Worte zu verlieren, zum Oberbefehlshaber proklamiert. Er geht nicht mit den Bolschewiken. Es gibt jetzt keine andere Möglichkeit, als zu konspirieren. Wenn Kerenski an der Kornilov-Affäre schuld war, so zahlt er jetzt bitter dafür.

Die Machthaber in Petrograd sind jetzt: das Kriegs-Revolutionskomitee – das heißt Lenin, Trotzki und Co. –, die Städtische Duma, die zur Hälfte aus linken Sozialrevolutionären und Bolschewiken besteht, und das »VIKSHEL« (Exekutivkomitee der Eisenbahner, Anm. d. Übers.), das sich geweigert hat, die Truppen Kerenskis nach Petrograd zu transportieren. Diese ganze feine Gesellschaft bereitet sich auf die Wahl einer neuen russischen Regierung vor. In seiner Rede schwört Lenin, daß der Umsturz unblutig vor sich gegangen sei. »Wenn Blut vergossen wurde, dann nur auf unserer Seite«, sagt er. Allerdings gibt es Gerüchte, daß in Petrograd – das die Bolschewiken, unerfindlich warum, immer Petersburg nennen – und Umgebung in diesen Tagen mehr als fünfzehntausend Menschen umgekommen sind. Das ist etwas zu viel, wenn es alles wirklich nur Bolschewiken sein sollen.

In Moskau ist der Straßenkrieg zu Ende, aber die Macht ist in den Händen der Bolschewiken geblieben. Der Kommandant des Moskauer Militärkreises ist ein Soldat namens Muralov. Im Kreml sind die Uspenski-Kathedrale, das Tschudov-Kloster und das Nikolskoje-Tor zerstört. Weiter gehen kann man nicht mehr. Das, worauf Rußland jahrhundertelang stolz war, ist innerhalb von vier Tagen durch die Hände barbarischer Soldaten vernichtet worden. Rußland geht unter. Es wird von seinen eigenen Söhnen in Dreck und Blut ertränkt. Welches Wunder wird den Geist des Volkes wieder erwecken? Es wird keines geben, weil das russische Volk eines solchen Wunders nicht mehr wert ist. Vielleicht werden es einmal große Not, großes Leid und das schwere Joch einer fremden Unterdrückung zustande bringen. Nur durch heiße Tränen und ein Meer von Blut wird diese unendliche Schande abgewaschen werden können, mit der sich Rußland bedeckt hat. Ich habe immer geglaubt, daß das russische Volk für sein jahrelanges Leiden belohnt werden wird; jetzt beginne ich zu denken: Ist ein Volk, das seine alten Gotteshäuser vernichtet, für das es weder einen Gott noch etwas Heiliges gibt, einer Belohnung würdig? Vielleicht wird es diese Belohnung einmal bekommen, aber zuvor wird es seine Verbrechen schwer sühnen müssen.

Außerdem sind in Moskau mehrere Häuser auf dem Arbat zerstört; die Städtische Duma, das Hotel »Metropol« und andere Gebäude sind beschädigt. Wir machen uns Sorgen wegen der Zubovs; in den Seitengassen des Arbat muß es sehr bös gewesen sein.

Gerüchten zufolge hat Kaledin mit irgendwelchen Einheiten Charkov genommen. General Alexejew ist zu ihm gestoßen. Vielleicht werden die beiden etwas tun, um die Ordnung wiederherzustellen? Das Interessanteste ist jetzt: Was macht Kaledin weiter - falls es keine Ente ist -, und wo ist Kornilov?

Heute ist der Leutnant jenes 38. Donkosaken-Bataillons zu uns gekommen, aus dem vier Kosaken bei uns untergebracht sind. Das Regiment liegt in Ataki - einem Dorf in Bessarabien am anderen Ufer des Dnestr -, aber aus einem unerfindlichen Grund hat man beschlossen, es auf dieses Ufer zurückzuziehen. Denkt man am Ende daran, Bessarabien vollständig zu räumen und es dem »Brudervolk der Ukrainer«, den Moldauern, zu überlassen, damit sie unter den Österreichern »ihr Selbstbestimmungsrecht« ausüben? Es wäre gar nicht erstaunlich.

Das ganze Kosakenregiment will sich hier einquartieren. In unserem Seitenflügel wird der Regimentsstab wohnen, davor werden die Zahlstelle und ein Wachtposten eingerichtet. Nach Grigorowka kommt eine Hundertschaft, die zweite entweder nach Broniza oder nach Katerinowka. Der Leutnant hat nicht gesagt, ob seine Untergebenen stehlen, Meetings veranstalten oder mit den Bolschewiken sympathisieren, oder ob sie sich anständig benehmen. Das werden wir selbst merken. Vorderhand freuen wir uns über diese Nachricht. Irgendwie kommt es uns vor, als ob Kosaken keine Bolschewiken sein können.

Gestern ist Bobas Offiziersdiener Wojciechowski gekommen, offiziell, um Proviant zu holen; in Wirklichkeit hat Boba ihn geschickt, um sich zu überzeugen, daß wir noch am Leben sind. Wahrscheinlich sind Gerüchte bis Sekurjany gedrungen, daß bei uns ein Pogrom bevorstehe. Der Ort ist ja bloß dreißig Werst von Mogilew entfernt, und da Mogilew das Zentrum der Gegenspionage der 8. Armee ist, stehen sie in ständiger Verbindung. Es gab Tage, an denen ganz Mogilew davon gesprochen hat, daß Broniza nicht mehr existiert.

Sekurjany, wo Boba zur Zeit die Funktion des provisorischen Kommandanten des Gegenspionage-Postens ausübt, ist ein dreckiges, tristes Nest, in dem es weder Unterkünfte noch Proviant gibt. Boba bekommt sein Offiziersgehalt seit Februar nicht mehr, aber wir schicken ihm jetzt alles aus Broniza, während die anderen Schulden machen und hungern müssen. Es ist jetzt schwer, Offizier in der russischen Armee zu sein!

8. November 1917

Als ob es etwas helfen würde, daß sich die Bolschewiken untereinander streiten, daß die Genossen Schljapkin, Rykov, Nogin und Kollontaj gegen die Aktionen der Genossen Lenin und Trotzki protestieren, daß das »VIKSHEL«, das am 29. Oktober bolschewistisch war, es am 7. November wieder bereut hat oder daß der »Kommissar für Volksbildung«, Lunatscharski, aus Protest gegen den Vandalismus in Moskau seine Funktionen niedergelegt, sie aber am nächsten Tag wieder übernommen hat! Hilft es etwas, daß das »Revolutionskomitee« Kerenski zum Verräter erklärt hat und ihn aburteilen will? Hilft es, daß Murawjew einen »Tagesbefehl Nr. 1 betreffend die Verteidigung von Petrograd« erlassen hat, in dem Soldaten, Matrosen und Rotarmisten offiziell aufgerufen werden, Lynchjustiz zu üben und »gnadenlos aus eigener Kraft mit allen verdächtigen Elementen aufzuräumen«? Rußland ist am 27. Februar 1917 aus den Gleisen gesprungen und wird nur dann stehen bleiben, wenn es bis zum tiefsten Punkt der Böschung gefallen ist ...

In Moskau sind anscheinend auch die Basilius-Kathedrale, der Glockenturm Iwan Welikij und andere Kreml-Gebäude beschädigt worden. Als die Deutschen die Kathedrale von Reims vernichteten, haben wir alle geschrien, daß das eine Barbarei sei, wir haben unsere Proteste an internationale Büros geschickt. Jetzt haben wir mit eigenen Händen den Kreml zerstört und die Uspenskij-Kathedrale, die Krönungsstätte der russischen Zaren. Wir haben zerstört, was bisher die Größe unseres Vaterlandes gekrönt hat: die Schönheit der alten Überlieferungen, alles, was wir von unseren Vorvätern geerbt haben - die Ehrfurcht gegenüber Kultur und Kunst, die Liebe zur Heimat, den Glauben an Gott... Was werden wir an seiner Stelle errichten?

Noch eine Enttäuschung: die Kosaken, auf die ganz Rußland gehofft hat, sagen, daß ihnen die Rolle der Erretter Rußlands nicht »behagt«. Sie werden sich nicht in die Wirren einmischen und wollen neutral bleiben; Ordnung werden sie nur in ihren eigenen Gebieten machen. Was geht es sie an, wenn Rußland untergeht? Sogar mit der Regierung Lenin werden sie in »sachliche Beziehungen« treten. Kaledin denkt in Nowotscherkassk anscheinend nicht im Traum daran, den Kreuzzug zu führen, den man von ihm erwartet. Von Kornilov hört man nichts. Auf wen soll man jetzt hoffen?

In Moskau besetzt das Kriegskommando die Posten von Regiments- und Schwadronskommandeuren mit - Soldaten! Eine gute Maßnahme zur Verteidigung der Heimat! Interessant, wozu sie jetzt die Kommandeure ernennen werden. Zu Soldaten?

12. November 1917

In den letzten drei Tagen ist das eingetroffen, was alle Gutsbesitzer mit so düsteren Vorahnungen erwartet haben. Der Boden wurde zum Eigentum des »arbeitenden Volkes« erklärt. Seit zwei Tagen teilt dieses »arbeitende Volk« unser Land auf und streitet sich darum so, daß sich bereits jetzt alle gegenseitig »die Fressen auf den Rücken gedreht haben«, wie sich unser Maschinenaufseher Wassili bildlich ausdrückt. Merkwürdigerweise beschäftigt sich damit im Augenblick nur Grigorowka; Broniza hat sich noch nicht die Erlaubnis, fremdes Gut zu stehlen, zunutze gemacht.

Man bestiehlt uns, aber wen interessiert das? Am 9. November hat die revolutionäre Demokratie das vollendet, was sie immer erträumt hat: sie hat den verhaßten Burshui den empfindlichsten Schlag versetzt - die Zerstörung des heimatlichen Nestes. Am gleichen 9. November hat sich die Ukraine zu einer freien, demokratischen Republik erklärt. Ihr widerliches, pathetisches »Drittes Universal« hat die ukrainischen Demokraten natürlich gebührend beeindruckt, denn sie erhalten auf einen Schlag alles, was sie wollen: den Boden, den Achtstundentag, die Abschaffung der Todesstrafe, eine Amnestie für alle politischen Verbrechen - werden wohl auch die »Konterrevolutionäre« amnestiert? -, für alle begangenen, für die, welche gerade begangen werden, und sogar für die noch nicht entdeckten. Das »Universal« schafft natürlich Adel, Titel und Orden ab. Hinzugefügt wird aber gleich, daß die Ukraine Rußland retten wird. Ob unser Gruschewski das nicht mit der tätigen Hilfe Österreichs zu tun gedenkt?

Mein Herz blutet, wenn ich daran denke, mit wie viel Schande sich Rußland vor dem Angesicht der ganzen Welt bedeckt hat durch die Politik des Genossen Trotzki-Bronstein! Dieser dahergelaufene, von Deutschland gekaufte Jude Bronstein redet und handelt im Namen Rußlands! Ist es möglich, daß unsere ehemaligen Alliierten, unsere zukünftigen Feinde, nicht begreifen, daß es nicht Rußland ist, das spricht, sondern die gleichen Deutschen, gegen die sie gekämpft haben, daß Rußlands Mund durch die schmutzige Faust von niederträchtigen Eroberern verschlossen ist, daß es unter seiner Schande leidet und ans Licht der Gerechtigkeit strebt, sich aber aus dem Grab selbst nicht befreien kann? ... Jetzt triumphieren die Verräter, die deutschen Marionetten, jetzt weicht die ganze Welt voll Verachtung vor Rußland zurück - wenn doch endlich ein Mörder käme, der meine Augen verschließt, die nicht mehr imstande sind, die Schande meiner Heimat mitanzusehen!

Broniza, 16. November, mein Zimmer

Die Alliierten und sogar die Deutschen erkennen die Regierung Lenin nicht an! Trotzdem hat das die Chinesen nicht daran gehindert, Charbin zu besetzen, sogar ohne offizielle Kriegserklärung. Das hindert weiter die Japaner nicht daran, uns mit Krieg zu drohen, und die Rumänen nicht, mit Deutschland in Gespräche über einen Separatfrieden einzutreten und Bessarabien und ein Stück der Schwarzmeerküste zu verlangen. Sie haben natürlich recht, denn der erste Versuch, einen Separatfrieden zu schließen, stammt von uns, das heißt die ersten Verräter des Paktes von 1914 sind wir, nicht die Rumänen. Offiziell hat niemand die bolschewistische Regierung anerkannt, aber niemand unternimmt etwas oder protestiert offen gegen sie. Die Alliierten führen ihre Unterhandlungen nur mit General Duchonin, der den Fähnrich Krylenko nicht als Oberbefehlshaber anerkennt und im Hauptquartier geblieben ist. Gegen ihn ist ein Strafkommando unterwegs. Die Kosaken erkennen Lenin und Trotzki auch nicht an. Auch gegen sie, das heißt gegen Kaledin, ist ein Strafkommando unterwegs, angeführt von dem Matrosen Dybenko. Die Moskauer wollen aus Protest gegen die Unverschämtheit der Bolschewiken einen Generalstreik ausrufen. Als ob das etwas helfen würde! Im Hauptquartier tagen irgendwelche Leute vom Schlage der Awskentjew, Gotz, Tschernov, die selbst in ruhigen Zeiten nicht imstande waren, die Macht auszuüben. Anscheinend wollen sie Tschernov an die Spitze stellen. Ob der besser ist als Lenin?

Unsere »Festung« hat Verstärkung bekommen. Boba ist aus Sekurjany gekommen, Wojciechowski wird bald folgen. Immerhin sind das zwei Männer mehr in unserem Fort. Boba hat sich krank gemeldet und bleibt einige Tage hier. Heute haben er und Andrej unsere »Ljadas« besser befestigt, so daß von den Fenstern fast keine Gefahr kommen kann. Untertags befaßt sich die Garnison mit den verschiedensten Dingen. Boba und Andrej sägen Bretter - sie sagen, es sei ein Training für ihren zukünftigen Beruf -, Olga und ich lernen Arithmetik. Ich habe ziemlich viel an Kleinkram zu erledigen; man kann sich den ganzen Tag beschäftigen.

Meistens fühle ich mich gut, der Tag ist zu kurz, die Stimmung gut. Manchmal ist es langweilig, und die Seele ist bedrückt. Die Deutschen schießen nicht, ich weiß nicht, warum. Das Wetter ist angenehm. So kann man lange leben, und vorderhand ist nichts in Sicht, das eine Bedrohung für dieses Leben zu sein scheint. Natürlich kann jeden Tag etwas passieren, denn in unserem Gouvernement wird die Anarchie immer größer, aber daran denkt niemand. Unsere Losung ist: »Wir leben immer noch«!

19. November, in meinem Zimmer

Es ist Abend, Olga und ich sitzen in meinem Zimmer, ich am Tisch, sie auf dem Diwan in der Ecke. Im Zimmer ist es warm, und die Lampe brennt hell. Olga liest, sagt aber, daß sie »Tagebüchlein« schreiben möchte. Sie möchte, ist aber zu faul dazu. Ich kann das sehr gut verstehen.

Ich habe gerade Gorkis »Nachtasyl« gelesen und gestern sein Stück »Die Mutter« begonnen, konnte aber nicht zu Ende lesen, weil ich den zweiten Band mit dem Schluß nicht gefunden habe. Der Eindruck ist merkwürdig. Ich weiß nicht, wie ich es noch vor einem Jahr aufgenommen hätte. Wahrscheinlich anders. Jetzt verstehe ich einige Stellen in der »Mutter« besser. Ich bin dafür schon reifer geworden, sie sind mir nicht mehr völlig fremd, trotz Passagen wie »Alle Arbeiter sind unsere Brüder, alle Reichen unsere Feinde«. Ich bin jetzt bei der Schönheit dieser Lehre angelangt, währenddessen sind Gorki und andere Sozialisten beim Bolschewismus gelandet. Das verdirbt alles. Sie selbst haben das zerstört, was sie geschaffen und besungen haben.

Olga und ich sprechen darüber, was wir tun würden, wenn wir könnten. Ich möchte der Allgemeinheit, den Menschen dienen. Wenn die Zeiten anders wären, würde ich vielleicht in ein Kloster gehen. Oder vielmehr nicht in ein Kloster, sondern in eine karitative Gemeinschaft. Am liebsten würde ich Krankenschwester werden... Manchmal gibt es Momente, in denen ich glaube, daß ich mit allem, woran ich gewöhnt bin, brechen und mich den Unglücklichen opfern könnte, die es brauchen.

Olga sagt, daß sie lieber so wie bisher leben und daneben in ein Nachtasyl gehen möchte, von dem ich ihr erzählt habe. Sie denkt, daß man überall Gutes tun kann, ohne die Lebensweise, die wir gewohnt sind, zu ändern. »Weiter in unserer Wohnung in Petrograd leben, Bekannte haben, Tee mit Marmelade trinken und nebenbei ins Nachtasyl gehen.« Das ist auch nicht schlecht, aber ich glaube nicht, daß ich die Kraft hätte, »in der Wohnung zu leben und Tee zu trinken« und dann wieder ins Nachtasyl zurückzugehen. Ich fürchte, ich würde sitzen bleiben und »Tee trinken«. Ich möchte, daß ich nicht mehr umkehren kann. Ich wäre gern arm, um nicht das Kamel zu sein, das durch das Nadelöhr gehen muß.

Am Abend habe ich auf meinem Bett gelegen und habe das Evangelium gelesen: »Ein neues Gebot gebe ich euch, daß ihr einander liebet!« Wie oft habe ich diese großen Worte gelesen. Jetzt ist es aber wirklich ein »neues Gesetz«. Etwas ist in meinem Herzen gereift, mir schien es, als ob ich etwas ganz Neues verstanden und erfahren hätte, etwas ganz Großes. In meinem Herzen wurde es hell und ruhig.

23. November 1917

Die erste erfreuliche Nachricht nach so langer Zeit: Kornilov und alle Generäle sind in Freiheit. Nach Bychov kam ein Offizier des Generalstabs und wies dem Kommandanten einen Befehl des Chefs der Untersuchungskommission vor, daß alle eingesperrten Generäle freizulassen sind. Das Papier enthielt alles Notwendige wie Stempel und Unterschrift, was auf offiziellen Dokumenten vorhanden sein muß. Der Kommandant beschloß trotzdem, im Hauptquartier rückzufragen. Die Turkmenen, die Kornilov seit dem Beginn der Oktoberrevolution bewacht haben und mit ihm nach Bychov gekommen waren, hörten von diesem Befehl. Sie erklärten sofort, daß er rechtmäßig sei. Sie befreiten alle Generäle, »sattelten die Pferde und verschwanden in unbekannte Richtung«. So steht es im »Kievljanin«, der endlich wieder herausgekommen ist.

Wohin wird Kornilov jetzt gehen? Wäre das früher geschehen, so hätte er zu Kaledin an den Don gehen können. Jetzt marschieren die Bolschewiken von allen Seiten gegen Kaledin. Auch das Hauptquartier haben die Bolschewiken erobert, mit dem Fähnrich Krylenko an der Spitze. Duchonin ist gefallen. Jetzt gibt es kein Hauptquartier mehr, keine Armee, keinen General Duchonin, der vor der Welt unser einziger Vertreter war. Er ist wie ein Held gestorben. Man hat ihn schon früher zu bewegen versucht, vor den vordringenden Bolschewiken zu flüchten, aber er hat es abgelehnt, seinen Posten zu verlassen. Die Matrosen haben ihn auf die grausamste Weise geschlagen und zum Schluß mit ihren Bajonetten erstochen, fast vor den Augen seiner Frau. Sie haben verkündet, daß der Mord an General Duchonin die Antwort auf die Flucht von Kornilov sei. Sie ist Trotzkis und Krylenkos würdig. Diese Ereignisse sind so gräßlich, daß ich darüber nicht mehr schreiben möchte.

26. November 1917

Es heißt, daß Kornilov und Martov in Nowotscherkassk angekommen sind. Dem Marsch von Kornilov und seinen Turkmenen haben sich unterwegs verschiedene Stoßtrupps angeschlossen, angeblich siebentausend Mann mit zweiundvierzig Kanonen, die gegen einen bolschewistischen Panzerzug gekämpft, ihn zerschlagen und die Bahnlinie gesprengt haben.

Während die Turkmenen und die Stoßtrupps in Marschordnung vorgingen und so die Aufmerksamkeit der Bolschewiken auf sich lenkten, ist Kornilov, so sagt man, als Soldat verkleidet, ohne Dokumente, seelenruhig in einem Waggon zweiter Klasse nach Nowotscherkassk gefahren. Martov ist auch so gefahren, mit ihm jedoch fünf Soldaten.

Wo Denikin, Orlov, Erdeli und die anderen sind, ist bis jetzt unbekannt. Gebe Gott, daß sie alle überleben und unserem unglücklichen Rußland nützlich sein werden. Wie sich herausstellt, war es Schablonski, der sie alle befreit hat, denn seiner Meinung nach hätten die gefangenen Generäle keine Meuterei geplant. Nachdem er den Befehl, Kornilov freizulassen, abgeschickt hatte, ist Schablonski selbst aus Petrograd verschwunden. Natürlich tut das Kriegsrevolutions-Komitee alles, um ihn zu finden. Das widerliche »VIKSHEL« hat geschworen, Kornilov gefangenzunehmen. Das hat den letzteren aber nicht daran gehindert, zu Kaledin zu stoßen, so gehen jedenfalls die Gerüchte. Jetzt wollen sehr viele Frontoffiziere zu Kaledin. Ich glaube nicht, daß er sie abweisen wird. Am Don stehen große Ereignisse bevor. Vielleicht werden sie über Sein oder Nichtsein von Rußland entscheiden, besser als die Konstituierende Versammlung, in die nur Bolschewiken und »Kadetten«, die Konstitutionellen Demokraten, hineinkommen. Das wird ein Durcheinander sein, wenn die erste Sitzung eröffnet wird!

Mogilew-Podolsk, 22. Dezember 1917

Ich habe fast einen Monat nicht geschrieben, und vieles hat sich in dieser Zeit verändert. Wir sind jetzt nicht mehr die glückliche Ausnahme unter Tausenden unserer adeligen Mitbürger, eine Ausnahme, derentwegen ich manchmal sogar ein schlechtes Gewissen gehabt habe. Jetzt hat auch uns die Welle erfaßt, in der so viele ertrinken.

Broniza gibt es nicht mehr. Die Kosaken, auf die wir so gewartet, von denen wir Hilfe gegen die drohende Gefahr erhofft haben, haben es zerstört und ausgeplündert. Daß wir jetzt in der Sadowaja-Straße Nr. 16 sitzen, ist meiner Meinung nach die Gnade Gottes oder, wenn man will, ein wirklich sehr großer, glücklicher Zufall. Man müßte alles der Reihe nach erzählen, ich weiß aber nicht, ob ich genug Energie habe, alles noch ein-

Olga. Um 1920

mal zu erleben, wenn auch nur im Geist. Ich werde es versuchen:

Ich weiß nicht mehr, wann in den Dörfern Broniza und Grigorowka Abteilungen von Kosakenregimentern ankamen. Die Soldaten sagten, sie würden lange bleiben und hier neu formiert, ferner, daß eine Hundertschaft in Ataki - Bessarabien - hängengeblieben sei, wo sie die Bolschewiken aufgehalten hätten. Wir dachten, wenn neben uns vier oder fünf Hundertschaften von Kosaken liegen, werden wir ruhig schlafen können. Bald aber erkannten wir, daß diese Nachbarschaft gar nicht so angenehm war. Es kamen Gerüchte auf über Einbrüche in die Vorratslager und gewalttätige Requisitionen von Hafer und Hirse direkt von den Tennen. Darüber wurde nicht laut gesprochen - immerhin waren es ja die Kosaken, unsere Beschützer! Bald war klar, daß jede Nacht in den Vorratslagern eingebrochen und Getreide weggeschleppt wurde und daß unter unseren Angestellten Panik herrschte. Man hörte auf, dem vielgerühmten Heldenmut unserer Kosaken zu trauen. Sie brachen in der Nacht die Schlösser auf, schleppten Weizensäcke weg und zerschnitten die übrigen. Zeugen sagten, daß sie immer betrunken seien und die Bauern ihnen ihren Selbstgebrannten zu trinken gäben.

Eines Abends, es war am 8. oder 9. Dezember, ereignete sich ein Zwischenfall, nach dem alle begannen, über die Ereignisse laut zu sprechen. Gegen neun Uhr abends brachen Kosaken wieder in unser Magazin ein und wollten einen großen Transport wegführen. Die Bauern wollten sie daran hindern und den Weizen, den sie selbst requirieren wollten, verteidigen. Sie versammelten sich, und eine große Menge bewegte sich in Richtung auf das Magazin. Als die Kosaken sie sahen, begannen sie, herumzuschießen. Die Bauern, angeführt von unserem Requisitionskomitee, waren auch betrunken, liefen aber, selbst schießend, bei den Schüssen davon.

Dieser Lärm so nahe beim Haus war äußerst unangenehm. Mir war nicht gut, und ich lag an diesem Tag im Bett. Beim ersten Schuß sprang ich heraus und begann, mich anzuziehen; meine Hände zitterten, ich konnte sie nicht ruhig halten, und mein Herz schlug so, daß ich die Schüsse schlecht hörte. Im Haus waren alle auf den Beinen. Die hell brennenden Lampen wurden ausgelöscht, nur wenige Kerzen angezündet. An den Beobachtungslöchern in den Ljadas wachten Mitglieder unserer »Garnison« Von Minute zu Minute erwarteten wir einen Angriff. Dann stellte sich jedoch heraus, daß das nur der gewöhnliche Überfall auf das Vorratshaus war; nur war er diesmal energischer als sonst. Gegen zwölf Uhr nachts zogen sich alle beruhigt in ihre Zimmer zurück und legten sich schlafen.

Es vergingen noch einige Tage. Wir gingen trotzdem spazieren, fütterten die Kaninchen, liefen sogar Ski. Währenddessen wurde jede Nacht etwas gestohlen: Sie waren im großen Keller unter dem Haus, stahlen viele Flaschen mit Obstsäften – sie suchten Wein; im schwarzen Hof stahlen sie Karakulschafe, in der Wagenremise schnitten sie das Leder aus unseren Equipagen heraus. Und zum Schluß, am 11. geschah das, worauf wir schon den ganzen Sommer gewartet haben.

Am Abend, gegen acht Uhr, fand in meinem Zimmer die gewohnte Sitzung der Mitglieder unserer »Familienorganisation« statt. Wir versammelten uns jeden Abend in meinem

Katja. Um 1920

Zimmer um den runden Tisch unter der hellen Lampe. Es gab, wenn alle einverstanden waren, »schweigende« Sitzungen. Dann schrieb Tatjana an ihrem Roman, Olga löste ihre Algebraaufgaben und ich machte meine Arithmetikaufgaben oder las Dostojewski. Es gab auch »nicht-schweigende« Sitzungen: was haben wir nicht alles für Themen diskutiert! Schön war das!

An diesem Abend, am 10., fand eine »schweigende« Sitzung statt. »Ich habe das Gefühl, daß heute nichts los sein wird«, sagte Olga. »Ich glaube das auch. Mir scheint, heute kann nichts passieren«, sagte ich. Tatjana lachte. Es verging ungefähr eine

Stunde, da kam plötzlich Klavdija herein und rief: »Tatjana Nikolajewna, sagen sie dem Fürsten, daß sich jemand unter unseren Fenstern herumtreibt. Und im Park haben wir Soldaten gesehen!« Sie war sehr verschreckt. Tatjana ging zu Papa, der gerade mit Ljaschko telefonierte. Sie wollte nicht stören und schaute inzwischen durch ein Beobachtungsloch. In diesem Moment wurde die Telefonleitung unterbrochen. Papa versuchte, die Fabrik zu erreichen, dann Grigorowka, schließlich Mogilew, aber alle vier Leitungen waren tot.

Gleich darauf wurde an die Tür geklopft. Sowohl Olga als auch ich waren so davon überzeugt, an diesem Tag würde nichts geschehen, daß wir nicht einmal aufstanden. Erst als Papa über den Korridor ging und zu Andrej und Boba sagte, »nehmt die Waffen«, ging ich hinaus. Papa holte seine Pistole aus dem Schlafzimmer. Wir standen und horchten. Das Klopfen war so dumpf, daß es schien, als ob es sehr weit weg wäre. Wir konnten nicht ausmachen, wo sie klopften. Einige sagten, es sei auf dem Dachboden. Andrej holte eine Leiter und kletterte durch einen Entlüftungsschacht hinauf. Er inspizierte den Dachboden, dann kroch er in das finstere Loch. Mamulitschka war sehr aufgeregt. – Wenn jemand auf dem Dachboden gewesen wäre, wäre dieser Erkundungsgang ein Wahnsinn gewesen. – Andrej kam herunter und sagte, daß dort alles still sei.

Das Klopfen wurde immer lauter. Sie klopften an die Eingangstür am Ende des Korridors. Es klang so dumpf, weil die Doppeltür durch eine Ljada gesichert war; durch diese dreifache Barrikade hörte man die Schläge nur schwach. Ich ging in mein Zimmer, holte meinen Clément und kehrte zu den anderen zurück. Erstaunlich, wie ruhig ich bin. Nur das Herz schlägt wild, und die Hände zittern. Vor der Tür stehen schon Papa, Boba und Andrej. Mama, Tatjana, Olga und Nuditschka haben sich in ein hinteres Zimmer zurückgezogen.

»Wer ist das? Warum klopft ihr? Was wollt ihr?« hören wir Papa rufen. Durch die dreifach gesicherte Tür versteht man ihn nicht. »Wer ist da? Wir machen nicht auf!« Plötzlich splittert irgendwo Glas: das Fenster oberhalb der ersten Tür. Jetzt kann man besser verstehen. Wir hören nur das, was im Haus gesagt wird. »Was wollt ihr? Hört auf, die Tür kaputtzumachen!« Aus Papas Stimme kann man den Ernst der Lage erkennen. Aufgeregte Gespräche, daß die Tür nachgibt. Eine Minute der Verwirrung. Mama ist im Schlafzimmer, sie zieht sich wärmer an für den Fall, daß man das Haus verlassen muß. Auch wir ziehen Stiefel und etwas Warmes an. Andrej kommt und bringt eine Menge Kleidungsstücke, falls wir in den Keller gehen müssen. Olga hat sich in den Kopf gesetzt, Männerkleider anzulegen; sie ist in diesem Augenblick fast nackt und regt sich darüber furchtbar auf. Tatjana hilft ihr beim Anziehen. Ich gehe zur Haupteingangstür und lausche, ob alles still ist. Hier haben sich auch die Dienstboten zusammengedrängt. Kilija und Paraska wollten gerade anfangen zu weinen, aber Klavdija ermahnt sie, tapfer zu sein; sie sind still.

Wir versammelten uns alle im Schlafzimmer. Auf einem kleinen Tischchen brannte eine Kerze. Papas Stimme wurde immer aufgeregter: »Brecht die Tür nicht auf! Wir machen nicht auf! Was wollt ihr?« - Dann kam ein Moment, da gab es einen Krach, und jemand auf dem Gang sagte, daß die Tür aufgebrochen sei. »Geht weg von hier, geht weg!« rief Papa den Brüdern zu und noch einmal: »Nicht aufbrechen! Wir schießen!« Man hört, wie ein Hahn gespannt wird. Dann plötzlich Bobas Stimme, die vorschlägt, einen Weg zu suchen, auf dem man verhandeln kann.

Als wir im Schlafzimmer die schreckliche Nachricht hörten, daß die Tür aufgebrochen wurde, sagte niemand ein Wort. Olga und Tatjana versperrten zwei Türen; es war nur mehr eine offen, durch die unsere Männer hereinkommen konnten. Ich stand neben dem kleinen Tisch und schaute in die Kerzenflamme. Ich sehe sie noch jetzt. Als es hieß, die Plünderer seien schon im Hause, stellte ich meinen Clément von »sûr« auf »feu«. Olga stand neben mir mit ihrem Schrotgewehr. Alle schwiegen, und ich kann fast mit Sicherheit sagen, daß niemand Angst hatte.

Als sich herausstellte, daß die Tür nicht eingeschlagen war, gingen Olga und ich ins Speisezimmer. Jetzt war es schon Boba, der durch das Küchenfenster die Verhandlungen führte: »Genosse Anführer, so viel Geld haben wir nicht!« - »So warten Sie doch, Genossen, wir geben Ihnen, was wir haben!«

Die Genossen Plünderer verlangten sechstausend Rubel und gaben eine Bedenkzeit von fünf Minuten, gleich darauf waren sie einverstanden mit dreitausend Rubel und gaben uns zehn Minuten Zeit, um sie zusammenzusuchen. Man begann, das Geld zusammenzukratzen. Von dem Moment an, als man anfing, über Geld und Loskauf zu verhandeln, schien mir, daß die Gefahr vorbei ist.

Dann erhob sich die Frage, wie das Geld übergeben werden solle. In die Ljada des Haupteinganges war früher schon ein Spalt geschnitten worden. Also wurden die Genossen zum Haupteingang gebeten: »Treten Sie zurück, Genossen, gleich werden Glasscheiben herunterfallen!« - Boba zerschlug mit seinem Revolver die Oberlichte. - »Genosse Anführer, nehmen Sie tausend Rubel in Empfang. Haben Sie sie gefunden? - Nehmen Sie die nächsten tausend in Empfang. Sie werden aber Ihr Ehrenwort halten?« - »Aber natürlich glaube ich Ihnen, Sie sind doch ein ehrlicher Mensch!« »Genosse Anführer, haben Sie die zweitausend bekommen? Jetzt warten Sie eine Minute!« Weiteres Geld wurde zusammengesucht. - »Genosse Anführer, nehmen Sie fünfhundert in Empfang. Und noch einmal fünfhundert. Haben Sie sie?«

Dann gab es eine Verzögerung. Die Genossen wollten mehr, sie sagten, wir hätten ihnen zu wenig gegeben. Boba versuchte, sie loszuwerden. Er erinnerte sie an ihr Ehrenwort. Sie erreichten trotzdem noch etwas. Weitere dreihundert Rubel wurden zusammengesucht. Endlich nützte Bobas Zureden. Die Plünderer zogen ab und riefen: »Wir schwören bei Gott, daß wir Euch nicht mehr anrühren werden. Zieht Euch aus und geht schlafen. Ihr habt uns zufriedengestellt. Aber sagt niemandem, daß wir hier waren, sonst kommen wir wieder und dann bleibt kein Stein auf dem anderen!« Dann wollten sie Wein und Cognac. »Wenn Wein im Haus wäre, hätte ich ihn schon lange mit Euch getrunken!« rief Boba.

Endlich gingen sie. Diese Geschichte dauerte etwas über fünfzig Minuten. Wir versammelten uns alle im Speisezimmer um den Lehnstuhl, in dem Mamulitschka saß. Alle waren sich einig, daß der Held des Tages Boba war. Wenn er nicht Verhandlungen vorgeschlagen hätte, hätte Papa geschossen und weiß Gott, was dann geschehen wäre.

Boba erzählte: Es war eine gut organisierte Bande, sie hatten einen Genossen Anführer und einen Genossen Kommissar. Begonnen haben sie nach dem alten Muster: »Ihr verfluchten Burshui habt lange genug unser Blut getrunken«. ... Unter dem Fenster befanden sich neun Leute, etwas weiter weg schlichen noch einige Gestalten herum. Alle waren betrunken. Als Boba durch das Loch sah, waren die Gewehre auf ihn gerichtet. Während sie über Geld verhandelten, sagte der eine zum anderen: »Schieß auf ihn, der andere wird dann mehr hergeben!« Als Boba sagte, daß sechstausend Rubel nicht im Hause seien, meinte der Genosse Anführer: »Genosse Kommissar, machen Sie sich bereit, den Seitentrakt des Hauses anzuzünden!« Einer war so besoffen, daß er auf der Treppe saß und immer wiederholte: »Trakt anzünden, Trakt anzünden!« Das Gewehr fiel ihm aus der Hand und kollerte die Stufen hinunter. Sie sagten: »Sie können niemanden rufen, wir haben die Telefondrähte durchgeschnitten!«

Nach durchlebten Aufregungen möchte man es besonders gemütlich haben. Wir saßen um den Teetisch mit einem ganz eigenen Gefühl. Wir bemühten uns, ein neutrales Gespräch zu führen, doch es gelang nicht. Immer wieder erinnerte man sich an Einzelheiten, niemand wollte in sein Zimmer gehen. Lange wurde die Frage besprochen, ob man in Broniza bleiben oder doch nach Mogilew übersiedeln solle. Niemand wollte wegfahren, doch es genügte, Mamas gequältes Gesicht zu sehen, um zu verstehen, daß es undenkbar war, sie noch einmal dem Risiko einer so schweren Heimsuchung auszusetzen. Es wurde beschlossen, daß nur Papa, Boba und Nadja in Broniza bleiben werden.

Gegen zwölf Uhr ging ich in mein Zimmer. Nadja und Boba blieben auf, um Wache zu halten. Ich zog Männerkleidung an, drehte die Spirituslampe herunter und legte mich angezogen ins Bett. Diese Nacht werde ich lange nicht vergessen. Ich konnte unmöglich einschlafen, die ganze Zeit lauschte ich, was sich draußen und im Haus abspielte, dann schlief ich ein und erwachte gleich darauf mit rasenden Kopfschmerzen. Die Lampe brannte immer noch trostlos auf dem Tisch. Und plötzlich bekam ich Angst. So ruhig ich war, als sich das ganze abspielte, so sehr begann ich jetzt in der Erinnerung zu zittern. Die Nacht zog sich unendlich lange hin. Es war die letzte Nacht in Broniza.

Am nächsten Tag begannen wir in aller Frühe mit dem Pakken der notwendigsten Dinge. Als alle total erschöpft waren, fuhren die Pferde vor. Der Abschied von Broniza war schwer:

alle haben gewußt, daß wir es zur Plünderung freigeben, alle haben gefühlt, daß wir es nie mehr sehen werden.

Gegen drei Uhr fuhren wir ab und kamen in Mogilew an, als es dämmerte. In der Sadowaja-Straße wurden wir von Wojciechowski, einem heißen Samowar und einem Abendessen empfangen. Wir waren alle furchtbar müde und wollten nichts als schlafen. In unserer Wohnung waren nur zwei Zimmer fertig und auch die entsetzlich schmutzig; im Seitentrakt gibt es auch zwei Zimmer im oberen Stock. Wir stellten die Betten auf und legten uns hin, ohne irgend etwas in Ordnung zu bringen: Mama, Olga und ich im Haus, Andrej und Tatjana im Seitentrakt. Bevor wir auseinandergingen, telefonierten wir mit Broniza. Dort war alles friedlich. Den ganzen nächsten Tag richteten wir uns ein. Wir telefonierten mit Broniza: alles ruhig und friedlich.

Am 13. Dezember morgens rief uns Papa an und sagte, daß er und Boba uns besuchen kämen. Sie erschienen gegen elf Uhr. Es stellte sich heraus, daß sie nicht mehr nach Broniza zurückkehren werden: In der Nacht gab es wieder einen Überfall, ärger als das erste Mal. Wieder versuchten sie, einzubrechen, zerschlugen Fenster, schossen in die Luft, zerschnitten die Telefonleitungen, verlangten Wein und Gold und sagten, sie wüßten, daß hier ein Offizier wohnte. Sie nahmen die letzten tausenddreihundert Rubel, Papas Ehering und seine Uhr. Zuletzt zogen sie ab und brüllten, daß man ihnen für die nächste Nacht fünfzehntausend Rubel bereithalten solle, sonst würden sie alles zerschlagen und in Brand stecken und die Gutsbesitzer nicht herauslassen. Es war die gleiche besoffene Bande wie das erste Mal. Der zweite Überfall war gegen ein Uhr nachts. Papa und Boba beschlossen, am nächsten Morgen möglichst unauffällig zu verschwinden, ohne Gepäck; Nuditschka würde bis zum Abend bleiben und versuchen, mit Hilfe des Bautrupps aus der Fabrik einige Sachen herauszubringen. Der Bautrupp stellte zehn Fuhrwerke, Pferde und seine Leute zur Verfügung; auch von uns fuhren drei Wagen. Dieser ganze Zug kam in der Sadowaja an, als es schon fast dunkel war. Nuditschka kam als letzte, sie war verkleidet, in ein Tuch gehüllt und ist zu Fuß durch das Dorf gegangen, um nicht aufzufallen. Sie war die letzte, die das arme Broniza verlassen hat. Sie hat sehr viel herausgebracht, fast alle besseren Möbel, Wäsche, sogar zwei

Kühe gingen hinter dem Wagen her. Zurückgeblieben sind die großen Sachen, der Erard, die großen Spiegel, die ganze Bibliothek, Schränke, viele Möbel; aber im Laufe eines Tages wurde immerhin sehr viel gerettet.

Am nächsten Tag, am 15. - Olgas Geburtstag, sie ist siebzehn Jahre alt geworden -, fuhren unsere Österreicher, Kriegsgefangene, noch einmal mit Paraska nach Broniza. In der Nacht zum 16. kam dann fast die gesamte Hundertschaft auf das Gut und zerstörte alles. Von unserem Haus in Broniza stehen nur mehr die Wände.

Einmal werde ich darüber genauer schreiben. Ich werde erzählen, wie russische Soldaten aus Haß gegen Menschen, die sie nie gesehen haben, das heimatliche Nest jener zerstört haben, die noch vor kurzem bereit waren, alles für die russische Armee herzugeben. Ich werde aber auch schreiben, wie Bauern aus Broniza, statt sich zu freuen, daß sie vom verhaßten Joch der Gutsbesitzer befreit wurden, versucht haben, die Plünderer zu überreden, daß sie nicht alles zerstören sollen, daß sie sogar einige unserer Sachen und die Kleintiere gerettet und sie uns dann geschickt haben.

Jetzt ist alles egal. Als Broniza noch stand, schien es, daß es in Rußland noch ein Fleckchen gibt, wo noch Frieden und Ruhe herrscht. Dieses Fleckchen existiert nicht mehr. Jetzt ist alles, alles egal.

Mogilew-Podolsk, 31. Dezember 1917

Der letzte Tag des Jahres 1917! Wohl kaum wird in der Geschichte auch nur eines Landes ein Jahr zu finden sein, das mit diesem zu vergleichen wäre. Es war furchtbar. Nicht wegen der Revolution, nicht wegen des vergossenen Blutes. Furchtbar war es wegen des Meeres von Gemeinheit, Ehrlosigkeit, Schmutz, die im Laufe dieses Jahres über das Gesicht des unglücklichen Rußland geflossen sind. Gab es das jemals, daß ein Volk selbst, mit eigenen Händen, seine Heimat zerstört und ins Verderben geführt hat? Daß ein Volk blind, blöd und freiwillig seine ganze Vergangenheit verwirft und sich in die Sklaverei seines Feindes stürzt? Daß alles Gute plötzlich verbrecherisch genannt wird und alles Gemeine, Dreckige, Verbrecherische heilig! ...

Und wie werden wir dieses Jahr in Erinnerung behalten, wir

Peter (Petr Christianovitsch) Fürst zu Sayn-Wittgenstein (1767–1843), kaiserl. russischer Generalfeldmarschall (Urgroßvater)

armen Zeitgenossen, die die Geschichte einmal bedauern wird? Sind die Zeitgenossen schuld an dem, was vorgefallen ist? Diese Frage läßt mir keine Ruhe. Wird uns die Geschichte ebenso verurteilen, wie sie die Adeligen der Französischen Revolution verurteilt? Wir sind vielleicht schuld an der Rückständigkeit des russischen Volkes, die viel Unglück hervorgebracht hat, aber sind wir schuld an seiner Gemeinheit, an seiner Grausamkeit? Sind wir daran schuld, daß es seine Heimat verraten hat? Ja, wir sind an vielem schuld. Sogar wir, unsere Generation. Aber haben wir wirklich eine derartige Strafe verdient?

Das Jahr 1917 hat uns alles genommen, was uns heilig war, alles, was wir liebten. Wo ist unser Vaterland und unser lebendiges, glückliches Vertrauen in seine Macht? Wo unser Glaube an die Menschen, unsere Illusionen? Man hat uns das Vaterland und den Glauben an alles Gute genommen, man hat uns sogar unser heimatliches Nest zerstört. Es ist schwer, nach alledem wieder von vorn anzufangen zu leben! Noch im Laufe dieses verfluchten Jahres gab es bei mir Minuten echter Begeisterung, des Glaubens an etwas Lichtes. Sogar dieses Jahr hat eine große Anzahl neuer Gedanken und viel Begeisterung gebracht. Aber es hat diese Begeisterung und Illusionen auch vernichtet und zerschlagen. Was könnte sie jetzt zu neuem Leben erwecken? Höchstens ein Wunder.

Wenn man sagt: »Das Jahr 1917 hat uns auf unseren tiefsten Punkt gebracht, mehr kann nicht geschehen« – so antworte ich immer: »Sind wir wirklich an unserem tiefsten Punkt angelangt? Können wir wirklich nicht noch tiefer fallen? Warten wir ab, was uns das Jahr 1918 bringt! Wenn wir das wirkliche Unglück kennengelernt haben, wenn wir nur mehr werden kriechen können und nicht mehr aufrecht gehen – und früher haben wir geglaubt, daß wir fliegen könnten! –, dann werden wir uns mit Bedauern an die jetzige Zeit erinnern«. Wer wenigstens einen Tropfen dieses Kelches getrunken hat, der soll ihn bis zur Neige leeren. Wer in der Mitte stehen bleibt, wird nur gebrochen und verbittert fortgehen. Gebe Gott, daß ich nicht in der Mitte stehenbleibe!

Man spricht viel von einer angeblich baldigen Invasion der Deutschen, von einer Okkupation des Landes. Manche verhalten sich gleichgültig, andere freuen sich, wieder andere haben Angst. Ist denn jetzt nicht alles gleich?

Die Frage einer Besetzung durch die Deutschen wird bei uns nicht zum ersten Mal diskutiert. Zuerst sprach man davon in Petrograd nach dem »Tagesbefehl Nr. 1«. Damals dachten alle, daß die Deutschen die Hauptstadt besetzen würden – wie naiv wir damals waren! Wir überlegten, ob wir in Petrograd bleiben sollten oder ob es notwendig sei, die Flucht zu ergreifen wie vor einer Pestepidemie? Alle waren für die Flucht – außer Papa, der sagte, daß doch auch in Warschau Menschen überlebt hätten, daß das Leben in unserer Republik nicht angenehm sei. Damals war es Boba, der das Problem löste. Er sagte, daß er sich in der Armee eine Kugel durch den Kopf schießen würde, wenn er erführe, daß wir in einer besetzten Stadt geblieben seien. Also fuhren wir weg.

Dann kam der Mai. Wie immer gab es Gerüchte, in großer Entfernung war Kanonendonner zu hören. Wir saßen wie in einem Bienenstock. Papa sagte, daß er nicht alles aufgeben wolle, daß er bleiben würde; Tatjana war bereit, mit ihm zu bleiben. Ich hatte Angst vor den Deutschen, natürlich nicht vor einem Beschuß, vor der Nähe der Kriegshandlungen. Ich fürchtete mich davor, die deutschen Fratzen aus der Nähe zu sehen. Ich sagte, daß ich lieber zu Fuß weggehen würde, als sitzen zu bleiben und auf die Deutschen zu warten. Wir stritten uns. Die Deutschen kamen nicht, wir blieben.

Dann kam die Katastrophe von Tarnopol. Viele wollten fliehen; ich gehörte zu ihnen. Nach langem Zögern wurde der Entschluß gefaßt, daß Papa bleibt, um Broniza zu beschützen, Mama, um mit ihm zu sein, und Tatjana, die nicht wegfahren wollte. Boba war in der Armee. Wegfahren, vor den Deutschen flüchten, sollten Andrej, Olga und ich. Aber auch damals kamen die Deutschen nicht, und wir blieben. Dann, als Kamenez erobert wurde, war des langen und breiten die Rede davon, daß eine Okkupation unvermeidlich sei. Der Kanonendonner war nun schon besser zu hören. Diesmal verhielten sich alle den Gerüchten gegenüber kühl, man glaubte ihnen nicht. Dann hatte man das Gefühl, daß noch vor Ankunft der Deutschen unsere eigenen Truppen von der Front zurückkommen würden, daß es unmöglich sei, irgendwohin zu fliehen, daß noch vor der Ankunft der Deutschen ein Unglück geschehen werde – und alle blieben ruhig.

Die Friedensverhandlungen zogen sich hin, es kam der Waffenstillstand, das Schießen verstummte. Man hörte auf, von den Deutschen zu sprechen. Dann übersiedelten wir hierher. Unmittelbar vor Weihnachten, am Heiligen Abend, wurde Mogilew ganz plötzlich von der 8. Armee überschwemmt, die von der Front zurückkehrte. Das war jene zurückflutende Armee, vor der wir Angst gehabt hatte. Drei Tage lang wurde wild in die Luft geschossen, die ukrainischen Behörden wurden vertrieben, die Macht übernahmen die Bolschewiken. Sie beschränkten sich allerdings darauf, die gelb-blauen Fahnen herunterzuholen und allen Offizieren und Soldaten die Schulterstücke herunterzureißen. Sie sprachen von Patrouillen, aber wir sahen keine. Den Seitentrakt unseres Hauses bezogen für vierundzwanzig Stunden etwa zehn Genossen; wir haben sie gefüttert, und sie haben sich ruhig und anständig benommen. Es scheint, daß nun die ganze 8. Armee aus Mogilew abgezogen ist. Wenn das der berüchtigte, furchtbare Abzug war, so war er harmlos. Allerdings hört man, daß ganz Kamenez von ebensolchen Truppenteilen zerstört worden sein soll.

Auch andere Armeen haben die Front verlassen. Sie liegt jetzt offen vor den Deutschen da. Die Frage ist nur, ob sie das Südwest-Gebiet jetzt oder später besetzen wollen. Die Besetzung ist unausbleiblich, das sagen alle. Gestern hat Dr. Michalewski das Gerücht lanciert, daß Proskurov bereits eingenommen sei.

Und was sagt dazu unsere Familie? Alle freuen sich und verheimlichen das gar nicht. Alle sind müde, alle wollen, daß wieder Ordnung einkehrt, sogar wenn sie von den Deutschen kommt. Nur Olga und ich protestieren laut, aber nützt das etwas? Es gibt keinen Ort, wohin wir von hier aus gehen könnten, und es wäre auch nicht möglich. In einer Beziehung erwarte auch ich die Deutschen mit Ungeduld: Es ist doch sehr bedrückend, wie wir jetzt leben. Wir haben nichts zu tun, es gibt nichts als Kummer und Langeweile. Wenn die Deutschen kommen, werden sie uns vielleicht zwingen zu arbeiten. Ich möchte gern etwas arbeiten, um nicht so viel nachzudenken. Mein Herz und mein Gehirn sind müde - vielleicht wäre die Müdigkeit der Hände und Füße leichter zu ertragen. Aber natürlich wird das nicht geschehen. Vermutlich werden die Deutschen gar nicht bis Mogilew kommen.

Postskript: Es ist jetzt neun Uhr abends. Endlich werden die Uhren wieder um eine Stunde zurückgestellt. Zu diesem Zweck hat Lenin ein eigenes »Dekret« erlassen. Was früher durch ein einfaches Rundschreiben der Regierung erledigt wurde, erfolgt in der demokratischen Republik durch Dekrete.

Wir sitzen in meinem Zimmer; es dient Olga und mir als Schlafzimmer und der ganzen Familie als Salon. Wir haben hier das Klavier und das Harmonium aufgestellt. Draußen hört man ziemlich entfernt ein fast pausenloses Gewehrfeuer. Man könnte meinen, daß die Deutschen schon in Mogilew seien. Es erinnert schrecklich an die ersten Revolutionstage in Petrograd. Das macht jetzt überhaupt keinen Eindruck mehr. Vor zwei Tagen haben Olga und ich die Kaninchen gefüttert, plötzlich ertönte ein Schuß ganz in der Nähe und danach das Pfeifen einer Kugel. Früher wären wir ins Haus gegangen, jetzt haben wir nur bedauert, daß es bloß eine war.

Mogilew-Podolsk, 1. Jänner 1918

Das neue Jahr haben wir nicht sehr fröhlich gefeiert. Wir haben beschlossen, nicht aufzubleiben, was wir, mit Ausnahme von Tatjana und Nuditschka, auch taten. Sie setzten sich ins Speisezimmer, um in der Nähe der Eingangstür zu sein, da Wojciechowski und Adamek in die Österreicherküche gegangen sind, um dort Neujahr zu feiern und um Mitternacht abzuwarten. Die Schießerei war immer näher und öfter zu hören.

Um zwölf Uhr störten Gewehrsalven direkt unter unseren Fenstern diese friedliche Stimmung und brachten uns doch in eine gewisse Aufregung. Aus den verschiedenen Zimmern sprang alles in den merkwürdigsten Gewändern heraus. Papa glaubte, man wolle die Tür aufbrechen, und regte sich schrecklich auf. Nach zehn Minuten lachten alle über den neuen Alarm. Auch den Österreichern ist ihr Fest mißlungen, sie liefen vor der Schießerei davon. Unsere beiden kleinen Franzosen retteten sich zu uns ins Haus. So mußten wir trotzdem das neue Jahr begrüßen, sogar gegen unseren Willen.

Es heißt, daß das Jahr so sein wird, wie man Neujahr feiert. Neujahr 1917 feierten wir etwas anders, als das Jahr dann verlaufen ist. Am 31. Dezember kamen Papa und Nuditschka nach Petrograd. Nuditschka brachte aus Kiew eine Menge Süßigkeiten und Torten mit, aus Broniza einen Schinken und vieles andere. Abends deckte Wladimir den Tisch besonders feierlich: Silber, rotes Geschirr. Unser schönes Speisezimmer sah sehr »vornehm« aus. Gegen neun Uhr abends schoben wir die Möbel im Musikzimmer zusammen und veranstalteten einen wilden Ball zu Grammophonmusik. Gegen zwölf Uhr wurde ein kaltes Diner serviert. Alle waren so gut aufgelegt wie selten. Wir tranken ein Gläschen Fruchtlikör und wünschten uns gegenseitig, das ganze Jahr glücklich zu verbringen. Olga und ich gingen mit einer Flasche Likör in die Küche, um den Dienstboten ein frohes Neujahr zu wünschen. Dort waren Gäste, und das Festmahl war in vollem Gang, so daß wir so schnell wie möglich wieder verschwanden. Damals war alles so lustig und unterhaltend. Als wir uns schlafen legten, konnten wir nicht voraussehen, daß wir ein Jahr später fast in unseren eigenen Betten erschossen zu werden riskierten.

Heute steht in der »Kievskaja mysl«, daß Mogilew-Podolsk von bolschewistischen Truppen erobert worden ist. Es klingt merkwürdig, aber in Wirklichkeit ist das ein Unsinn, zumindest vorläufig. Wenn sich das Neujahrsschießen beruhigt hat, wird es ganz friedlich sein.

6. Jänner 1918

Heute spielt sich aus Anlaß des Feiertages etwas komplett Verrücktes ab. In der Stadt wird so geschossen, als ob die ukrainischen Kosaken endlich ihre Drohung wahr machen und die Bolschewiken aus der Stadt vertreiben würden. Es waren sogar Maschinengewehre, Handgranaten und entfernte Einschläge von der Artillerie zu hören. Während ich die Hasen fütterte, wurde ununterbrochen geschossen, bei den Nachbarvillen ebenso wie auf dem Markt.

Wir waren viel draußen im Garten, der durch eine steinerne Mauer von allen Seiten abgeschlossen ist. Den ganzen Tag zogen durch Mogilew irgendwelche Formationen. Ljaschko, Benko und Tschaikovsky, unsere Österreicher, haben sie gefragt, wohin sie gehen. Die einen haben geantwortet, daß sie von den Rumänen verjagt wurden, die anderen, daß sie die Bolschewiken besiegen wollen. Aber sie haben nicht gegen die Bolschewiken gekämpft, sondern sind ruhig die Schargoroder Chaussee entlang gezogen. Wahrscheinlich ist das idiotische Geböller nichts als ein Mittel, um revolutionäre Festtagsstimmung auszudrücken.

Wenn man bedenkt, daß irgendwo Menschen leben, die nicht gezwungen sind, diese ganze Gemeinheit, diesen Verrat zu sehen! Das, was sich früher Armee genannt hat, verläßt seelenruhig die Front unter Mitnahme dessen, was man zu Hause brauchen kann; alles übrige wird einfach weggeworfen! Gibt es irgendwo noch Menschen, die auf ihre Nationalität stolz sein können, die sich nicht für ihr Vaterland schämen müssen? Haben wir diese Schande wirklich verdient? Wenn die Kugeln durch die Luft pfeifen, möchte man sich bücken und weglaufen, aber manchmal sagt man sich: Sind nicht diejenigen hundertmal glücklicher, die das alles nicht mehr sehen müssen? ...

Mogilew, 15. Jänner 1918

Wieder ist die Stimmung schlechter als gewöhnlich. Nach einer Pause von einigen Tagen kamen heute endlich Zeitungen. Wahrscheinlich haben die Herausgeber beim Verfassen der Zeitung das gleiche gefühlt wie ich, wenn ich Tagebuch schreibe: Man muß so traurige, so ausweglose Dinge berichten!

Warum hat mich die Nachricht von der schrecklichen Ermordung von Schingarew und Kokoschkin so beeindruckt? Jetzt werden doch so viele unschuldige Leute auf bestialische Weise umgebracht. Es wäre Zeit, sich daran zu gewöhnen. Warum müssen die Menschen so leiden? »Mir ist kalt, ich habe Angst« - diese letzten Worte des unglücklichen Schingarew, das Stöhnen, das jetzt in ganz Rußland zu vernehmen ist, finden in meinem Herzen einen traurigen Widerhall. Wie viele Menschen sterben, mein Gott, wie viele Menschen sterben qualvoll, langsam und umsonst! ...

In Taganrog haben die Bolschewiken die ganze führende Schicht zum Tod verurteilt, weil bei den Wahlen zur Gesetzgebenden Versammlung die Konstitutionellen Demokraten und Kosaken die Mehrheit erhalten haben. Das Gemetzel ist noch nicht beendet.

Die Bolschewiken haben die armseligen Überreste vertrieben, die sich trotz allem noch Gesetzgebende Versammlung genannt haben, und Arbeiter, die zu deren Gunsten demonstrierten, niedergemacht. Es gibt viele Opfer.

In Petrograd wurden wieder Barrikaden errichtet; es wird aus allen Kalibern geschossen, woran sich die Schiffe der baltischen Flotte beteiligen. In der Stadt herrscht Panik.

Im Gouvernement Podolien ereignen sich Pogrome, und es herrscht eine derartige Anarchie, daß alles davon spricht. Es scheint, daß nicht ein einziger Gutsbesitz verschont wurde. In unserem Bezirk wurde vor einigen Tagen das letzte übriggebliebene Gut, das von Walewski, vollkommen zerstört.

19. Jänner 1918

Ich möchte wenigstens schreiben, denn es ist langweilig. Zu tun ist nichts, alles hängt einem zum Hals heraus. Wenn man ein paar Nummern Petrograder Zeitungen gelesen hat, dreht sich einem der Magen um, und alles ist noch widerlicher. Aber worüber soll ich schreiben? Es ist immer das gleiche, alles, alles das gleiche.

Was soll man tun, woran denken, wofür sich interessieren? Noch vor kurzer Zeit war alles für mich so interessant, vor allem die Politik, alle Probleme, die die jüngsten Ereignisse an die Oberfläche gebracht haben, außerdem theoretische, religiöse und moralische Fragen. Warum ist das alles jetzt so fremd? Noch vor einigen Tagen schien es, daß es kein besseres Leben geben könne, als still in seinem Winkel zu sitzen, hinter seinem Zaun versteckt, umgeben von Tieren und möglichst weit weg von den Menschen. Warum genügt einem das nicht mehr, warum möchte man etwas anderes?

20. Jänner 1918

Früher war ich eine Monarchistin. Unsere ganze Familie war monarchistisch eingestellt, und da ich in dieser Tradition aufgewachsen bin, habe ich sie aus ganzer Seele geliebt. Unsere Liebe und Verehrung gegenüber der Idee der Monarchie rief ziemlich gespannte Beziehungen zwischen Tatjana und mir auf der einen Seite und unseren Moskauer Bekannten auf der anderen hervor. Diese waren immer ausgesprochen liberal eingestellt. Obwohl ich mich immer für Politik interessiert habe, habe ich vor den nur allzu offensichtlichen Unzulänglichkeiten der letzten Regierungszeit die Augen verschlossen. Im Herbst 1916, als Tatjana und ich bis Dezember in Broniza lebten, konnte ich mich nur mit Gewalt zwingen, die Zeitungen zu lesen, die bereits damals voll waren von Beschuldigungen gegenüber der Regierung. Alle Reden in der Duma und im Staatsrat riefen, neben dem Gefühl der Angst um Rußland, nichts anderes hervor als Ärger und Wut. Damals erhob sich zum ersten Mal die Frage: »Der Zar oder Rußland?« Vorher hatte ich diese beiden Begriffe kaum auseinandergehalten, sie flossen zu einem einzigen Phantom des Patriotismus zusammen. Ich liebte nicht so sehr Nikolaus II. als Person, sondern die Monarchie als Prinzip. Ich habe weder ihn noch jemanden aus seiner Familie jemals gesehen, aber es war mein heißester Wunsch, etwas für ihn zu tun, ihm dienlich zu sein. Ungefähr dreimal habe ich ihn auf der Leinwand eines Kinematographen gesehen. Vielleicht klingt das lächerlich, aber da habe ich immer eine solche Begeisterung gefühlt, eine solche Hingabe, daß ich nur mit Mühe die Tränen zurückhalten konnte. Den kleinen Alexej habe ich mit meiner heißesten, ergebensten Liebe verehrt, ich habe mir alle seine Bilder gekauft und zu diesem Zweck sämtliche Petrograder und Moskauer Geschäfte abgegrast. In Petrograd liegt immer noch mein dickes Album mit den Postkarten aller Mitglieder der Kaiserlichen Familie. Ich kann nicht sagen, daß die Kaiserin Alexandra Fedorowna sich bei mir des gleichen warmen Gefühls erfreuen konnte; ihr gegenüber verhielten wir uns kühl, wenn auch mit dem gebührenden Respekt. Einige Großfürsten sahen wir häufiger; mit Ioann und Gawriil Konstantinowitsch waren wir persönlich bekannt und standen mit ihnen in Davos auf gutem Fuß.

Wer erinnert sich nicht an die »deliranten« Begeisterungsausbrüche im Herbst 1914? An den nie dagewesenen Aufschwung des patriotischen Geistes, die heiße Liebe zu Rußland und dem Kaiser? Kann es wirklich einsichtige Menschen geben, die sich über diese heiligen Gefühle lustig machen? Kann es wirklich sein, daß wir damals im Unrecht waren, weil wir unsere Heimat und unseren Herrscher liebten?

Dann begannen sich Zweifel zu regen; wir fingen an zu schwanken, die Richtigkeit unserer Ansichten zu bezweifeln. Aber das brachte uns nur dazu, mit der Kraft der Verzweiflung an unserer früheren Lieblingsidee festzuhalten. Dem gesunden Menschenverstand, der eigenen Vernunft und der öffentlichen Meinung zum Trotz! Es war schön, in der Theorie die Idee einer aus Wahlen hervorgegangenen Regierung zu entwickeln, davon zu träumen, hinter Barrikaden zu stehen. Aber in der Praxis hinderte mich das nicht daran, mit den Lopuchins zu streiten und die Monarchie zu verteidigen und alle Zeitungen, die ein kleines bißchen weiter links standen als »Novoje vremja«, zu verachten, sie nur fürs Einheizen geeignet zu halten.

Einige Jahre vergingen, und es blieb nichts anderes übrig,

als die Welt mit bewußteren Augen zu sehen. Jetzt wurde das Prinzip des Monarchismus allerdings eher zu einer Quelle des Kummers als der Freude. Beim Zeitunglesen mußte man davor Angst haben, mit etwas Unangenehmem und Kränkendem konfrontiert zu werden, von einer Aktion der Regierung zu erfahren, die ihr schadet. Diese Aktionen wurden immer auffälliger, das Schlechte wurde zu offensichtlich, als daß man immer leicht eine Entschuldigung dafür hätte finden können.

Der Herbst 1916 traf mich unvorbereitet. Wenn ich jetzt mein Tagebuch aus dieser Zeit lese, so sehe ich zu meinem Bedauern, daß darin fast nichts von meinen damaligen Gedanken zu diesem Thema zu finden ist. In der Zeit, als mich die Politik wirklich quälte, habe ich über Politik kein Wort geschrieben. Ich erinnere mich gut, warum: es war zu schwer, sogar mir selbst einzugestehen, daß in mir ein schwerer Kampf tobte, in dem die Waage begann, sich nicht in Richtung des Zaren zu senken. Und indem ich meinen Kopf bis zur Verblödung mit den »Drei Musketieren« anfüllte, bemühte ich mich, die traurige Wirklichkeit zu vergessen.

Aber auf längere Zeit kann man vor der Wirklichkeit nicht flüchten. Bald danach fuhren wir nach Petrograd und gerieten sofort mitten in die politische Auseinandersetzung. Das gesamte gebildete und denkende Petrograd war damals besorgt und empört. Von Hand zu Hand gingen die stenographischen Protokolle der Duma und des Staatsrates; die »große Welt« kannte auch den Brief von Michail Wladimirowitsch Rodzjanko an den Zaren. Wer konnte, verschaffte sich Eintrittskarten für die Duma und den Staatsrat, bewunderte die Wortgewandtheit der Redner, die sagten, »Das Vaterland ist in Gefahr!« Solche Worte waren damals neu. Als der alte Taganzew sie zum ersten Mal im Staatsrat aussprach, machten sie einen überwältigenden Eindruck.

In unserer Familie gärte es wie überall. Wir waren in der außerordentlich günstigen Lage, alle Einzelheiten aus erster Hand zu erfahren. Denn der bei uns lebende Onkel Kolja, ein Mitglied des Staatsrates, verbrachte ganze Tage in den »Sphären«; als naher Verwandter von M. W. Rodzjanko besuchte er diesen fast täglich, wußte alles und brachte uns immer die neuesten Nachrichten. Onkel Kolja galt bei uns auch früher schon als »Liberaler«, als »Kadett« – das schien uns damals so etwas wie ein Nihilist zu sein. Es ist nicht weiter erstaunlich, daß er täglich, wenn er nach Hause kam, nicht enden wollende Berichte gab, wobei einer empörender war als der andere. Onkel Koljas »Es ist unerhört, was sich da tut!« war eine ständige Redewendung. Alle gaben ihm recht außer Andrej. Wäre es denn möglich gewesen, ihm nicht recht zu geben, wenn die Tatsachen so offenkundig waren?

Abends hörten alle zu, wenn Onkel Kolja erzählte. Er, ein glühender, aufrichtiger Patriot, der nichts anderes wünschte als Rußlands Wohlergehen, litt stark, aber auch wir alle litten. Was fühlten wir Monarchisten damals – Schmerz, Enttäuschung, Ekel?

Dann kam die Geschichte mit der Fürstin Wassiltschikov. Die allgemeine Unzufriedenheit wuchs. Die Ablösung von Ministern, die Ernennung Schtscheglowitovs in den Staatsrat und wie er sich dort aufführte, die »ekelhaften« Zeitungen, die Gerüchte über Suchomlinov, über Rasputin und vor allem die sichtbare Unlust, den Krieg weiterzuführen und die Deutschen zu schlagen – das alles rief starke Unruhe hervor. Wohin man kam, überall wurde über das gleiche gesprochen, überall hörte man »rote«, »linke« Reden. Und alle waren damit einverstanden.

Schließlich ertönte der erste Donnerschlag: spät abends verbreitete sich das Gerücht von der Ermordung Rasputins. Diejenigen, die es nicht gesehen haben, können sich nicht vorstellen, was die Hauptstadt in diesen Tagen erlebt hat. So eine Freude, so eine Hochstimmung hat die Stadt, die in den letzten Monaten so niedergedrückt und mürrisch war, lange nicht mehr erlebt. Der Jubel war allgemein. Die einen sahen darin einen Schlag, der dem verhaßten Regime zugefügt wurde, die anderen, wie wir, hofften auf eine Wiedergeburt des Monarchismus, der von diesem bösartigen Geschwür befreit war. Da die Einzelheiten von der vorsichtigen Zensur geheimgehalten wurden, wurden sie in Telefongesprächen und Zeitungsartikeln nur andeutungsweise formuliert, aber das hatte seinen besonderen Reiz. Wieder war es Rodzjanko, durch den wir unter den ersten die Wahrheit erfuhren. Alle nur möglichen Segenswünsche häuften sich auf die Köpfe des Großfürsten Dmitrij Pawlowitsch, des »kleinen Felix«, und Purischkewitschs. Damals argwöhnte niemand, daß der Schuß auf Rasputin das Vorspiel zum 27. Februar war.

Und dann begannen die Unruhen. Alle fühlten in ihnen das Echo ihrer eigenen Gedanken und erschraken nicht. Ich erinnere mich an meine Stimmung, als Onkel Kolja und ich am 25. zu Fuß zur Duma gingen. Die Tramways fuhren schon nicht mehr, es gab keine Droschken, eine müßige Menschenmenge zog über die Gehsteige, obwohl es ein Arbeitstag war. Anständig angezogene Leute waren wenig zu sehen. Ich fand es irgendwie besonders lustig, auf den vom Schnee nicht gereinigten Straßen zu rutschen, während ein starker Wind uns den Schnee ins Gesicht blies. Die ganze Stimmung hatte etwas Aufregendes; in der Luft lag Erwartung. Es war merkwürdig, interessant und aufregend. Durch die Straßen ritten Patrouillen.

In der Duma herrschte reges Leben. Die eben begonnene Sitzung verlief lange nicht so apathisch, wie ich es in der Duma schon früher erlebt hatte. Onkel Kolja und ich verfolgten von der Loge des Präsidenten aus mit großem Interesse den Fortgang der Sitzung; der Onkel nannte mir die Namen der einzelnen Redner. Hier sah ich jene Leute, die einige Tage später eine so große Rolle spielen sollten. Einige Gesichter waren mir schon von früher bekannt. Rodzjanko führte den Vorsitz mit seinem üblichen Takt und Können. Nekrasov, so sympathisch und anständig ausschauend, hielt eine sehr maßvolle Rede; Tschcheidze, dreckig und ungewaschen, in einem erbsenfarbenen Sakko, schwätzte am Rednerpult etwas von seinem damaligen liberalen Unsinn. Kerenski, verblüffend durch seine unnatürliche Geschäftigkeit und sein Herumlaufen, verlangte jede Minute das Wort; er erstickte fast an seinen eigenen Worten; er beeilte sich, sie hervorzubringen, bevor ihn Rodzjanko zur Ordnung rufen konnte. Miljukov ähnelte einem Kater mit seinem weißen Schnurrbart und seinen schlauen Augen. Auf ihren Plätzen, durch einen Gang streng in Rechte und Linke getrennt, saßen andere bekannte Gesichter: der leidenschaftliche Monarchist Markov II., der aussah wie Peter der Große, Nikolaj Nikolajewitsch Lwow, dünn und krank aussehend, der Jude Goldmann und andere. Am Schluß der Sitzung sprang Kerenski zum letzten Mal auf die Tribüne und las die von seiner Fraktion vorgeschlagene Formulierung einer Übergangslösung vor: Absetzung aller Minister, ihre Ersetzung durch gewählte und verantwortliche Personen, etwas von Brot und

Arbeitern und so etwas wie eine Änderung der Regierungsform und Übergabe der Gewalt an die Straße. Er las so schnell, daß man fast nichts verstand. Wie ahnungslos war die Duma: der ganze Saal antwortete auf seine Forderungen mit Gelächter. Das war die letzte Sitzung der Duma.

Als wir nach Hause kamen, erzählte ich, wie lustig es gewesen sei, wie fabelhaft Onkel Mischa die Sitzung geleitet habe, wie unsympathisch Tschcheidze und Kerenski seien, und ich bedauerte, daß es keinen Skandal zwischen Zamyslowski, Goldmann und Purischkewitsch gegeben habe. Wir beschlossen, zur nächsten Sitzung zu gehen, die für den übermorgigen Tag, den 27. Februar, anberaumt war.

Schließlich kam der 27. Februar 1917. Wenn ich jemals liberale Ideen gehabt hatte, so verschwanden sie wie Rauch. Die Wut über das aufbegehrende Gesindel, über die verräterischen Soldaten waren meine vorherrschenden Gedanken und Gefühle, meine größte Hoffnung, daß von der Front Truppen kommen und in Petrograd Ruhe schaffen würden. Es ist interessant, daß die ehemaligen Liberalen nicht ohne Hoffnung davon sprachen, daß eine Abteilung der Sankt Georgs-Kavallerie unter der Leitung von General Gurko auf Petrograd marschierte. Aber mit jeder Stunde wurde die Hoffnung schwächer; es war klar, daß die Stadt sich in den Händen der Aufrührer befand.

Am 1. März lasen wir in der »Izvestija« das Manifest des Zaren, betreffend seinen und seines Nachfolgers Thronverzicht. Es ist schwer zu beschreiben, was wir fühlten: die allerliberalsten Wünsche reichten nicht weiter als bis zu einer konstitutionellen Monarchie. Dieses war unerwartet und besorgniserregend. Aber man war auch ein bißchen beruhigt: verschreckt durch ständige Hausdurchsuchungen, das Schießen, die Gewaltanwendung gegen Offiziere, fühlten wir eine große Erleichterung darüber, daß er selbst verzichtet hatte, daß man ihm also nichts Böses werde antun können. Ich glaube, daß fast niemand Nikolaus II. nachgetrauert hat, deshalb hat sich der Umsturz so leicht und rasch vollzogen. Nachgetrauert wurde ihm von Halbwüchsigen wie Andrej oder von Leuten, die in ihren Ansichten so starrköpfig sind wie ich und meinesgleichen.

Vor unserer Abreise nach Moskau war ich böse und schlecht

aufgelegt. Einmal, nach einem heftigen Streit zwischen Tatjana und mir auf der einen und Marusja Grabbe und Njura Lwowa auf der anderen Seite, in dessen Verlauf sie ein leuchtendes Bild des künftigen Glücks in einer russischen Republik zeichneten, verließen wir zusammen das Haus und gerieten in die Demonstration eines Regimentes, das mit roten Fahnen und Losungen, wie »Durch Kampf erreichst du dein Recht!«, »Es lebe die demokratische Republik«, zur Duma zog. Das Regiment wurde von einer großen Menge von »Genossen Bürgern« umringt, die daneben auf dem Gehsteig gingen; »gebildete Leute« waren fast nicht zu sehen. In diesem Augenblick zog ein merkwürdig freudiges Gefühl durch mein Herz. Es spielte keine Rolle, daß sich dies alles unter den Klängen der verhaßten Marseillaise abspielte, unter den verhaßten roten Fahnen: es war ein Gefühl der Liebe zu dieser gesichtslosen Menge, der Wunsch, mit ihr zu verschmelzen, von ihr als dazugehörig anerkannt zu werden. Dieses Gefühl war nicht von Dauer; es wurde schwächer, als ich die groben, tierischen Gesichter der Soldaten und Menschen in der Menge näher betrachtete, und verging ganz unter den feindseligen Blicken, die uns und zwei Lyzeumsschülern zugeworfen wurden, die tapfer ihre Dreispitze aufbehalten hatten. Ich verstand, daß wir für diese Menge fremd und überflüssig waren, und ich beschloß in diesem Moment, keine Annäherung zu suchen. Aber der gute Samen war ausgeworfen. Er blieb haften und schlug später Wurzeln.

Als Tatjana und ich nach Moskau kamen, war meine böse Schweigsamkeit vorbei, es brach etwas durch in mir. Im stillen Moskau, das nichts gesehen hatte, erstaunte ich alle durch meine erregte Haltlosigkeit. Ich sagte jedem meine Meinung, ohne mich durch Altersunterschiede oder sonst etwas einschüchtern zu lassen. Viel zu erregt stritt ich mit allen, ich verteidigte die Verdienste des Adels und meine eigenen politischen Ansichten. Die Zubovs ärgerten sich sehr über mich, alle fanden mich »zu autoritär«, aber schließlich ließen sie mich in Ruhe. Ich habe in Moskau wirklich gelitten.

Es kam die Karwoche; ich wollte beichten und zur Kommunion gehen, aber im Durcheinander der Zubovschen Wohnung, zwischen Zigeunerromanzen und meiner gereizten Laune war die Stimmung nicht nach Kommunion. Ruhe fand ich nur in der großen, alten St. Nikolauskirche auf dem Arbat; dorthin ging ich, ohne einen Gottesdienst zu versäumen. Dort konnte man alles vergessen, sogar die Politik.

In Moskau tobte damals die gesamte Presse und überschüttete das Haus Romanov mit Schmutz. Ich fühlte einen tiefen Haß gegen alle diese Zeitungen und Blättchen, die auf den Moskauer Straßen verkauft wurden, und während meines ganzen Aufenthaltes in Moskau und später in Kiew habe ich keinen einzigen Artikel über die Familie des gewesenen Zaren gelesen. Die ewigen Phrasen der Moskauer, daß man »an die Seele des Volkes glauben« müsse und »daß alles gut werden würde«, brachten mich in Rage.

Endlich fuhren Mamulitschka und ich nach Kiew. Meine schlechte Laune wurde immer ärger, und als ich in Kiew einen Brief von Marusja Grabbe bekam, daß sie »stolz ist, zum russischen Volk zu gehören« und ähnliche Sätze, antwortete ich ihr, glaube ich, zu grob und fiel über den von mir so wenig geliebten »Moskauer Geist« her. Nach zwei Wochen fuhren Tatjana, Andrej und ich weiter nach Broniza, wir ließen die Eltern mit der kranken Olga zurück.

In Broniza hatte ich niemanden, mit dem ich über Politik sprechen konnte. Daher redete ich weniger und dachte mehr nach über jene Fragen, die die Revolution in den Vordergrund gerückt hat und von denen ich überhaupt nichts wußte. In dieser Zeit las ich kaum Zeitungen; dafür begann ich, die letzten Werke von Tolstoj zu lesen; ich versuchte, anhand eines sehr trockenen und uninteressanten Büchleins Soziologie zu studieren. Ganz langsam hörte der Sozialismus auf, für mich ein Schreckgespenst zu sein. Aber diese entstehenden neuen Ansichten hinderten mich nicht daran, mit schrecklicher Wut auf alles zu reagieren, was die »russische Revolution« verbrochen hat. Trotz meiner früheren monarchistischen Überzeugungen konnte ich mir eine Rückkehr von Nikolaus II. auf den Thron nicht wünschen. Aber niemals, weder laut noch im stillen, habe ich ihm Vorwürfe gemacht. Das Gefühl, daß er trotz allem der Zar und außerdem unglücklich ist, ließ das nicht zu. Aber wenn es auch praktisch keinen Kaiser mehr gab, so gab es immer noch die Heimat, und so übertrug ich den Rest meiner Liebe auf sie. Ich litt nur mehr für Rußland. Nachdem ich aufgehört hatte, Monarchistin zu sein, war ich nur noch Patriotin.

Im Laufe des Sommers verwandelten sich unter dem Eindruck meiner Lektüre und des vielen Nachdenkens langsam meine Gedanken. Anfang August las ich die »Brüder Karamasov«. Mir schien, als sei plötzlich vor mir ein Vorhang aufgezogen worden. Es war wie eine Offenbarung: Mir schien, daß ich eine neue Wahrheit erkannt hatte und daß mein Leben von nun an anders sein würde. Durch diese neue Welt, durch diese Wahrheit begann ich, eine andere zu suchen, um sie im irdischen Leben anzuwenden, und als ich sie fand, drehten sich meine politischen Ansichten im gleichen Augenblick um: Freiheit, Gleichheit und Brüderlichkeit, aber nicht so, wie sie von den Sozialisten verstanden werden, sondern wie ich sie damals selbst verstand: Verzeihung gegenüber jenen, die mich beleidigt haben, Aufopferung meiner Person für die Allgemeinheit und alle, die mich brauchen - unter diesen Voraussetzungen wurde die russische Revolution annehmbar.

Ich erwachte aus meiner früheren Apathie und Verbitterung, ich begann wieder, mich für alles zu interessieren und Zeitungen zu lesen. Jetzt fand ich vieles, was wie ein Echo auf meine begeisterten Träume klang, in den glühenden, talentierten Reden Kerenskis. Deshalb oder vielleicht weil Träume nicht ohne Nahrung leben können, machte ich ihn zum ausführenden Organ meiner Wunschbilder. Ist es wirklich so unverständlich, daß ich, als ich endlich einen Ausgangspunkt fand, mich auf ihn mit vielleicht zu großem Eifer stürzte? Wie viele, vielleicht falsche Wunschträume gestattete ich mir, wenn ich allein war! Damals habe ich vieles, was ich vorher schroff abgelehnt hatte, entschuldigt, immer in der Hoffnung auf die Zukunft. Ich war bereit, der Revolution und sogar der Republik viele Verdienste zuzugestehen. Das war die Ursache meiner heißen Streitgespräche mit der ganzen Familie, meiner impulsiven Verteidigung Kerenskis, des Sozialismus und sogar der Sozialisten. Daher stammt die Überzeugung, daß ich »zur anderen Partei« gehöre, daß ich eine Revolutionärin bin, eine Verehrerin von Kerenski. Unabhängig davon, was um mich geschah, lebte ich ziemlich lange in diesem rosigen Nebel.

Aber gar zu lange konnte das nicht dauern. Es kam eine Enttäuschung nach der anderen, zuerst die, daß Kerenski an der Kornilov-Affäre schuld war, daß er absichtlich einen Menschen vor Gericht gebracht hatte, den er nicht mochte. Ich wollte das lange nicht glauben. Schon nachdem ich in »Novoje vremja« den Artikel »War es Meuterei« gelesen hatte, kam es zu einem großen Streit mit Tatjana, weil ich mich mit großer Hitze für das Programm der Sozialrevolutionäre erklärte und Kerenski verteidigte. Es klingt vielleicht lächerlich, aber es war schwer für mich, als ich mich überzeugen mußte, daß ich unrecht hatte. Seitdem verteidige ich niemanden mehr und spreche nicht mehr über Politik, obwohl ich die Theorie von der »anderen Partei« nicht richtiggestellt habe.

Nach dem mit so vielen Schmerzen verbundenen Verlust meiner früheren Weltanschauung mußte ich erkennen, daß das Neue ein ebensolcher Irrtum war wie das Frühere. Aber diese zwei bis drei Monate haben mir sehr geholfen, alles nicht gar zu engstirnig zu betrachten und vor allem, nicht verbittert zu werden. Jetzt existieren in meinem Herzen Keime des Alten und des Neuen, sie kommen miteinander aus - oder ist es richtiger zu sagen, daß weder vom einen noch vom anderen etwas geblieben ist? Woran soll man sich halten?

In meinem Herzen ist nichts anderes geblieben als Schmerz und Sehnsucht. Ich möchte noch einmal die Klänge unserer Hymne hören. Wenn ich diese Minute einmal erlebe, werde ich vielleicht wissen, woran ich mich halten soll und was noch verblieben ist. Solange zu leben, bis die Reaktion kommt, die Rettung Rußlands zu erleben, noch einmal die Trikolore zu sehen und die Hymne zu hören - mehr wünsche ich mir nicht!

Als ich begann, das alles niederzuschreiben, sagte ich mir, daß das meine »politische Beichte« sein wird. Ich habe sie nicht geschrieben, um mich vor jemandem zu rechtfertigen, sondern nur, um mich »auszusprechen« und meinen Kummer zu unterdrücken. Hoffentlich hilft es etwas.

22. Jänner 1918

Die letzten Tage war ich wegen eines dummen Unfalls in schlechter Verfassung. Ich habe Andrej geholfen, Unterlagen unter das Klavier zu schieben und bin daruntergekrochen; als Andrej es anhob, rutschte die Unterlage weg, und das Klavier fiel mit seinem ganzen Gewicht auf meinen Rücken. Olga hat mich hervorgezogen und auf den Diwan gelegt, dann wurde mir schlecht. Ich lag den ganzen Tag, und sogar am nächsten konnte ich kaum gehen.

In der Stadt ist alles ruhig wie früher. Was für eine merkwürdige Oase ist unser Mogilew! Überall spielen sich die schrecklichsten Dinge ab, aber hier hat man sich ganz gut eingelebt. Überall herrscht Hunger. Brot bekommt man ein viertel Pfund pro Tag, und was für eines! Wojciechowski war in Petrograd und hat uns von dort ein Stück mitgebracht: eine schwarze Masse, die Hälfte davon besteht aus Kleie. Wie man so etwas essen kann, verstehe ich nicht.

Wir haben vorderhand alles. Es wäre allerdings merkwürdig, wenn das Gouvernement Podolien hungern müßte, wo die Ernte gut war. Das Getreide wurde noch nicht gestohlen; vielleicht reicht es bis nächstes Jahr, bis zur neuen Ernte, wenn nicht vorher die Deutschen kommen. Unsere Mogilewer Bolschewiken benehmen sich anständig. Nur einmal haben sie versucht, von den Einwohnern eine Million Rubel zu erpressen; sie begannen, die Häuser zu durchsuchen und zu stehlen. Wir erschraken und fingen an, alles zu verstecken, aber inzwischen haben sie beschlossen, es sein zu lassen. Vorderhand rühren sie nichts an.

Mittlerweile besetzen die Rumänen Bessarabien. Kischinev ist bereits in ihrer Hand, den Gerüchten nach auch Belzy. Zu uns kommen sie nicht; sie wollen nur Bessarabien.

26. Jänner 1918

Seit einiger Zeit glaube ich an die Reaktion, an eine Wiedergeburt Rußlands. Es scheint, daß General Alexejew etwas mit der Armee anfangen wird, die er aus Freiwilligen aufstellt. General Alexejew sagt in seinem Aufruf, daß er dies aus drei Gründen tut: erstens zur Verteidigung der Gesetzgebenden Versammlung, zweitens zum Schutz derjenigen, die in die Region, das Dongebiet, geflohen sind, drittens aus Sorge um das »Eine Rußland« und den russischen Süden. Meiner Meinung nach ist das Ziel klar: Diese Gesetzgebende Versammlung zu verteidigen, die nur aus Bolschewiken, Internationalisten, linken Sozialrevolutionären und ähnlichen Typen besteht, kann nicht in Alexejews Pläne passen. Die Verteidigung des Dongebietes soll die Aufmerksamkeit der Bolschewiken ablenken. Die Verteidigung des »Einen Rußland« - das ist etwas viel Realeres und Vertändlicheres.

Die Bolschewiken »demobilisieren« jetzt die Armee. Der

Friede ist noch nicht geschlossen, nicht einmal ein Abkommen zwischen Deutschland und Rußland, aber die »Volksregierung« entläßt bereits einen Jahrgang pro Woche, zum Beispiel in einer Woche den Jahrgang 1901, in der nächsten den Jahrgang 1902 und so weiter. Die Kavallerie wurde schon fast bis zum Jahrgang 1913 aufgelöst, die Infanterie bis 1904, natürlich nicht gerechnet die Deserteure. Sehr bald wird niemand mehr übrigbleiben. Gegenwärtig schleppt sich immer noch die 8. Armee durch Mogilew. Sie wird von den Rumänen gejagt, die fast ganz Bessarabien besetzt haben. Verblüffend ist die kleine Zahl des Mannschaftsbestandes in den einzelnen Truppenteilen. Manchmal verfügt ein Armeekorps nur über zwei Divisionen. Ja, die Deutschen können sich freuen.

Trotz dieser geringen Truppenstärke ist Mogilew überfüllt. Die Rumänen sind nahe, Mogilew liegt an der Grenze zwischen der Ukraine und Bessarabien. Noch dazu wurden sämtliche Pontonbrücken über den Dnestr vor kurzem durch den Eisstoß zerstört; über ein weites Gebiet gibt es nur mehr die Brücke von Mogilew. Es ist hier deshalb so voll, weil unsere Südwest-Eisenbahnlinie kein Heizmaterial mehr hat. Die Züge verkehren nur dann, wenn die Reisenden Bäume fällen oder Zäune beziehungsweise staatliches Heizmaterial stehlen und die Lokomotiven damit heizen, damit sie weiterfahren können.

Papa war heute auf dem Bahnhof, er hatte dort zu tun: In unserer Fabrik wurden 4200 Pud Kohle (etwa 1376 Zentner, Anm. d. Übers.) gefunden und requiriert. - Wenn die Regierung jetzt etwas kauft, zahlt sie kein Geld dafür, sondern stellt Schecks aus, ein Papierchen, das niemand als Bezahlung annimmt. - Auf den toten Gleisen stehen vierzig Lokomotiven, die man unmöglich flott bekommen kann. Sobald ein Zug zusammengestellt wird, sind die Waggons schon so vollgestopft mit Soldaten, die auch außen an ihnen hängen, daß man sie kaum sieht. Nicht einmal auf den Dächern gibt es mehr Sitzplätze. Es heißt, daß trotzdem täglich etwa fünftausend Menschen aus Mogilew abreisen.

Die Rumänen kommen immer näher und besetzen ungestört Bessarabien. Es wird fast nicht geschossen, weil alles vor ihnen davonläuft; allerdings nehmen sie Gefangene. Kriegerische Handlungen erfolgen nur von ihrer Seite, von unserer gibt es keine. Die Artilleristen haben vierzig Rubel pro Mann und Tag dafür verlangt, daß sie gegen die Rumänen kämpfen. Es ist nichts da, womit sie bezahlt werden könnten, wer sollte es auch tun? Was geht die »Volkskommissare« oder die Ukraine Bessarabien an?

Ich habe mich sehr weit von dem entfernt, worüber ich schreiben wollte, von der Alexejew-Armee, aber ich glaube, das hängt alles zusammen. Die Bolschewiken schicken Millionen von Menschen nach Hause, aus denen früher die Armee bestanden hat, während Alexejew dabei ist, eine echte Armee aufzustellen, in der Disziplin herrscht. Über diese Armee schreibt man nicht, daher weiß ich nichts von ihr, außer daß dort Tausende von Offizieren Unterschlupf suchen. Im Augenblick bleibt Alexejew still, um nicht auf sich aufmerksam zu machen, aber vielleicht kommt bald die Zeit des Handelns. Wenn die Bolschewiken alles entlassen, was sie noch in der Hand haben, wie wollen sie da gegen Alexejew kämpfen? Werden sie am Ende gar die »freie Demokratie« mobilisieren, um einen Kreuzzug gegen die Konterrevolution zu unternehmen? Es ist sehr zweifelhaft, daß die Genossen Bürger in die Ränge zurückeilen werden. Natürlich ist Rußland groß, aber es wird doch nicht die »Rote Garde« sein, die einer gut organisierten und disziplinierten Armee widersteht, wenn General Alexejew an ihrer Spitze steht und - warum nicht - General Kornilov als Befehlshaber fungiert? Wenn es ihnen gelingt, so etwas wie Ordnung zu schaffen, zum Beispiel in Moskau, danach in Petrograd, werden dann nicht alle jene, die seit so langer Zeit die Rettung Rußlands erwarten, zu ihnen stoßen?

Vielleicht wird diese Bewegung der Anfang der Ernüchterung eines Teiles der Bevölkerung sein, des Erwachens eines anderen Teiles. Jetzt sind sie alle Bolschewiken, weil das sehr nützlich ist: Mach, was du willst, nimm, was dir gefällt, raub das Geraubte, verfolge, erschlage alle, die dich stören. Trotzdem gibt es eine Menge von Unzufriedenen: Die »Volkskommissare« haben Frieden, Ruhe, Brot und ähnliche erfreuliche Perspektiven versprochen, aber bis jetzt gibt es weder das erste, noch das zweite, noch das dritte. In Petrograd sollen in den Schlangen um Brot schon Reden geführt werden, daß es »unter dem alten Regime« viel besser war. Bald wird die Zeit kommen, daß sehr viele die Rückkehr der alten Zeiten herbeiwünschen werden. Dann, wenn Gott will, werden wir wieder einen Monarchen krönen. Und ich wette meinen Kopf, daß die jetzige »revolutionäre Demokratie« mit der gleichen Begeisterung die Krönung feiern wird, wie den 27. Februar 1917. Ich möchte nur so lange leben, bis es so weit ist!

27. Jänner 1918

In genau einem Monat ist der Jahrestag der »Großen russischen Revolution«. Wie wird man ihn wohl feiern? Durch das Vergießen des Blutes neuer unschuldiger Opfer? Oder durch ein neues sensationelles Dekret von Lenin? Oder den Einmarsch der Deutschen in Petrograd oder der Österreicher in Kiew?

Bei uns, in unserem Loch Mogilew, wird natürlich nichts Besonderes passieren. Wirklich große Ereignisse, Gemeinheiten ereignen sich in Petrograd, Moskau oder in den anderen großen Zentren. Ich glaube, wir werden die Ereignisse von fern betrachten, friedlich in Österreich sitzend. Nicht umsonst sprechen die Rumänen, die Bessarabien besetzen, nach Berichten von Augenzeugen deutsch.

Muß ich hier wirklich bleiben und geduldig darauf warten, daß die Österreicher kommen? Allein bei diesem Gedanken dreht sich mir der Magen um. Elf Monate habe ich unter der Revolution gelebt und bin bereit, noch einmal so lange zu warten, wenn ich nur die Reaktion erlebe! Ich will in Rußland leben, so wie alle Menschen meiner Schicht, um die Reaktion zu verdienen. Ich will nicht unter den Österreichern und ihrer Ordnung, ihren Gesetzen und Schutzmännern sitzen! Ich will durch die ganze Revolution gehen und die Reaktion erleben; schon allein deshalb müssen wir noch viel ertragen.

Heute hat ein Soldat zu Boba gesagt, als er vom Vormarsch der Rumänen sprach: »Was für eine Schande für Rußland!« Das sagt ein einfacher Soldat! Mein Gott, werden wir einmal ein Ende dieser Schande erleben?

30. Jänner 1918

Ich würde gern öfter schreiben, aber an den letzten Abenden habe ich die »Soziologie« von Karejew gelesen, daher bin ich nicht dazu gekommen. Gerade wird wieder irgendwo so geschossen, als ob die eine Hälfte von Mogilew gegen die andere kämpfen würde. Papa hat telefoniert, um herauszubekommen, was los ist. Niemand weiß etwas; es wird angenommen, daß diese Gewehrfeuer mit dem von Krylenko geschlossenen Frieden zusammenhängt. In dem »Nachrichtenblatt der 8. Armee« wurde heute ein sinnloses Telegramm Krylenkos über die Feuereinstellung an allen Fronten veröffentlicht - als ob es nicht schon längst eingestellt worden wäre! - und über die Demobilisierung bis zum Jahrgang 1908 - als ob sie nicht bereits bei 1913 wären!

In den ersten Minuten waren wir etwas besorgt: es ist immerhin unangenehm, wenn in der Stadt gekämpft wird. Nach ein paar Minuten haben sich alle beruhigt außer Papa, der sich immer am meisten aufregt. Andrej, Olga und ich sitzen friedlich in unserem Zimmer in unseren weichen Lederfauteuils, auf dem runden Tisch brennt eine Lampe. Wir stellen Hypothesen auf: Entweder sind die Rumänen gekommen, oder die Ukrainer prügeln sich mit den Bolschewiken. Wir glauben natürlich weder an das eine noch das andere; es ist sicher anderes als ein »revolutionäres Gewehrfeuer« wie zu Weihnachten und am 6. Jänner. Gegen elf Uhr begann ein starker Regen, der das »revolutionäre Feuer« der Genossen stark abkühlte. Das Schießen hörte auf, und der Abend verging friedlich.

Vorher hatten sich bereits Gerüchte über die Einnahme von Ataki durch die Rumänen und von Kamenez durch die Österreicher verbreitet. Diesen Gerüchten gegenüber verhielt man sich wie immer skeptisch. In nächster Zukunft werden wir ja erfahren, was los ist.

Noch immer kommt keine Post. In Kiew muß sich etwas sehr Böses abspielen. Die Züge gehen nicht weiter als bis Fastov, dort sind die Gleise unterbrochen.

31. Jänner 1918

Heute hat die »Kartoffelpost« eine noch sensationellere Ente lanciert: die Rumänen oder die Österreicher, das weiß man nicht genau, sollen Jampol, dreißig Werst von Broniza, achtunddreißig von Mogilew entfernt, erobert haben. Und hier die neuesten Nachrichten aus Kiew: Die Bolschewiken haben die Stadt im Kampf erobert und die Rada davongejagt. Viele Häuser auf dem Kreschtschatik und in der Fandukejewa-

Straße wurden durch Artilleriefeuer beschädigt. Alle »Sekretäre«, unsere diversen Gruschewski, Winnitschenko und Co. sind nach Österreich geflüchtet. Wenn man das alles hört, scheint es, daß wir in einer Oase leben. Wie lange noch?

4. Februar 1918

Die Bolschewiken schwören, daß das »rumänische Abenteuer« in den nächsten Tagen liquidiert sein wird. Das kann man leicht sagen, aber es fällt uns schwer, das zu glauben. Die Rumänen rücken weiter vor, unsere revolutionäre Armee schleppt sich weiter durch Mogilew ins Hinterland. Unzählige Nachschubkolonnen, Artillerieparks, Sanitätsabteilungen haben die Stadt überschwemmt, überall gibt es Einquartierungen, überall Soldaten und Pferde. In einer derartigen Zusammenballung von Menschen zirkulieren die unglaublichsten Gerüchte: die einen sagen, daß die Rumänen in der Nähe von Pokrowka, einem Altgläubigendorf zwölf Werst von Mogilew entfernt, sind, die anderen, daß Okniza, zehn Werst entfernt, bereits besetzt ist, die dritten, daß sie schon Ataki, das Dorf am anderen Dnestrufer gegenüber Mogilew, besetzt haben.

Heute früh sind die ersten Flüchtlinge aus Pokrowka erschienen, aber sie können keine genauen Angaben machen. Einige erzählen, daß die Rumänen sieben Werst vor dem Ort stehen und daß sie vor ihnen davongelaufen seien, die anderen sagen, die Rumänen setzten die ausgeplünderten Gutsbesitzer wieder in ihre Güter ein und hängten die Plünderer, und da die Soldaten geflohen seien, müßten die Bauern die Suppe auslöffeln. Die dritten behaupten, sie seien von der einheimischen Bevölkerung von Bessarabien, den Moldauern, verjagt worden, weil sie Russen seien. Die letzte Version dürfte die richtigste sein.

Unterdessen bewegen sich die Rumänen in Richtung Odessa. Es heißt, daß sie ein Bündnis mit Österreich geschlossen hätten und daß ihr Train und ihre Artillerie österreichisch seien. Das ist sehr wahrscheinlich; allein, ohne Unterstützung durch Österreich und Bulgarien, können sich die Rumänen nicht an diese Operation wagen, so schwach wir auch sind.

Wir leben hier wie im Wald, seit mehr als zwei Wochen kommt keine Post mehr. Vor zwei Tagen kam aus Kiew der Bruder unseres benachbarten Gutsbesitzers aus Rotmistrowka, Krassowski. Er hat eine alte Nummer der »Poslednie novosti« vom 30. Jänner mitgebracht. Jetzt haben wir zum ersten Mal von den grauenhaften Verwüstungen der Bolschewiken in Kiew erfahren. Die Stadt lag vier Tage lang unter Artilleriebeschuß; es gibt kein Viertel, das nicht gelitten hat. Unter den vielen Opfern war Metropolit Wladimir. Die Rada hat natürlich die Flucht ergriffen, so daß ihr nichts geschehen ist. Wie groß die Zerstörungen sind, weiß man noch nicht; sämtliche Kirchen und besonders das Michajlowski-Kloster scheinen beschädigt zu sein. Es war noch ärger als Anfang November in Moskau ...

Es waren nicht die Deutschen, die Feinde, wie ich im Herbst 1915 befürchtet habe, die das heilige Kiew zerstört, seine Heiligtümer verspottet und viele Menschen umgebracht haben, sondern Russen, unsere eigenen Leute! Die Deutschen hätten das nicht getan ...

In Kiew lebt Papas Schwester, Maria Nikolajewna Tschernizkaja. Was ist mit der armen Tante Manja geschehen, lebt sie noch? Alle Verwandten von Nuditschka und einige unserer guten Freunde leben in Kiew!

Ich habe auch große Angst, daß mit Schulgin etwas geschehen ist. Er ist der Mensch, für den ich am meisten Sympathien habe, weil er es in dieser Zeit gewagt hat, laut zu protestieren und das, was sich abspielt, zu verurteilen. Fast täglich erschienen in seinem »Kievljanin« Artikel, gezeichnet mit seinem vollen Namen, die die bittersten Wahrheiten enthielten. Obwohl er in der Hauptstadt der Ukraine lebt, hatte er keine Angst, die falschen Tricks von Gruschewski zu entlarven; er wies nach, daß die selbständige Ukraine eine Erfindung Österreichs ist, und fürchtete sich nicht, die geheimen Telegramme von Gruschewski an die österreichische Regierung abzudrucken. Er hatte keine Angst zu schreiben, daß er ein Monarchist sei. Zum ersten Mal sagte er das bereits auf einer Moskauer Versammlung und hat dies seither mehrmals wiederholt. Er handelte nicht nur durch Worte: Schon im Sommer hat er den »Parteilosen Block russischer Wähler« gegründet, der bei den Wahlen zur Ukrainischen Gesetzgebenden Versammlung die meisten Stimmen erhielt. Sein wichtigstes Ziel ist das »Eine, große Rußland«. Er hat einen erbitterten Kampf gegen die »Ukrainisierung« von Kleinrußland geführt und versucht, alle »russischen« Wähler für den Kampf gegen die österreichischen Marionetten zu mobilisieren. Am Anfang, bei den Wahlen zum Kiewer Stadtparlament, kam er an die letzte Stelle; bei den Wahlen zur Gesamtrussischen Gesetzgebenden Versammlung in Kiew an die dritte Stelle; bei den Wahlen zur Ukrainischen Gesetzgebenden Versammlung gewann sein Block mit fünfundzwanzigtausend Stimmen, während die nächste, die Ukrainische Partei, nur achtzehntausend erhielt. Wenn die Ukrainische Versammlung zustandegekommen wäre, hätte die Mehrheit der Stimmen einer Partei gehört, die die Vernichtung der Ukraine als eines selbständigen Staates und anstatt einer »demokratischen föderativen Republik« eine konstitutionelle Monarchie als Regierungsform angestrebt hätte. Das hätte die Petrograder Kommissare nicht nur in Wut versetzt, sondern auch ihre Bestürzung hervorgerufen: wenn die monarchistische Liste die Mehrzahl der Stimmen erhalten hat, heißt das, daß die Unzufriedenheit und der »Rechtsruck« der Massen immer größer werden. Deswegen tun sie auch alles, um Schulgin zu vernichten. Sein »Kievljanin« wurde natürlich verboten und ausgeraubt, aber wenn nur er selbst heil geblieben ist!

Heute ist auf irgendwelchen Wegen das miese Blättchen »Poslednie novosti« vom 2. Februar angekommen. – Es gibt jetzt den »neuen Stil«, man schreibt jetzt »15. (2.) Februar« – Wojciechowski hat diese Ausgabe für achtzig Kopeken gekauft. Dort heißt es, daß Oberst Murawjew, »Murawjew von Petrograd«, auf Odessa marschiert, um gegen die Rumänen zu kämpfen. Der ISKOSOL von Odessa hat einen kuriosen Aufruf erlassen, in dem die Bürger zum Kampf gegen die Rumänen aufgefordert werden. Es heißt dort, daß die »Burshui, Gutsbesitzer und Kapitalisten« die Rumänen eingeladen hätten, Bessarabien und »alle anderen Gebiete, die sie besetzen können«, zu erobern, um sie, die früheren Gutsbesitzer und Kapitalisten, wieder in ihre Positionen einzusetzen und »sich an den revolutionären Demokraten« zu rächen. Daher würden friedliche Bürger von den Rumänen gehenkt und erschossen. Deshalb lobt der ISKOSOL einerseits den »Oberkommandierenden Krylenko«, daß er die Armee, dieses »Werkzeug des alten Regimes« vernichtet hat, ruft aber andererseits die Bürger auf, sich freiwillig in die »revolutionäre volkssozialistische

Garde« zu melden, um »die Revolution und ihre Errungenschaften zu verteidigen«. Diesen Freiwilligen gebühre ein Monatslohn von achtzig oder hundert Rubel bei freier Verpflegung, Kleidung und einer Lebensmittelzuteilung, außerdem Kleidung und Schuhe zu minimalen Preisen für ihre Familien. Das alles könnte nicht wenige Interessenten anlocken.

5. Februar 1918

Ich weiß nicht, was der rumänische Vormarsch uns persönlich bringen wird. Wenn die Genossen versuchen sollten, gegen die Rumänen zu kämpfen, eine Verteidigungslinie gegen die Besetzung von Bessarabien zu errichten, dann kann das Mogilew infolge seiner strategischen Lage am Ufer des Dnestr teuer zu stehen kommen. Die Stadt wird beschossen und natürlich von den Rumänen oder Österreichern erobert werden, denn es ist undenkbar, daß die Revolutionsarmee imstande ist, echte Kriegshandlungen zu führen. Es ist nicht einmal jemand da, der eine Verteidigung simulieren würde; das Heer strömt weiterhin zurück ins Hinterland. Obwohl es dumm ist und zu nichts führt, hoffe ich ein ganz kleines bißchen, daß jemand versuchen wird, Bessarabien zu verteidigen. Wenigstens Murawjew, wenigstens Trotzki! Wieder eine ganze Provinz, ein ganzes Land ohne einen einzigen Schuß, das ist etwas zu Unerhörtes! Aber natürlich wird niemand kämpfen.

Der Vormarsch der Rumänen ist nur der Beginn der Okkupation, die vielen Gebieten droht. Das Ärgste ist, daß niemand auch nur den Wunsch hat, sich diesem Vormarsch entgegenzustellen. Alle sind im Gegenteil sehr erfreut über das baldige Eintreffen der Deutschen, die nach Ansicht der Mehrheit Ruhe und Frieden bringen werden. Unter den Einwohnern hat jemand bereits das Gerücht lanciert, daß mit dem Einmarsch der Rumänen Brot und Petroleum sofort billiger sein werden, daher erwartet sie die Bevölkerung voll Ungeduld.

Ich glaube nicht eine Minute daran, was viele erzählen: daß die Rumänen Bessarabien besetzen wollen, weil es früher eine ihrer Provinzen war, und daß sie sich damit zufrieden geben werden. Hier spielen nicht die Rumänen die Hauptrolle, sondern die Österreicher. Die Waffenstillstandsverhandlungen zwischen den »Sowjet-Truppen« – den Namen russische Armee verdienen sie nicht! – und den Deutschen haben sich drei Monate hingezogen. Mit den Rumänen haben wir keinen Waffenstillstand abgeschlossen – aus dem einfachen Grund, weil wir gegen sie nicht Krieg geführt haben –, und daher kann niemand etwas dagegen haben, daß sie die Kriegshandlungen fortsetzen. Daß diese Kriegshandlungen sich plötzlich gegen uns richten und nicht gegen Österreich, betrachten unsere Herrschenden als kleines Mißverständnis, so klein, daß es sich gar nicht lohnt, ihm ihre Aufmerksamkeit zu widmen. Während über einen Waffenstillstand geredet wurde, haben die Österreicher keine Zeit verloren: sie haben einen Pakt mit den Rumänen geschlossen und sind als rumänische Armee in Bessarabien zum Angriff übergegangen. Unsere Plünderer haben das entweder wirklich nicht verstanden oder so getan, als verstünden sie nicht, mit wem sie es zu tun haben. Sie haben sich beeilt zu erklären, daß an allem die Burshui und Kapitalisten schuld seien.

Gestern haben wir in den »Poslednie novosti« gelesen, daß die Friedensgespräche in Brest endgültig in einem Fiasko geendet haben. Die Deutschen haben nicht nur die Formulierung »ohne Annexionen und Kontributionen auf Grundlage der Selbstbestimmung der Völker« abgelehnt, sie haben von Trotzki, vielmehr vom besiegten Rußland, eine Kontribution von acht Milliarden Goldrubel verlangt. Trotzki war sehr beleidigt und hat beschlossen, die Verhandlungen abzubrechen. Man muß sehr leichtgläubig sein, um dieser ganzen Komödie zu glauben. Das ist alles von den Deutschen inszeniert, um Zeit zu gewinnen und abzuwarten, bis bei uns Armee, Flotte und das ganze Land so zerfallen sind, daß man sie mit bloßen Händen nehmen kann. Morgen um zwölf Uhr läuft die Frist für den Waffenstillstand ab, und die Deutschen mußten die Brester Komödie beenden ...

Ich habe schon einige Male geschrieben, was ich über die Okkupation denke. Wenn es von mir abhinge, wäre ich schon lange nicht mehr hier. Ich habe keine Angst vor Kriegshandlungen, die es aller Wahrscheinlichkeit nach nicht geben wird, ich habe davor Angst, von Rußland abgeschnitten zu werden; ich habe Angst davor, unter deutsche Herrschaft zu geraten. Nicht einmal Angst – es ist ein Gefühl, das sich aus Haß, Abscheu und Scham zusammensetzt. Ich hasse sie, sie sind mir widerlich, und ich schäme mich vor ihnen! Trotzdem wird es mir nicht erspart bleiben, sie hier zu sehen und daß sie mich sehen! Wenn es wenigstens irgendwelche Kriegshandlungen gegen Mogilew gäbe, wenn es wenigstens zu einem kleinen Schußwechsel käme! Ich glaube, dann wäre es leichter zu ertragen. Jetzt hält die Deutschen sowieso nichts mehr auf.

7. Februar 1918

Gestern, am Tag, an dem der Waffenstillstand abgelaufen ist, war nichts Außergewöhnliches zu bemerken. Abends schien mir, daß ein bißchen geschossen wird, aber ich schrieb das eher meiner Einbildung zu als den Österreichern. Aber heute kann es keinen Zweifel mehr geben: Am Morgen waren Kanonenschüsse zu hören, schwere Einschläge auf der bessarabischen Seite. Dem Klang nach zu schließen, kommt es diesmal aus größerer Nähe als damals vor drei Monaten, als wir den gleichen Tönen in Broniza lauschten. Der Unterschied ist, daß Mogilew im Tal liegt, darum hört man schlechter. In Broniza klingt alles viel lauter ...

Es ist jetzt Abend, ich komme gerade aus dem Garten. Heute haben wir den ganzen Tag die immer näher kommende Kanonade gehört. Am Morgen und untertags war nur ein Zug mit zwei Geschützen in Aktion, und das selten. Am Abend sind die Schüsse bereits in einem Abstand von ein paar Sekunden zu hören, und geschossen hat anscheinend die gesamte Batterie, vier Geschütze. Nach den hier umgehenden Gerüchten wurde Kamenez einer schrecklichen Luftbelagerung unterworfen und beschossen; vom weiteren Schicksal der Stadt weiß man nichts. Boba sagt, daß auch nach Mogilew jede Stunde Aeroplane kommen könnten; die Österreicher könnten hier die Brücke und der Bahnhof interessieren. Olga und ich sprachen darüber, wie schön es wäre, nach Rußland zurückzufahren und dort auf die Reaktion zu warten, und wie scheußlich es wäre, wenn die Österreicher uns nach Broniza zurückbrächten und uns zwängen, Getreide für ihre Armee zu liefern. Als Begleitmusik zu diesen traurigen Gesprächen waren die dumpfen Einschläge zu hören.

Dann ist Andrej von der Schargoroder Brücke gekommen. – Das ist der Punkt, den alle übriggebliebenen Truppenteile passieren müssen. Boba und Andrej sind ständig dort und bringen die verschiedensten Nachrichten nach Hause. – Er erzählte, daß zwei Kanonen gegen die Rumänen ausgerückt seien, gefolgt von einem Teil des Trains mit der Munition, daß sich der Rest des Trains aber geweigert habe, ebenfalls über die Brücke zu fahren. Packt die Genossen endlich das Gewissen oder hat ihnen jemand etwas dafür versprochen? Von irgendeinem Nutzen können sie nicht sein: ohne Offiziere, ohne Granaten, ohne Ordnung, ohne Befehl, ohne Plan - kann unter diesen Umständen überhaupt die Rede von einem Widerstand gegen einen starken und gut organisierten Feind sein? Das ist doch alles sinnlos! Während die Österreicher und Deutschen auf der ganzen Front zur Offensive übergegangen sind und Dwinsk, Luck und Rowno besetzt haben, so steht es in einem Radiogramm (Rundschreiben, Anm. d. Übers.), das heute im Armeestab eingetroffen ist, hocken unsere Genossen seelenruhig auf ihren Karren, spucken die Schalen von Sonnenblumenkernen in die Gegend, fluchen auf die ordinärste Weise und schießen auf Krähen. Oder ein Regiment zieht durch Mogilew, und das ganze Regiment besteht nur mehr aus zwanzig Mann; sie marschieren zu den Klängen eines Orchesters, das falsch eine verhunzte Marseillaise spielt, unter einer Fahne, eher einem dreckigen Fetzen, mit der Aufschrift »Frieden«! Was kümmert es sie, daß der Feind angreift? Ihrer Meinung nach ist der Friede geschlossen, daher marschieren sie ruhigen Herzens unter Musikbegleitung, so als ob sie gesiegt hätten, in Richtung Bahnhof.

Heute ist eine Batterie durch Broniza gezogen. Ein Offizier versuchte sie dazu zu überreden, neben der Fabrik eine Kanone in Position zu bringen. Aber die äußerst bolschewistisch eingestellten Soldaten geruhten natürlich nicht, das zu tun; sie zogen es vor, ihren Weg ins Hinterland fortzusetzen. Sie trugen verschiedene widerliche Plakate wie »Friede den Hütten, Krieg den Palästen«. Wie soll man diesen elenden Kerlen in ihre Schädel hämmern, daß sie Rußland verraten? Was interessiert sie Rußland!

Und wie schaut der Friede aus, den sie der Bevölkerung gebracht haben! Heute erzählte uns Siwatschenko einige Beispiele: In den Dörfern in der Umgebung von Broniza kommen immer wieder Fälle von Raub und Mord vor; in Sadkovzy kam es zu einem Fall von Lynchjustiz; in einem anderen Ort wurde eine Frau von Soldaten in einer Hütte durch eine verirrte Kugel getötet. Den Krieg gegen die Paläste haben sie beendet, aber den Hütten haben sie keinen Frieden gebracht. Wie wird der Friede ausschauen, den uns die Deutschen bringen?

Boba sagt, daß die Schüsse von unserer Seite kommen, es sind nicht die Österreicher oder Rumänen. Man hört es am Klang.

11. Februar 1918

Viel Wichtiges in den letzten Tagen: eine Lösung steht unmittelbar bevor. Mogilew wird wahrscheinlich an einem der nächsten Tage besetzt werden. Alle setzen sich ab. Gestern und heute sind der Stab des Sechzehnten und Zweiunddreißigsten Korps abgezogen; und der Stab der 8. Armee, von dem es geheißen hat, daß er erst in einer Woche weggeht, hat nicht einmal bis heute gewartet und ist ebenfalls verschwunden. Seit drei Tagen verkehren die Züge nach Bessarabien nicht mehr weiter als bis Mogilew und werden hier zusammengestellt. Die ungeordneten Massen von Heeresangehörigen sind bedeutend kleiner geworden, es ist viel weniger Verkehr; wer kann, flieht aus der Stadt. Auch die bei uns wohnenden Beamten sind verschwunden.

Man kann sich schwer vorstellen, daß hier irgendwelche Kampfhandlungen stattfinden könnten. »Oberbefehlshaber« Krylenko hat eine neue »Volksmobilisierung« verkündet mit dem Ziel, die von der Front zurückströmenden Soldaten wieder zum Einsatz zu bringen. Ist das nicht eine Groteske? Mit solch einer Armee will Murawjew Bessarabien zurückerobern und Rußland verteidigen! Zuerst, noch bevor er darüber nachgedacht hat, mit welcher Armee er kämpfen wird, hat Murawjew an die Rumänen in Odessa ein Ultimatum gerichtet, die Stadt innerhalb von achtundvierzig Stunden zu räumen, sonst werde er es mit Gewalt tun. Und bezüglich des Eigentums ihrer Landsleute bräuchten sie sich keine Sorgen zu machen – das werde die russische Demokratie erledigen. Es wäre sehr komisch, wenn es nicht so traurig wäre. Jetzt könnte man sich daran erinnern, was jemand, ich glaube Trotzki, noch vor dem Novemberumsturz gesagt hat: Er warf der Provisorischen Regierung vor, daß sie nicht energisch genug einen Friedensschluß herbeiführen wollte; die Bolschewiken würden es besser machen. Wenn aber Deutschland die »brüderlich ausgestreckte Hand« ausschlage, würden sie so kämpfen, daß ihre Tapferkeit die ganze Welt in Erstaunen versetze. Sie würden der Armee das ganze Brot schicken und »es den Burshui überlassen, Brotrinde zu kauen«; sie würden ihnen »die letzten Stiefel ausziehen und an die Front schicken«. Die Genossen Sinowjew und Trotzki haben allerdings eine völlig unwichtige Sache vergessen: daß es dann keine Armee mehr geben wird, die das Brot und die Stiefel der Burshui in Empfang nehmen und dafür die Deutschen schlagen wird ...

In Mogilew gehen Gerüchte um, daß der berüchtigte Murawjew hier war und weitergefahren ist. Ein Glück, daß ihm nicht eingefallen ist, hier sein Hauptquartier aufzuschlagen. Trotz der anfeuernden Nähe des »Kommandanten der Südwestfront« ist die Stimmung in Mogilew sehr unkriegerisch. Schatzamt und Post wurde der Befehl erteilt, jeden Augenblick zum Abmarsch nach Uman bereit zu sein. Überhaupt setzt sich jeder ab, der kann. Einige Genossen haben auf dem Berg oberhalb von Nemija eine Kanone postiert, die über die Stadt böllert. Sie haben natürlich keine Beobachter, so daß die Kugeln irgendwohin nach Bessarabien fliegen. Vielleicht treffen sie ein Feld, vielleicht auch einen menschenreichen Ort. Das interessiert niemanden. Diese einzigen Verteidiger von Mogilew werden hier wohl auch nicht allzulange bleiben, sondern davonlaufen wie alle anderen, sobald der Feind sich nähert.

Wo sind jetzt die Österreicher und die Rumänen? Niemand weiß das genau. Die einen sagen, daß Okniza besetzt sei, die anderen, daß dort nur eine Vorhut gewesen und wieder abgezogen sei; die Österreicher sollen sich sechzig Werst von Mogilew entfernt befinden. Einige behaupten auch, die Österreicher marschierten direkt in Richtung Ostrog-Winniza mit dem Ziel, Shmerinka und damit Kiew und Odessa abzuschneiden; es heißt sogar, daß Shitomir schon erobert sei ... Mit einem Wort, niemand weiß etwas und alle lügen um die Wette. Es ist ja bekannt: je näher die Front, desto weniger weiß man.

Im Augenblick herrscht in Mogilew Ruhe. Wir haben ein ganz besonderes Glück: Zurückflutende Soldaten haben Kamenez, Bendery, Tultschin und Brazlawow ausgeplündert und Kilija dem Erdboden gleichgemacht. In Mogilew benehmen sich diese Soldaten ganz manierlich. Wir haben ein tüchtiges

Stadtoberhaupt; er ist zwar ein Bolschewik, kümmert sich aber trotzdem um das Wohl der Stadt. So hat er zum Beispiel Geld gesammelt, hat die hundert reichsten Leute der Stadt gezwungen, je zweitausend Rubel zu zahlen - obwohl die Bolschewiken jedes Eigentum ja abgeschafft haben -; für dieses Geld hat die städtische Lebensmittelversorgung Mehl gekauft und füttert damit die Genossen. So hungern sie wenigstens nicht und sind nicht so sehr aufs Plündern versessen. Gut ist auch, daß die staatlichen Weinkellereien bereits im Herbst aus der Stadt weggeschafft wurden. Diese Nachbarschaft - sie waren in unserer Straße - wäre unangenehm gewesen.

Papa hat nochmals zweitausend Rubel gezahlt, zusätzlich zu den vielen, die seit Kriegsbeginn durch den Kamin geflogen sind - denn seit dieser Zeit hat die Landwirtschaft fast nur Verluste eingebracht. Nur aus prinzipiellen Gründen hat Papa sie nicht aufgegeben; er hat es immer für seine Pflicht gehalten, der Armee Brot zur Verfügung zu stellen. Er blieb bis zum letzten Augenblick auf seinem Posten: Die Ernte 1917 wurde trotz kolossaler Verluste vollständig eingebracht und der Armee übergeben. Daß die Scheunen von Soldaten und Bauern geplündert wurden, hat den Verlust noch vergrößert. Obwohl man uns alles genommen hat, gelten wir weiterhin als Kapitalisten. Bald kommt der Moment, daß wir Not leiden werden.

13. Februar 1918

Ich habe nicht gewußt, daß ich so bald schreiben würde:

DER FRIEDE IST GESCHLOSSEN

Worte, die alles Vergangene gleichsam abschneiden, beenden und einen Neubeginn ankündigen, etwas Unbekanntes, Neues und für uns so Bedrohliches. Vom heutigen Tag an hat sich alles verändert: Wenn es früher noch einen Schimmer von Hoffnung auf etwas Besseres, eine Ernüchterung geben konnte, so ist sie jetzt für immer zusammengebrochen. Trotz allem hat in der Tiefe meines Herzens immer die Hoffnung gelebt, daß einmal eine bessere Zeit kommen müsse, damit alles, was wir durchmachen mußten, nicht umsonst war. Und alle diese Hoffnungen hatten nur ein Ziel - Rußland solle wiedergeboren werden. Jetzt bleibt nichts übrig, worauf man hoffen könnte. Über das arme Rußland, das diesen Friedensvertrag unterschrieben hat, kann man nur mehr die Sterbegebete lesen. Es wird nicht mehr auferstehen.

Haben wir uns in all diesen Jahren von 1914 bis 1917 vorstellen können, daß dieser Krieg, der »große Krieg«, wie wir ihn genannt haben, so schandvoll ausgehen würde? Nie haben wir gedacht, daß dieser Krieg anders als ruhm- und siegreich beendet werden könnte. Wie viele Opfer wurden gebracht, wie viel Blut vergossen, wie viele Schlachten gewonnen. Wofür?

Die Deutschen haben einen so glanzvollen Sieg sicher nicht erwartet. Sie haben alles erhalten, wovon sie überhaupt nur träumen konnten: die völlige Vernichtung Rußlands als Großmacht, alle nur möglichen Handelsverträge, Kontributionen, die Annexion ganzer Provinzen, die Abtrennung der Ukraine ...

Papa hat heute den Text des ausführlichen Radiogramms gelesen, der vorderhand noch geheimgehalten wird. Wahrscheinlich wird es morgen verkündet werden. Die Ukraine wird vollkommen von Rußland abgetrennt und von den Österreichern besetzt; sämtliche Truppen einschließlich der »Roten Garden« werden abtransportiert; die Gutsbesitzer kehren auf ihre Güter zurück, um Getreide nach Österreich zu liefern. Papa freut sich, und viele andere tun das auch, aber ich habe das Gefühl, daß mir jemand eine Ohrfeige gegeben hat.

Alles was ich da geschrieben habe, gibt nicht ein Hundertstel von dem wieder, was ich fühle. Irgendwie kann ich nicht schreiben. Mein Herz ist so schwer, ich möchte nicht einmal denken, geschweige denn schreiben. Heute früh habe ich noch gedacht, daß als Folge dieses Schandfriedens dort – in Rußland – jene Reaktion beginnen werde, die für uns zum einzig verführerischen Trugbild unseres Lebens geworden ist. Jetzt glaube ich auch das nicht mehr. Kann Rußland nach dieser Schande weiterleben?

14. Februar 1918

Heute hat sich die Flucht aus Mogilew noch verstärkt: geflohen sind das »REVKOM« (Revolutionskomitee, Anm. d. Übers.), die Überreste des Stabes der 8. Armee und andere Komitees und Räte. Es fliehen die letzten Soldaten, sie lassen Kanonen, Vorratslager, Automobile, Kriegsmaterial im Stich. Geblieben ist bis jetzt nur die »Rote Garde«, die bei der kleinsten Gefahr ihre Gewehre wegwirft und behauptet, zur ortsansässigen Bevölkerung zu gehören. Auf Befehl der Österreicher wurden alle hier verhafteten Ukrainer freigelassen. Es heißt, daß Shitomir besetzt ist, in Luck achtzig Leute aus dem REVKOM aufgehängt und eintausendsechshundert Geschütze erbeutet wurden, daß in Kiew die »Hajdamaken«, die von österreichischen Kriegsgefangenen unterstützt werden, die Bolschewiken geschlagen haben, daß ein österreichisches Korps rasch in Richtung Kiew vordringt und daß alle vor ihm davonlaufen. Möglicherweise ist alles wahr. Auf diese Weise befinden wir uns im Hinterland der Österreicher. Hier wird nur noch von ihrem baldigen Erscheinen gesprochen; alle erwarten sie mit großer Ungeduld. Die Juden bieten schon jetzt an, russisches Geld in Kronen umzuwechseln, wobei sie dem Vernehmen nach gestern eine Krone gegen neunundvierzig Kopeken gewechselt haben und heute gegen sechsunddreißig. Ich glaube, das kann nicht stimmen: der Kurs des Rubels kann nicht so hoch sein. In Friedenszeiten hat eine Krone vierzig Kopeken gekostet ...

Heute ist nach neuem Stil der 27. Februar und die Mogilewer feiern anscheinend den Jahrestag der Revolution. Sie beeilen sich. Vielleicht werden sie in dreizehn Tagen dazu nicht mehr die Möglichkeit haben. Man hört nur vereinzelte Gewehrsalven und den wesentlich seriöseren, melodiöseren Klang von österreichischen Einschüssen, also steht die Batterie auf dem Nemija-Berg noch. Diese gewohnten Schüsse werden einem bald direkt fehlen. Das melodiöse »ta-ku« der Gewehrschüsse hat so lange den Hintergrund zu vielen traurigen Gedanken gebildet und die triste Situation illustriert.

15. Februar 1918

Kiew soll besetzt worden, eine Panzerabteilung in die Stadt eingedrungen sein. Ich brauche nicht extra hinzuzufügen, daß die Stadt von niemandem verteidigt wurde, trotz des Befehls von Krylenko. Besetzt wurden auch die Eisenbahnknotenpunkte Shmerinka, Wapnjarka und Winniza. Praktisch ist ganz Kleinrußland in Händen der Österreicher. Auf diese Weise sind wir abgeschnitten. In Mogilew wurde der Belagerungszustand ausgerufen, nach zehn Uhr darf niemand mehr hinaus, jeder Diebstahl und Raub soll mit dem Tod bestraft werden.

Ich sage »soll«, denn bis jetzt wurden derartige Drohungen nie wahrgemacht. Wer hat diese Verfügung erlassen, wenn es in der Demokratischen Ukrainischen Republik keine Todesstrafe gibt? Vielleicht ist hier irgendein österreichischer Agent in Aktion getreten. Schön wäre es, wenn die Österreicher noch lange unsichtbar blieben und aus der Ferne Ordnung machten!

Heute haben drei österreichische Aeroplane Mogilew überflogen; sehr früh am Morgen hat Benko - einer unserer Österreicher - zwei gesehen, einen weiteren Andrej und Boba zu Mittag. Ein Offizier hat Boba erzählt, daß die Österreicher auf der gegenüberliegenden Seite des Dnestr vier Bomben abgeworfen hätten, über Mogilew keine.

16. Februar 1918

Es war etwas zu früh zu behaupten, daß Mogilew eine selige Stadt sei, daß wir fast im Nirwana lebten! Seit heute früh herrscht eine äußerst gespannte Stimmung: Nicht das ganze REVKOM ist weggefahren; die übriggebliebenen Mitglieder haben der Stadt eine Kontribution von zwei Millionen Rubel auferlegt. Sie haben die Absicht, sie von zweihundertfünfzig Personen einzufordern. Die Stadtverwaltung ist zusammengetreten und hat beschlossen, daß eine derartige Summe natürlich nicht vorhanden ist und daß es unmöglich ist, sie aufzutreiben. Das Schatzamt ist schon seit drei Tagen geschlossen. Die Stadtverwaltung hat den Vorschlag gemacht, dem REVKOM jene zweihunderttausend Rubel anzubieten, die vorher gesammelt wurden und die für den Ankauf von Mehl bestimmt waren. Die Sitzung wurde einberufen, um über diese Frage zu beraten.

Papa erfuhr alle diese Einzelheiten heute früh und kam sehr aufgeregt zurück. Wir besprachen die Lage und faßten den Entschluß, uns zu verteidigen. Die Waffen wurden hervorgeholt und alle Vorbereitungen getroffen. Mit großem Mißvergnügen habe ich meinen Clément wieder herausgeholt. Trotz der gespannten Atmosphäre waren wir ganz ruhig: es schien, als ob es irgendwie möglich sein müßte, sich mit dem REVKOM zu verständigen, so daß alles gut ausgehen würde.

Gegen sechs Uhr abends saßen Andrej und ich im Garten und besprachen die neue Lage. Er war aufgeregter als ich und überzeugt, daß es nicht friedlich enden könne, daß wir würden schießen müssen. Plötzlich veranlaßten uns laute Gewehrsalven in unserer Nähe, uns ins Haus zurückzuziehen. Nach etwa einer Stunde kam Boba - er bewacht uns den ganzen Tag - und erzählte, was er von einem Angestellten der Stadtverwaltung gehört hatte: Die ganze Stadt ist in den Händen der Bolschewiken; niemand denkt daran, sich zu verteidigen; das REVKOM verfügt über sechs Tanks; sämtliche Mitglieder der Stadtverwaltung wurden durch die Schüsse, die wir gehört haben, in die Flucht geschlagen.

Diese neue Information veränderte unseren Plan von Grund auf. Wenn die ganze Stadt zittert und nicht daran denkt, sich zu verteidigen, kann ein einzelnes Haus nicht damit rechnen zu widerstehen, noch dazu gegen Panzerwagen. Die Bolschewiken brauchen ja gegen ein solches Haus nur einen auffahren zu lassen, oder zwei, oder alle sechs, und schon wäre man gezwungen, die Tür zu öffnen. Sie finden, daß zweihunderttausend Rubel zu wenig sind und suchen nach Geld. Papa und Boba haben sich dazu entschlossen, die Waffen zu verstekken und ihnen Geld zu geben. Das Unglück ist nur, daß Papa auf der Liste der Zweihunderfünfzig erscheint. Anhand der Liste werden sie auch hierher kommen. Der Notar Afenjew, mit dem Papa telefoniert hat, sagte, daß er selbst dreizehntausend Rubel zahlen müsse. Es ist klar, daß er dieses Geld nicht hat. Papa muß sicher auch soviel zahlen - bis jetzt hat er dreihundert zusammengebracht. Niemand hat jetzt Geld. Afenjew sagt, daß er darauf vorbereitet sei, verhaftet zu werden und rät Papa, auch damit zu rechnen.

Der Angestellte erzählte Boba außerdem, daß die Sitzung der Stadtverwaltung weitergehe, wobei von seiten der Uprava nur das Stadtoberhaupt - ein kriegsfreiwilliger Bolschewik, aber ein ehrlicher und anscheinend auch guter Mensch - und ein weiteres Mitglied anwesend seien. Unterdessen sind die Genossen aus dem REVKOM unterwegs und plündern die Geschäfte; sie waren schon bei Dombrowski in der Apotheke; sie kamen mit einem Panzerwagen und nahmen ihm das ganze Geld weg, das sie fanden.

Es ist jetzt neun Uhr abends. Wir sitzen in Olgas und meinem Zimmer, Boba und Andrej im »Ordonnanzraum«, das heißt im Speisezimmer, das sich der Eingangstür am nächsten befindet. Papa, der sich am meisten aufregt und Sorgen um uns macht, hat sich gerade zurückgezogen und im Schlafzimmer hingelegt. Alle lesen irgendwelche dumme Bücher und sprechen nicht über die Ereignisse. So ist es auch besser. Meine arme, liebe Mamulitschka, die so blaß und aufgeregt beim Nachtmahl gesessen ist, hat sich jetzt etwas beruhigt.

Draußen fahren fortwährend irgendwelche Automobile vorbei, manchmal fallen Gewehr- und Revolverschüsse. Bis jetzt klingen sie nicht außergewöhnlich, es ist der Klang, den wir kennen. Ich schreibe, dann liege ich auf unserem luxuriösen Lederdiwan und träume davon, wie schön es wäre, wenn jetzt Frieden wäre und man ruhig schlafen gehen könnte. Ich bin schrecklich schläfrig. Gestern habe ich mich den ganzen Tag nicht hingesetzt, ich war ununterbrochen mit verschiedenen Hausarbeiten beschäftigt, denn es gibt fast überhaupt keine Dienstboten mehr. Zum ersten Mal habe ich versucht zu bügeln und habe lange gebügelt. Abends habe ich meine Füße kaum gespürt und nachts konnte ich wegen starker Schmerzen im rechten Arm und wegen eines unangenehmen Gefühls der Unruhe nicht schlafen. Heute früh habe ich den Kaninchenstall gereinigt, den Tisch gedeckt und so weiter. Jetzt, nach den überstandenen Aufregungen, bin ich sehr müde. Wir sind halt schließlich »alle nur Menschen«; obwohl wir ein Training von zwölf Monaten hinter uns haben, können wir uns noch immer nicht daran gewöhnen, den Gedanken, daß man uns jede Minute ins bessere Jenseits befördern kann, mit Gleichmut zu ertragen. Wir sind alle so schrecklich müde! Ist es erstaunlich, daß man am liebsten sagen würde: »Wann kommen endlich die Österreicher und machen Ordnung?«

12 Uhr nachts

Boba wird die ganze Nacht Wache halten. Wir legen uns nieder, ohne uns auszuziehen.

17. Februar 1918

Heute haben wir nicht gerade gut und ruhig geschlafen. Gegen fünf Uhr schreckte uns plötzlich eine dumpfe, mächtige Explosion auf. Der Ton verebbte langsam, man hörte ihn fast eine Minute lang. Olga und ich lagen in unseren Betten und schwiegen. Dann sagte Olga mit seltsamer Stimme: »Was war das? Ein Einschuß?«

Ich hatte schon ein ganzes Bild im Kopf: das konnte kein Treffer sein, die Explosion hätte nicht so lange nachgeklungen. Ich erinnerte mich an einen möglichen Luftangriff und dachte sofort, daß das die erste Bombe gewesen sein muß, aber es war kein Lärm eines Aeroplans zu hören. Wir zündeten eine Kerze an, Olga begann aus einem unerfindlichen Grund, sich eilig anzuziehen; ich schlüpfte in den lila venezianischen Schlafrock und ging zum Fenster. Es war sehr hell vom Schein des Mondes und der grellen Sterne. Nirgends war ein Aeroplan zu sehen. Aus allen Zimmern strömten die Bewohner in Schlafröken heraus. Mama ging ins Speisezimmer, um Boba nach seiner Meinung zu befragen. Er sagte: »Das war eine schwere Explosion; sie müssen die Brücke über den Dnestr gesprengt haben.« Wie wir später erfuhren, hatte er recht.

Wir legten uns wieder schlafen. Es war unangenehm zu hören, wie ununterbrochen Automobile durch unsere Straße fuhren: jeden Augenblick schien es, daß sie bei unserer Einfahrt stehenblieben. Sie fuhren, fuhren, eines nach dem anderen, als ob die ganze Stadt beschlossen hätte, sich evakuieren zu lassen. Es war eine Flucht, aber von wem wußten wir nicht. Trotz dieses Geräusches schlief ich ein.

Am Morgen erfuhren wir, daß die Brücke gesprengt worden ist, allerdings sehr ungeschickt: ein Bogen ist beschädigt, die Pfeiler sind stehengeblieben. Nicht einmal das können die Bolschewiken machen, wie es sich gehört.

Während ich gegen elf Uhr die Kaninchen fütterte, kam Andrej und erzählte, daß Boba bei seinen Bekannten von gegenüber gewesen sei, bei Hauptmann Tschernik und Baron Bode. Er hat von ihnen gehört, daß sich in der Stadt alles verändert habe. In der Nacht tagten die Bolschewiken immer noch in der Uprava, als plötzlich Leute hereinstürmten und brüllten, daß die Österreicher in der Nähe seien; einige behaupteten, daß ein Panzerzug auf die Stadt zufahre. Es entstand eine Panik. Die Bolschewiken luden auf, was sie auf die Autos brachten, fuhren los und sprengten die Brücke. Dann begann eine wilde Flucht. Von den Österreichern war in Wirklichkeit keine Spur zu sehen, es war ein Trick der Ukrainer.

Seitdem hat sich die Stimmung in der Stadt völlig verändert. Die friedlichen Einwohner strömen auf die Straßen, bewaffnet und mit den schrecklichsten Drohungen an die Adresse der Bolschewiken. Sie haben die »Prapóri«, die gelb-blauen ukrainischen Fahnen, wieder herausgehängt und entschieden, daß sie gesiegt haben. Im Augenblick ist der Sieg wirklich auf ihrer Seite, weil sich die Bolschewiken versteckt haben oder geflüchtet, jedenfalls nicht zu sehen sind.

Dafür geht die Schießerei ununterbrochen weiter, manchmal hämmert auch ein Maschinengewehr. Ich sitze im Garten in der Sonne und höre dieser Musik zu. Heute ist es so warm, elf Grad Reaumur im Schatten, daß man im Kleid draußen sein kann. Am Morgen saßen wir zu Hause, weil die Kugeln mehr als einmal hinter unserem Garten gepfiffen haben. Aber die Sonne ist zu verführerisch.

8 Uhr abends

Die Stadtbevölkerung hat sich bewaffnet und will in der Nacht wachen. Sie hat Angst, daß die Bolschewiken zurückkommen könnten, um ihre eine Million achthunderttausend Rubel Kontribution zu kassieren, die einzutreiben sie nicht die Zeit hatten. Ich glaube nicht recht an das Heldentum der Mogilewer »Ukrainer«. Während wir heute im Garten saßen, haben wir einige komische Silhouetten der Verteidiger von Mogilew beobachtet, zu Fuß und zu Pferd. Das ist ein sehenswerter Anblick.

Es heißt, daß uns aus Jampol eine polnische Legion retten kommt. Da sie bis jetzt nicht erschienen ist, halte ich die Meldung für eine Ente.

Heute ist Sonntag und es ist schrecklich langweilig. Es gibt weder Gerüchte, noch Schüsse, noch Bolschewiken, noch Ukrainer. Ich habe bemerkt, daß auf eine Zeit, in der viele unangenehme Ereignisse passieren, immer eine Periode der Langeweile folgt. Zuerst geschieht etwas, ein Alarm wird gegeben, alle leben für zwei bis drei Tage nur von einer Neuigkeit zur anderen; die Stimmung ist gehoben, alle sind voll Energie, empfinden keine Angst, sind freundlich zu den anderen. Dann geht die Gefahr ganz oder fast vorbei; alle werden fröhlich, planen verschiedene Dinge, beginnen energisch, sie auszuführen. Nach ein bis zwei Tagen beginnt die Periode der Langeweile; jeder schleicht von einer Ecke in die andere, weiß nicht, womit er sich beschäftigen soll, alle sind blaß und unlustig, nichts klappt ... Einmal geht es bergauf, dann wieder bergab, einmal verliert man jede Hoffnung, dann rafft man sich wieder auf - so schwimmen wir durch die »Große Russische Revolution«.

Und diese Revolution, die, wie wir dachten, für uns bald zu Ende sein werde, verspricht uns noch einige unerwartete Dinge. Die Österreicher denken gar nicht daran zu kommen. Alles was ich über Kiew, Shmerinka und Winniza geschrieben habe, hat sich nicht bestätigt und gehört in die Kategorie der »kolossalen Enten«. Eigentlich konnte man das wirklich nur deshalb glauben, weil unser Vorstellungsvermögen völlig durcheinander geraten ist. Wie konnte man glauben, daß ein Autoverband und ein einziger Panzerzug imstande wären, mehrere Gouvernements zu erobern! Weder Kamenez noch Proskurow scheinen besetzt zu sein, und wir können nicht auf das baldige Eintreffen der Österreicher hoffen. Vorderhand müssen sich die Mogilewer allein verteidigen. ---

Alles ereignet sich unerwartet. Um drei Uhr kam Krziz angelaufen und berichtete, daß die Österreicher in die Stadt einmarschiert seien. Natürlich hat es niemand geglaubt - es klang zu unwahrscheinlich. Aber er schwört, daß er eine österreichische Pioniereinheit selbst gesehen habe und daß in zwei Stunden eine ganze Division kommen werde. Anton Tschaikovsky lief in die Stadt, ihm nach alle unsere Österreicher. Wir gingen nur vor unser Haus und warteten auf die kommenden Ereignisse. In verschiedenen Intervallen kamen die Österreicher zurück, und jeder erzählte andere Neuigkeiten. In einem stimmten sie überein: Es handelt sich um einen Verband von Polen, österreichische Staatsangehörige in österreichischer Uniform. Gestern wartete man auf die polnische Legion, aber alle waren davon überzeugt, daß es jene Abteilung sei, die aus freiwilligen Polen besteht und hier in Soroky aufgestellt wurde. Jetzt kam diese statt der Erwarteten.

Anton berichtete die unglaublichste Neuigkeit: er sagt, daß diese Polen von Österreich und Deutschland weggegangen seien, um sich mit unseren Polen zu vereinigen und mit ihnen gegen Österreich zu kämpfen. Jetzt seien sie unterwegs nach Soroky. Mir scheint, Anton wollte uns »dorer la pilule«. Nur hat er nicht bedacht, daß niemand das Märchen glauben wird, daß die Österreicher bewaffnete Polen entlassen, damit sie gegen die gleichen Österreicher kämpfen* ...

Sylvester erzählte, die Polen kämen irgendwoher aus dem Norden und es würden bald noch mehr eintreffen. Ljaschko berichtete, daß sie aus Jampol gekommen seien, über Automobile und Infanterie verfügten und daß heute Nacht ein ganzes Korps kommen solle. Aus Broniza erschien Pawlo und brachte die Neuigkeit, daß alle in Broniza und Umgebung stationierten Truppen davongelaufen seien. Pawlo selbst schlug sich an die Brust und schwor, daß es niemanden gäbe, der Seiner Durchlaucht ehrfurchtsvoller und treuer ergeben sei als er. – Dieser Pawlo, ein Wächter in Ubotschi, ist der unsympathischste von allen unseren Angestellten, die sich in diesen Zeiten so unrühmlich hervorgetan haben. Wenn jemand von ihnen hier erscheint, trachte ich danach, möglichst weit weg zu verschwinden. –

Gerade, um sechs Uhr abends, hat der Gärtner Benko dem Baron Bode voll Freude mitgeteilt, daß »die Unsrigen« (im Original deutsch) gekommen seien und daß heute Nacht zwei deutsche Artilleriekorps einrücken würden. Aus einer Division wurden zwei Korps; die Phantasie der Einwohner wächst unglaublich schnell. Aber das ist nicht so wichtig. Die Hauptsache ist, daß die Österreicher die Stadt besetzt haben. Das, wovor wir Angst hatten und was wir trotzdem erwartet haben, was uns fern und fast unmöglich vorgekommen ist, wurde plötzlich Wahrheit ... Heute, am 18. Februar 1918, ist für uns die Revolution beendet. In neun Tagen hätten wir ihren ersten Jahrestag erlebt. Wie schnell haben jene, die gesät haben, die Früchte ihrer Bemühungen geerntet: Rußland hat aufgehört zu existieren.

7 Uhr abends

Anton war am Dnestr-Ufer, um zu schauen, ob die Brücke stark beschädigt ist, und hat dort die Flußüberquerung einer

* Es stimmte. Es handelte sich um die polnische Legion, die aus Österreich desertiert war und später von deutschen Einheiten entwaffnet wurde. Nach Mogilew kam an diesem Tag nach ihr eine ungarische Kompanie. (Ergänzung der Verfasserin 1918)

österreichischen Abteilung gesehen. Sie ist in Booten herübergekommen. Es sollen Ungarn sein.

19. Februar 1918

In der Stadt ist es ungewöhnlich still, man hört keinen Schuß, keine Autos. Es ist direkt merkwürdig. Man wünscht sich so, daß die Revolution endlich vorbei ist und wenigstens ein bißchen Ruhe eintritt. Alle sind so müde!

Heute vormittag sind Boba und Andrej in die Stadt gegangen, sie waren bei der Brücke und dann am Bahnhof. Im Gebäude des Realgymnasiums, in dem früher der Stab der 8. Armee untergebracht war, haben sich die Österreicher einquartiert. Man sieht viele in der Stadt. Als alter Soldat bewundert Boba ihre Haltung und ihr anständiges Äußeres. Die Brücke wurde durch die Sprengung sehr beschädigt: der ganze Mittelteil liegt im Wasser. Der Bahnhof ist leer, aber so verschmutzt, daß es abstoßend ist, in seine Nähe zu gehen. Die Ungarn reinigen energisch die Stabsgebäude, alle Fenster sind offen. Anscheinend haben sie die Absicht, sich hier ganz festzusetzen. Sogar die Einwohner haben begonnen, die Gehsteige zu reinigen. Die allgemeine Stimmung ist gut. Es scheint, daß alle froh sind, daß wenigstens Ordnung eingekehrt ist.

Dort wo die Ungarn ihr Lager aufgeschlagen haben, steht eine dichte Menge von Gaffern; jeder der kann, läuft hin, um dieses unerwartete Schauspiel zu betrachten. Auch die in der Stadt gebliebenen Genossen stehen und gaffen, Sonnenblumenkernschalen spuckend, mit dem gleichen dumpfen Erstaunen wie alle anderen. Kleine Mädchen zeigen mit den Fingern auf sie und rufen »Genossen, Genossen!«, worauf eine Zuschauerin sagt: »Mit den Genossen ist es jetzt aus!« Aber die ganze Bedeutung dessen, was sich ereignet hat, versteht wohl kaum einer.

Dort hängt auch ein »Tagesbefehl Nr. 1« des Obersten Kirienko, des neuen Kommandanten, der nach der Flucht der Bolschewiken gewählt wurde. Darin heißt es: »Genossen! Die Bolschewiken sind fort, die Stadt ist schutzlos«. ... Er schlägt vor, daß sich Freiwillige in eine Miliz, die »Drushina«, einschreiben, um die Stadt vor Exzessen zu schützen. Dieser Aufruf hat die karikaturhaften Reitergestalten hervorgebracht, die wir vom Garten aus beobachten konnten. Die Einwohner lesen stur diesen Aufruf, obwohl an der Tür des Kommandanten ein Anschlag hängt, daß Waffen »vorerst« nicht ausgehändigt werden.

Es ist merkwürdig, daß die Ungarn nichts tun. Sie haben zwar ein paar Wachtposten aufgestellt - bei unserer Schargoroder Brücke stehen zwei Maschinengewehrschützen mit Helmen -, aber sonst mischen sie sich in nichts ein. Kommandant ist immer noch derselbe Oberst Kirienko; die Bevölkerung wird nicht entwaffnet, die »Hajdamaken« reiten weiter mit Gewehren durch die Straßen. Wahrscheinlich sind zu wenige hier.

Wir aber wissen gar nichts: wer regiert uns jetzt, was ist woanders geschehen? In Kiew sitzt die Rada ruhig weiter mit den hochlöblichen Herren Gruschewski und Winnitschenko an der Spitze. Vielleicht werden sie ein »Fünftes Universal« erlassen, damit wir wenigstens erfahren, was weiter sein wird.

20. Februar 1918

Hier kursieren Gerüchte, daß Petrograd von den Deutschen erobert wurde, daß sie den Großfürsten Michail Alexandrowitsch auf den Thron gesetzt haben und die kaiserliche Familie nach Deutschland übersiedelt ist. Ich weiß nicht, ob man dem Glauben schenken kann. Olga und ich haben diese neue Situation besprochen, und anstatt verzweifelt zu sein, wie wir es vor zwei Monaten gewesen wären - wir haben uns gefreut! Die Monarchie aus den Händen der Deutschen zu empfangen, auf dem russischen Thron deutsche Marionetten und willfährige Werkzeuge der Deutschen zu sehen - was könnte eigentlich ärger sein? Und der kleine Alexej, den wir immer so heiß geliebt haben, wird in Deutschland erzogen werden und lernen, alles Russische zu hassen, und dann ebenfalls ein deutsches Werkzeug auf dem russischen Thron werden - was kann wirklich ärger sein? Das Unglück ist, daß es eben noch etwas Ärgeres gibt. Etwas Gutes kann nicht kommen, aber jedenfalls etwas Besseres als die »Herrschaft der Bauern und Arbeiter«, als der »rote Terror« und alles, woran wir uns im Laufe eines Jahres fast schon gewöhnt haben. Ich fühle im Augenblick nichts als eine große moralische Müdigkeit. Im Moment fühle ich mich nicht stark genug, um gegen das neue Böse anzukämpfen und diese ehemaligen Feinde zu hassen. Im Augenblick bin ich ihnen dankbar, daß sie unser Leben gerettet haben; hassen wegen allem anderen werde ich sie vielleicht später.

In der Stadt ist es weiterhin ruhig. Noch mehr Ungarn sind über den Fluß gekommen. Ich habe sie bisher noch nicht gesehen und bin darüber von Herzen froh. Sie unternehmen keine großen Schritte, aber es ist klar, daß sie die Herren der Lage sind. Heute wollten die Hajdamaken alle Mogilewer Juden entwaffnen; sie haben sich an einer Stelle versammelt und wollten über sie herfallen. Natürlich war das nur ein Vorwand, um einen Pogrom und Raubzug zu beginnen. Plötzlich erschienen, man weiß nicht woher, Honvédverbände. In aller Ruhe postierten sie sich auf dem Gehsteig und brachten ihre Maschinengewehre in Stellung. Im Nu war die Menge verschwunden. Jetzt patrouillieren durch die Straßen verstärkte Posten. Ich kann nicht anders, als eine gewisse Befriedigung darüber zu empfinden, daß jemand uns bewacht und Ordnung macht.

Heute hat Oberst Kirienko den »Tagesbefehl Nr. 4« erlassen – die beiden vorhergehenden kenne ich nicht –. Er ist wesentlich energischer. Der Kommandant verbietet Plünderungen und Mord, das Brennen von Schnaps, alle Versammlungen, nicht nur unter freiem Himmel, sondern auch in den Häusern, und einiges andere. Die Übertretung dieser Vorschriften wird »mit Waffengewalt« geahndet. Vor einigen Tagen hätte man solch einen Erlaß nicht veröffentlicht. Er wurde diesem Strohmann von Kommandanten vom Oberst der hier stationierten Honvéd-Pioniere diktiert. Boba hat einen noch erstaunlicheren Befehl gesehen. Dort heißt es, wir müßten »Hand in Hand mit dem uns befreundeten Österreich-Ungarn« gehen. Schön, nicht?

Vorderhand wartet alles ungeduldig auf die kommenden Ereignisse. Die Bauern haben ihre Taktik geändert, für alle Fälle. Heute kam Siwatschenko aus Broniza und erzählte: Die ganze letzte Zeit hätten sich dort ekelhafte Dinge abgespielt. Tagelang wurde geschossen, jeder bestahl jeden, man konnte das Haus nicht verlassen, ohne angepöbelt oder beleidigt zu werden. Jetzt habe sich schlagartig alles verändert: die unguten Bauernelemente hätten sich versteckt oder grüßten höflich, wenn man sie träfe. Das ist noch ärger. Früher waren sie wenigstens so, wie sie wirklich sind; jetzt haben sie ein schlechtes Gewissen und haben Angst.

Der Seitentrakt des Hauses in Broniza ist zerstört, die Fenster im Obergeschoß wurden aus den Angeln geschossen, weil die Plünderer nicht hinein konnten. Im Park liegen Pferdeleichen herum; sogar in den Eiskeller haben diese Schweine ein totes Pferd geworfen. Aber der Park selbst ist unbeschädigt.

Es ist mehr als möglich, daß wir nach Broniza zurückkehren können! Ich weiß nicht, ob ich mich darüber freuen soll. Trotz meiner großen Liebe zu Broniza habe ich Angst, dorthin zurückzukommen. Es ist ähnlich, wie wenn man die Leiche eines nahestehenden Menschen sieht. Gar zu viel ist dort verbunden mit bitteren Erinnerungen. Ich kann mich nicht mehr freuen.

21. Februar 1918

Der Kommandant hat befohlen, bis um zwölf Uhr sämtliche Waffen in der »österreichischen Kaserne« abzuliefern. Ob den Genossen wohl der Gedanke kommt, daß es merkwürdig ist, wenn der ukrainische Kommandant den Befehl gibt, die Waffen den Österreichern abzuliefern? Für die Ukrainer ist »ein neues Morgenrot der Freiheit mit Hilfe der kaiserlich-königlichen Armee des mit uns befreundeten Österreich-Ungarn« aufgegangen. Worüber sollen sich die Ukrainer Sorgen machen? Im Befehl heißt es, wer Telefon- und Telegrafendrähte beschädigt, wird auf der Stelle erschossen. Still und planmäßig nehmen die Österreicher alles in ihre Hände.

In Schargorod gab es einen Pogrom, und ein Zug Honvéd ist dorthin abmarschiert. Sogleich hieß es, daß sie in Kämpfe mit Rumänen verwickelt wurden, die, wie es heißt, Österreich den Krieg erklärt hätten.

Die Genossen waren sehr beleidigt, haben ihre Waffen aber abgegeben. Sehr viele gehen weiter mit Gewehren herum und schießen in die Luft. Wir geben unsere Waffen nicht ab. Krassowski, Lissner und drei weitere polnische Gutsbesitzer unternehmen Schritte, damit die »zuverlässigen« Leute ihre Waffen behalten können.

23. Februar 1918

Jetzt gibt es jeden Tag etwas Neues; es wäre interessant, jeden Tag ausführlich zu berichten, aber ich kann mich so schwer konzentrieren.

Man beschäftigt sich immer mehr mit der Rückkehr der

Gutsbesitzer auf ihre Güter. Alle sind überzeugt, daß es bald sein wird. Die Bauern haben einen Schrecken bekommen und wissen nicht, was sie tun sollen.

Gestern abend war Krassowski hier und hat viel Interessantes erzählt. Er gehört zu denen, die um eine Audienz bei Oberst von Sándor, dem Befehlshaber der österreichischen Truppen in Mogilew, angesucht haben, um über den Grundbesitz und die Lage im allgemeinen zu verhandeln. Der Oberst empfing die Delegation, hat es aber abgelehnt, eine offizielle Stellungnahme abzugeben. Trotzdem hat er, nur in seinem eigenen Namen sprechend, ziemlich viel gesagt. Er meinte, die Gutsbesitzer könnten beruhigt sein, »Europa wird die Vernichtung der privaten Landwirtschaft nicht zulassen«. Solange seine Einheit nicht stark genug sei, bleibe sie nur in der Stadt, aber in den nächsten Tagen würden Verstärkungen eintreffen, die sich auch mit den Dörfern beschäftigen sollten. Die Gutsbesitzer werden ihre Güter zurückbekommen, natürlich um Getreide für Österreich zu liefern. Oberst Sándor hält die Bauern nicht für fähig, das zu tun. Den Gutsbesitzern werden alle notwendigen landwirtschaftlichen Geräte zur Verfügung gestellt werden, die in den nächsten Tagen eintreffen sollen.

Der Oberst hat sich nicht auf dieses Problem beschränkt, sondern auch über die allgemeine Lage gesprochen. Österreichs Ziel sei es, die Ukraine wieder zu errichten, aber alle halbwegs vernünftigen »Bürger« und »Hajdamaken« müßten begreifen, daß es nicht jene Ukraine sein werde, die sie sich vorstellen. Sándor machte ziemlich deutliche Anspielungen, daß auch weiterhin alles unter dem Namen der Rada erfolgen werde, bis – die österreichische Verstärkung eintreffe.

Die Rada wird so lange weiterbestehen, bis die Österreicher alles selbst in die Hand nehmen. Praktisch ist schon jetzt alles in ihren Händen: obwohl alle Befehle von Kommandant Orlowskyj – einem Soldaten! – unterschrieben werden, ist es völlig klar, daß sie ihm jemand diktiert.

Oberst Sándor hat außerdem gesagt, daß die 2. Armee unterwegs sei – es sind Österreicher – und daß ihr Stab in Mogilew einquartiert werde. Für uns hier ist diese Nachricht nicht ganz angenehm. Im großen und ganzen hat Österreich nicht schlecht kalkuliert: es hat ein außerordentlich reiches Land okkupiert und wird aus ihm herauspressen, was möglich ist.

Leider werden wir Gutsbesitzer dabei die vermittelnde Rolle zu spielen haben.

Gestern hat hier der »Rat der Soldaten- und Arbeiterdeputierten« aufgehört zu existieren. Man wollte den Rat vollständig verhaften, übertrug diese Aufgabe aber den Ukrainern, die natürlich absichtlich zu spät kamen und nur einen »Deputierten« erwischten. Das ist nicht so wichtig, die Hauptsache ist, daß diese so tief verhaßte Behörde zu bestehen aufgehört hat.

Heute zeigten sich die Magyaren von einer energischen Seite: In der ganzen Stadt wurden Posten aufgestellt, die Patrouillen fangen ganze Scharen von Genossen und überstellen sie in den Hof der »österreichischen Kaserne«. Dort werden ihre Dokumente kontrolliert, und alle nicht hier Ansässigen werden zum Bahnhof geleitet und abgeschoben. Heute wurde in der Vorstadt Troizkaja ein Befehl angeschlagen, daß das gesamte öffentliche Vermögen zurückzuerstatten ist. Anscheinend ist über Nacht doch Verstärkung gekommen. Wir dachten, daß mit dem Eintreffen der Österreicher Hausdurchsuchungen, Verhaftungen und Kontributionen beginnen würden, alles das, woran wir seit einem Jahr gewöhnt sind. Bis jetzt haben uns die Österreicher nichts anderes gebracht als ein lange nicht verspürtes Gefühl der Sicherheit.

Heute haben wir auf irgendwelchen Wegen eine Zeitung aus Odessa bekommen. Wir haben ja keine Ahnung, was sich in Rußland abspielt. Es gibt so viele sich widersprechende Gerüchte. Die einen klingen so, als ob in Rußland wirklich die Reaktion begonnen hätte: Eine geheimnisvolle Gesetzgebende Versammlung soll den Großfürsten Michail Alexandrowitsch zum Zaren gewählt haben; es heißt, die Armee des Generals Alexejew habe Jekaterinoslawl erobert und Großfürst Nikolaj Nikolajewitsch sei Diktator geworden. Das Gegengewicht zu diesen Gerüchten ist ein Telegramm in dieser Zeitung vom 18. Februar, daß die Deutschen Mogilew-Gubernskij, Orscha, Luga und sogar Bologov erobert haben; es gibt auch Gerüchte über die Eroberung von Kiew und Petrograd. Kann da die Rede sein von Reaktion?

In der gleichen Zeitung haben wir eine Mitteilung gelesen, die uns zutiefst erschüttert hat: In Moskau wurde eine Totenmesse für Offiziere des Garde-Kavallerieregimentes und der Berittenen Garde gelesen, unter anderem für Fürst Beloselski-

Belozerski, Mosolov, alles in allem an die fünfzehn Namen. Boba hat sie alle persönlich gekannt. Was kann mit ihnen geschehen sein, wo wurden sie umgebracht? Darüber wird nichts gesagt. Wenn man sich vorstellt, was für ein Grauen sich überall abspielt, was für Ströme von Blut und Tränen sich jetzt über das Antlitz Rußlands ergießen - aber wir wissen von nichts, sitzen in unserer Ecke und danken Gott, daß mit uns nicht das gleiche passiert ist.

Langsam erfahren wir Einzelheiten über die Nacht vom 16. auf den 17., als die Stadt in so großer Gefahr schwebte und das Schicksal aller anständigen Menschen an einem Faden hing.

Am 16. Februar um elf Uhr erhielt Papa eine Mitteilung, die ich wörtlich anführe:

»Kriegs-Revolutionskomitee der Achten Armee Mogilew-Podolsk. An Bürger Wittgenstein, in seinem eigenen Haus, Sadovaja 16.

Das Revkom der Achten Armee befiehlt Ihnen, bis zum 1. März 12 Uhr (Mitternacht) in die Kasse des Revkoms dreizehntausend Rubel zu zahlen. Jede Verzögerung wird für Sie unangenehme Folgen haben.« Es folgten zwei unleserliche Unterschriften.

Als Papa dieses Papierchen erhielt, regte er sich sehr auf. Er sagte uns nichts, ging in die Stadt, um zu beraten, was zu tun sei. In der Stadt herrschte eine allgemeine Panik, alle hatten tödliche Angst vor den Bolschewiken. Die Juden standen in Gruppen auf den Straßen und besprachen die Ereignisse; Gutsbesitzer waren nicht zu sehen. Die Beschaffung von Geld war unmöglich, da die Stadtkasse vor einigen Tagen ihren Betrieb eingestellt hatte; auch vorher hatte man nur hundert Rubel pro Kopf bekommen. Papa kam zurück und erzählte uns, was ich bereits geschrieben habe.

Die Stadtverwaltung bemühte sich, die Sache dadurch in die Länge zu ziehen, daß sie den Bolschewiken zweihunderttausend Rubel anbot, aber gegen sechs Uhr gingen die Ratsmitglieder auseinander, ohne von den Einwänden auch nur hören zu wollen. Nur dem Stadtoberhaupt und einem Stadtrat gelang es, bis zum berüchtigten REVKOM vorzudringen. Sie wurden nicht angehört. Es begannen die Verhaftungen jener Leute, die auf der Kontributionsliste standen - zweihundertfünfzig Namen.

Um sieben Uhr brachte uns Boba die beunruhigenden Nachrichten, von denen ich am 16. geschrieben habe. In Wirklichkeit war alles etwas anders: Beim Apotheker Dombrowski wurde nicht bloß ein Tageserlös beschlagnahmt; da er auf der Liste stand, wurde er verhaftet und auf das REVKOM gebracht. Dort tagte das Revolutionstribunal, das heißt, einige Dutzend Soldaten saßen hinter Tischen. Auf Dombrowskis Beteuerungen, daß er im Augenblick kein Geld habe, bekam er zur Antwort, daß auch in Sinferopol niemand Geld gehabt habe, aber sobald einige Leute aufgehängt und erschossen worden seien, wäre das Geld plötzlich dagewesen. Wenn er nicht das gleiche Schicksal erleiden wolle, solle er gefälligst das Geld beschaffen. Der arme Kerl kratzte zweitausend Rubel zusammen und versprach, den Rest aufzutreiben, wenn er freigelassen würde. Sie nahmen sein Ehrenwort und ließen ihn laufen. Auf irgend eine Weise gelang es ihm, die restlichen elftausend Rubel aufzutreiben und dem REVKOM zu bringen. Er ist der einzige, der das gemacht hat! Die anderen wurden verhaftet, durchsucht, vielleicht hat man ihnen noch andere Sachen angetan; man nahm ihnen einige Tausend Rubel ab und ließ sie stehen, wobei die Soldaten drohten, daß sie bald wiederkommen würden. Zum alten Krupensky kamen sie dreimal, aber er hatte sich so gut versteckt, daß er nicht gefunden wurde. Es versteckten sich übrigens viele. Ein Gutsbesitzer aus Bessarabien versteckte sich in dem uns gegenüberliegenden Haus, bei Baron Bode und Hauptmann Tschernik. Er ließ Frau und Kinder im Stich – was ich etwas merkwürdig finde – und ging zu Bekannten, die nicht ständig hier wohnen und daher nicht auf der verhängnisvollen Liste standen.

In dieser Nacht zogen die Bolschewiken durch die Stadt; sie plünderten nicht mehr nach der Liste, sondern der Reihe nach. Es gibt Straßen, wo sie in jedem Haus waren, die Bewohner terrorisierten und Geld verlangten. Warum sie nicht zu uns gekommen sind? Warum sind sie nicht zu Papa gekommen, der den auffallendsten Namen in der ganzen Liste trägt? Natürlich nur deshalb, weil sie keine Zeit hatten. Zum zweiten Mal wurden wir wie durch ein Wunder gerettet.

Und wir haben in dieser Nacht geschlafen! Wir wußten nicht, daß um drei Uhr früh eine Horde von Soldaten in die unglückliche Stadtverwaltung einbrach und auf der Stelle zwei

Millionen Rubel verlangte. Um fünf Uhr sprengten die Bolschewiken die Brücke und liefen davon. Sie hatten keine Zeit mehr zum Plündern. Zur gleichen Zeit hörten Baron Bode und Hauptmann Tschernik die durch unsere Straße fahrenden Autos und erwarteten die ganze Nacht einen Angriff auf uns. »Bei jedem Auto haben wir gedacht, jetzt kommen sie, um den Fürsten zu verhaften. Wir haben uns darauf vorbereitet, ihnen in den Rücken zu fallen«, erzählte der Baron, friedlich eine Tasse Tee bei uns trinkend. Wir haben in dieser Nacht geschlafen und uns die Gefahr, in der wir schwebten, nur sehr vage vorgestellt! Dabei gab es gute Menschen, die wir damals noch nicht einmal persönlich kannten, die bereit waren, uns vor den Räubern zu retten.

Der Stadt blieb es erspart, das Schicksal von Rechniza zu erleiden, allein durch das Gerücht, daß die Österreicher da seien. Können wir diesen Österreichern gegenüber etwas anderes empfinden als Dankbarkeit?

24. Februar 1918

»Depuis que nous sommes en révolution«, habe ich oft ein merkwürdiges Phänomen beobachtet. Schon in Petrograd, schon zu Beginn der Revolution habe ich davon geschrieben, wie rasch unter dem Einfluß verschiedener Gerüchte die Stimmung sich hebt oder fällt. Jetzt sind solche Schwankungen besonders gut zu beobachten.

Warum die Stimmung heute wieder gefallen ist? Papa war heute früh auf einer Sitzung und hat schlechte Nachrichten mitgebracht. Die Österreicher - das heißt Ordnung und Sicherheit? - sind um ein beträchtliches Stück geschwächt; die gesamte Macht geht in die Hände der Genossen Ukrainer über, also des gleichen Rates der Arbeiter und Revolutionäre, die sie früher innehatten; von einer Rückgabe des Landbesitzes kann vorerst keine Rede sein.

Unsere Feinde haben ihr Haupt erhoben. Das von schlauen Schurken verbreitete Gerücht, daß die verräterischen Gutsbesitzer die Österreicher gerufen hätten, um die Demokratie zu beleidigen, hat unserem »arbeitenden Volk« ausnehmend gut gefallen. Man muß schließlich das Unglück, das Rußland widerfahren ist, jemandem in die Schuhe schieben und die ganze Wut über die in den letzten Tagen ausgestandene Angst jemandem anlasten können. Hier heißt es bereits, daß sich die Gutsbesitzer mit Hilfe von »deutschen Fürsten, österreichischen Baronen und rumänischen Generälen« bewaffnen und etwas gegen die heldenhaft revolutionäre Demokratie im Schilde führen. Überhaupt wird noch mehr gehetzt als früher. Papa gegenüber wurde die Bemerkung gemacht, daß die Ungarn von hier weggehen würden. Dann bleiben wir ohne Garantie für unsere Sicherheit zurück und sind noch mehr in den Händen unserer Feinde als früher ...

Kann es sein, daß die Ungarn wirklich von hier weggehen? Vielleicht bekommen sie an der Westfront Prügel? Wir wissen ja überhaupt nichts! Vielleicht reichen ihre Kräfte für die Eroberung Rußlands nicht aus, nicht einmal für die Eroberung Rußlands in seinem jetzigen Zustand? Daneben gibt es allerdings Gerüchte, daß Petrograd, Moskau und sogar Kiew besetzt wurden. Oder sind die Österreicher so schwach, daß sie sogar vor der Ukraine in die Knie gehen müssen?

Hier wurden Gerüchte von einem Thronverzicht des Großfürsten Michail Alexandrowitsch lanciert; außerdem soll Polen der Ukraine den Krieg erklärt haben, »ein nicht existierender Staat einem anderen nicht existierenden Staat«, wie Boba sagt. Was ist das für eine verrückte Situation, daß es weder Zeitungen, noch Post, noch Telegramme, noch eine Eisenbahnverbindung gibt! Man kann doch nicht den ganzen Unsinn glauben, den man in Mogilew zu hören bekommt!

25. Februar 1918

Die Nachrichten werden immer schlechter. Heute hat Boba mit dem gestern ernannten Kommandanten Freser gesprochen, einem ehemaligen Fähnrich der Reserve - hier gibt es fast jeden zweiten Tag einen neuen Kommandanten -, der bei Baron Bode wohnt und zu dessen Gesellschaft gehört. Boba hat schon früher gesagt, daß er ihm verdächtig erscheine und möglicherweise ein österreichischer Spion sei. Im Gespräch mit Boba hat er von der neuen Ukraine gesprochen, von der großen Zukunft, die ihr bevorstehe, von ihren Beziehungen zu Rußland und Österreich. Die Ukraine hat sich mit Österreich gegen Rußland verbündet; sie gibt Rußland kein Körnchen Getreide und wird Rußland wahrscheinlich den Krieg erklären. Kämpfen wird sie, glaube ich, auch gegen Polen, den

Hauptfeind der Ukraine. Und Österreich? »Österreich ist für uns ein Nichts!« erklärt stolz der neue Kommandant von Mogilew namens der Ukraine ...

Weiter hat Freser gesagt, daß die Deutschen Petrograd eingenommen hätten. Mit Rußland sollen sie einen Friedensvertrag abgeschlossen haben, zu unglaublich schlechten Bedingungen: eine Kontribution von zehn Milliarden Rubel, das ganze Getreide und vieles andere. Armes Rußland! Auf der einen Seite Österreich mit seinem blinden und folgsamen Werkzeug, der Ukraine, auf der anderen Deutschland, das sich wie ein Hund in seinen schon zerfetzten Körper verbissen hat. Und dieser Hund läßt sein Opfer so bald nicht laufen. Armes Rußland!

Die Ukrainer haben an alle Bezirksämter ein Schreiben mit einem äußerst merkwürdigen Inhalt geschickt: Den Bauern wird erlaubt, provisorisch alle Felder zu bebauen, da die Gutsbesitzer dazu nicht imstande seien. Aus diesem Grund werden alle Bauern aufgefordert, mit der Aussaat zu beginnen. Es ist klar, daß wir jetzt unsere Felder nicht zurückbekommen. Aber was heißt »provisorisch«? Oberst Sándor hat gesagt, daß sie keine Politik bräuchten, sondern Brot. Im Moment versteht man überhaupt gar nichts. Was wird aus allem, wo sollen wir hin? Vorderhand weiß niemand etwas.

Hier planen die Gutsbesitzer, etwas zu unternehmen, entweder einen Gemüsegarten oder ein Caféhaus auf kooperativer Basis einzurichten. Ich glaube, an der Spitze all dieser Pläne und Unternehmungen steht Lissner. Wahrscheinlich wird sowieso nichts draus.

Heute sind starke österreichische Kräfte in die Stadt eingerückt; sie requirieren schon Privatquartiere.

Heute morgen haben wir über den Zaun in den Stadtpark geschaut, der von uns nur durch das Bächlein Derlo getrennt ist. Obwohl heute Sonntag ist, haben dort die Österreicher exerziert. Es war unangenehm, die deutschen Kommandos »rechts, links, halt!« zu hören. Die Österreicher schauen nicht sehr kriegerisch und stramm aus, wenn man sie mit den Soldaten aus unseren ehemaligen Garderegimentern vergleicht, denen wir täglich aus unseren Fenstern in Petrograd beim Exerzieren zugeschaut haben. Doch seit einem Jahr sind wir nicht mehr an den Anblick anständiger Militärformationen gewöhnt.

Gestern wurde ein bessarabischer Gutsbesitzer auf offener Straße verhaftet, weil er eine Khakijacke trug. Man hielt ihn für einen ehemaligen Offizier und wollte ihn aus Mogilew ausweisen, da er kein ständiger Bewohner der Stadt ist. Er wurde vier Stunden lang festgehalten und hatte die größte Mühe, wieder freizukommen. Um ähnliche Zwischenfälle bei Boba und Andrej zu verhindern, hat Papa für sie in der »Miliz-Station« - so steht es angeschrieben - Ausweise beschafft. Darin heißt es, daß der Träger des Ausweises - mit vollem Titel »Durchlauchtigster Fürst« - nach Mogilew übersiedelt ist, »seinen ständigen Aufenthaltsort auf Grund von Unruhen auf dem Lande«. Wie dumm! Wer glaubt schon, daß es jemanden interessiert, warum wir hierher übersiedelt sind!

Der gleiche Freser hat noch gesagt, daß Österreich die Autonomie für die Krim als selbständiges »Chanat« verlangt habe. Der Chan wird jemand sein wie der berühmte Prinz Wied.

26. Februar 1918

Heute ist Mamas Geburtstag, aber alle gehen herum wie begossene Pudel. Ich bin froh, daß man in der allgemeinen Niedergeschlagenheit meine bedrückte Stimmung nicht sehr bemerkt. Ich fühle mich schlecht, habe keinen Appetit, schlafe schlecht, bin apathisch und gleichgültig gegenüber allem. Das alles trägt nicht zur guten Laune bei. Wie sollte die Stimmung auch anders sein? Es ist besser, gar nicht nachzudenken!

Morgen ist der Jahrestag der Revolution. Vor einem Jahr, in Petrograd, sind wir an diesem Tag nicht mehr auf die Straße gegangen, und die Stimmung war auch nicht sehr fröhlich. Nur Onkel Kolja hat das Haus verlassen und einen schönen Korb voll Hyazinthen und Bonbons mitgebracht. Die Hyazinthen standen dann fast bis zu unserer Abreise auf dem Tisch, ein merkwürdiger Kontrast zu den bösen Ereignissen des März 1917. Den 26. Februar 1917 werden wir lange nicht vergessen, es war einer der schrecklichsten Tage. Auch den 26. Februar 1918 werden wir wohl nicht vergessen.

Heute ist der x-te Todestag von Taras Schewtschenko, aus diesem Anlaß haben die Ukrainer überall ihre gelb-blauen Fetzen aufgehängt, gelb-blaue Schleifen und Abzeichen angesteckt und feiern. Aber sie feiern ja jetzt jeden Tag.

Alles was die Ukraine und die Ukrainer betrifft, ist mir zutiefst zuwider! Für mich sind sie keine Bürger eines echten Landes, sondern die letzten Schufte, die ihr Vaterland an Österreich verkauft haben. Aus diesem Grund hasse und verachte ich sie. Leider ist ihnen meine Verachtung egal. Ich hoffe, daß sie einmal die Früchte ihres Verrates ernten werden.

27. Februar 1918

Ein verfluchtes Datum! Noch viele Generationen von Russen werden voll Haß daran zurückdenken, und das mit gutem Grund: Solange auch nur ein Russe lebt, wird er sich erinnern, daß es am 27. Februar 1917 Russen waren, die Rußland vernichtet haben!

Den heutigen Tag haben wir sogar ruhiger als sonst verbracht. Ich bin in düsterer Stimmung aufgestanden, aber alle waren guter Laune, die Sonne schien so schön. So, als ob es vorher abgemacht wäre, erwähnte niemand die mit diesem Tag verbundenen Ereignisse. Alle gingen besonders rücksichtsvoll ihren laufenden Arbeiten nach. Papa, Boba und Andrej haben im »Schwarzen Hof« einen Hühnerstall gebaut, Olga und ich die Mistbeete gejätet und Rhabarbersetzlinge gepflanzt. In der Sonne war es direkt heiß. Ich trug eine Leinenbluse und einen Panamahut, die anderen waren bloß im Kleid. Ab und zu hörte man laute Schüsse, die uns daran erinnerten, was für ein berühmter Jahrestag heute ist.

Unsere Arbeit war so schwer und ermüdend, daß wir uns, als wir nach Sonnenuntergang nach Hause kamen, mit großem Vergnügen in die weichen Fauteuils setzten. Physische Müdigkeit vertreibt die moralische Müdigkeit. Die Stimmung war gut, der Tag verging friedlich.

1. März 1918

Natürlich konnte die gute Stimmung nicht anhalten. Gestern kam die »Kievskaja mysl« und allein ihr Anblick genügt, um sich schlecht zu fühlen. Die Lektüre der Bedingungen des Friedensvertrags zwischen Rußland und den Mittelmächten hat einen niederschmetternden Eindruck hervorgerufen. Wir haben gewußt, daß es nicht gut ausgehen kann, trotzdem waren wir alle wie vor den Kopf gestoßen. Diese grauenhaften Bedingungen, die Bekanntgabe der baldigen Besetzung Sibiriens durch unsere ehemaligen Verbündeten, das hysterische Geschrei und hirnlose Geschwätz der Ukrainer, alles das ist mehr als man ertragen kann! Ich möchte über die Details nicht weiter schreiben, das geht im Moment über meine Kräfte ...

11. (24.) März 1918

Diese ganze Zeit hatte ich nicht die geringste Lust zu schreiben. Man hätte zu lange innehalten und über alles, was geschieht, nachdenken müssen; ich habe feige davor Angst gehabt. Meine Gedanken niederzuschreiben, meine Gefühle zu analysieren ist unmöglich, alles klingt unecht und nicht so, wie ich es darstellen möchte...

Es ist heute das erste Mal, daß ich tagsüber im Zimmer sitze, anstatt mich mit den endlosen laufenden Arbeiten zu beschäftigen. Diese ganze Woche haben sich die Familienmitglieder nur zu den Mahlzeiten und abends nach Eintreten der Dunkelheit versammelt. Die Tage haben wir im Garten verbracht: Unser Arbeitstag dauert nicht selten länger als die Norm von acht Stunden. Wir haben uns zum Ziel gesetzt, unseren verwahrlosten Garten in eine Oase der Kultur zu verwandeln. Das wird sehr schwer sein, weil wir alles selbst machen müssen.

Ich habe mich am Mittelfinger der rechten Hand verletzt, und jetzt eitert er; das Schreiben fällt mir schwer und es tut weh.

13. (26.) März 1918

Ich war im Landeskrankenhaus. Dort hat mir Jekaterina Iwanowna einen Vortrag gehalten, daß man mit Händen, die das Arbeiten nicht gewöhnt sind, so schwere Arbeiten nicht machen darf – und hat dazu mit einer Pinzette den Eiterherd am Finger geöffnet, was nicht sehr angenehm war. Ich kann leider nicht schreiben, später werde ich das bedauern.

25. März (7. April) 1918

Unser Leben hat sich stabilisiert, mir scheint, daß es in geregelte Bahnen gekommen ist. Es müßte etwas ganz Schreckliches geschehen, um den täglichen Trott zu unterbrechen. Die Zeit vergeht sehr schnell, alle sind von früh bis spät beschäftigt. Alle arbeiten den ganzen Tag, ohne ihre Kräfte zu schonen. Wir tun dies einerseits aus Notwendigkeit, andererseits aus freiem Willen. Schließlich hat Tolstoj nicht unrecht, wenn er sagt, daß derjenige glücklich ist, der sich physisch so ermüdet, daß er sein seelisches Leid vergißt. Ich sehe jetzt, daß es wirklich das beste Mittel ist, um alles zu vergessen, was rundherum geschieht. Jetzt haben wir vor keiner Beschäftigung mehr Angst; das Gefühl, daß einem alles zu mühsam ist, das ich früher so oft hatte, habe ich mir fast ganz abgewöhnt. Das Ergebnis unseres jetzigen Lebens ist bereits sichtbar: Vor weniger als einem Monat wäre ich fast verrückt geworden; etwas in meinem Kopf hat Schaden genommen. Ich konnte mich auf nichts konzentrieren, an nichts denken, sofort trat dieses scheußliche Gefühl auf, das ich »Müdigkeit des Gehirns« benannt habe: selbst ein einfacher Denkprozeß bedeutet eine Qual, alles erscheint widerlich und unerträglich, man ist ständig erschöpft. Wenn es mir jetzt besser geht, wenn ich moralisch gesünder bin als noch vor kurzem, so verdanke ich das nur dem Einfluß der körperlichen Arbeit.

Ich lese jetzt fast keine Zeitung und schreibe hier nichts über Politik, obwohl das ein reichhaltiges Thema wäre. Schreiben müßte man über die immer größer werdende Gemeinheit und Niedertracht der Ukrainer; über die Hinschlachtung so vieler unglücklicher Menschen auf der Krim, in Kiew, Moskau, Rostov am Don, nur weil sie zur »Intelligenzia« gehören und Burshui sind; über den Selbstmord von Kaledin; über Terror und Anarchie in Zentralrußland; über die Besetzung eines großen Gebietes durch die Armeen von Deutschland und Österreich; über die Niederlage unserer ehemaligen Verbündeten an der Westfront - über alles das und viele weitere Themen sollte man schreiben, aber ich kann es wirklich nicht! Wenn ich an alles das auch nur denke, dreht sich mein Kopf.

Wir sitzen nach wie vor reglos hinter der Mauer unseres Gartens; wir gehen nirgendshin und sehen niemanden. Heute sind wir zum ersten Mal, seitdem wir hier wohnen, durch unsere Straße gegangen. Es war unangenehm. Man hat das Gefühl, daß alle einem neugierig und höhnisch nachschauen. Man gafft uns wirklich an wie wilde Tiere. Hinter unserer Mauer fühlt man sich wie in einer Festung - in Sicherheit.

Manchmal träume ich: Wie schön wäre es wegzufahren, möglichst weit, wo uns niemand kennt. Obwohl es uns verhältnismäßig gut geht, besser als so vielen anderen in unserer Situation, wäre es schwer, lange so weiterzuleben.

14. (27.) April

Natürlich gäbe es genug zu schreiben, aber ich kann es nicht. Tagelang beschäftige ich mich mit den laufenden Arbeiten und bemühe mich, an nichts zu denken ...

Völlig unverständlich benehmen sich die Österreicher und Deutschen: Sie treten in den besetzten Gebieten, also fast der Hälfte des ehemaligen Rußlands, überhaupt nicht in Erscheinung; überall gehen die gleichen Gemeinheiten, die gleiche Anarchie weiter wie früher. Die Besatzungstruppen mischen sich nirgends ein. Die Leute, die zu Beginn ihre Schwänze eingezogen haben, zeigen wieder ihre Krallen. In der Nähe von Mogilew sind zweimal Unruhen ausgebrochen; die Österreicher sind dorthin ausgerückt und wurden beide Male davongejagt... Überhaupt haben ihre Mißerfolge und ihre Passivität ihre Autorität völlig untergraben. Hier gehen schon Gerüchte um, daß die Vernichtung der polnischen Legion in der Nähe von Nemirov nur der Anfang gewesen sei.

22. April (5. Mai) 1918, Ostersonntag

In wenigen Tagen hat sich für viele, darunter auch für uns, alles verändert. Wir, unser Stand, sind plötzlich aus rechtlosen Menschen wieder zu dem geworden, was wir früher waren. Wir, die wir ein ganzes Jahr lang nicht sicher sein konnten, den nächsten Tag zu überleben, und nur auf die Hilfe Gottes hoffen konnten - daneben auf unsere Revolver mit ganz wenigen Patronen - wir, die man ruiniert, in den Dreck getreten, in Zeitungen, Reden und Versammlungen mit so vielen abscheulichen Anklagen und Beleidigungen überschüttet hat - wir sind plötzlich wieder Menschen wie alle, das heißt wir können auf Gerechtigkeit hoffen, auf Recht und Verteidigung. Selbst wenn dieses Recht von den österreichischen Kriegsgerichten ausgeht und im Augenblick sie allein die Hüter der Ordnung sind - wir freuen uns, daß sich wenigstens jemand gefunden hat, der es auf sich nimmt, uns zu verteidigen. Die Gerechtigkeit besteht darin, daß seit dem 19. April/2. Mai das volle Recht auf Eigentum wiederhergestellt wurde, daß heißt, daß wir uns aus ruinierten Gutsbesitzern, die schon fast hungern mußten, wieder in Besitzer von drei Gütern, einem Kapital von ungefähr vier Millionen Rubel verwandelt haben.

Aber das ist nicht das Wichtigste; es war das letzte, was mir in den Sinn kam. Das erste war, daß »jetzt auch in unserer Gasse Feiertag ist«, daß endlich wir die Oberhand gewonnen haben, daß endlich der Wendepunkt gekommen ist! Ich werde mich bemühen, der Reihe nach zu erzählen:

Vom ersten Tag der Ankunft der Österreicher an begannen wir zu hoffen, daß sich alles ändern wird, daß eine »Ordnung« eintreten wird, wie wir sie uns wünschen. Wir warteten darauf, daß die Österreicher aktiv eingreifen und den Gemeinheiten, die überall begangen wurden, ein Ende setzen würden. Doch die Zeit verging, und die Österreicher unternahmen nichts. Die Komitees, die Kommissare, die Rada und alle ähnlichen Institutionen fuhren fort, die Anarchie im Land zu vergrößern. Die deutsch-österreichischen Behörden erließen nicht eine einzige Verordnung, alles wurde im Namen der Zentralen Rada, der Kleinen Rada und so weiter gemacht. Die Österreicher hielten sich in der Ukraine eher als Gäste auf, statt als Sieger und Eroberer. Es schien, als ob sie absichtlich wegschauten und das, was sich rundherum abspielte, nicht bemerkten.

Wenn ich jetzt zu analysieren versuche, was wir damals gefühlt haben, komme ich zu dem traurigen Schluß, daß wir uns alle sehr verändert haben. Der Idealismus, der in den Herzen, wenn nicht aller, so doch vieler unserer Familienmitglieder gebrannt hat, ist verraucht. Wir haben zu viel durchlebt. In dieser kurzen Zeit von dreieinhalb Jahren seit Kriegsbeginn haben wir uns so verändert, als hätte man unser ganzes Wesen umgedreht. ... Das hat uns ausgebrannt, auch unsere Seelen. Vor kurzem habe ich noch von Vergebung für alle geschrieben – jetzt habe ich gelernt zu hassen. Ich werde jetzt mit Freuden zuschauen, wie die, die ich früher am meisten gehaßt habe – die Feinde meines Vaterlandes – mit ihren Stiefeln jene zertrampeln werden, die ich jetzt am meisten hasse und verachte – meine einstigen Landsleute! Daß zur gleichen Zeit und von den gleichen Stiefeln auch ich und meinesgleichen zertrampelt werden, scheint nicht mehr wichtig zu sein...

Wir haben schon lange gewußt, daß die Okkupation unvermeidlich sein wird. Nicht umsonst haben sich Tatjana, Boba und ich seit jeher sehr für Politik interessiert und Zeitungen gelesen, manchmal sogar heimlich. Die berühmte »ukrainische Frage« hat uns natürlich besonders interessiert. In Rußland regt sich niemand besonders über die von der österreichischen Diplomatie erfundene Bewegung auf, die damals »Mazeppismus« hieß und viele Anhänger in Galizien hatte. Bis jetzt glaube ich nicht daran, daß es damals viele Ukrainer gegeben hat, die nach Autonomie strebten, Rußland für ihren Feind hielten und sich mit Österreich verbinden wollten. Es gibt auch heute nur sehr wenige. Das haben nur die österreichischen Agenten geglaubt. Wir haben die Österreicher und ihre Politik nie leiden können, uns nur über sie lustig gemacht und statt dessen mit den sogenannten »Moskophilen«, den Tschechen und Galiziern, aufs wärmste sympathisiert. Es ist daher nicht erstaunlich, daß wir vom ersten Moment an wußten, woher der Wind weht, als man von einer »selbständigen Ukraine« zu sprechen begann. Von dem Augenblick an, als die ungarische Pionierabteilung in Mogilew einmarschierte, waren wir überzeugt, daß die Besetzung unvermeidlich ist und daß danach die Annexion kommen werde - ein schreckliches Wort, aber alle Anzeichen sprachen dafür, daß sie unvermeidlich sei.

Als am 18. die Ungarn kamen, haben wir gedacht, daß sie Ordnung machen werden. In der ersten Zeit haben wir uns über die relative Ruhe gefreut, das Gefühl der Sicherheit genossen, das wir schon lange nicht mehr gewöhnt waren. Bald aber genügte uns das nicht mehr. Jetzt wollten wir uns rächen oder vielmehr, daß uns andere rächten. Wir haben gehofft, daß wir von jetzt an nicht mehr zu den Verfolgten gehören würden, sondern zu denen, die wir früher waren. Die Untätigkeit der Österreicher ärgerte uns. Ihren Phrasen, daß sie als Freunde gekommen seien, um der Ukraine Kultur zu bringen und sie glücklich zu machen, haben wir selbstverständlich nicht geglaubt. Wir haben vermutet, daß der Grund für ihre Passivität einfach ihre Schwäche sei. Der erste Tagesbefehl des Feldmarschalls Eichhorn, gegen den die Zentrale Rada protestierte und ihn nicht ausführte, bestärkte uns noch mehr in unserer Annahme. Wir waren erstaunt über ihre Dummheit und das Unvermögen, ihre Autorität durchzusetzen und darüber, daß sie weitermarschierten, obwohl sich hinter ihnen das ganze riesige Land in totaler Anarchie befand.

Als wir am 17. April den zweiten Tagesbefehl von Feldmarschall Eichhorn lasen, nämlich über die Einsetzung von deutschen Kriegsgerichten bei Angriffen gegen Einheiten der Mittelmächte, über das Verbot von Versammlungen et cetera, freuten wir uns. Alle normalen Menschen sehnen sich nach einer starken Regierung, nach Ordnung - und sei es auch eine Eichhornsche Ordnung. Diesem Tagesbefehl mußten große Ereignisse folgen.

Am nächsten Tag erschienen keine Zeitungen. Abends kamen Gerüchte auf, daß die Rada von deutschen Truppen verhaftet wurde. Man kann sich leicht vorstellen, wie aufgeregt »sie« waren und wie schadenfroh »wir«. - Diese beiden Begriffe laufen im Moment auf zwei parallelen Linien, die sich nicht treffen können. Was für »sie« gut ist, ist für »uns« schlecht, und umgekehrt. Das wird so lange so bleiben, bis das große Unheil, das sich vorerst nur am Horizont zeigt, uns alle verschlingen und uns dazu zwingen wird, alle Feindschaften zu vergessen, unsere Fehler zu bekennen und zu bereuen. Der Name dieses drohenden Unheils ist Annexion. -

Der 19. April war ein Freudentag. Wir befanden uns alle in verschiedenen Winkeln unseres Gartens, als plötzlich fast im Laufschritt Herr Krupko herbeistürzte, ein polnischer Gutsbesitzer aus der Gegend von Chotin, den Papa kaum kennt. Er hielt eine Zeitung in der Hand, und in Erwartung einer guten Nachricht liefen alle zusammen. Mit vor Aufregung zitternder Stimme übersetzte der alte Krupko aus der polnischen Zeitung. Zum ersten Mal erfuhren wir vom Zusammenschluß der »Chleborobi«, der »Agrarier«, von der Wahl Skoropadskis zum Hetman, von seinem Erlaß über die Wiederherstellung unserer Rechte. Zum ersten Mal seit so vielen Monaten hörten wir aus den Reden dieser »Agrarier« die Wahrheit. Wir erfuhren von Kommissionen, von den Wahlen in die Konstituierende Versammlung, von Pogromen, Enteignungen und so weiter. Wir waren so glücklich, daß wir das Wichtigste vergaßen: daß hinter dem Hetman der General Eichhorn steht, daß es zwar einen Hetman gibt, der von den »Chleborobi« gewählt wurde, aber auch die »befreundeten Mittelmächte«. Den ganzen Tag befanden wir uns buchstäblich in einem Rausch. Wir waren bereit, wieder alles im rosigsten Licht zu sehen. Mama, Olga und ich erkannten in den Reden der »Agrarier« das vielversprechende Anzeichen einer Ernüchterung der besten Kräfte der Bevölkerung. Wir tauften diesen Tag »Festtag des 2. Mai«, nach neuem Stil gerechnet. Gestern, am 1. Mai, haben »sie« gefeiert, heute »wir«. Rira bien qui rira le dernier.

Zu jeder anderen Zeit hätte das Auftreten Skoropadskis bei uns nur Spott hervorgerufen, aber jetzt? Besser einen Hetman als die Rada, besser den Generalleutnant Skoropadski als einen Gruschewski, lieber einen Diktator als einen Marionettenminister. Der jetzige »Hochwürdigste Herr und Hetman der Ukraine«, Pawlo Skoropadski, ist der ehemalige Pawel Petrowitsch Skoropadski, der frühere Kommandant von Boba, zuerst sein Regiments- und schließlich sein Korpskommandant, ein Zögling des Pagenkorps, ein reicher Gutsbesitzer aus Wolhynien. Er ist einer von »uns«. Er ist, glaube ich, nicht besonders gescheit, aber ein tapferer General; er besitzt sämtliche Kriegsauszeichnungen und leidet an einer gigantischen »mania grandiosa«. Mit jedem Schritt höher in Rang und Würden wurde er unnahbarer. Nach den Sozialisten und der Rada wird das eine angenehme Abwechselung sein, und da er die Macht eines unbeschränkten Herrschers hat, wird dieser Wechsel nicht nur Worte, sondern auch Taten bringen. Vielleicht ist es ein bißchen komisch, daß ausgerechnet Skoropadski, der im Regiment »Pidse« genannt wurde, so etwas wie unser absolutistischer Kaiser wurde? Früher wäre das komisch und dumm gewesen, jetzt ist alles anders. Ich bin bereit, ihn als Hetman der ganzen Ukraine anzuerkennen, zu hören, daß für ihn in der Kirche gebetet wird, und ihn als Herrscher zu akzeptieren, auch wenn er in Wirklichkeit nur der alte Pidse ist. Man wünscht sich so sehr, einen anständigen Herrscher zu haben, mit Palast und Würdenträgern, sogar wenn sie ukrainische Namen tragen ...

23. April (6. Mai) 1918

Was soll man tun? Wie soll man weiterleben? Der Hetman und die Rückgabe des Landbesitzes sind ja doch nur kurzfristige Ablenkungen. Sie erfreuen einen höchstens einen Tag. Wie kann man weiterleben nach allem, was wir verloren haben? Alles Überlieferte, alle Grundlagen, die uns so fest schienen und die, wie sich herausgestellt hat, morsch und verrottet waren, sind eingestürzt. Wir sind überflüssig geworden. Wir sehen, daß wir unrecht hatten, daß das Alte untauglich war, daß etwas Neues geschaffen werden muß. Aber was soll dieses

Neue sein und wie soll man es schaffen? Wir sind in der Finsternis und in einem Sumpf gewandert und haben gedacht, daß wir uns auf einer blühenden Wiese befänden. Dann kam der Tag, an dem wir verstanden haben, daß wir nichts mehr gutmachen können, daß wir uns mitten in einem Sumpf befinden, unter unseren Füßen der Tod. Wir glaubten, daß wir uns durch schöne Blumen ablenken könnten, hofften auf fremde Hilfe und müssen erkennen, daß der Untergang unabwendbar ist.

Was bleibt uns im Leben? Die Sorge um das eigene Wohlergehen? Die Rache an denen, die uns unglücklich gemacht haben? Viele denken so.

Die Strafe für die Verbrechen vieler Generationen unserer adeligen Vorfahren, für die Laster unseres Standes und unseres ganzen Volkes ist nun über die Köpfe unserer Zeitgenossen hereingebrochen; sie hat alles weggerissen und uns schutz- und hilflos zurückgelassen. Was können wir tun? Schulgin sagt: »Es gibt eine Situation, aus der man sich nicht retten, aber jederzeit in Ehren abtreten kann.« Wie kann man sich in Ehren aus der Situation zurückziehen, die jetzt entstanden ist?

Man kann zum Beispiel alles vergessen und in Ruhe zuschauen, wie Österreich und Deutschland das, was ich früher für meine Heimat gehalten habe, aufteilen und zu ihrem Sklaven machen. Ich brauche nur an meinen persönlichen Vorteil zu denken und kann selbst eine Sklavin werden, wenn mir das etwas nützt. Das ist ein Ausweg, allerdings kein ehrenvoller. Ein anderer wäre, alles hinzuwerfen, die Familie zu verlassen - die das nicht überleben würde - nach Rußland zu flüchten - aber wozu? Kann ich, so wie ich bin, irgend etwas tun? Selbst wenn ich es könnte, gibt es überhaupt jemanden, der die Rettung Rußlands will? Der dritte Ausweg wäre Selbstmord; das hieße, gleichzeitig Mama zu töten. Wäre das wohl ein ehrenvoller Ausweg aus der Situation? Ich fürchte den Tod nicht sehr, aber ich habe jetzt vor ihm mehr Angst als damals, als er uns so nahe war. Es heißt, daß jeder Genosse geschworen haben soll, »seinen« Gutsbesitzer umzubringen, um auf diese Weise alle auszurotten.

25. April (8. Mai) 1918

Am Donnerstag in der Karwoche waren Tatjana und ich bei der Lesung der zwölf Evangelien in der Kirche. Als wir mit Verspätung hinkamen, waren wir erstaunt, daß der Gottesdienst noch nicht begonnen hatte und daß die ganze Kirche voll von österreichischen Soldaten war. Wir warteten. Es kamen noch einige Offiziere, einer von ihnen fiel mir durch sein merkwürdiges Benehmen auf. Es war ein mittelgroßer Mann in grauer Feldbluse mit langer Hose und drei Ordensspangen; er ging durch die Reihen der Soldaten und sagte ihnen etwas mit lauter Stimme, dann ging er an den Altar. Der Gottesdienst begann. Ich hatte den lärmenden Offizier völlig vergessen, bis ich unerwartet einen derartigen Schock bekam, daß ich fast einen Luftsprung gemacht hätte: Vor der Lesung des ersten Evangeliums kam Vater Wassili aus dem Altarraum, hinter ihm ein zweiter Priester und als dritter, in einem nichtrussischen Ornat, jener laute Offizier. Tatjana und ich schauten uns erstaunt an: ein nichtorthodoxer Priester in unserer Kathedrale? Ein Österreicher? Ein Unierter? Das konnte doch nur ein unierter Priester sein, der mit bestimmten Absichten hierher geschickt wurde? Mir kamen sofort Gedanken über die zukünftige österreichische Diktatur in den Kopf, über Versuche, die Ukraine zur unierten Kirche zu bekehren, äußerst unchristliche Gedanken.

Das erste Evangelium las Vater Wassili, das zweite der andere Priester; dann kam der Österreicher mit einem roten Evangelienbuch heraus. Die Gläubigen schauten sich an, einige flüsterten sogar miteinander, benahmen sich aber würdig. Der Uniat las in einer völlig unverständlichen Sprache; sein lauter, hoher Tenor und die ungewohnte Satzmelodie wirkten nach der ruhigen Stimme von Vater Wassili unangenehm und gingen uns auf die Nerven. Das Gesicht des Uniaten, das feierlich und erhebend sein sollte, verstärkte noch das unangenehme Gefühl. Tatjana und ich kamen noch völlig unter diesem Eindruck spät nach Hause.

In seiner feierlichen Erklärung hat der Hetman verkündet, daß die ukrainische Kirche die orthodoxe sein werde, daß aber alle Bekenntnisse und Riten erlaubt sein würden. Das ist natürlich gut, aber der Hetman bleibt nicht für ewige Zeiten, hinter ihm stehen Österreich und Deutschland. Und wer sagt, daß hinter ihnen nicht Graf Szeptyckyj steht? Warum sollen die Österreicher ihn nicht wirklich nach Kiew schicken, anstelle des Metropoliten? Das Volk würde es sowieso nicht bemerken.

Am Samstag war der »österreichische Pfaff« wieder in der

Kirche, diesmal in einem richtigen Ornat. Neben uns standen zwei alte Weiblein: »Hast du den österreichischen Popen gesehen?« fragte die eine. Es stellte sich heraus, daß sie nichts gesehen hatte. Wenn der Uniat allein den Gottesdienst gehalten hätte, hätte sie auch nichts »gesehen« ...

Gestern sagte Krassowski, daß das ein kroatischer Priester sei, ein Orthodoxer. Soviel ich weiß, sind die Kroaten Katholiken, außerdem bekreuzigt er sich mit zwei Fingern! Und schließlich ist es merkwürdig, daß ein orthodoxer Priester wie ein österreichischer Offizier herumläuft, mit kurzgeschnittenen Haaren, einem Käppi und in grauer Feldbluse. Er ist mir unsympathisch, weil ich an den Kardinal Szeptyckyj, die Union und überhaupt an die österreichische Herrschaft denken muß. Trotzdem interessiert mich, wer dieser Österreicher ist und weshalb er hier ist. Nächsten Sonntag gehe ich wieder in die Kirche um zu schauen, »how Union is progressing«.

29. April (12. Mai) 1918

Gestern haben müßige Einwohner das Gerücht verbreitet, daß die Österreicher aus Mogilew abziehen; niemand wollte mehr Kronen annehmen. Dafür sollen aber Deutsche kommen. Wir haben uns aus besserer Quelle informiert. Andrej unterhielt sich mit dem Feldwebel, der mit drei Soldaten in unserem Nachbarhaus wohnt. Dieser »Pan Dombrowski«, wie ihn die Soldaten nennen, ist der erste Reitknecht eines Obersten und lebt mit uns auf allerbestem Fuß. Von ihm erfahren Boba und Andrej verschiedene Neuigkeiten. Er sagte, daß die hier stationierte Brigade abziehe und statt dessen eine Division komme, statt des »Landsturms« also »Standmilitär«. Daß die Deutschen kommen, ist Unsinn.

Unser unnützer Landsturm hat uns vor einem unangenehmen Erlebnis bewahrt. Abteilungen der »Freien Kosaken« hatten beschlossen, in der Osternacht eine Bartholomäusnacht zu veranstalten, natürlich für die Burshui; sie haben sich aber zu sehr beeilt und dadurch das ganze Unternehmen verdorben. Am Freitag beriefen die Abteilungen »Iwan Mazepa« und »Hetman Sagajdatschnyj« eine Versammlung ein, um gegen die Wahl des Hetmans zu protestieren. Daraufhin wurden sie von den Österreichern umstellt und entwaffnet. In der Nacht von Samstag auf Sonntag wollten sie uns umbringen.

Nochmals vielen Dank den Österreichern. Das Bewußtsein, auf einem Vulkan zu leben, ist nicht gerade sehr angenehm.

Heute steht in der Zeitung, daß Kornilov tot ist. Mir scheint, daß das nicht wahr sein kann. Jetzt ist die erste Reaktion auf alles, was man liest, es nicht zu glauben. Wenn Kornilov wirklich tot ist, so ist der letzte Mensch gestorben, der für Rußland noch etwas hätte tun können. Aber nein, auch er hätte nichts mehr tun können. Das jetzige Rußland braucht ihn nicht.

2. (15.) Mai

Kornilov ist wirklich tot. In Kiew wurde eine Panichida für die Generäle Kornilov, Kaledin und Duchonin gelesen, »die für die Ehre des Vaterlandes ihr Leben dargebracht haben«. Das war gleichzeitig ein Requiem für ganz Rußland. Sie sind »in Ehren abgetreten«, wie Schulgin sagt. Sollte es irgendwann wieder ein Rußland geben, so wird General Kornilov in seiner Geschichte einen besonderen Ehrenplatz einnehmen.

6. (19.) Mai

Eine verrückte Situation! Nach der Reform vom 1. Mai schien es, als müsse sich alles ändern. In Wirklichkeit ist alles beim alten geblieben. Der Hetman unternimmt nichts; die neuen Minister sind Leute, die überhaupt kein Vertrauen erwecken, ihre Programme sind ein Riesendurcheinander. Auf der Straße herrscht Unruhe, die »Gromodjane« (Städter, Anm. d. Übers.), regen sich auf, planen ganz offen, den Hetman zu stürzen, und uns, die »Feinde der Freiheit«, zu vernichten. In den Dörfern sind ganze Armeen von Agitatoren unterwegs, um die Bauern gegen die Herrschaft, den Hetman und die konterrevolutionäre Regierung aufzuhetzen. Und zur gleichen Zeit halten sich die Deutschen und die Österreicher weiterhin aus allem heraus, unternehmen nichts und tun so, als ob sie nichts bemerkten. Ich sage »sie tun, als ob«, weil ich mir nicht vorstellen kann, daß sie wirklich so dumm sind. Sie wollen uns beweisen, daß die neue Regierung ebenso wenig imstande ist, Ordnung zu machen, wie es die alte war. Ist es nicht klar, daß der nächste Schritt die Okkupation sein wird und der übernächste die Annexion? Es müßte ein Wunder geschehen, um dieses Ende abzuwenden.

Aber warum sind die Österreicher jetzt so untätig? Warum

lassen sie die anarchistische Propaganda zu, warum erlauben sie den Bauern, die Wintersaat zu vernichten, die die Gutsbesitzer gesät haben und die heuer besonders gut steht? Das Sommergetreide, das vom »arbeitenden Volk« gesät wurde, ist unbrauchbar. Der Grund dafür ist die Trockenheit, und weil sie minderwertiges Saatgut angebaut und das gute Saatgetreide zu Wodka gebrannt haben. - Als die Bauern hörten, daß die Felder den »Herren« zurückgegeben werden sollen, trieben sie ihr Vieh auf unsere Weizenfelder. - Man erlaubt allen, Waffen zu tragen, und läßt zu, daß verschiedene miese Zeitungen offen zum Aufstand aufrufen. Vielleicht ist ihr Spiel besonders hinterhältig, doch wer anderen eine Grube gräbt, fällt selbst hinein! Wahrscheinlich können sie wegen der schweren Kämpfe an der Westfront nicht genügend Truppen herschicken. Es ist auch möglich, daß sie sich doch nicht zu einem so schwerwiegenden Schritt wie der Annexion eines so großen Gebietes entschließen können.

11. (24.) Mai 1918

Arme ukrainische »Agrarier«, ihre Stimmung flackert auf und ab wie bei starkem Wind. Nach der unerwarteten Freude über den Erlaß des Hetmans werden ihre Sorgen und Ängste nur um so stärker fühlbar. In den letzten Tagen sind alle besonders nervös, da wir uns in einer schwierigen Lage befinden. In einer solchen Situation, in der alle blind umhertappen, ist es besonders leicht, panikartige Gerüchte zu verbreiten. Alle machen sich selbst und die anderen verrückt.

Die, die damit gerechnet haben, daß die neue Regierung und der Hetman wenigstens irgend etwas machen, etwas erreichen können, das annähernd an Ordnung und Recht erinnert, haben sich bitter getäuscht. Die Leute in der neuen Regierung haben sich ebenso wie die vorigen als machtlos oder unfähig oder als Schweine erwiesen. Falls es wirklich jemals idealistische Ukrainer gegeben hat - was ich nicht glaube - müßten sie jetzt sehr verzweifelt sein: eine Ukraine existiert praktisch nicht. Das sagen selbst die Minister, der Hetman und alle anderen. Die Deutschen haben alles in der Hand. - Heute ist Krassowski aus Kiew zurückgekommen, das sind seine Neuigkeiten. - Sowohl der Hetman als auch die Minister sind nur Marionetten in der Hand von Baron Mumm, das heißt der deutschen Regierung. Ohne Baron Mumm geschieht überhaupt nichts: Mumm führt die Verhandlungen mit Rußland, Mumm diktiert die Gesetzesvorlagen. Dabei unternehmen die Deutschen nichts, um die Ordnung im Land wiederherzustellen; im Gegenteil, es scheint, daß sie alles tun, um die Unordnung zu unterstützen. Auf verschiedene Posten setzen sie Leute mit sehr schlechtem Ruf. Die besseren, verantwortungsvolleren Kreise der Bevölkerung sind unzufrieden, aber das interessiert niemanden. Niemand verhindert die stetig anwachsende Anarchie in den Dörfern, Propaganda und Aufrufe zugunsten des Bolschewismus werden immer zahlreicher, an die Bauern werden Waffen verteilt. Und die Deutschen scheinen das zu unterstützen oder schauen zumindest durch die Finger. Die Minister haben die Anweisung bekommen, nicht nach rechts abzuweichen, sondern die Linke zu unterstützen.

Es gehen Gerüchte um, daß Baron Mumm Mitglied der sozialistischen Partei ist und deshalb diese erstaunliche Linie einschlägt. Dieses letzte Gerücht ist derart unwahrscheinlich, daß es kein Mensch glauben kann. Die Regierung des kaiserlichen Deutschland soll ausgerechnet einen so verantwortungsvollen Posten mit einem Sozialisten besetzen? Das ist natürlich Unsinn.

Krassowski hat weiter erzählt, daß die Deutschen im Augenblick zwar Herr der Lage seien, es wahrscheinlich aber nicht lange bleiben werden. Sie streiten sich schon mit den Österreichern, weil diese zu selbständig vorgehen. Sie möchten die Österreicher aus Odessa und den südlichen Gouvernements vertreiben, aber schließlich werden sie als Folge ihrer Niederlage im Westen die Ukraine aufgeben müssen, wodurch das Chaos noch größer werden wird und sie das Land in voller Anarchie zurücklassen werden. In all dem zeigen sich deutlich die Ängste und Erwartungen der Leute aus unserem Kreis. Sie sind einerseits böse auf die Deutschen, weil sie sich in die Angelegenheiten der von ihnen gehaßten Ukraine einmischen, andererseits haben sie Angst vor dem Abzug der Deutschen.

Was wird mit uns wirklich geschehen, wenn die Deutschen gezwungen werden wegzugehen? Wenn die Österreicher Mogilew auch nur einen Tag verlassen, bin ich nicht davon überzeugt, daß wir am Leben bleiben. Wir wollen nicht noch einmal alles das durchmachen, was wir hinter uns haben, oder womöglich noch Ärgeres erleben. Mit einem Wort, wir können uns nicht wünschen, daß die Deutschen von hier weggehen.

15. (28.) Mai 1918

Unsere hiesigen Agrarier entfalten plötzlich eine ziemliche Aktivität. Sie haben die »Gesellschaft der Chleboroby« gegründet - eine idiotische Bezeichnung für Agrarier oder Landwirte auf ukrainisch -. Die Gesellschaft hat in Kiew einen »Hetman« gewählt und entsendet drei Delegierte in unsere Hauptstadt Kiew. Die Mitglieder der Gesellschaft haben das Recht, in die neuen Landwirtschaftskommissionen gewählt zu werden, die das zukünftige Agrargesetz an Ort und Stelle durchführen sollen. Allerdings glaubt wahrscheinlich niemand, daß diese »Zukunft« jemals eintreffen wird. Die Regierung spielt uns eine Komödie vor, um die Zeit irgendwie herumzubringen.

Die Mogilewer Agrarier sind schrecklich verkalkt - ihre Lethargie und ihr Mangel an Initiative einfach verblüffend. Der einzige energische Mensch ist der ehemalige Ilja Eduardowitsch Lisner, der sich jetzt Dr. Elias Lissner nennen läßt. Er verbringt seine ganze Zeit unter österreichischen Offizieren, gibt sich bestimmt als Deutscher aus und bringt seine Schäfchen sehr geschickt ins Trockene. Ein Mensch, der nicht sonderlich beliebt ist. Unsere Agrarier wollten unbedingt, daß Papa nach Kiew gehe; als er ablehnte, begannen sie, Boba zu bitten. Aber er hat auch abgelehnt. Abgesehen von allem anderen wäre es dumm, nach Kiew zu fahren und dort den großen Ukrainer zu spielen und wie Baron Mumm Reden über das »junge ukrainische Reich« zu halten oder über »die große Zukunft der Ukraine und ihres hochtalentierten Volkes«.

Die Sitzungen der Agrarier ärgern die hiesigen Proletarier und bringen die Gutsbesitzer dazu, Informationen auszutauschen. So erfahren wir Nachrichten, die in unserer wackeren »Kievskaja mysl« nicht erscheinen können. Die Stimmung der Agrarier ist zwar gedrückt, aber das eine oder andere wissen wir doch. Alle sagen, daß in den nächsten Tagen die Okkupation beginnen werde. Ich weiß nicht, wie die Anwesenheit »unserer neuen Freunde« innerhalb des »ukrainischen Reiches« bisher geheißen hat; wenn es auch offiziell nicht so genannt wurde, so ist es doch de facto eine Besetzung. Wenn man die Sache mit den Augen von Baron Mumm betrachtet, so ist alles herrlich; aber deswegen existieren gescheite Leute und Diplomaten, damit sie das eine sagen und genau das entgegengesetzte denken und tun. Die Deutschen und Österreicher führen sich von Tag zu Tag selbstsicherer und frecher auf – wie könnte es in einem eroberten Land anders sein?

Hier gab es vor ein paar Tagen eine riesige Aufregung: bei Jampol, im Dorf Katschkowo, faßten die Bauern den Plan, die Österreicher zu entwaffnen. Vier Dörfer schlossen sich zusammen und forderten auch Bessarabier von jenseits des Dnestr auf, sich zu beteiligen. Die ganze Bande, mit Maschinengewehren und anscheinend auch einer Kanone bewaffnet, zog in Richtung Jampol. Die österreichische Garnison verständigte die Behörden von Bessarabien, unter dem Hinweis auf das Benehmen von rumänischen Staatsbürgern. Die Rumänen ließen eine Batterie auffahren; sie beschossen Katschkowo vom jenseitigen Dnestr-Ufer, danach trieben die Österreicher die Dorfbewohner auseinander und zündeten Katschkowo an. Dort sind hundertfünfzig Höfe abgebrannt, in den anderen Dörfern weniger. Dzigowka, das Gut der Jaroschinskis, wurde auch in Mitleidenschaft gezogen.

Diese ganze Sache ist das Resultat der Propaganda, die sich gegen die Gutsbesitzer und ihre Beschützer, die Österreicher, richtet. Der ehemalige Innenminister der Rada, Kowalewski, hat nicht umsonst fünf Millionen Rubel für Propagandazwecke mitgehen lassen.

In den umliegenden Dörfern hat das einen ungeheuren Eindruck gemacht. Die »Radaubrüder« haben ihre Schwänze ein bißchen eingezogen. Ein ähnliches Unternehmen, das für Schargorod bei Mogilew geplant war, hat nicht stattgefunden. Vor drei Tagen wurde eine Verlautbarung des österreichischen Befehlshabers angeschlagen: Vieh, das auf der keimenden Saat weidet, wird requiriert; wenn der Besitzer in flagranti ertappt wird, wird er erschossen; wenn sich der Besitzer versteckt und man nachweisen kann, daß das Vieh ihm gehört, kommt er ins Zuchthaus. – Aber wohin? Höchstens auf Zwangsarbeit nach Deutschland? – Der Befehl klingt zu energisch und wird natürlich nie ausgeführt werden.

Man will uns immer damit schrecken, daß auch in Österreich

heute oder morgen die Revolution ausbrechen wird. Ich weiß nicht, ob man dem glauben kann. Was für ein Vergnügen, eine zweite Revolution zu erleben!

19. Mai (1. Juni) 1918

Ich würde gern öfter schreiben, aber wir haben keine Minute freie Zeit. Man müßte einen Tag aus dem Leben der in Ungnade gefallenen Agrarier in der »reaktionären Ukraine« beschreiben. Allerdings werden sie bald aufhören, in Ungnade gefallen zu sein. Nicht umsonst wettert die »Kievskaja mysl« jeden Tag, daß die Konterrevolution der Gutsbesitzer, Industriellen und Agrarier das Proletariat und alle seine »Errungenschaften der Revolution« bedroht. Die »Kievskaja mysl« hat allen Grund, besorgt zu sein: die Burshui haben wirklich die Köpfe erhoben. Vom ganzen Ministerkabinett ist einer der Tätigsten der Landwirtschaftsminister Kolokolzew. Er gründet »Landwirtschaftskommissionen«, bringt Gesetze ein über die Aussaat, die genossenschaftliche Benutzung von landwirtschaftlichen Maschinen und so weiter. Vorderhand sind seine Maßnahmen für uns vorteilhaft, das ärgert die Genossen. Im Ministerium sind alle Angestellten in Streik getreten, daraufhin hat er zweihundert Leute entlassen. Die Wintersaat, die wir gesät haben, gehört uns; die Sommersaat ihnen, oder sie wird geteilt als Entschädigung für entstandene Verluste; die Abgaben für diese Zeit müssen sie zahlen. Hier heißt es bereits, daß in den nächsten Tagen eine österreichische Kommission mit einem General oder Oberst an der Spitze nach Mogilew kommen wird, um die Gutsbesitzer wieder in ihre Güter einzusetzen und alle, die sich widersetzen, vor ein Kriegsgericht zu stellen.

21. Mai (3. Juni) 1918

Vor ein paar Tagen wurden Broniza und Katerinowka von einem Zug von Österreichern umzingelt, um alle Waffen zu beschlagnahmen. Die Durchsuchungen wurden anscheinend nicht sehr gründlich durchgeführt, aber die »Radaubrüder« sind trotzdem erschrocken und haben sogar aufgehört, ihr Vieh im Park zu weiden, natürlich nur für kurze Zeit.

Vor drei Tagen kamen österreichische Soldaten auch in Mogilew in die Wohnungen und sagten, daß bis um neun Uhr früh – bei uns waren sie um sieben Uhr – alle Waffen in der Kommandantur abgeliefert werden müßten. Ich weiß nicht, ob auch nur ein Besitzer eines Gewehrs oder Revolvers das getan hat. Wenn ja, dann mußte er sich beeilen. Wir erfuhren von dieser Verfügung um zehn Uhr, dann verging fast der ganze Tag mit Streiten, was man machen soll. Wir haben zu Hause viele Waffen; sie abzuliefern fällt uns gar nicht ein. Andererseits, wenn wir davon in Kenntnis gesetzt werden, daß die Waffen abgeliefert werden müssen, wird sicher eine Hausdurchsuchung folgen. Die Waffen verstecken und riskieren, daß man sie findet, wäre mehr als dumm. Um eine Bewilligung von den lokalen Behörden haben wir nicht angesucht; der Stadtkommandant würde sie einem Fürsten und Gutsbesitzer niemals geben. Aber niemand braucht jetzt so dringend Waffen wie ein Gutsbesitzer. Boba trat sehr heftig dafür ein, zum österreichischen Kommandanten zu gehen, ihm zu erzählen, in welcher Situation wir uns befinden und um Erlaubnis zu bitten, die Waffen zu behalten. Mama war der gleichen Meinung, wir auch, aber wir schwiegen. Nur Papa war sehr entschieden gegen diesen Plan. Es war allerdings die einzige Möglichkeit. Schließlich blieb keine andere Möglichkeit, und um fünf Uhr gingen Boba und Andrej zum Kommandanten.

Sie wurden von irgendeinem »Hauptmann« (im Original deutsch) empfangen; er war höflich, aber sehr kühl und offiziell. Er sagte, daß wir uns an die ukrainischen Behörden wenden müßten, weil sie keine Bewilligung für den Waffenbesitz ausstellten. Die Brüder erklärten, warum das nicht möglich sei. Als sie ihren Namen nannten, veränderte sich das Verhalten der Österreicher, sie wurden liebenswürdig im höchsten Grad. Ein Oberleutnant bezauberte sie restlos durch seine Bereitschaft, zuerst zum Kommandanten im Hotel Bristol, danach zum Brigadegeneral Meisel in der Armjanskaja zu laufen, um die Papiere auszustellen. Während sie bei diesem Oberleutnant, Klimm heißt er, saßen, wurde ein Brief aus Broniza gebracht; dort sind sechs Feldgendarme stationiert; Boba erwähnte, daß es das Gut seines Vaters sei. Er und Andrej kamen sehr zufrieden zurück: Es war sehr angenehm, nach so vielen Monaten wieder einmal mit anständigen Europäern zu tun zu haben.

Wir haben eine zeitlich begrenzte Erlaubnis zum Besitz von

Waffen erhalten; das heißt, daß man trotzdem dem Ortskommandanten eine Komödie wird vorspielen müssen. Damit wir nicht selbst zu diesem »Genossen Kommandanten« gehen müssen - er ist ein einfacher Soldat -, wird die österreichische Kommandantur von sich aus den Antrag schicken, diese Bewilligung auszustellen. Sie wird vom diensthabenden österreichischen Offizier unterschrieben.

25. Mai (7. Juni) 1918

Heute bin ich in einer privilegierten Lage. Gestern bin ich den ganzen Tag kaum herumgewankt, aber da man jetzt nicht krank sein kann - jede Hand wird gebraucht - habe ich trotzdem gebügelt und die Kühe gemolken. Abends wurde mir ganz schlecht, ich hatte Schüttelfrost, Fieber und schreckliche Kopfschmerzen. Heute bin ich ganz schwach. Ich kann nichts tun, deshalb sitze ich jetzt um zwölf Uhr, auf dem Höhepunkt der laufenden Arbeiten, im Gartenhäuschen, wie es sich für eine verfluchte Burshujka gehört und mache nichts, das heißt ich schreibe Tagebuch. In letzter Zeit erkrankt bei uns einer nach dem anderen an dieser Influenza. Jetzt sind Erkrankungen besonders unangenehm, weil in der Stadt eine Typhusepidemie immer mehr um sich greift, sowohl Bauch- als auch Flecktyphus. Man könnte glauben, daß wir in einem Hottentottenland leben, wo es noch Epidemien von Krankheiten wie Typhus gibt. Das österreichische Kommando hat eine Sanitätskommission eingesetzt, die sich um die Situation in der Stadt kümmern soll, aber die Stadtduma war darüber sehr beleidigt - Maßnahmen wie die Reinigung der Straßen und Grundstükke beleidigen die Bürger - und hat dagegen protestiert.

Wenn die Okkupation auch noch nicht offiziell verkündet wurde, so ist sie doch praktisch in Kraft. In Kiew treffen ununterbrochen neue Chargen des deutsch-österreichischen Oberkommandos ein; der Hetman und die Minister treten immer mehr in den Hintergrund. In Odessa wurde von Beltz zum Generalgouverneur ernannt. Obwohl das widerliche Blättchen »Podolskaja mysl«, das seit kurzem in Mogilew erscheint, noch gestern geschrieben hat, daß Beltz nur Generalgouverneur der militärischen Verbände ist, wurde heute ein »Befehl an die Zivilbevölkerung des Gouvernements Podolien und Cherson und der Stadt Odessa« veröffentlicht. Er lautet, daß Verbrechen – es folgt eine lange Liste von Mord, Brandstiftung oder Beschädigung fremden Eigentums und so weiter – der Bestrafung durch das k.u.k. österreichisch-ungarische Feldgericht unterstehen. Die ukrainischen Gerichte werden nur für Verbrechen zuständig sein, die nicht in dieser Liste verzeichnet sind, ihnen wird kaum Arbeit übrig bleiben.

Dieser Befehl trifft uns in einem ganz besonderen Maß. Wir verstecken bei uns, als Schweizer Staatsbürger getarnt, zwei deutsche Soldaten aus dem Elsaß: unsere Freunde Edouard und Edmond. Sie hassen »les Boches« und sind stolz darauf, daß sie Deserteure sind. Sie zweifeln nicht daran, daß Elsaß und Lothringen wieder an Frankreich fallen werden und daß Deutschland zerschlagen wird. Edmond spricht gut französisch, aber Edouard nur ein paar Worte. Mit ihm muß man sich auf deutsch verständigen. Er sagt: »Ich kenne nicht die Sprache, doch bin ich französisch gesinnt« (Im Original deutsch). Das ist ein Volk, dem die Zukunft gehört! Wie viel Not muß die Ukraine erleben, damit ihre Bevölkerung so bewußt patriotisch wird, daß nach vielen Jahren die Ukrainer sagen werden: »Ich kann nicht die Sprache, doch bin ich russisch gesinnt«?

31. Mai (13. Juni) 1918

Heute ist ein Feiertag, Christi Himmelfahrt, daher sitzen wir in weichen Fauteuils und tun, was jedem Freude macht.

Ich habe schon mehrmals erwähnt, daß ich nie Zeit habe, aber ich habe noch kein einziges Mal beschrieben, wie meine Zeit vergeht, wie wir leben, seitdem wir nach Mogilew geraten sind, das heißt in diesen letzten fünfeinhalb Monaten. Über das Leben der französischen Aristokratie während der Revolution wurden dicke Bücher verfaßt. Wenn sich unser derzeitiges Leben jemals wieder zum besseren ändert, wird die Erinnerung an diese Monate sicher eher komisch sein. Heute möchte ich unser Leben in Mogilew beschreiben:

Die ersten Tage nach unserer Übersiedlung aus Broniza in die Sadowaja ulica Nr. 16 verliefen in einem schrecklichen Chaos. Das kleine Anwesen, das Papa fünf Monate vor der Verwüstung von Broniza gekauft hatte, vielmehr diese beiden zu einem einzigen zusammengewachsenen Häuser, bestehen aus ungefähr zehn Desjatinen Grund und einem großen zweistöckigen Haus aus Stein, einem der schönsten von Mogilew, einem Seitentrakt und sehr schönen Wirtschaftsgebäuden. Im Juli des vorigen Jahres war es noch nicht modern, daß die Gutsbesitzer aus der Umgebung Häuser in Mogilew kauften. Alle saßen mehr oder weniger ruhig auf ihren Gütern; einige glaubten nicht an die Möglichkeit eines Pogroms, andere erwarteten ihn mit fatalistischer Ruhe. Als Papa von der Notwendigkeit sprach, ein Haus in Mogilew zu kaufen, um »für alle Fälle« einen Unterschlupf zu haben, schien es uns, daß es nie notwendig sein würde, dort zu wohnen.

Im Laufe eines Monats kaufte Papa mehrere Häuser und verkaufte sie wieder, bis er nach längerem Hin und Her auf dieses hier stieß. Daß die Preise damals noch verhältnismäßig niedrig waren, sieht man daraus, daß der Besitz achtundvierzigtausend Rubel kostete. Heute wird sein Wert auf zweihunderttausend geschätzt. Alle, die Häuser verkaufen wollten, begriffen damals blitzartig: wenn sogar der Fürst W. aus Broniza ein Haus kauft, kann man etwas verdienen. Seitdem sind die Preise nicht täglich, sondern stündlich in die Höhe geklettert, weil alle Gutsbesitzer unserem Beispiel folgten. Wir wohnten noch in Broniza, als Krupensky aus Bessarabien, der ehemalige Besitzer, Papa vorschlug, ihm das Haus für achtzigtausend oder sogar hunderttausend wieder zu verkaufen.

Bevor wir übersiedeln mußten, war das Haus unbewohnbar; im oberen Stockwerk lebte bereits seit drei Jahren ein Gerichtsbeamter, P. W. Zwonicki. Ihn kennen alle in Mogilew als unangenehmen und besonders unsympathischen Menschen. Ich möchte mich über ihn nicht verbreiten und nur sagen, daß er uns gehaßt hat. Er hat alles getan, um uns Ungelegenheiten zu bereiten. Mit ihm zu sprechen war unmöglich, er begann sofort, einem Grobheiten an den Kopf zu werfen. Drei Jahre lang war er unumschränkter Herrscher über das Haus gewesen, ohne für seine Wohnung einen Groschen zu zahlen; keine Dienstboten hielten es bei ihm länger als ein paar Tage aus. Nach den Gesetzen der Provisorischen Regierung kann ein Hausbesitzer seine Mieter nicht hinauswerfen. Auf diese Weise war der ganze Oberstock – fünf große Zimmer und eine Küche – für uns unbenutzbar. Der untere Stock war in einem schrecklichen Zustand: Die Wohnung hatte Dr. Pinkoslawski gehört, der sie vor drei Jahren abgesperrt hatte und nach Kiew übersiedelt war. Der ganze untere Stock war von einem Pilz befallen, der das Holz vernichtete. Man kann sich vorstellen, wie die Fußböden ausgeschaut haben, als nach einer langwierigen Korrespondenz mit dem Doktor seine Wohnung geöffnet wurde: Statt der Böden gab es nur Ruinen; die Möbel, sogar die Türen waren angefressen.

Papa machte sich voll Energie an die Arbeit. Aus Broniza kamen österreichischen Tischler, damals waren sie noch Kriegsgefangene. Sie stellten die Sachen des Doktors in einem Zimmer zusammen und begannen mit der Reparatur der anderen. Die Überreste der Bretter wurden abgerissen und neu gelegt, darüber kam eine Schicht Linoleum aus Broniza. Mit den Arbeiten wurde eine Woche vor unserer Übersiedlung begonnen. Am Abend unserer Flucht waren zwei Zimmer fertig, am nächsten Tag beendeten sie das dritte. So hatten wir also zur Verfügung: drei Zimmer mit neuem Boden, in denen in einem Papa und Mama, im zweiten Tatjana mit Nuditschka und im dritten Olga und ich unterkamen; zwei Zimmer mit halbwegs intaktem Boden – die immer größer werdenden Löcher mußten schon einige Male gerichtet werden: in einem verstauten wir die aus Broniza mitgebrachten Sachen, im zweiten, der ehemaligen Küche, richteten wir das Speisezimmer ein; schließlich den Nebentrakt, wo sich in zwei kleinen Zimmern im Oberstock Andrej und Boba einquartierten. In die zwei unteren kamen der Vorratsraum und die Dienstboten. In diesen engen Verhältnissen lebten wir fünf Monate.

Vor einer Woche ist es Papa gelungen, mit dem Gerichtsbeamten ein Abkommen zu treffen, ihm zweitausend Rubel in die Hand zu drücken und zum Auszug aus dem Oberstock zu bewegen. Jetzt haben wir das ganze Haus in Besitz genommen, mit Ausnahme von zwei Zimmern, die der Gerichtsbeamte einem Gutsbesitzer aus Bessarabien vermietet hat, einem Polen namens Krupko, den wir als unseren »Bruder-Burshui« nicht anrühren wollen und dem wir die beiden Zimmer gelassen haben. Diese ganzen fünf Monate haben wir davon geträumt, das ganze Haus und die Wirtschaftsgebäude zu besetzen und den Gerichtsbeamten, seine Frau, seine Kuh, die Hühner und vor allem seinen Sohn Denis, der ganz besonders aufdringlich war, nicht mehr sehen zu müssen und daß die verschiedenen suspekten Gestalten verschwinden, die fortwährend in irgendwelchen Angelegenheiten zu ihm kamen.

Vor drei Tagen ist unser Traum in Erfüllung gegangen. Sobald der Gerichtsbeamte draußen war, haben wir aus Furcht vor einer Requisition durch die Österreicher noch am selben Abend einen Teil unserer Sachen hinaufgetragen und die Wohnung besetzt. Jetzt sitze ich im allerschönsten Zimmer, in Olgas und meinem Schlafzimmer, und freue mich, wie anständig es aussieht.

3. (16.) Juni 1918

Gestern hat in Mogilew die erste Versammlung der »Chleboroby«, der Agrarier, stattgefunden, unter Teilnahme der Gutsbesitzer und Bauern. Die ganze letzte Zeit waren unsere »Chleboroby«, das heißt einige Gutsbesitzer unter dem Vorsitz von Lissner, die sich in der »bourgeoisen« Konditorei treffen, sehr aktiv. Es überwiegen die Polen; und da es ja bekannt ist, daß sich die Slawen untereinander nicht vertragen, wird unter den Gutsbesitzern ständig gestritten, aber es geschieht fast überhaupt nichts. Jetzt verging bereits ein Monat, seit die »Gesellschaft der Agrarier« gegründet wurde. Zum Glück wurde Lissner in der letzten Zeit etwas in den Hintergrund gedrängt. Wenn nicht unser Wassili Wladimirowitsch Krassowski wäre, so wäre aus den »Agrariern« wahrscheinlich überhaupt nichts geworden. Er ist ein energischer, lebhafter, aktiver Mensch; vor allem interessiert er sich für die Sache. Unter den übrigen gibt es nur zwei echte Herren: Papa und Baron Prittwitz. Wenn Papa gewollt hätte, könnte er dort tun, was ihm gefällt. Allerdings steht Papa im engsten Kontakt mit Krassowski, worüber Lissner und Bogudski sehr böse sind – letzterer ist eigentlich bloß ein reich gewordener Bauer.

26. Juni (4. Juli) 1918

»Setz dich ins Gartenhaus! Leg dich auf den Diwan! Ermüde dich nicht! Trink Milch, iß einen Keks! Mach dies nicht, mach das nicht, das schadet dir!« – und vieles andere in dieser Art – Tatjana und ich hören das ununterbrochen im Laufe des Tages. Ja, in der Zwischenzeit, seitdem ich nicht geschrieben habe, hat sich viel verändert. Von außen merkt man kaum einen Unterschied, aber er ist vorhanden, ich fühle ihn in mir selbst. Noch vor ein paar Tagen habe ich tagelang gearbeitet und alles gemacht. Jetzt kann ich nichts tun.

Begonnen hat Tatjana. Zuerst war ihr nicht gut, sie ist schrecklich abgemagert und war geschwächt. Wir waren schon früher zu wenige Arbeitskräfte im Haus. Olga bereitet sich seit langem auf Prüfungen vor und kann uns nicht helfen; so blieb Mama übrig, die so übermüdet ist, daß sie kaum gehen kann, Nuditschka, die ebenfalls krank und lange Zeit so schwach war, daß es schien, sie müsse sich ins Bett legen, und ich, der seit langem alles über die Kräfte geht. Als Tanja krank wurde, war ich noch mehr erschöpft, habe dem aber keine Beachtung geschenkt, nach der alten Überzeugung, daß mir sowieso nichts Böses geschehen kann. Als Mama endlich einen Doktor zu Tatjana rief, sprach er von »einem kleinen Prozeß in der rechten Lunge«.

Arme Mamulitschka! Kein Wunder, daß sowohl sie als auch Papa, ich und Nuditschka in Entsetzen gerieten. Seit Nataschas Erkrankung und Tod, das heißt bereits seit vierzehn Jahren, bedrückt uns die Angst vor jeder wie immer gearteten Lungenerkrankung wie Verfluchte. Darüber wird bei uns niemals gesprochen, aber wie sollte ich nicht wissen, daß Tatjana und zum Teil auch ich für die arme Mama eine ständige Angst bedeuten. Fast alle unsere Verwandten, sowohl von Papas wie von Mamas Seite, sind an Tuberkulose gestorben.

Tatjana wurde ins Bett gelegt, sie bekam das Beste zu essen, was vorhanden war; es wurden ihr Arseninjektionen gemacht. Und mittlerweile fühlte ich mich immer schlechter; am Morgen war ich bereits müde, die Temperatur nicht normal; erst abends wachte ich auf, wenn erhöhte Temperaturen mir erhöhte Kraft verliehen. Nach einigen Tagen horchte mich der zu Tanja gekommene Arzt ab und stellte einen katastrophalen Zustand beider Lungen fest, ärger als bei Tatjana. »Sie müssen sich mehr schonen als Ihre Schwester«, sagte er mir.

Diese Mitteilung hat mir keinen Kummer bereitet, im Gegenteil, sie hat mich eher gefreut. Seitdem ich weiß, daß ich nicht das gleiche habe wie Tatjana, sondern daß es mir schlechter geht als ihr, habe ich aufgehört, Angst um sie zu haben. Mein Zustand ist nicht unangenehm. Außerdem heißt »katastrophaler Zustand der Lunge« noch nicht unbedingt Tuberkulose. Vielleicht sind wir in einem Monat wieder gesund.

1. (14.) Juli 1918

Eigentlich wäre ich ja froh, wenn mir jemand sagen würde, daß ich bald stürbe – nur keines gewaltsamen Todes natürlich –. Ich will gar nicht weiter leben. Nichts freut mich mehr, nichts kränkt mich mehr.

Heute haben wir von der furchtbaren Niederlage der Österreicher an der Piave und in Albanien erfahren, vom Truppenabzug aus der Ukraine, von revolutionären Unruhen in Österreich, von einer reaktionären Bewegung in Moskau und dem Aufruf von Gutschkov. Gerüchte über das alles gehen schon lange um, Genaueres haben wir aber nicht gewußt. Die Kiewer Zeitungen erscheinen schon lange nicht mehr und österreichische haben wir noch nicht abonniert. Heute wurden alle diese Nachrichten bestätigt.

Warum ist über diese Nachrichten niemand in Begeisterung ausgebrochen, warum hat sich niemand an seine früheren rosigen Träume erinnert? Wohl deshalb, weil wir es uns abgewöhnt haben, auch nur irgendwelchen guten Nachrichten zu glauben, oder weil zu viel zwischen uns und unseren damaligen Wünschen liegt, oder zu guter Letzt: weil dieses Plus durch ein Minus aufgehoben wird, das uns viel näher steht, weil es uns unmittelbar bedroht: die Österreicher ziehen ihre Truppen aus der Ukraine ab, das heißt, »wir« bleiben schutzlos zurück. Sie haben uns viereinhalb Monate lang ein sicheres Leben gewährt. Wenn sie aus Mogilew weggehen, wird unsere Lage vollkommen unmöglich. Sie sind die einzigen, die den ungeheuren Haß niederhalten können, der bei der Landbevölkerung seit der Rückgabe der Güter infolge der Aufhetzung durch gewissenlose Agitatoren entstanden ist. Wenn unter der Herrschaft der Deutschen Dinge geschehen konnten wie in den Kreisen Zwenigorod und Taraschtschany im Gouvernement Kiew, was wird wohl jetzt geschehen?

Olga ist heute wegen meiner unpatriotischen Gedanken ganz zornig über mich hergefallen. Ich antwortete, daß ich jetzt nichts anderes mehr als Haßgefühle gegen das russische Volk empfinde, weil meine Landsleute das gewesene große Rußland vernichtet haben, das Rußland, das ich geliebt habe und das meine Heimat war. Olga sagt, sie glaube nicht an meinen Patriotismus; aus mir spreche nur mein geschädigtes persönliches Interesse, der mir zugefügte Schaden, »das Haus in der Sadowaja« und ähnliche Dummheiten. Andrej, der sonst so verschlossen ist, erstaunte mich durch seine ruhigen, zurückhaltenden, doch sichtlich tief empfundenen Worte, seine Bereitschaft, alles und auch sich selbst für die Wiedererweckung des früheren Rußland zu opfern. Er ist der hartnäckigste Monarchist und Konservative von uns allen und kommt der Linken nicht einen Schritt entgegen.

Was mich betrifft, mich hat die Revolution völlig verändert. Moralisch bin ich ein Scheusal geworden, dem alles egal ist, was rundherum geschieht. Mich bedrückt dieser merkwürdige Zustand von Apathie und Gleichgültigkeit gegenüber allem, in dem ich mich befinde. Das ist nicht normal, es ist abstoßend. Kann man sich damit trösten, daß es vorübergehen wird und daß man später wieder beginnen kann, ein neues Leben zu führen? Ist das ein Trost, wenn ich an die Möglichkeit eines neuen Anfangs nicht glaube? Ich will ja auch keinen neuen Anfang!

Ich verlange nichts Außerordentliches vom Leben, weder besonders viel Glück noch jene Unterhaltungen, die die jungen Mädchen unseres Kreises vor dem Krieg und der Revolution so ausgiebig genossen haben, keinen Reichtum, keinen Luxus, nichts von dem, was früher meine Stellung in der Gesellschaft begründet hätte. Ich möchte nur das Recht haben, mit ruhigem Gewissen aus diesem Leben zu scheiden, das mir jetzt nichts anderes als Widerwillen einflößt. Ich will nicht leben! Es mögen mir diejenigen verzeihen, die mich lieben und diese Zeilen einmal lesen könnten. Ich will nur Ruhe, mich ausruhen, vor allem seelische Ruhe! Wie kann ich die Lebensfreude wiederfinden, die noch vor wenigen Monaten meine Seele ganz erfüllt hat? Wo ist es, das unirdische Licht, nach dem sich mein Herz so unsäglich sehnt? Es in mir zu fühlen so wie früher, meine Seele und mein Herz zu erleuchten und zu erwärmen – mehr brauche ich nicht! Ich bin so müde!

2. (15.) Juli 1918

Nein, das ist böser Egoismus, was ich da niedergeschrieben habe. Eine vorübergehende Schwäche bringt mich auf solche Gedanken. Ich möchte sterben, aber ich mache mir deshalb ehrliche Vorwürfe. Natürlich ist der glücklich, der tot ist, aber was geschieht mit denen, die am Leben bleiben?

Wenn sich jetzt einige Familienmitglieder zusammensetzen und ernsthaft die täglichen Probleme besprechen, endet es jedesmal mit einem Mißklang. So war es zum Beispiel heute abend. Wir saßen im Gartenhaus im Dunkeln und unterhielten uns: Papa, Mama, Tatjana, Andrej und ich. Boba ist nach Uman gefahren, in Angelegenheiten von Korshewoj Kut; Olga büffelte oben in ihrem Zimmer. Wir sprachen über Broniza, über unser künftiges Leben, überlegten, ob es wohl möglich sein wird, bald nach Broniza zurückzukehren, das Haus wieder aufzubauen und wieder so zu leben wie früher. Papa ist äußerst erbittert über die Bauern und lehnt es ab, auch nur die Möglichkeit in Betracht zu ziehen, daß wir nach Broniza zurückkehren und dort unser früheres Leben wieder aufnehmen. Seiner Meinung nach sind Broniza, Starostinze und Korshewoj Kut von nun an nichts anderes als die Grundlage für unseren Lebensunterhalt, nicht mehr die Güter, wo man früher so friedlich gelebt hat. Wohnen aber muß man möglichst weit weg von dort, je weiter, desto besser, »an einem warmen Meer« oder »in interessanten Städten, wo man ins Theater und zu Vorträgen gehen und Leute sehen«, überhaupt das Leben nach seinem Geschmack einrichten kann. Schließlich könnte man auch ein Stück Land irgendwo in einem zivilisierten Land besitzen und dort so leben, wie es Gutsbesitzer gewöhnt sind. Mit einem Wort, es gibt auch noch andere Orte als Podolien und das Gouvernement Kiew. Das sind die Theorien von Papa, die von Andrej und, wie ich glaube, auch von Boba energisch unterstützt werden.

Mama ist ganz gegen diese Theorien. Broniza für immer zu verlassen, den Gedanken, dort zu wohnen, völlig aufzugeben, das ist unmöglich. Immer nur im Ausland leben, keine Heimat mehr haben, keinen vertrauten, lieben Winkel mehr zu besitzen – so kann man nicht sein ganzes Leben verbringen. Mama glaubt, daß man alles nur Mögliche unternehmen muß, um Broniza zurückzuerobern und dort so zu leben wie früher. Tatjana und ich denken genau so. Kann uns die Riviera oder Italien Broniza ersetzen? Natürlich bedeuten diese Gespräche und Pläne nichts. Kann denn jemand Voraussagen und Pläne für eine längere Zeit machen?

Tanja. 1924

4. (17.) Juli 1918

Da Tatjana und ich uns jetzt im Krankenstand befinden, müssen wir den ganzen Tag Milch trinken und nach dem Essen zwei Stunden im Bett liegen. Im Moment liege ich; neben mir hat sich Olga auf ihrem Bett eingerollt. Sie ist völlig erschöpft von den Vorbereitungen für ihre Prüfungen. Mich stört beim Schreiben ein österreichisches Orchester, das den ganzen Tag gegenüber unserem Haus auf der anderen Seite des Derlo-Flusses spielt. Sie beginnen um acht Uhr und spielen mit Pausen bis um elf Uhr, dann geht es von zwei bis vier weiter, und dreimal in der Woche, zur Unterhaltung der Bevölkerung, von halb acht bis halb neun Uhr abends im Stadtpark, der auch uns gegenüber auf der anderen Seite des Flüßchens liegt. So hören wir sie den ganzen Tag und sind schon so daran gewöhnt, daß uns etwas fehlt, wenn es regnet oder sie aus einem anderen Grund nicht musizieren. Das Orchester ist sehr gut und spielt viele ernste Sachen, sogar Liszt und Wagner.

Überhaupt leben wir hier im Vergleich zu unseren anderen Landsleuten sehr friedlich. Obwohl alle Burshui in den letzten Tagen mit finsteren Gesichtern herumgehen und sich gegenseitig erzählen, daß in Österreich die Revolution ausgebrochen ist und die Truppen von hier abgezogen werden. Andererseits sind sie guter Dinge, weil sie jetzt irgendwelche Gelder bekommen, was Leuten wie uns in den letzten anderthalb Jahren nicht mehr passiert ist. Wir bekommen Geld für jene Felder, die Papa in Starostinze noch vor der Revolution den Bauern verkauft hat. Die Agrarier treffen sich in der Bank, wohin sie ihre Gelder tragen, und beraten, was man damit am besten tun kann. Soll man das Geld ins Ausland transferieren oder ist es dort, das heißt in Österreich, auch gefährdet?

Gestern war hier der Deutsche, der uns allen Stunden gibt. Andrej hat ihn gefragt, ob er etwas davon gehört hat, daß die Österreicher weggehen. Er sagte, er habe gerade mit einem Offizier darüber gesprochen, der geschworen habe, daß die Österreicher, wie schlecht es ihnen an den Fronten auch gehe, aus der Ukraine nicht abziehen werden, weil das in Österreich eine Hungersnot zur Folge haben würde. Sie rechnen damit, noch mindestens sechs Jahre hier zu bleiben. Warum sagen sie nicht gleich zwölf oder zwanzig Jahre? Die Lage Österreichs ist derart erschüttert, daß es besser wäre, nicht für sechs Jahre im voraus Pläne zu machen. Nach den verheerenden Niederlagen, die sie an der Piave und in Albanien einstecken mußten, nach den Arbeiterunruhen in Wien, die wegen des Hungers und der daraus entstehenden Kritik an der Regierung ausbrachen, wird Österreich doch nicht gar unserem leuchtenden Beispiel folgen?

Unterdessen finden im Osten und Norden bedeutende Ereignisse statt: Engländer, Franzosen, Serben und Japaner landen in Murmansk mit dem festen Vorhaben, Rußland nicht in den Pranken der Deutschen zu lassen. Um es in die eigenen zu bekommen? Ich weiß nicht, was besser wäre –. In Sibirien und am Don scheint eine Ernüchterung nach dem verbrecherischen roten Fieber des Bolschewismus einzutreten. Vielleicht kommt es noch dazu, daß sich die Russen einen eigenen Staat errichten und einen eigenen Monarchen krönen, nicht die Entente oder die Mittelmächte. Wenn es überhaupt einen Sinn hat, auf dieser Welt zu leben, dann nur in Erwartung dieses Augenblicks.

17. (30.) Juli 1918

Heute bin ich nach einer unangenehmen Dosis von »Spanischer Grippe« zum erstenmal aufgestanden. Andrej und Olga liegen noch im Bett. Am 11. Juli, Tatjanas Geburtstag und Olgas Namenstag – unserem größten Sommerfesttag – luden wir Gäste zum Tee ein. Es kamen die Krassowskis und M. M. Krupko mit Nikodim und Stenja. Der Tee verlief äußerst animiert, alle redeten so laut durcheinander, daß ich furchtbare Kopfschmerzen bekam. Nach dem Tee setzten sich die soliden Leute in den Gartenpavillon und wir gingen spazieren, auf den Schargoroder Berg. Wir kletterten direkt den Abhang hinauf. Von oben hat man eine wunderschöne Aussicht über das Tal des Dnestr und Mogilew. Gegen acht Uhr kamen wir nach Hause, müde, aber gut aufgelegt.

Am gleichen Abend bin ich erkrankt, zwei Tage später Olga und gestern Andrej. Die Krankheit war sehr unangenehm: hohes Fieber, starke Kopfschmerzen; auch jetzt bin ich noch sehr schwach. Tatjana hat zu unserer Unterhaltung bei den Krupko das Grammophon aufgezogen und die Türen aufgemacht. Ich schreibe bei den Klängen vom »Aufzug der Gäste auf die Wartburg« aus »Tannhäuser«.

Vor ein paar Tagen wurden zweiundzwanzig Österreicher unter dem Kommando eines Fähnrichs in Grigorowka stationiert. Sie bewachen fünf Dörfer: Broniza, Grigorowka, Rotmistrowka, Gruschka und Slobodka. Sie bewachen die Felder und das, was von den Herrenhäusern übrig geblieben ist. Der Fähnrich ist sehr sympathisch und tüchtig: jeden Tag reitet er auf Maruschka – Papa hat ihm unsere alte weiße Stute zur Verfügung gestellt – in den Park und nach Lipniki, unserem Wald, vertreibt das Vieh und versetzt die Dorfbewohner in Respekt. Diese wollen uns jetzt noch lieber umbringen als jemals zuvor, weil wir schuld sind, daß die Österreicher dort sind! Wie immer man sich auch bemüht, es ist unmöglich, sie davon zu überzeugen, daß es nicht die Gutsbesitzer waren, die die österreichischen und deutschen Truppen in die Ukraine gerufen haben.

In den letzten Tagen wird viel davon gesprochen, daß die Landbevölkerung die Stadt überfallen wird. Die arme Frau Krupko - sie ist ein schrecklicher Feigling - zittert und ist aus lauter Angst völlig verzweifelt. Die Österreicher haben hier im ganzen viertausend Mann, von denen ein Teil auf dem Lande stationiert ist, ein anderer Teil ist tagsüber auf Patrouille außerhalb der Stadt und kommt in der Nacht zurück. In der Stadt sind ständig zweitausend Mann, das ist natürlich viel zu wenig. Man erwartet Unruhen wegen des Streiks der Eisenbahner, der schon mehr als zwei Wochen dauert. Im allgemeinen ist die Atmosphäre sehr gespannt. Alle denken sich neue Schrecken aus und ängstigen sich gegenseitig. Wir lachen über diese Befürchtungen. Man darf den Gerüchten Mogilewscher Prägung keinen Glauben schenken. Vor ein paar Tagen hat man herumerzählt, daß Papa in Broniza erschlagen wurde, obwohl er gar nicht dort war. Zwei Tage lang läutete bei uns das Telefon mit teilnahmsvollen Fragen, ob bei uns nichts geschehen sei? Es erschien sogar ein Reporter der Lokalzeitung. Später haben dann alle Papa auf der Straße gratuliert. Trotzdem fragt man sich manchmal: Ist für uns die Revolution wirklich schon vorbei?

25. Juli (7. August) 1918

Gestern ist Boba endlich zurückgekommen. Der Streik hat ihn in Uman erwischt, wo er ungefähr zwei Wochen tatenlos herumsitzen mußte. Als er es endlich nicht mehr aushielt, ging er mit seiner deutsch gedruckten Visitenkarte zum Kommandeur des deutschen »Bahnhofskommandos« (im Original deutsch), der ihm sofort einen Passierschein für Kiew ausstellte. Dort blieb er einige Tage, erledigte verschiedene Dinge und kam dann, nach ungefähr einem Monat Abwesenheit, zurück. Er brachte natürlich viele Neuigkeiten. Die Kiewer sind merkwürdige Leute, allerdings ist die »Kiewer Welt« jetzt stark von Petersburgern durchsetzt. Boba hat dort einige frühere Regimentskameraden und Bekannte getroffen.

26. Juli (8. August) 1918

Morgen früh fahren wir nach Czernowitz. Es fahren Tatjana, Boba und ich. Passierscheine haben wir ohne Schwierigkeiten bekommen.

Mogilew, 1. (14.) August 1918

Nie hätte ich gedacht, daß ich mich nach drei Tagen so nach der ganzen Familie sehnen werde, nach diesem Haus und dem Garten, »nach Hause«. Wir waren so froh, als wir wieder vor unserem Haus vorfuhren, in unser vertrautes Vorzimmer kamen und alles wiedergefunden haben, wie es war. Ich kann das Glücksgefühl gar nicht beschreiben, wie ich Olga geküßt und meine goldige Mamulitschka umarmt habe. Der arme Papa hat uns beim Haustor erwartet, obwohl es erst sechs Uhr früh war.

Ich schreibe ganz durcheinander, aber ich möchte unsere Reise beschreiben, als Beispiel für die jetzt herrschenden Zustände und Bequemlichkeiten. Ich fange vom Anfang an: ---

In Klammern muß ich sagen, daß heute in der Nähe von Mogilew schwere Unruhen ausgebrochen sind. Einige Dörfer, unter anderem Lutschinez und Tatariski, rebellieren. Die Bauern haben einen Gutsbesitzer, den Kommandanten der Bezirkskaserne und irgendeinen Verwalter aus dem Nachbarbezirk erschlagen. Das alles spielte sich in der Nähe von Ogladajew ab, ungefähr dreißig Werst von hier. Hier befürchtet man natürlich einen Überfall auf die Stadt. Die Österreicher sind ausgerückt, aber ob sie etwas ausrichten können, ist äußerst zweifelhaft. Sie sind zu wenige, und die ruthenischen Soldaten sympathisieren mit den Bauern. Unsere Leute aus Grigorowka beteiligen sich bestimmt mit Begeisterung an diesem Abenteuer. Heute hat Andrej einen Passierschein nach Czernowitz beantragt; er hat ihn aber nicht bekommen, weil die Ausgabe von Passierscheinen nach Österreich für einige Tage eingestellt wurde, wie es heißt. Vielleicht steht das im Zusammenhang mit diesen Unruhen? Wollen sie Truppenverstärkungen hierher bringen? Woher, wenn die Österreicher und Deutschen an der Westfront und in Italien verdroschen werden? Wird diese Bewegung die Ausmaße von Katschkowo oder vom »freien Taraschtschan-Gebiet« erreichen? – Im Bezirk Taraschtschany haben sie alle Deutschen und »Intelligenzler«, die sie erwischen konnten, umgebracht, wofür die Deutschen nichts schuldig geblieben sind und die Dörfer angezündet haben –.

Jetzt werde ich weiter über unsere Reise nach Czernowitz berichten:

Aus Mogilew sind wir kurz nach zehn Uhr vormittags abgefahren. Wir haben uns für die heutigen Verhältnisse gut eingerichtet auf zwei kleinen Bänken in der dritten Klasse neben dem Fenster. Daneben auf den langen Bänken saßen österreichische Offiziere in bester Laune, die sofort eine Attacke ritten und einer alten Krankenschwester und zwei merkwürdigen jungen Mädchen den Hof zu machen begannen. Als Boba in der Station ausstieg, versuchten sie auch mit uns anzubandeln, doch wir schauten zum Fenster hinaus und taten so, als ob wir sie nicht sähen.

Dieser Zug hätte bis Novosselitza gehen sollen, wo wir lange vor der Abfahrt des Zuges nach Czernowitz um halb elf Uhr nachts hätten ankommen sollen. Das wäre sehr bequem und einfach gewesen, und Tatjana bedauerte schon, daß unsere Reise ohne Abenteuer vonstatten gehen werde. Unsere Rechnung ging aber nicht auf. Der Zug erreichte Okniza, fünfunddreißig Werst von Mogilew, um zwei Uhr und blieb stecken. Wir warteten lange auf eine Weiterfahrt; zum Schluß erschien ein österreichischer Schaffner und sagte: »Alle müssen aussteigen« (im Original deutsch), der Zug fahre nicht weiter. Alle waren böse und protestierten, stiegen aber trotzdem aus und richteten sich auf dem Bahnhof ein, so gut jeder konnte. Wir stellten die Koffer auf den Bahnsteig und setzten uns darauf. Die Eisenbahner beruhigten uns, daß in zwei Stunden der Zug aus Shmerinka kommen und uns weiter transportieren würde. Wir saßen, bis es zu regnen anfing und wir im Wartesaal Schutz suchen mußten. Dann erfuhren wir, daß der Zug aus Shmerinka zwei bis drei Stunden Verspätung habe oder überhaupt nicht kommen werde. Darauf entstand eine allgemeine Verzweiflung: fünfunddreißig Werst von Mogilew stecken zu bleiben, war ärgerlich. Zum Schluß kam ein anderer Österreicher und sagte, daß in Okniza ein Militärzug zusammengestellt werde, der alle Österreicher mitnehmen, aber die Zivilisten nicht befördern werde. Das war noch unangenehmer. Der rosige Hauptmann, mit dem wir im Wartesaal gesprochen hatten, schlug vor, Tatjana und mich als Offiziersfrauen auszugeben; so hätten wir mitfahren können. Damit waren wir aber nicht einverstanden: erstens mußte man mit Kontrollen rechnen, zweitens, was hätten wir mit Boba gemacht? Daraufhin ging der Hauptmann zum Stationskommandanten und bat ihn, uns mitzunehmen, was dieser grob ablehnte. Dann bat auch Boba ihn, aber er lehnte wieder ab.

Als zu guter Letzt der Zug einfuhr, stellte sich heraus, daß zwei Waggons für Zivilisten angekoppelt waren, ein Waggon dritter Klasse und ein Gepäckwagen, in den sich alle hineinquetschten wie Sardinen. Tatjana und ich bekamen nur dank der Freundlichkeit eines Eisenbahnbeamten Platz; er überließ uns den seinen. Der Zug fuhr erst um sechs Uhr ab, so daß sehr wenig Hoffnung blieb, in Novosselitza unseren Anschluß nach Czernowitz zu erreichen. Diese Fahrt war nicht sehr lustig: wir saßen sechs Stunden, ohne uns zu rühren, weil so ein Gedränge war, daß man nicht einmal die Füße bequem hinstellen konnte. Wir waren sehr müde, verloren aber nicht unsere gute Laune: uns lockte die Aussicht, nach Europa zu kommen.

Als unser Zug endlich nach Mitternacht in Novosselitza ankam, war der Czernowitzer Zug natürlich schon weg, und uns stand eine Nacht auf dem Bahnhof oder in einem grauslichen jüdischen Hotel bevor. Boba ging rekognoszieren und kam mit der traurigen Nachricht zurück, daß vom Bahnhof nur mehr die vier Wände stünden, es kein Buffet gebe und man die ganze Nacht auf einem Sessel werde verbringen müssen. Da hatte einer unserer Leidensgenossen eine glänzende Idee: er schlug vor, über Nacht ganz einfach im Waggon zu bleiben, da dieser Zug erst am nächsten Tag um zehn Uhr abfuhr. Da der größte Teil der Passagiere irgendwohin verschwunden war, blieben im Waggon nur wir drei, unser Nachbar, dessen Idee es war, dort zu schlafen, zwei österreichische Eisenbahner, ein Offizier und einige Soldaten. Wir klappten die oberen Bänke hoch und legten uns hin. Kerzen gab es keine, so war bald Ruhe, und alle schliefen ein. Das erste Mal in meinem Leben schlief ich auf einem nackten Brett, und ich schlief vier Stunden lang fest. Um fünf Uhr mußten wir den Waggon verlassen. Wir waren froh, die schmerzenden Arme und Beine bewegen zu können. Auf dem Bahnsteig war es so kalt, daß wir in einem Zimmer, das als österreichischer Zeitungskiosk eingerichtet war, Zuflucht suchten. Es gab noch ein zweites Zimmer, in dem man essen konnte, das war aber noch geschlossen. Um sieben Uhr wurde aufgemacht, und wir kauften eine schreckliche Wurst, sicher aus Hundefleisch, die wir gierig verschlangen.

Gegen zehn Uhr fuhr der Zug vor, und wir bezogen ein Coupé erster Klasse. Wir waren allein, was nach dem Gedränge vom Tag zuvor besonders angenehm war. Im Anfang betrachteten Tatjana und ich die zerschossenen Häuser, die ehemaligen Schützengräben, die einsamen Gräber. Traurig war es zu denken, daß in diesen Schützengräben siegreiche russische Soldaten lagen, daß hier so viel russisches Blut vergossen wurde, wofür? Um dann selbst die Früchte dieses Sieges zu vernichten. Später aber gewann die Müdigkeit die Oberhand, und wir schliefen friedlich beim gleichmäßigen Rattern der Räder ein. Als erster erwachte Boba; er weckte uns, als bereits Czernowitz auf einem hohen Hügel vor uns lag.

Czernowitz ist von dieser Seite sehr schön. Man hat den Eindruck, daß die Stadt mit ihren schönen Häusern, dem Rathaus und der großen weißen Kirche gar nicht zerstört ist. Etwas entfernt sieht man mitten in Bäumen das riesige Palais des Metropoliten. Ich erkannte es gleich nach einer Fotografie, die 1915 in »Novoje vremja« erschienen ist. Wir standen kurz in der Station »Vorort Zuczka« und fuhren dann über den Pruth, über die Brücke, die viermal gesprengt wurde und jetzt wie neu aussieht, und kamen am Bahnhof an. Bei der Fahrt durch die Stadt war es merkwürdig, die zerschossenen Häuser, den gesprengten Wasserturm und den zerstörten Park zu sehen. Das sind die Spuren unserer revolutionären Genossen, die hier keine guten Erinnerungen hinterlassen haben.

Im Hotel Bristol erhielten wir sofort Zimmer. Auf unsere Frage, warum es keine Vorhänge gäbe, warum die Möbel beschädigt und alles so schmutzig sei, antwortete man uns: »Das haben die Russen gemacht« (im Original deutsch). Alles ist weit entfernt von europäischem Aussehen, aber damit mußten wir uns abfinden. Wir hatten damit gerechnet, daß dort alles sehr billig sei, doch da hatten wir uns geirrt. Die Preise sind zwar niedriger als bei uns, aber trotzdem sehr hoch. Schuhe und Strümpfe gibt es überhaupt nicht, höchstens Schuhe mit Holzsohlen ... (Es folgt eine ausführliche Schilderung von Czernowitz.)

7. (20.) August, 7 Uhr früh

Die frühere, altbekannte, doch etwas in Vergessenheit geratene Stimmung aus bolschewistischen Zeiten: Gerüchte, einmal schlechte, dann wieder beruhigende; nervöse Spannung bei den einen, optimistische Stimmung bei den anderen - mit einem Wort, ein Zustand, der stark an die Tage im Dezember und Februar erinnert. Seit einigen Tagen gibt es rund um Mogilew Unruhen. Ich habe schon darüber geschrieben, aber damals war es nur der Anfang, und wann es enden wird, weiß nur Gott. Es tut mir leid, daß ich nicht vom 1. August an jeden Tag geschrieben habe. Jetzt ist es mir nicht mehr möglich, die wachsende Aufregung unter den Burshui zu beschreiben, die mit jeder neuen Nachricht mehr Berechtigung hat. Jetzt hat sie sicher schon ein großes Ausmaß erreicht.

Die Unruhen brachen gleichzeitig in mehreren Dörfern aus. Am zweiten Tag wurde bereits eine serbische Gutsbesitzerin, Frau Rakusa, erschlagen, die noch vor einer Woche hier war und, unerfindlich warum, einige Tage auf ihrem Gut verbracht hat. Allerdings muß man sagen, daß es in letzter Zeit ganz ruhig war. Ein Bauer hatte sie in einer Strohpuppe auf dem Feld versteckt und ist dann hingegangen und hat sie den Mördern verraten. Dieser Bauer wurde erschossen. Ein anderer, der sie und ihren Sohn ermordet hat, wurde aufgehängt. Am gleichen Tag wurde auch ihr Verwalter getötet. Er wurde hierher überführt und hier begraben; es war ein schreckliches Drama. Es heißt, daß auch mehrere andere Gutsverwalter erschlagen wurden - in solchen Fällen werden immer übertriebene Zahlen genannt -, außerdem ein orthodoxer und katholischer Geistlicher, irgendwelche Sekretäre, Beamte, ein österreichischer Offizier und mehrere Soldaten. Die letzten wurden sehr feierlich mit Musik beigesetzt.

Die Österreicher haben eine Strafexpedition unternommen, um Ordnung zu machen. Bei dem Dorf Kukowka und bei Benditschany kam es, wie erzählt wird, zu Gefechten; man hörte von niedergebrannten Dörfern, aber niemand wußte etwas Genaueres. Schließlich wurde sogar von Unruhen in der Stadt gemunkelt. In den Geschäften gab es nicht genug Brot; auf dieser Basis entstehen Unruhen besonders schnell. Erst da kam es allen zu Bewußtsein, daß der ehemalige Ortskommandant weiter auf seinem Posten sitzt und über einen Verband »freier Kosaken« verfügt, der aus Zuchthäuslern und Verbrechern besteht. Es heißt, daß eine Liste von Hand zu Hand geht, auf der Gutsbesitzer und andere Leute aufgeführt sind, die umgebracht werden sollen.

Den Unruhen in der Stadt schlossen sich österreichische Einheiten an; sie weigerten sich, einen Zug zu besteigen, um an die italienische Front gebracht zu werden. Die Brigade, die hier liegt, hätte schon vor drei Monaten durch eine andere, aus Jampol kommende abgelöst werden sollen. Ein Teil war schon abmarschiert, aber ein anderer Teil weigerte sich und begann sich mit der Waffe in der Hand zu wehren. Deshalb kam es zu dem heutigen Aufruhr, der das sowieso schon aufgescheuchte Mogilew in eine ungeheure Aufregung versetzt hat.

Heute wachten wir um vier Uhr früh von ohrenbetäubendem Maschinengewehrgeknatter auf. Der Lärm war so stark, daß man denken konnte, es werde ganz in der Nähe geschossen. Bei den ersten Schüssen sprangen wir auf und waren nach einer früheren Gewohnheit bei nächtlichem Alarm innerhalb von fünf Minuten gewaschen und angezogen. Obwohl niemand von uns ein Feigling ist, war das eine unangenehme Minute. Zu viel war von der Stimmung unter unseren Demokraten und ihren Gesinnungsgenossen unter den Österreichern ruthenischer Herkunft die Rede gewesen, um nicht in böse Vorahnungen zu verfallen. Wir bemühten uns zu erraten: entweder die Stadt wird von einer organisierten Bauernhorde überfallen, oder die Österreicher meutern und kämpfen gegeneinander. Wenn das letztere der Fall ist, werden die Demokraten zu den Meuterern stoßen, und dann sind große Unannehmlichkeiten zu erwarten.

Mama weckte Papa und Nadja, Boba und Andrej sprangen sofort auf. Wir saßen zu dritt oben, jeder hatte seinen Revolver in der Hand oder in der Tasche, für jeden Fall. So verging ziemlich viel Zeit. Das Geknatter von Maschinengewehren, Gewehren und Explosionen von Handgranaten hörten nicht mehr auf. Endlich, nach langen vergeblichen Versuchen gelang es, die Telefonzentrale zu erreichen. Dort wurde uns gesagt, daß Teile des zwanzigsten Schützenregiments sich geweigert hätten, an die Front geschickt zu werden; daß sie sich im Gebäude des Gymnasiums in der Puschkin-Straße verbarrikadiert hätten, von Ungarn umzingelt wären und beschossen würden. Diese Nachricht gefiel uns nicht; wir befürchteten, daß daraufhin auch in der Stadt bald Unruhen ausbrechen könnten. Nachdem sich allerdings die Aufregung der ersten Minuten gelegt hatte, beruhigten sich alle. Gegen sieben Uhr fuhr ein Samowar auf und man trank Tee zur Begleitmusik der fortdauernden Schüsse. Jetzt sind die Schüsse verstummt und wir haben die Absicht, uns schlafen zu legen.

7 Uhr abends

Aus verschiedenen Quellen laufen Nachrichten über die Ereignisse des heutigen Tages ein. Um acht Uhr früh wurden die meuternden Bataillone entwaffnet. In der Stadt gibt es viele Tote und Verletzte unter der Zivilbevölkerung, abgesehen von Österreichern. Es sollen auch einige Offiziere ums Leben gekommen sein. Am schwersten wurden die Häuser in der Griechischen Straße beschädigt, dorthin flogen unaufhörlich Kugeln. Dort wurden auch zwei Häuser niedergebrannt, in denen sich die Österreicher festgesetzt hatten. Es heißt, daß fünfhundert Mann entwaffnet wurden und dreihundert weitere in einem Haus verblieben sind, das jetzt von Ungarn umstellt ist. Wenn sie sich bis morgen nicht ergeben, wird die Nacht wieder unruhig werden. Zum Glück wissen wir dann wenigstens, um was es sich handelt; wir brauchen uns nicht besonders aufzuregen.

9 Uhr abends

Ich weiß nicht, ob es möglich sein wird, sich nicht aufzuregen. Vor kurzem ist der alte Nikodja Krupko aus der Stadt zurückgekommen und hat uns die neuesten Gerüchte erzählt. Man kennt jetzt den Hintergrund der ganzen Geschichte. Der Aufstand der Österreicher wurde schon seit einiger Zeit zusammen mit der Landbevölkerung aus der Umgebung und Einwohnern von Mogilew vorbereitet. Die Österreicher rechneten mit der Hilfe der Mogilewer Bauern, die es allerdings vorzogen, vor ihrem Eingreifen von weitem zuzuschauen, wer die Oberhand gewänne. In einer weiter entfernt gelegenen Straße versammelte sich eine Meute, die bereit war, plündernd durch die Stadt zu ziehen, wenn die Aufrührer gewonnen hätten. Die Österreicher forderten auch die Milizräuberbande, genannt »Dershavan Varta«, auf, mit ihnen gemeinsame Sache zu machen. Sie luden auch die Formation Tolstikov ein. – Sie wurde von den Gutsbesitzern aufgestellt und wird von ihnen bezahlt. Sie besteht aus anständigen Leuten. Wir nennen sie unsere »Leibwache«. – Diese übernahm, als die »Varta« die

Flucht ergriff, den Schutz des Bürgermeisters, der Post und einiger Stützpunkte auf verschiedenen Straßen. Noch vor einigen Tagen, als eine österreichische Abteilung nach Kukowka geschickt wurde, betrachtete sie das Dorf nur von weitem, unternahm aber nichts und zog sich wieder zurück. In der Fabrik von Benditschany entwaffneten sie alle Angestellten, rührten aber die rebellierenden Arbeiter nicht an. Alle wunderten sich über ihr merkwürdiges Betragen, aber jetzt ist alles klar. Wenn die Österreicher selbst nichts gegen solche Dinge tun, wird es ihnen und uns übel ergehen.

8. (21.) August 1918

Die dreihundert Meuterer haben sich anscheinend ergeben, ohne von den Ungarn dazu gezwungen worden zu sein. Es wurde nicht mehr geschossen. Heute kam Tolstikov, der Befehlshaber der »Kavallerie-Hundertschaft der Staats-Varta«, anders ausgedrückt, unserer Leibwache und sagte, daß unser Leben und nicht das der Mogilewer »Demokraten« gestern nacht an einem dünnen Faden gehangen habe. Ende gut, alles gut, obwohl ich nicht daran glaube, daß alles zu Ende ist. Jetzt wird es in der Stadt für einige Zeit ruhig sein, aber auf dem Land wachsen Unzufriedenheit und Unruhe von Tag zu Tag. Noch nie hat es solch eine Aufwiegelung gegen die Gutsbesitzer, solch einen Haß gegen sie gegeben. Warum? Ich weiß es nicht. Ich denke daran, daß wir uns bemühen, etwas zu tun, Pläne für die Zukunft zu schmieden, aber eigentlich ist ja alles umsonst: eine Zukunft ist unvorstellbar. Die Möglickeit einer zukünftigen Existenz ist ausgeschlossen wegen dieses Hasses. Sie sind viele, wir sind wenige – es ist nur natürlich, daß sie uns schließlich vernichten werden. Wir können uns weder gegen sie verteidigen, noch sie besiegen, noch sie davon überzeugen, daß wir vor ihnen keine Schuld tragen. Wozu also weiterleben, wenn das Leben selbst für uns sehr bald unvorstellbar sein wird?

6. (19.) September 1918

Man könnte viel schreiben, um sich »im Alter zu erinnern«, aber ich schreibe nicht. Ich will nicht, es tut weh und ist furchterregend, obwohl nichts Besonderes geschehen ist. Wenn es »in meiner Seele ruhiger wäre«, würde ich zumindest beschreiben, wie wir zum ersten Mal nach dem berühmten 10. Dezember nach Broniza gefahren sind. Ein interessantes Thema für ein Tagebuch: der Gutsbesitzer besichtigt sein zerstörtes Nest, die Ruinen seines Hauses. Ich werde es ein anderes Mal anpakken.*

10. (23.) September 1918

Mein Kopf ist müde. Noch vor einem Monat hätte ich es selbst nicht geglaubt, wenn mir jemand gesagt hätte, daß ich bis zu fünf Stunden am Tag Arithmetik büffeln würde. Vorderhand halte ich tapfer durch. Alle schauen mich, wie mir scheint, erstaunt an, aber bis jetzt hat niemand gefragt. Bis jetzt habe ich nur Olga meine Pläne verraten – nein, nicht nur Olga – und sie betrachtet mich zwar voll Teilnahme, aber trotzdem etwas gönnerhaft von der Höhe ihrer Glorie als Gymnasiastin der achten Klasse herab.

Mich hat es plötzlich gepackt, mich, eine dumme, ungebildete Dilettantin, die nichts gelernt hat. Ich erzähle niemandem von meinen Plänen, weil sie zu weitreichend sind, und da ich mich kenne, habe ich wenig Hoffnung, sie auszuführen. Ich weiß, daß ich noch nie im Leben genug Energie gehabt habe, um das zu beenden, was ich begonnen habe. Es wäre erstaunlich, wenn mir dieses schwere Werk gelingen könnte.

Ich möchte mich den Winter über vorbereiten und im Frühling die Prüfungen im hiesigen Gymnasium ablegen. Natürlich nicht über alle acht Klassen! Gott gebe, daß es mir über vier oder fünf gelingt. Wenn ich es zustandebringe, könnte ich im Sommer lernen und die Prüfung über den Stoff der sechsten Klasse ablegen. Das Reifezeugnis scheint mir etwas so unendlich weit Entferntes zu sein, daß ich mich bemühe, daran nicht einmal zu denken. Ganz in der Ferne winkt irgendwo die Universität, die medizinische Fakultät. Manchmal wenn ich ins Träumen komme, abends im Bett, stelle ich mir meine zukünftige Tätigkeit als Ärztin vor, entweder in einer Tuberkulose-

* Die Verfasserin hatte offensichtlich nicht den Mut, »dieses Thema anzupacken«. Sie hat später erzählt, daß bei ihrer Ankunft Broniza bis auf die Grundmauern niedergebrannt war, daß sich die Ruine in einen dichten Dschungel verwandelt hatte und daß aus den leeren Fenstern im Parterre riesige weiße Blumen herauswuchsen. (Anm. d. Übers.)

klinik wie in Davos oder als Mitarbeiterin eines Arztes, oder als Ärztin in einem Choleragebiet. Das ist meine Berufung.

Aber das alles liegt so fern, und es gibt so viele näherliegende Aufgaben. Ich habe nie in meinem Leben eine Prüfung abgelegt und nie konsequent gelernt. Schlecht ist auch, daß ich nicht frei über meine Zeit verfügen kann. Ich muß daneben Kaninchen füttern, das Geschirr waschen, den Tisch decken. Das ist langweilig und nimmt so viel Zeit ...

Vor ein paar Tagen hat Olga ihre Abschlußprüfung über die achte Klasse abgelegt und ruht sich jetzt auf ihren Lorbeeren aus. Sie liest »Schuld und Sühne« und geht ganz benommen herum. Im letzten Jahr habe ich mit ihr viel über Dostojewski gesprochen - ich hatte keinen anderen Zuhörer -, so daß sie auf diese Lektüre vorbereitet ist. Wenn ich freie Zeit habe, stürze ich mich bis über beide Ohren in Dostojewski. Für mich ist er »das Wasser des Lebens«.

22. September (5. Oktober) 1918

Ich verbringe meine Zeit jetzt außerordentlich aktiv, im Gegensatz zur relativen Untätigkeit der letzten Monate. Mein Tag verläuft so:

Ich, die ich früher niemals vor neun Uhr aufgestanden bin und auch das noch für sehr früh gehalten habe, wache jetzt jeden Tag um sieben Uhr auf - ich verschlafe nie! Ich stehe auf, ziehe meinen Schlafrock an und setze mich an den Tisch, um zu lernen. Ich tue das möglichst leise, damit die Nachbarn - Mamulitschka und Tatjana - mich nicht hören. Natürlich ist daran nichts Schlechtes, aber ich will nicht, daß lange Debatten anfangen, daß ich mich ermüde. Gegen acht Uhr dreißig oder neun Uhr ziehe ich mich an, mache zuerst mein Bett, dann das von Mama, wenn sie schon aufgestanden ist - wir haben wieder einmal kein Dienstmädchen, wie es sich in revolutionären Zeiten gehört -, dann eile ich hinunter. Wenn unten alles fertig ist - am Morgen bereitet Nuditschka das Frühstück: sie kocht Kaffee, deckt den Tisch - trinke ich Kaffee, wenn nicht, decke ich den Tisch. Seitdem Olga ins Gymnasium geht, wird der Kaffee früh zubereitet, so daß ich nicht warten muß. Andrej ist meist auch hier; er teilt seine Zeit ebenfalls nach Stunden ein, weil er sich auf die Reifeprüfung vorbereitet.

Während wir frühstücken, kommt Mama, danach Papa, der

sehr früh aufsteht und bereits zu seinem zweiten Tee erscheint. Ich beende meine Mahlzeit, wasche Tassen, Gläser und Teller, stelle das Geschirr in den Schrank und gehe die Hasen füttern. Das ist eine lange und mühsame Prozedur. Ich bemühe mich, gegen elf Uhr damit fertig zu sein, dann stürze ich hinauf in mein Zimmer, um wieder mit dem Lernen zu beginnen, während Tatjana gerade erst zum Frühstück herunter kommt. Ich büffle eifrig bis zu dem Moment, wenn ich wieder hinunterlaufen muß, um den Tisch zu decken. Früher habe ich nicht bloß einmal darauf gewartet, daß sich dieser verhaßte Tisch »von selbst aufdeckt«, das heißt, daß das jemand anderer macht, aber da das niemals der Fall war, warte ich jetzt nicht mehr. Wenn das Essen pünktlich fertig ist, was ziemlich selten passiert, setzen wir uns um ein Uhr zu Tisch.

Nach dem Essen muß wieder abgedeckt werden, danach füttere ich die Hunde und renne wieder hinauf. Um zwei Uhr dreißig kommt meine Marja Fedotowna, sie hat die Bestushew-Kurse absolviert und ist sehr sympathisch. Vorher muß einiges wiederholt werden. Ich lerne mit ihr bis um vier Uhr, dann bereite ich den Tee vor. Gegen fünf Uhr versammeln sich alle zum Tee. Dann wasche ich wieder das Geschirr, räume es auf und ab sechs Uhr lerne ich mit Olga Arithmetik. Um sieben Uhr oder später decke ich den Tisch fürs Nachtmahl, danach essen wir, räumen das Geschirr weg, und dann rette ich mich in mein Zimmer und wasche diesmal keine Tassen. Ich sitze oben und gehe nicht zum Nachttee hinunter; die Tassen wäscht Nuditschka. Manchmal gehe ich doch, dann wasche ich wieder ab.

In letzter Zeit hat die Spanische Grippe an mir genagt, und ich mußte mich jeden Abend mit schrecklichen Kopfschmerzen auf mein Bett legen. Mein Tagesprogramm war schwer durchzuhalten, denn ich habe mich die ganze Zeit krank gefühlt. Heute ist Samstag, morgen werde ich vielleicht nicht ganz so früh aufstehen, obwohl ich sehr viel zu tun habe. Jetzt ist zwar erst zwölf Uhr, aber ich werde schlafen gehen, um mein Pulver nicht zu verschießen.

23. September (6. Oktober) 1918

Ich habe schon lange nichts mehr von den »Ereignissen« geschrieben, dabei ist so viel geschehen. Ich glaube, wir stehen am Vorabend der Beendigung des Großen Weltkrieges und des Beginns der nicht weniger großen Weltrevolutionen. Deutschland, das so lange schreckliche Niederlagen erleiden mußte, bittet jetzt um Frieden und akzeptiert sämtliche Forderungen Wilsons: Die Räumung Rußlands, die Rückgabe von Elsaß-Lothringen, die Wiedererrichtung von Belgien und Serbien und so weiter. Sobald Deutschlands Mißerfolge begannen, haben natürlich auch die Sozialisten im Land den Kopf erhoben. Jetzt sind sie die führende Partei in Deutschland; es wurde sogar ein Ministerkabinett aus Sozialisten gebildet. Deutschland bewegt sich auf einem gefährlichen Weg. Von Österreich gar nicht zu reden: dort wird die Revolution in allernächster Zeit ausbrechen.

Und bei uns beginnt die Reaktion! Am Don formieren sich drei Armeen, die sich auf den Kampf für die Befreiung Rußlands vorbereiten. Die Unzufriedenheit wächst unaufhörlich, ebenso der Haß und die Verbitterung, aber trotzdem wird Rußland wieder auferstehen und neu geboren werden. Allerdings nur durch das vergossene Blut seiner Söhne, denn dieser endgültige, letzte Kampf wird ganze Meere von Blut kosten.

Noch vor kurzem haben wir mit Entsetzen an die Zeit gedacht, wenn die Österreicher Rußland verlassen werden. Jetzt scheint es, als ob etwas geschehen wäre, ein Umschwung zum Besseren, nach dem nichts wirklich Böses mehr möglich ist. Man möchte die österreichischen Kappen, die einem zum Hals heraushängen, möglichst bald nicht mehr sehen. Noch vor kurzem habe ich nichts gegen sie gehabt, aber jetzt finde ich sie unerträglich. Wenn sie weggehen, wird es allerdings böse aussehen. Man kann fast sicher sagen, daß wir umgebracht werden, wenn wir nicht verschwinden. Aber da wir nirgends hingehen können – umgebracht werden kann man überall – lohnt es nicht, sich darüber den Kopf zu zerbrechen.

Heute haben wir ganz zufällig erfahren, daß wir wirklich als ukrainische Staatsbürger registriert sind. Andrejs Jahrgang (1899) wird einberufen, und Papa hat Erkundigungen eingezogen, was man tun muß, damit er nicht »zu den Kosaken« muß. Wenn wir früher eine diesbezügliche Erklärung abgegeben hätten, könnte er jetzt als Ausländer deklariert werden, das ist jetzt aber zu spät. Es wurde beschlossen, ihn vorderhand einmal ins hiesige Gymnasium einzuschreiben.

Früher hätte es mich gekränkt und empört, daß ich eine »ukrainische Staatsbürgerin« bin. Jetzt ist es mir egal. Ich bin deshalb nicht weniger russisch. Umso mehr, als die ganze Ukraine auf dem letzten Loch pfeift. Es heißt, daß auch Pawlo ernsthaft überlegt, ob er nicht die Rolle des Bogdan Chmelnizki spielen soll.

25. September (8. Oktober) 1918

Die Deutschen ergeben sich auf Gnade und Ungnade den Siegern und werden nicht nur Elsaß-Lothringen hergeben, sondern auch Posen. Das wird in Kiew erzählt, unter Ergänzung so unwahrscheinlicher Einzelheiten, zum Beispiel daß die englische Flotte durch die Dardanellen gefahren sei und Odessa beschieße. Die Deutschen in Kiew schauen sehr traurig drein und warten nur darauf, die Ukraine ganz zu verlassen. In Kiew herrscht Panik, wer kann, verläßt die Stadt. Kiew ist überhaupt eine Stadt der Panikeure, die Bevölkerung sehr verschreckt, aber jetzt irgendwohin zu flüchten - hat das einen Sinn? Die Deutschen geben ja die ganze Ukraine auf, das heißt, vor der Gefahr verstecken kann man sich nirgends. Es hat doch keinen Sinn, noch Sowdepien (verächtlicher Ausdruck für Sowjetrußland, Anm. d. Übers.) zu fliehen! Es bleiben Österreich, wo es bald ebenso gefährlich sein wird, und der Don. Im Augenblick sieht es so aus, als ob dort der sicherste Platz von ganz Rußland wäre.

Boba ist erst gestern aus Kiew zurückgekommen. Er konnte kaum aus der Stadt weg; was sich auf dem Bahnhof abspielt, ist unbeschreiblich. Er ist ohne Karte gefahren und konnte auch sein Gepäck nicht mitnehmen. Er ist ganz krank; in Kiew hat ihn die Spanische Grippe in starker Form erwischt. Er lag ganz allein, ohne jede Hilfe, und es wäre wahrscheinlich schlecht ausgegangen, wenn ihn nicht Stenja Krupko ausfindig gemacht und auch einen Arzt gebracht hätte. Übrigens, wenn sich jetzt Leute treffen, die nicht wissen, worüber sie reden sollen, erscheint sofort die berühmte »Ispanka« auf der Bildfläche. Früher hat die gleiche Rolle die Teuerung gespielt, aber an sie hat man sich in der Zwischenzeit so gewöhnt, daß es niemanden mehr wundert, wenn die Jahresmiete einer Wohnung - bestehend aus sechs schlechten Zimmern! - in Kiew dreihunderttausend Rubel kostet, ein Herrenanzug aus miserablem Material dreitausendfünfhundert Rubel und der einfachste Damenhut dreihundert Rubel, ein Paar Schuhe zwischen zweihundert und sechshundert Rubel. Niemand rechnet jetzt in Rubeln, nur in Hundertern und Tausendern. Aber daran haben sich wirklich alle gewöhnt.

Die »Ispanka«, die Spanische Grippe, macht jetzt hingegen Eindruck. Man hört von nichts anderem als daß dieser erkrankt, jener gestorben ist, ein dritter sich auf dem Weg der Besserung befindet. Einige bekommen nachträglich eine Lungenentzündung, bei anderen schlägt sie auf die Nieren. Es ist eine sehr ansteckende Krankheit, ganz Europa ist von ihr befallen. Bei uns haben sie schon alle gehabt außer Papa und Tatjana. Jetzt sind der Reihe nach alle Hofleute erkrankt.

Heute ist ein Feiertag, deshalb bin ich nicht um sieben Uhr aufgestanden, sondern sitze jetzt im Bett und schreibe. Nie im Leben habe ich Johannes den Täufer gefeiert, aber da das der Feiertag aller Studierenden ist und ich mich auf meine alten Tage zu ihnen zähle, konstatiere ich die Tatsache, daß es diesen Feiertag gibt, mit Vergnügen. Deshalb werde ich heute mit Olga und Nuditschka auf den Markt gehen, abends werde ich die alte Frau Krupko besuchen und ihr sagen, daß ihr geliebter Stenja Boba in Kiew gerettet hat. Das wird sie freuen, wenn sie nicht vor Entsetzen stirbt, daß er sich womöglich von Boba angesteckt haben könnte und jetzt selbst irgendwo liegt.

25. September (8. Oktober) abends

Das Programm wurde ausgeführt. Vormittags waren wir auf dem Markt, wir haben zehn Schüsseln für die Hasen und eine schöne, große für mich gekauft, zwei Holzlöffel und ein Pfund Kerzen, um sechzehn Rubel. Abends waren Tatjana und ich bei der alten Frau Krupko. Sie hat uns sehr gern und freut sich, wenn sie uns sieht. Wir lernen bei ihr polnisch; wir haben immer mehr polnische Bekannte, und da die polnischen Damen nicht russisch sprechen, außer Frau Krupko, muß man mit ihnen französisch reden.

12. (25.) Oktober 1918

Immer wenn man nicht schreiben kann, möchte man es gern tun. Tagesgespräch sind jetzt der bevorstehende Friede, die Niederlage Deutschlands, der Zerfall Österreichs, die Ankunft eines englischen Geschwaders im Schwarzen Meer und so weiter. Früher, vor langer Zeit, haben wir auf diese Ereignisse gewartet, wir waren überzeugt, daß sie eintreten werden. Jetzt, da sie - der Sieg über Deutschland und der Zerfall Österreichs - wirklich gekommen sind, ist es kein Tag der Freude. Im Moment kann es für uns keine Freude geben. Wenn Rußland seinen Platz unter den Siegernationen gehabt hätte - wie anders wäre das gewesen! Ich kann mir die Begeisterung, die Freude, den Rausch der Engländer, Franzosen, Belgier, Serben vorstellen! Wir jedoch haben inmitten der allgemeinen Freude keinen Platz.

Wir unternehmen weitere Schritte, um Auslandspässe zu erhalten. Es ist mehr als wahrscheinlich, daß die Österreicher von hier weggehen werden; wenn wir dann nur unter dem Schutz der ukrainischen Staats-Varta zurückbleiben, ist das nicht ungefährlich. Wir haben beschlossen, uns »auf jeden Fall« Auslandspässe zu beschaffen. Das ist sehr schwierig. Die erste Frage: wohin soll man fahren? In Österreich herrscht Anarchie, in Deutschland Hunger, und wenn es noch keine Anarchie gibt, so kommt sie zweifellos bald. Es bleibt die Schweiz, die wir von allem Anfang an ausgesucht haben, wohin man aber am schwersten gelangen kann. Unter allen Ländern, in denen wir waren, genießt die Schweiz unsere größten Sympathien, um nicht zu sagen unsere Liebe. Mein persönlicher Wunsch wäre, in die Schweiz, nach Davos zu fahren.

Das Unglück besteht darin, daß nur sehr Kranke hineingelassen werden. Um auf dem Schweizer Konsulat einen Paß und eine Durchreiseerlaubnis durch Österreich zu bekommen, braucht man eine Bestätigung von einem Arzt, beglaubigt von einem Notar. Diese Bestätigungen müssen so überzeugend klingen, daß die verschiedenen Behörden diese Reise für unbedingt nötig halten. In einer Beziehung haben wir es leichter als andere: wir haben fünf Jahre lang in Davos gewohnt; es ist leicht nachzuweisen, daß, da ein Familienmitglied in Davos in Behandlung war und dort gestorben ist, auch die anderen eine Behandlung brauchen. Unser lieber Doktor Tschachurski hat keine Gewissensbisse gehabt, für alle Famlienmitglieder prachtvolle Bestätigungen auszustellen ... In Innsbruck kommen wir für zehn Tage in Quarantäne; ich hoffe nur, daß man uns nicht abhorchen und untersuchen wird. Da könnten wir alle zurückgeschickt werden. Im Konsulat könnten sie sich weigern, eine so kranke Familie hereinzulassen, oder sie werden Olga keine Einreise geben, die so gesund ausschaut, daß man für sie einfach keine Krankheit ausdenken konnte.

Ich glaube keine Minute daran, daß wir wirklich von hier wegfahren und die Schweiz erreichen könnten. Von hier wegzugehen, täte mir leid: wir haben uns in diesem Haus und in diesem Garten zu gut eingelebt. Alle unsere Tiere im Stich zu lassen, die Wirtschaft, mein Studium - das wäre sehr schade. Andererseits wäre es sehr angenehm, aus diesem Loch Mogilew wegzukommen und in der Schweiz zu leben. Heute fährt Boba mit einer Tasche voller Vollmachten, »Fragebogen« und so weiter nach Odessa. Wenn er Erfolg hat, bekommen wir die Pässe frühestens in ein bis zwei Monaten. Bis dahin wird sich vieles klären.

16. (29.) Oktober 1918

Es klingt merkwürdig, wenn man in den Zeitungen liest, wie es in Österreich drunter und drüber geht. Sie schlittern die gleiche Bahn entlang wie wir vor einem halben Jahr, vielmehr sie taumeln ohne Geleise in den Abgrund. Für sie ist das noch neu und interessant: Reichtum für alle, Volksräte, Demokratie, allgemeines Wahlrecht. Wir kennen das so gut wie unsere fünf Finger. Sie haben auch gleich am ersten Tag begonnen, ihr Österreich zu liquidieren, so wie wir uns bemüht haben, Rußland zu zerstören. Sollen sie es nur versuchen! Sollen sie nur durch alle Qualen gehen, die wir erleiden mußten! Ich bin keine Sozialistin, aber ich wäre wirklich froh, wenn auch die anderen Reiche dem Beispiel Rußlands folgten. So gäbe es wenigstens nicht mehr die bedrückende Scham vor der ganzen Welt, die einfach jeder Russe empfinden muß.

Ich verstehe nicht, wieso die österreichischen Einheiten, die hier stehen, nicht schon so viel sozialistisches Gedankengut in sich aufgenommen haben, daß sie ihre Offiziere erschlagen und nach Hause laufen. Zweifellos wird das bald geschehen. Dann wird es hier losgehen. Früher wäre allein dieser Gedanke monströs erschienen, obwohl alle wissen, daß es sich ereignen könnte. Nicht nur unsere eigene, sondern auch eine fremde Revolution mitzuerleben, davor haben wir immer Angst gehabt. Jetzt erscheint nicht einmal das so schrecklich, sogar ihr

Abzug wird in Ruhe erwartet. Auch vor der Landbevölkerung scheint man keine Angst mehr zu haben. Trotzdem wäre es gut, »auf alle Fälle« einen Auslandspaß in der Tasche zu haben. »Auf alle Fälle«, so wurde auch dieses Haus gekauft. Damals schien es uns völlig unwahrscheinlich, daß wir es jemals brauchen würden. Auch die Pässe werden wir möglicherweise gar nicht verwenden können; in zwei Monaten wird es in Österreich so drunter und drüber gehen, daß wir nicht werden durchreisen können.

Hier wissen schon alle, daß wir in die Schweiz wollen. Man fragt uns, ob das wahr ist. Wenn wir uns erkundigen, woher sie das wissen, bekommt man zur Antwort, daß es Afenjew erzählt hat. Das ist der hiesige Notar, ein Spitzel und natürlich die wandelnde Lokalzeitung.

Plötzlich ist es Spätherbst geworden. Heute gießt es den ganzen Tag, der starke Wind hat auf einen Schlag alle Obstbäume entlaubt, es ist kalt geworden. Wahrscheinlich kommt heute oder morgen der erste Frost. Ich hasse den Herbst. Es wäre doch gut, wenn man nach Davos übersiedeln könnte, sich dort in der herrlichen Sonne wärmen, auf dem Balkon im Liegestuhl liegen und wissen, daß man weder im Regen die Hasen füttern muß, noch aufdecken, noch sich den Kopf über diverse Wirtschaftsfragen zerbrechen muß: ob wohl die Österreicher die Kühe im Regen stehen gelassen, weil sie ihre Pferde in den Stall gestellt haben, ob der Regen die Zuckerrüben in den noch offenen Mieten durchnäßt, daß die Karotten erfrieren, wenn heute nacht der erste Frost kommt, daß wir keine Köchin haben und niemand da ist, der das Essen kocht, daß kein Hundefutter da ist und so weiter. Allerdings kann ich nicht ohne Kummer daran denken, daß Rex und die Hasen ohne Aufsicht bleiben würden, wenn wir wirklich wegfahren.

Meine Hüfte schmerzt nicht mehr. Wahrscheinlich hat sie sich auch angepaßt, an das schlechte Wetter gewöhnt, so wie wir uns an vieles gewöhnt haben. Wahrscheinlich wird sie auch den Winter in Mogilew sehr gut überstehen und eine Fahrt ins Ausland zu üppig finden. Ich bleibe doch lieber hier, fahre mit meinen Studien fort und höre auf, mir phantastische Schicksale auszudenken. Je weniger man sich wünscht, desto mehr geht in Erfüllung. Obwohl ich andererseits – je nachdem, von welcher Seite man es betrachtet – ja nur sehr bescheidene

Wünsche habe, und vielleicht nicht alle so wenig wünschen würden.

20. Oktober (2. November) 1918

Übermorgen ziehen die Österreicher von Mogilew ab. In Österreich ist die Revolution voll ausgebrochen. Gestern wurde Graf Tisza ermordet; es läuft wie nach Noten, genau nach dem gleichen Muster. Hier haben, ich weiß nicht warum, alle ihre frühere Angst verloren und sind sehr froh, daß die Österreicher verschwinden. Die Stimmung der Agrarier ist im allgemeinen gut. Nur einige zaghaftere erzählen, »man sagt«, daß die Anarchie im Bezirk immer größer werde und die Landbevölkerung nur darauf warte, daß die Österreicher abziehen, um mit den Gutsbesitzern abzurechnen. Diese Stimmen werden nicht sehr beachtet. Wir können sowieso nichts tun. Wir können nirgends hinfahren, uns nicht verteidigen. Wir werden sehen, was geschieht.

Tage der Flucht

22. Oktober (4. November) 1918

Heute ist ein Tag der unangenehmen Ereignisse: alle Österreicher haben Mogilew verlassen. Beim Abzug randalierten sie in der Stadt und auf dem Bahnhof. Dieses Beispiel ist natürlich verlockend für unsere Demokraten. Die Stimmung ist gespannt und besorgt.

Heute ist Boba aus Odessa zurückgekommen und hat unsere Auslandspässe mitgebracht. Sie zu verwenden, ist nicht mehr möglich: es gibt keine Durchreise durch Österreich mehr. Österreich zerfällt nicht binnen Tagen, sondern binnen Stunden. Die Armee verläßt Rußland ebenso fluchtartig, wie seinerzeit unsere Genossen aus Galizien fortgelaufen sind. Odessa wurde von einem deutschen Korps besetzt, das, wie es heißt, auf das Eintreffen der Engländer wartet. Letztere sollen von einer Stunde auf die andere kommen. Sie werden wie das himmlische Manna erwartet. Die arme Zivilbevölkerung ist in Angst und Schrecken versetzt wegen des Abzugs der Österreicher; man erwartet Unruhen.

Boba ist in sehr pessimistischer Stimmung zurückgekommen. Die Truppen wurden abgezogen, gekommen ist niemand; die Eisenbahner können streiken; uns kennt hier jeder: er meint, wir sollen morgen nach Odessa fahren und dort auf die Engländer warten. Alle seine Gründe sind so einleuchtend, daß wir völlig zerschmettert sind. Hier alles stehen und liegen lassen, ohne Gepäck nach Odessa fahren, wo man nicht nur keine Wohnung hat, sondern nicht einmal ein schäbiges Zimmer findet - das sind sehr trübe Aussichten. Die bekannte Atmosphäre der Familienberatungen in Zeiten der Gefahr, Überlegungen, wie man sein Leben retten kann - alles das ist so schwer zu ertragen, so unangenehm, daß ich viel darum gäbe, irgendwohin zu kommen, wo derartige Situationen nicht vorkommen.

Papa ist sofort zu den Behörden gefahren, um zu hören, was es Neues gibt. Als er zu General Iltschaninov kam, hörte er, daß morgen deutsche Truppen kommen sollen. Uns ist ein Stein vom Herzen gefallen, alle wurden sofort wieder fröhlich. Die Ankunft der Deutschen garantiert unsere Sicherheit wenigstens für ein paar Tage. Wir werden nachdenken und etwas unternehmen können. Der in so düsterer Stimmung begonnene Abend verlief ruhig.

24. Oktober (6. November) 1918

Heute sind die Deutschen nicht gekommen, aber das beeinträchtigt nicht die Tatsache, daß alle vollkommen ruhig sind. Alles geht seinen gewohnten Gang. Ich glaube einfach nicht daran, daß etwas geschehen kann.

25. Oktober (7. November) 1918

Am Morgen hat sich das Gerücht verbreitet, daß die Deutschen Shmerinka besetzt haben. Alle freuen sich sehr. Unterdessen bewacht eine organisierte Schutzabteilung die Stadt. Boba hätte nach Kiew fahren sollen; er konnte nicht, weil alle Züge überquellen von ehemaligen Kriegsgefangenen, die aus Österreich in unbeschreiblichen Mengen zurückkehren, irgendwohin wollen und auf ihrem Weg plündern. Proskurov soll vollkommen ausgeplündert sein. Von morgen an werden die Personenzüge nicht mehr über Shmerinka gehen.

Um neun Uhr rief der Bürgermeister hier an und sagte, daß die Deutschen in etwa vier Stunden hier sein werden. Das ist eine gute Nachricht. Es wird interessant sein, morgen die Deutschen zu sehen, natürlich nur unter der Bedingung, daß sie nicht bei uns im Haus wohnen wollen und nicht alles aus Broniza wegschleppen. Es scheint, daß es uns doch beschieden ist, noch etwas länger auf dieser Welt zu leben.

26. Oktober (8. November) 1918

Der Bürgermeister war schlecht informiert: keine Deutschen sind hier; es werden auch keine kommen. Dafür wird eine aus Engländern, Amerikanern und Franzosen bestehende internationale Einheit erwartet. Das ist noch besser. Schon seit langem wollten wir unsere ehemaligen Verbündeten zu Gesicht bekommen. An den Wänden klebt eine Bekanntmachung unseres »Polizeimeisters« (im Original deutsch) Mardanov über das Eintreffen der Einheit »in ein oder zwei Tagen«. Die

Bevölkerung wird aufgefordert, Ruhe und Ordnung zu bewahren, die Einheit gastlich zu empfangen und Quartiere vorzubereiten. Wenn unsere Behörden solche Bekanntmachungen erlassen, heißt das, daß die Abteilung wirklich existiert und nicht bloß eine Frucht ihrer Erfindung ist.

Schrecklich, was sich jetzt in Österreich abspielt! Das Land bricht noch schneller zusammen als Rußland. Am ärgsten scheint es in Ungarn zu sein, das alle für das stärkste Bollwerk der Monarchie gehalten haben. In Bulgarien geschieht das gleiche: der neugebackene Zar Boris ist nach Wien geflohen und Bulgarien hat sich zur Republik erklärt. Wie sich die anderen Länder, die noch ihr anständiges Aussehen bewahrt haben, vor dieser Gangräne retten wollen? Und trotzdem wird es nicht mehr solch eine Schande gegenüber den Verbündeten sein; solche Schweinereien ereignen sich nicht nur bei uns!

27. Oktober (9. November) 1918

Was für ein schöner Morgen! Nach einer Unterbrechung von drei Tagen sind Zeitungen gekommen, und wir haben aus ihnen viele gute Nachrichten erfahren. Ein englisches Geschwader, bestehend aus vierzig Schiffen, hat den Bosporus durchfahren und ist in Noworossijsk eingetroffen. Noch von unterwegs haben die Verbündeten bei der Freiwilligenarmee telegrafisch angefragt, was am notwendigsten gebraucht werde. Die Freiwilligenarmee verfügt über keine Kanonen, keine Munition, womit sie den Kampf gegen die Bolschewiken führen kann - jetzt kommen ihr die Verbündeten zu Hilfe und bringen alles in Überfluß. In der Zeitung heißt es, daß sich der Kampfgeist der Armee nach diesem Telegramm sehr gehoben hat.

Einer der Kreuzer ist in Odessa eingelaufen. Die Delegation der Verbündeten wurde von den Würdenträgern der Stadt und von Offizieren des deutschen Stabes begrüßt. Die Bewohner Odessas bereiteten ihnen einen festlichen Empfang. Ich kann mir ihre Freude vorstellen. Jetzt besteht die Frage nur darin, wie die Engländer darauf antworten werden. Wenn sie sich als Eroberer gebärden, auf uns herunterschauen wie auf mindere Subjekte - das wäre zu bitter. Zumindest eines scheint klar zu sein: sie sind gekommen, um uns im Kampf gegen die Bolschewiken zu helfen, vielleicht auch, um Rußland zu retten. Aus

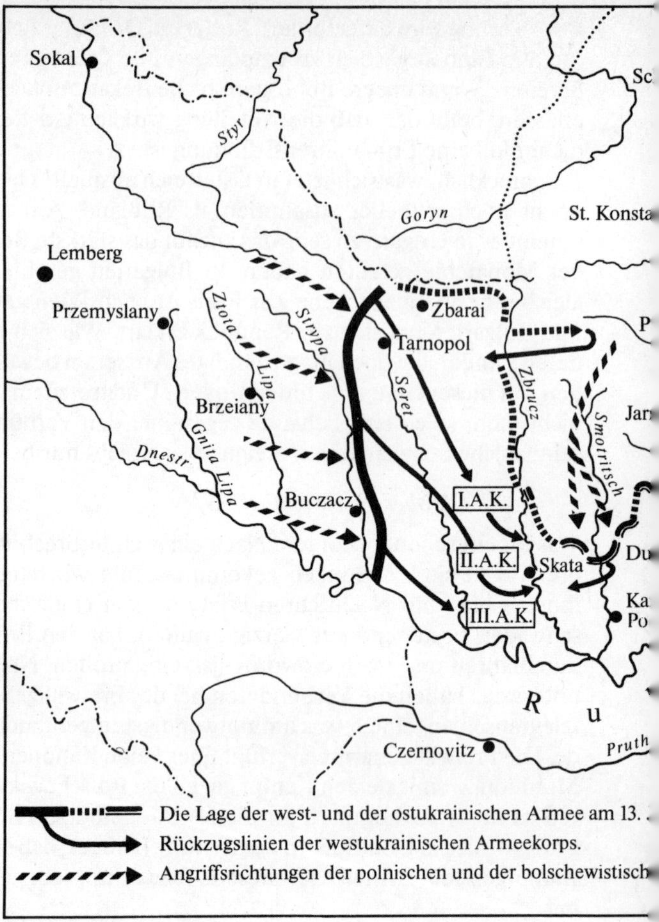

diesem Grund bin ich bereit, sie zu lieben und ihnen ihre Verachtung uns gegenüber zu verzeihen. Wenn man jetzt doch alles vergessen und ein neues Leben beginnen könnte, voll von Hoffnungen, Wünschen, Energien – wenn uns doch die Alliierten dabei helfen würden! Es ist unbedingt notwendig, eine einheitliche Front vom Don bis zum Kuban zu bilden, um die Bolschewiken zu bekämpfen. Man muß sich endlich daran erinnern, daß die Ukraine nur ein Teil Rußlands ist, des »Ei-

Quelle: W. Kutschabsky: Die Westukraine im Kampfe mit Polen und dem Bolschewismus in den Jahren 1918–1923, Berlin 1934. (Schriften der kriegsgeschichtlichen Abteilung im Historischen Seminar der Universität Berlin, 8)

nen, unteilbaren Rußlands«. Die Ukraine hat ihre Rolle gespielt: hier war relative Ordnung, während das übrige Rußland in Anarchie versunken ist. Jetzt kann von der Ukraine und vom Don die Rettung Rußlands kommen.

2. (15.) November 1918

Schon wieder hatte ich Spanische Grippe, aber zum Glück hat sich diesmal niemand angesteckt. Ich habe nur drei Tage mit hohem Fieber gelegen; jetzt fühle ich mich noch schlecht, denn die Temperatur ist immer noch nicht normal, aber das beachte ich nicht. Wahrscheinlich ist bald alles vorbei. Schlecht ist, daß mich diese Krankheit ganz aus dem Rhythmus gebracht hat; eine ganze Woche habe ich keine Stunden gehabt. Das Lernen fällt mir noch schwer. Ich muß mich zusammennehmen.

Ataki, 11. (24.) November 1918

In den letzten Tagen ist so viel geschehen, daß ich, um alles der Reihe nach zu beschreiben, Tag und Datum anführen werde. Ich werde mich bemühen, mir das Wichtigste ins Gedächtnis zu rufen, alle Einzelheiten der letzten Tage, damit ich dieses Abenteuer möglichst genau beschreiben kann, das unter unseren Revolutionsabenteuern einen der wichtigsten Plätze einnehmen wird.

Mogilew, 6. November:

In der Stadt wird es von Tag zu Tag unruhiger. Seitdem die Österreicher weg sind, werden die Einwohner Mogilews immer nervöser. Allerdings gibt es dafür guten Grund: der in Mogilew liegende »Zagin« (Miliz, Anm. d. Übers.) beginnt, unverschämt zu werden. Heute wollten sie unsere »Leibgarde« entwaffnen und die Macht in die Hand nehmen. Der Bürgermeister hat einen anonymen Brief bekommen, in dem es heißt, daß zuerst er umgebracht werde und nach ihm alle Gutsbesitzer. Es riecht nach Unheil. Die Agrarier sind ruhig; es sieht so aus, als ob niemand wirklich an eine Gefahr glauben würde.

Mogilew, 7. November:

Ein politischer Umsturz! Der Bürgermeister wurde abgesetzt, ebenso General Iltschaninov; die Macht ist in der Hand des Bolschewiken Kirienko und des ukrainischen »Zagin«. Sie sind für die Selbständigkeit der Ukraine, sind bös auf den Hetman wegen seines Dekretes über die Einheit Rußlands und haben mit viel Stimmaufwand beschlossen, eine selbständige Ukraine zu errichten, wie sie ihnen paßt: mit Terror, Unruhen und Ähnlichem. Bis drei Uhr nachmittags haben wir davon nichts gewußt, da erschien der alte Krupko und teilte uns völlig gebrochen diese Neuigkeit mit. Dann wurde Papa zu General Iltschaninov berufen; Krupko wollte abends noch einmal vorbeikommen, um zu hören, was es Neues gebe. Es kam Frau Jaruschinskaja, mit der wir uns angefreundet haben; auch mit ihr beratschlagten wir, was zu tun sei.

Papa kam zurück, seine Neuigkeiten waren nicht beruhigend: General Iltschaninov bestätigte alles, er sagte, daß Kirienko und seine Helfershelfer ein Manifest an die Bauern erlassen haben und zu Anarchie, Plünderungen und Pogromen aufrufen; es soll morgen veröffentlicht werden. Iltschaninov sagte Papa, daß ihm eine Verhaftung drohe und gab ihm den Rat, sich zu verstecken. Was sollte man tun? Die Nachrichten waren sehr schlecht, die Züge verkehrten nicht; diese Proklamation war wie ein Funken im Pulverfaß. Um uns vor den »freien Ukrainern« und Bauern zu retten, blieb ein einziger Weg: Flucht über den Dnestr. Da ganz Bessarabien von Rumänen besetzt ist, werden uns die ukrainischen Bolschewiken dort nichts tun können.

Frau Jaruschinskaja ging nach Hause, um möglichst schnell Schritte in Anbetracht der neuen Umstände zu unternehmen; wir versammelten uns zu einer Beratung und beschlossen, alles für eine Flucht vorzubereiten. Das war gegen fünf Uhr. Wir begannen sofort zu packen, Geheimtaschen anzufertigen, Geld ins Kleiderfutter zu nähen, das Wichtigste zusammenzutragen. Ohne eine Minute zu verlieren, ging Boba, um Passierscheine über die Brücke zu besorgen. Es ist gut, daß bei uns niemand in irgendeiner Situation den Kopf verliert, sondern ruhig das Seine tut. So war es auch jetzt. Da wir alle gleichzeitig fliehen wollten und nicht wußten, für wie lange, mußten ziemlich viele Sachen für das Leben in einem widerlichen jüdischen Nest wie Ataki mitgenommen werden. Gegen ein Uhr war alles fertig, ein Aktionsplan ausgearbeitet, alle legten sich schlafen. Man mußte am nächsten Tag früh aufstehen, um rechtzeitig auf die Brücke zu kommen.*

* Ich erinnere mich schlecht daran, wie wir uns im einzelnen auf unsere Flucht vorbereiteten. Jeder nahm mit, was er bei sich haben wollte, wahrscheinlich etwas Wäsche, Seife und so weiter. Jeder hatte einen kleinen Koffer, den er selbst tragen konnte. Ich weiß nur, daß ich mein Tagebuch einpackte. Ich glaube mich zu erinnern, daß wir überhaupt keine Lebensmittel mitnahmen. Wir setzten uns hin, bekreuzigten uns und verließen das Haus. (Ergänzung der Verfasserin 1982)

Ataki, das Städtchen gegenüber von Mogilew, 8. November:

Das war ein schwerer Tag. Zum ersten Mal im Leben haben wir unser Haus verlassen, ohne zu wissen, wo wir unterkommen würden. Wir sind gegangen, um uns davor zu retten, daß unsere Feinde uns in ihre Macht bekommen. Wir sind auch früher schon geflohen, aber heute war es etwas anderes.

Um acht Uhr waren alle fertig. Wir haben Kaffee getrunken, die letzten Gegenstände gepackt und uns nicht sehr beeilt, unsere Sadowaja Nr. 16 zu verlassen. Um zehn Uhr haben wir uns auf den Weg gemacht, mit dem traurigen Gefühl, daß wir unseren Besitz für lange Zeit verlassen, daß hier etwas Böses geschehen wird. Nuditschka begleitete uns; sie bleibt, um alles zu bewachen, bis wir zurückkommen. Man kennt sie weniger als uns; falls Gefahr droht, kann sie sich bei den Nachbarn verstecken.

Wir setzten uns in folgender Reihenfolge in Bewegung: Mama und ich in der »Piroge« - das ist unser alter Wagen, den wir immer noch in Mogilew haben -, Olga auf dem Bock, die anderen zu Fuß. Hinter uns fuhr ein Fuhrwerk mit unserem Gepäck. Es gab noch keinen Frost, der Schlamm war so tief, daß die »Piroge« hin- und herrutschte; ich stieg aus und ging auch zu Fuß. Wir wählten den kürzesten, aber schwierigsten Weg: durch die Puschkinstraße, die zum Bahnhof führt. Wir wateten durch den Schlamm; dann fanden Papa und ich eine Kutsche, und Boba, Tatjana und Andrej setzten sich auf den Gepäckwagen.

Unterwegs bot sich uns ein schreckliches Bild. Schon seit einigen Tagen strömen nach Mogilew Hunderte und sogar Tausende unserer ehemaligen Kriegsgefangenen in Österreich. Fast alle sind krank: sie leiden an verschiedenen Arten von Typhus, Ruhr oder Tuberkulose im Endstadium. Man kann sich schwer einen entsetzlicheren Anblick vorstellen als diese vielen Menschen, die halb nackt sind, seit Tagen nichts gegessen haben und den Bahnhof überschwemmen. Fast alle sind so schwach, daß sie liegen bleiben, wo sie hinfallen, und nicht einmal mehr kriechen können. Kranke und Sterbende, Lebende und Tote, alle liegen dort durcheinander. Menschen, die lange in der Gefangenschaft gelitten haben, die man dort absichtlich hungern und schwer arbeiten ließ, damit möglichst viele nicht in die Heimat zurückkommen, haben sich jetzt bis Mogilew geschleppt, um hier zu sterben. Andere sind bis zu anderen, für sie ebenso fremden Orten gekommen. Es ist fürchterlich, sich vorzustellen, wie viel Leid und Unglück um uns existiert – was sind im Vergleich dazu unsere Unannehmlichkeiten?

Wir kamen zum Städtischen Friedhof. Schon von weitem bemerkte ich ein Häuflein Neugieriger, die am Zaun standen. Als wir näher kamen, bot sich uns ein schrecklicher Anblick: Längs der ganzen Mauer, Schulter an Schulter, lagen dort Tote; eine unabsehbare Reihe hob sich weißlich vom grauen, ausgetrockneten Gras des Friedhofs ab. Eine kleine Gruppe von Menschen ging zwischen den Leichen und einigen beim Tor stehenden Wagen auf und ab; unter den Zeltplanen, die die Wagen bedeckten, ragten Beine und riesige, zu Fäusten geballte Hände hervor. Auf dem Friedhof sah man keinen Geistlichen, keine Menschen, die aus Mitgefühl mit diesen Unglücklichen gekommen wären. Nur ein Trüppchen Kinder stand herum; sie sahen mit gleichgültiger Neugierde zu, und die Träger verrichteten ihre Arbeit faul und widerwillig, so als ob es nicht die heilige Tat der Übergabe der Toten an die Erde wäre, sondern eine schwere und langweilige Arbeit. Dieses Bild hinterließ in meiner Seele einen furchtbaren, unvergeßlichen Eindruck.

Bereits nach wenigen Minuten waren wir vorbei und kamen bei einigen Dutzend Feldküchen und Kesseln vorüber, um die sich ein Meer von Menschen drängte, gekleidet auf die phantastischste Art. Zwischen ihnen trieben sich Gymnasiasten und verschiedene Freiwillige herum, die Teekannen und Brot reichten. Die Verpflegungsstation arbeitete auf vollen Touren. Auf einem großen Platz waren Zelte aufgebaut, flackerten Feuer; auf einer Scheune wehte die Fahne des Roten Kreuzes. Es war traurig, die Menschen zu sehen, von denen noch so viele auf die von Zeltplanen bedeckten Fuhren kommen würden – und von dort auf einen Friedhof der Namenlosen, in ein namenloses Massengrab.

Wir fuhren rasch am Bahnhof vorbei, und nachdem wir die Droschke entlassen hatten, gingen wir möglichst unauffällig zur Brücke. Die anderen waren noch nicht da; Papa und ich gingen langsam auf und ab und warteten. An uns vorbei, über die Brücke, wurden auf Tragbahren ehemalige Kriegsgefangene, die selbst keinen Schritt mehr machen konnten, aus Ataki herübergetragen. Es heißt, daß ihnen die Rumänen keine Fahrzeuge zur Verfügung stellen und diese Unglücklichen zwingen, den ganzen Weg zu Fuß zu gehen. Es ist schwer, sich vorzustellen, wie sie bis Mogilew gelangen und wie viele unterwegs sterben.

Papa und ich fingen bereits an zu frieren, während wir warteten; es war zwar kein Frost, aber ein starker Wind blies, und es war sehr kalt. Endlich kamen die anderen und auch das Gepäck. Wir gingen zur Brücke. Das war gegen elf Uhr, und von diesem Augenblick an begann unser Mißgeschick.

Bei der Brücke drängte sich schon ein Häuflein Menschen; als wir uns näherten, sagten sie uns, daß niemand über die Brücke gelassen werde. Wir stellten unser Gepäck auf den Boden und warteten; Boba ging los, um die Lage zu erforschen. Wir warteten ziemlich lange, dann nahmen wir das Gepäck und gingen auf die Brücke. Die Menge folgte uns: durchfrorene Juden, einige Gymnasiasten und Gymnasiastinnen. Ein paar »Zagin«-Soldaten stürzten uns schreiend nach. Dann waren sie damit einverstanden, uns durchzulassen, wollten aber unsere Sachen behalten. Ein Korb mißfiel ihnen besonders, den unsere Knechte Grigorij und Danilo trugen. Sie wollten ihn durchsuchen, aber nachdem sie von Papa einen »Lohn« bekommen hatten - zehn Rubel, danach wurde der Betrag von Tag zu Tag größer - ließen sie uns in Ruhe.

In der Mitte der Brücke liegt eine Schiene, die Grenze zwischen der Ukraine und Rumänien. Hier stießen wir auf rumänische Soldaten. Das sind andere Leute: sie verstehen keine Sprache außer ihrer eigenen; sie sind von einer Grobheit, die ich noch nie gesehen habe und übertreffen darin sogar unsere revolutionären Demokraten.

Schlecht erging es uns auf der Brücke: länger als drei Stunden warteten wir, bis sie uns durchließen! Einmal hieß es, es wäre möglich, dann trieben sie uns wieder zurück. Zum Schluß waren wir so durchgefroren und erschöpft von diesem Sitzen, daß wir nach Hause zurückkehren wollten. Das war nach zwei Stunden. Da erst sagte uns Papa, daß es in der bolschewistischen Proklamation einen Punkt gäbe, von dem wir nichts wußten. Dort heißt es, daß sämtliche Gutsbesitzer verhaftet werden und ihre Familien die Stadt nicht mehr verlassen dürfen. Natürlich hätte zu allererst Papa verhaftet werden sollen. Es stellte sich heraus, daß ein paar Minuten vor unserer Flucht zwei Juden zu Papa kamen, ihm die Proklamation gezeigt und ihn angefleht haben, sich schleunigst zu verstecken.* Nachdem wir von diesem Passus erfahren hatten, war an eine Rückkehr nicht zu denken. Wir blieben auf der Brücke und warteten weiter. Es war schrecklich kalt. Ununterbrochen wurden sterbende Kriegsgefangene auf Tragbahren an uns vorbei getragen. Das Wetter war grau, die Wolken hingen tief. Als ich so auf meinem Koffer auf der Brücke saß, durchgeblasen von dem eisigen Wind, fühlte ich zum ersten Mal klar, daß ich kein Haus, kein Dach über dem Kopf habe, wo ich mich verstecken kann. Es war ein niederschmetternder Gedanke. Tatjana, Olga, Andrej, sogar Mama gingen auf der Brücke auf und ab und versuchten, sich zu erwärmen, nur ich konnte mich nicht dazu zwingen, mich vom Platz zu bewegen. Meine Seele war schwer, die Kälte machte mich ganz steif. Die Zeit verrann entsetzlich langsam. Schließlich war ich so apathisch, daß alles gleichgültig wurde. Unter unseren Füßen wälzte sich in großer Tiefe der kalte, mächtige, grüne Dnestr zwischen den Brückenpfeilern. Das Wasser wirkte auf die Nerven irgendwie beruhigend.**

* Ich erinnere mich, daß ich den Klang von Stimmen direkt unter meinem Fenster hörte. Dort befand sich die Eingangstür. Ich sah, daß Papa auf den Stufen vor der Tür stand, unten, am Fuß der kleinen Treppe, der alte Jude Jankel, den wir oft in Broniza gesehen hatten, ein ehrwürdiger Greis mit einem langen, völlig weißen Bart, gekleidet in ein schwarzes Gewand, mit einem runden Käppchen auf dem Kopf. Er sah aus wie ein Patriarch oder Prophet aus dem Alten Testament. Beide waren sehr aufgeregt. Es tut mir leid, daß ich von diesem Gespräch wenig verstand; es klang ungefähr so:

»Durchlaucht, ich flehe Sie an, verlieren Sie keine Minute! Sie und Ihre Familie sind in Todesgefahr! Glauben Sie mir auf der Stelle! Sie werden gesucht!«

An Papas Antworten erinnere ich mich nicht, er sprach leise, vielleicht um uns nicht zu erschrecken. Ich zog mich leise vom Fenster zurück; mir schien, daß ich ein Geheimnis gehört hatte. Das war mir unangenehm und ich schämte mich. (Ergänzung der Verfasserin 1982)

** Als ich so über dem kalten, schnell dahinfließenden Dnestr auf meinem Koffer saß, dem Fluß, der so viele glückliche, sonnige, heiße Tage

Endlich entstand Bewegung auf der Brücke. Ein kleiner rumänischer Soldat, der deutsch sprach und mit uns in Erwartung einer Bestechung etwas freundlicher war, kam auf einen Sprung zu uns und sagte, daß der Brückenkommandant gekommen sei. Alle schöpften etwas Hoffnung. Der Kommandant, dem Aussehen nach ein sehr unintelligenter Mensch in einer grotesken hellblauen Uniform, führte eine Dame am Arm. Er brachte sie bis zur Grenzschiene, küßte ihr galant die Hand und drehte sich zu uns um. Mama sprach ihn auf französisch an, sie erklärte unsere Lage: Wir müssen über die Brücke, wir warten seit drei Stunden, wir sind völlig erstarrt und so weiter. Dieser begann sich zu zieren, er sagte, daß die Grenze gesperrt sei, daß es unmöglich sei, sie zu überqueren; schließlich rief er mit tragischer Geste, indem er die Arme zum Himmel hob: »Eh bien, pour vous, Madame, je ferme les yeux!«

In diesem Moment fing Tatjana plötzlich an, mit einem der rumänischen Soldaten italienisch zu sprechen – die rumänische Sprache klingt sehr ähnlich wie die italienische –. Der Kommandant schnellte in die Luft wie eine Feder und sprudelte auf italienisch los: Er erzählte, daß er in Italien gelernt habe, wie sehr er Italien liebe, fragte uns über Italien aus. Das Eis war gebrochen. Begleitet von seinem Geschwätz überquerten wir die Brücke, entließen die Bediensteten und atmeten auf. Als wir uns in eine Droschke setzten, kamen auch Lissner, Krassowski und der Direktor der Benditschaner Fabrik über die Brücke:

»Guten Abend Fürst, jetzt sind wir also im Ausland!« rief Krassowski. Sofort fühlten wir uns besser. Lachend begrüßten wir uns. Jetzt, in Gesellschaft von anderen, erschien uns dieses Abenteuer eher wie ein unterhaltsames Erlebnis, das höchstens zwei bis drei Tage dauern kann.

Krassowski erzählte, daß er von einer Liste erfahren habe,

unserer Kindheit und Jugend gesehen hatte, dachte ich: dieser mein Dnestr kann für immer alle meine Not, jede aussichtslose Situation, die ganze hoffnungslose Finsternis der Zukunft in sich aufnehmen. Und danach der Gedanke: Und Mama? Und die anderen? Was würde das für sie bedeuten? – Wenn ich jetzt daran zurückdenke, so weiß ich, daß mir der Gedanke an den Tod als Erretter vor dem Leben, der in meinem Tagebuch so oft anzutreffen ist, damals auf der Brücke zum letzten Mal gekommen ist. (Ergänzung der Verfasserin 1982) laut der Papa, er und Lissner am heutigen Tag hätten verhaftet werden sollen. Wir lachten über den schief gegangenen Plan der Genossen und begaben uns auf Wohnungssuche. Wir fuhren direkt zum Priester des Ortes, schilderten ihm unsere Lage und erbaten Gastfreundschaft für einen Tag. Hier wurde uns ein unerwarteter Empfang bereitet: wir konnten uns erwärmen, wurden zum Bleiben aufgefordert und bekamen außerdem ein reichhaltiges Essen und ein Zimmer zum Übernachten. Wir waren sehr gerührt von der Güte des Priesters und seiner Frau. Wir verbrachten bei ihnen den Rest des Tages; inzwischen fanden Papa und Boba eine Wohnung beim Notar, die beste in ganz Ataki. Krassowski mietete ebenfalls drei winzige Zimmer, Lissner verschwand.

Abends gelang es uns kaum, bis zum Haus des Notars vorzudringen. Ataki ist überhaupt nicht beleuchtet, die Straßen nicht gepflastert. In tiefer Finsternis erreichten wir durch den unbeschreiblichen Dreck unser Ziel. Auch hier wurden wir mit größter Freundlichkeit aufgenommen; die Hausfrau trat uns sogar ihr Schlafzimmer ab, weil das für uns bestimmte Zimmer ungeheizt war. Wir richteten uns auf den unbequemen Betten ein, Olga mußte sich auf eine Matratze am Boden legen. Das neue Revolutionsabenteuer hörte auf, lustig zu sein; jetzt hatte jeder nur mehr einen Gedanken: möglichst schnell zurück nach Mogilew.

Papa und Andrej quartierten sich beim Priester ein, Boba in einem der Zimmer von Krassowski. Das war der erste Tag unserer Flucht.

Ataki, 20. November (3. Dezember) 1918

Heute sind es genau zwei Wochen, daß wir in Ataki sind. Wir hätten uns nicht vorgestellt, daß dieses Hiersein, diese Komödie, die so tragisch endete, so lange dauern werde. Sie ist allerdings immer noch nicht zu Ende, aber nach dem 17. haben alle die Hoffnung verloren. »Rira bien qui rira le dernier«, aber es sieht so aus, als ob die Energien jetzt nicht einmal zum Lachen reichen. Ich will mich bemühen, ausführlich und der Reihe nach zu beschreiben, was geschehen ist. Die Ereignisse entbehren nicht einer gewissen Wichtigkeit; wir wissen nicht, ob das nur lokale Unruhen waren, oder ob es jetzt in ganz Kleinrußland ähnlich zugeht. Wir sind schon seit langem von der Welt abgeschnitten und wissen nur das, was sich in der Reichweite unseres Bezirkes ereignet, und auch das nicht genau. Folgendes ist geschehen:

Am zweiten Tag nach unserer Überquerung der Brücke begannen in Ataki Gruppen von flüchtenden Burshui zu erscheinen, die ebenso wie wir auf der berühmten Liste stehen und die es ebenfalls vorgezogen haben, sich im »Ausland« in Sicherheit zu bringen. Wir waren gut informiert über alles, was in Mogilew geschah: so gut wie jeder »Pan« hatte seinen Privatjuden, der über die Brücke hin- und herging und Briefe und Sendungen aus Mogilew herüberbrachte. So kannten wir alle Schritte der neuen »Regierung« – eines Kommissars, des »Volksrates« und so weiter. Sie riefen in unserem Kreis nicht wenig Gelächter hervor. Zusammen mit Berichten, wie jeder über die Brücke gelangt war, wurden auch Gerüchte weitergereicht, »Proklamationen« und andere Dummheiten wanderten von Hand zu Hand. Am Tag vor unserer Flucht wurde ein langer Aufruf mit rein bolschewistischem Inhalt erlassen. Ein Punkt betraf »die sofortige Verhaftung der Grundbesitzer und ihre Verwahrung bis zu einem Prozeß. Ihre Familien sind am Verlassen der Stadt zu hindern«. An diesem Tag sind alle Gutsbesitzer untergetaucht. Am Tag danach erschien eine Proklamation: »Wenn die Gutsbesitzer nicht zu finden sind, werden aus ihren Familien Geiseln genommen«. Dann kam der Befehl: »Niemand wird mehr über die Brücke gelassen«. Trotzdem erschienen in Ataki täglich neue Flüchtlinge. Beim Übergang über die Brücke hatten sie die verschiedensten Hindernisse zu überwinden; von Tag zu Tag wurden die zu bezahlenden Summen größer, aber sie kamen durch. Sowohl die Rumänen als auch die Ukrainer machten einträgliche Geschäfte.

Mittlerweile haben unsere Agrarier nicht geschlafen. Jeden Tag trafen sie sich und berieten über die Lage. Allen war klar, daß die Clique, die jetzt in Mogilew an der Macht ist, sich nicht lange halten kann. Alle beobachteten mit Interesse das Verhalten der Bauern; wenn sie auf die Proklamationen reagierten, sich zu Banden zusammenrotteten und die Bolschewiken in Mogilew unterstützten, stand die Sache schlecht. Wenn nicht, müßte sich der »Umsturz« von selbst liquidieren. Drei Tage lang wurden die Folgen der Proklamationen abgewartet, dann wurde beschlossen, selbst zu handeln und dieses Abenteuer zu beenden, das heißt, einen zweiten Umsturz zu inszenieren.

Wir hatten in Mogilew eine reale Macht in der Hand, nämlich die von den Agrariern aufgestellte Hundertschaft, die die Waffen nicht abgegeben hatte, als die Bolschewiken das verlangt hatten. Wenn nicht die schmähliche Haltung unseres Bürgermeisters gewesen wäre, der es vorgezogen hatte, die Flucht zu ergreifen, statt auf seinem Posten zu bleiben und mit Rückendeckung der Hundertschaft die Ordnung aufrechtzuerhalten, so wäre dieses ganze Abenteuer vielleicht überhaupt nicht zustande gekommen. Aber er floh nach Ataki und gab von hier aus der Hundertschaft den Befehl, die Waffen abzugeben, was diese unter dem Vorwand nicht tat, daß er, weil er geflohen sei, nicht mehr Bürgermeister sei und keine Befehle mehr zu geben habe. Für den Umsturz wurde auch ein Anführer gefunden, ein Oberst Puschtschin, der früher Offiziere für die Freiwilligenarmee geworben hatte. Der Plan war, daß er nach Mogilew zurückgehe, sich dort zum Oberbefehlshaber proklamiere und die Macht in die Hand nehme.

Natürlich wußten wir von der ganzen Sache. Alle Agrarier waren sehr aufgeregt; vom Erfolg dieser Aktion hing ja viel ab. Zeitweise schien es, daß es nicht glücken könne, dann wuchsen die Hoffnungen wieder. Alle bemühten sich, sich durch Gerüchte über die baldige Ankunft der Alliierten Mut zu machen. Alle waren überzeugt, daß sie kommen und Mogilew und uns retten würden. Schließlich haben uns im Februar die Österreicher ja auch gerettet. Warum sollte es nicht ein zweites Wunder geben?

Der Umsturz fand in der Nacht zum 11. November statt. In dieser Nacht ging Puschtschin über die Brücke und fand sich beim Stab der Freiwilligen Offiziershundertschaft ein, wo in diesem Augenblick nur vier Menschen anwesend waren. Als er ihnen einen Brief des Bürgermeisters vorwies – die Übergabe der Macht an Oberst Puschtschin betreffend – wurde er von ihnen sofort als ihr Vorgesetzter anerkannt. Sein erster Schritt war, sämtliche Rädelsführer zu verhaften. Drei Offiziere verhafteten Kirienko, dann Dr. Kazin, Kommissar Junkewitsch, Silkov und noch ein paar andere. Die ganze Hundertschaft schloß sich sogleich Puschtschin an. Sie entwaffnete den schlafenden »Zagin«. Puschtschin verständigte den Kommandanten des Voznessenski-Regimentes, Oberst Ljubimov, und den Kommandanten des ehemaligen Odessaer, jetzt Mogilewer Regimentes, der aktiv auf seiten der Bolschewiken gestanden hatte, jetzt aber ebenso selbstverständlich zu den »Freiwilligen« übergegangen war. Der Umsturz wurde ohne Blutvergießen vollzogen.

Er wurde im Namen des Generals Denikin vollzogen. Oberst Puschtschin erließ einen Tagesbefehl, daß Denikin der oberste Befehlshaber aller russischen Verbände ist, einschließlich jener der Ukraine. Er erklärte sich zum Vertreter der Freiwilligenarmee und übernahm den Befehl der Garnison Mogilew. Bisher weiß niemand außer den Eingeweihten, wer den Umsturz wirklich ausgeführt hat! Alle glauben, daß eine Abteilung Freiwilliger erschienen sei und die Macht übernommen habe. Einige munkeln allerdings, daß es nicht ohne die Agrarier geschehen sein könne. Wenn sie wüßten, daß das ganze hier in Ataki ausgedacht wurde, daß der Hauptinitiator der überall bekannte Wassili Wladimirowitsch Krassowski ist, wären sie wahrscheinlich enttäuscht.

Jetzt weiß ich selbst nicht, ob dieser Umsturz genützt oder geschadet hat. Das wird die Zukunft zeigen. Bekannt ist nur, daß in der Nacht zum 11. November Oberst Ljubimov hätte erschossen werden sollen und nach ihm auch andere. Als Dr. Kazin verhaftet wurde – ein Sanitätsarzt, Provokateur und Jude, ein Bolschewik, der wegen seiner Grausamkeit bekannt ist –, wurde bei ihm eine Liste mit sechzig Namen von zum Tod Verurteilten gefunden. Sie trug die Überschrift »Verzeichnis Nr. 1«. Hätten danach eine Nummer zwei und Nummer drei folgen sollen? Auf der Liste standen die Namen von Agrariern und Offizieren. Wenn Puschtschin diese ganze Terroristenbande nicht in dieser Nacht verhaftet hätte, wäre nicht nur ein Verbrechen begangen worden. Seitdem hat es einige Opfer gegeben, aber anders wäre es wohl nicht gegangen.

Ataki, 21. November (4. Dezember) 1918

Ich unterbreche meine Erzählung für einen Augenblick, um den heutigen Tag in Ataki zu beschreiben:

Mama ist erkrankt, so schwer, daß wir außer uns vor Angst sind. Anscheinend ist es die Spanische Grippe, aber in einer rätselhaften und gefährlichen Form. Sie hat starke Halsschmerzen und Schwellungen, das Fieber beträgt seit dem Morgen 39,8 Grad. Wir versuchen, einen Doktor aufzutreiben und jemanden in die Apotheke zu schicken. Das ist alles sehr schwer. Seit über einer Woche gibt es keinen Frost, es regnet, der Schmutz ist so tief, daß man sogar mit hohen Stiefeln kaum durchkommt. Der Arzt lebt in einer Entfernung von vier Werst, und es ist unmöglich, ein Pferd zu bekommen, um ihn zu holen.

Gleich in der früh ist Tatjana zu Papa gegangen, der ziemlich weit weg von uns wohnt. Bei ihrer Rückkehr brachte sie verschiedene Nachrichten und Gerüchte mit. Unterwegs traf sie Frau Malinowskaja, die erzählte, daß ihre Schwester, Frau Wasilewskaja, heute nacht allein in einem Boot über den Dnestr gekommen sei. Gestern war es in Mogilew ziemlich ruhig, es wurden nur etwa zwanzig Geschäfte in der Kiewer- und Wladimirstraße geplündert. Heute nacht begannen die Überfälle und Plünderungen von Privathäusern. Tatjana begegnete Krassowski, zu dem heute auch jemand herüber gekommen ist. Sein und unser Haus sind bis jetzt, wie es scheint, noch nicht überfallen worden, dafür das der Jaruschinskis. In der ganzen Stadt werden die letzten »Feinde der Revolution« gesucht. Es muß arg sein, wenn Sossja Wasilewskaja, ein stadtbekannter Feigling, es riskiert hat, in einem Boot über den Dnestr zu fliehen. Die Rumänen erlauben das nicht; auf solche Boote wird geschossen. Ich weiß nicht, was aus der armen Frau Jaruschinskaja geworden ist; ihr Mann ist hier, der kleine Antoscha hat sich irgendwo versteckt, sie ist verschwunden. Was ist mit meiner armen Nuditschka? Ich habe ein schrecklich schlechtes Gewissen bei dem Gedanken, daß sie geblieben ist, um unser Hab und Gut zu verteidigen. Wenn die Stadt geplündert wird, ist es unmöglich, daß unser Haus verschont bleibt. Es ist nicht nur eine Frage von Tagen, sondern von Stunden.

Zu diesen vielen unangenehmen Nachrichten hat auch Lissner das Seine beigetragen: er behauptet, daß die Plünderer von Mogilew - Dr. Kazin? - von den Rumänen verlangen, daß sie alle Flüchtlinge aus Mogilew ausliefern. Niemand glaubt das wirklich, wie allen Gerüchten, die von Lissner stammen. Aber vielleicht stimmt es, kann man sich denn auf die Rumänen verlassen? Das ist ein Volk, das gegen Bezahlung alles tut; es genügt, wenn man ihm droht.

Wir unterhielten uns leise, damit Mama nichts hört, und kamen zu dem Schluß, daß, wenn alles wahr ist, unsere Männer verschwinden müssen. Die Rumänen lassen uns nicht weiter als bis Okniza. Im Grunde ist es das gleiche wie Ataki. Wenn keine Männer hier sind, werden es die Rumänen vielleicht nicht über sich bringen, Frauen und Kinder auszuliefern? Es ist verständlich, daß diese Nachrichten unsere Stimmung nicht gehoben haben.

Wenn unser Haus geplündert wird – was sicher bereits geschehen ist –, stehen wir bloß mit dem da, was wir in Ataki haben. Mit dem einen Kleid, das wir tragen, fast völlig ohne Wäsche, mit einem Kopfpolster und einer Decke pro Kopf. Im Haus in der Sadowaja haben wir alles zusammengetragen, was uns an Besitz verblieben ist. Jetzt sind wir Bettler, wir können nirgends hinfahren.

Ungefähr eine halbe Stunde nach dem ersten Gerücht kam Oberst Jürgens aus Okniza; dort formiert sich eine Abteilung aus jenen Offizieren, die sich aus Mogilew retten konnten. Sie hatten die Absicht, nach Belzy zu fahren, dort auf die Franzosen zu warten und mit ihnen zusammen Mogilew zu erobern. Aber sie wurden von den Rumänen entwaffnet, es wurden ihnen Revolver, Feldstecher und so weiter weggenommen und sofort hier in Ataki verkauft. – Es waren rumänische Offiziere, die sich dieser Beschäftigung hingaben! – Sie wurden nur bis Okniza gelassen und dort sozusagen interniert. Heute heißt es, daß man sie nach Ataki zurückschicken wird. Doch nicht am Ende gar, um sie dem Dr. Kazin auszuliefern?

Dieses Gerücht wurde allerdings nach einer Stunde dementiert. Oberst Jürgens erzählte, daß ein verläßlicher Mann nach Kiew und Odessa geschickt worden sei, um zu hören, wie es stehe. – Wir wissen nichts Genaues, der Telegraf funktioniert nicht. – Dieser Mann hat erfahren, daß in Odessa ein Corps der Alliierten gelandet ist, ebenso in Sewastopol. Kiew ist nicht, wie hier behauptet wurde, in der Hand der Bolschewiken, sondern hält sich dank der Freiwilligenarmee. Im großen und ganzen ist die Lage gar nicht so hoffnungslos, wie man hier glaubt. Der Offiziersverband bleibt vorläufig in Okniza und wartet auf die Franzosen. Die Stimmung hat sich wieder gehoben.

Ich setze meine begonnene Erzählung fort:

Als wir am 11. November aufwachten und uns zum Frühstück setzten, kam der Kommandant der Bahnwache angelaufen und erzählte das, was ich schon geschrieben habe, von Oberst Puschtschin und seinen Heldentaten. An diesem Morgen waren alle Agrarier in höchstem Entzücken. Wir gingen gleich zu den Krassowskis, dort saß bereits Rafalski, aufgebläht vor Stolz. Unser Bürgermeister ist ein lieber und sympathischer Mensch, mais il n'a pas inventé la poudre; er kann keinen Schritt ohne Krassowski machen. Auch jetzt schreibt er sich alles selbst zu und erzählt allen, wie durchschlagend der politische Umsturz sei, den er durchgeführt habe. Niemand hörte ihm besonders zu, alle waren zu froh und glücklich. Krassowski brachte eine Flasche Liqueur und Kognak und alle tranken auf das »Eine, unteilbare Rußland«. Das war eine schöne Minute.

An diesem Tag wurde viel davon gesprochen, daß die Franzosen in der Nähe seien, daß wir bald zurückkehren würden. Wir beschlossen, noch einen Tag, Montag, den 12. November, zu warten und Dienstag nach Mogilew zurückzugehen. Obwohl uns abgeraten wurde, blieben wir dabei und schrieben sogar einen Brief an Nuditschka, in dem wir die Pferde für Dienstag zwei Uhr bestellten. Vorher war davon gesprochen worden, daß man unbedingt jemanden nach Jassy zu den Alliierten schicken und sie um Hilfe bitten müsse, aber jetzt, im Augenblick der Freude, verschob man den Gedanken auf später. So verging dieser Tag.

Von da an kamen aus Mogilew Tag für Tag verschiedene Nachrichten. Einmal hieß es, die Einheit wachse unaufhörlich, es seien genug Kräfte vorhanden, dann hörte man, daß sich rund um Mogilew immer mehr Banden versammelten, die einen Angriff vorbereiteten, daß man sich beeilen müsse, um Hilfe zu bitten.

Zwei Tage nach dem Umsturz ging Krassowski über die Brücke und traf Puschtschin. Damals war bereits entschieden, daß eine Delegation nach Jassy fahren solle. Puschtschin warf Krassowski die Verspätung vor; er sagte, daß sie zu wenig seien, daß die Banden immer größer würden und daß er im Fall eines Angriffs für den Ausgang nicht garantieren könne. Er bat Krassowski, sich mit der Fahrt nach Jassy zu beeilen. Sie fuhren am gleichen Tag: Rafalski, Krassowski, General Iltschaninov und

Boba. Das war am 13. Am Abend dieses Tages bekamen wir die Nachricht vom Tod des Leutnants Spiwatschewski. Das war der beste Offizier der Einheit, praktisch ihre Seele. Diese Nachricht machte hier einen tiefen Eindruck. Allen schien, daß die ganze Sache nicht ernst genug angegangen werde, wenn ihretwegen Menschen ihr Leben lassen müßten.

Unterdessen kamen hier immer neue Flüchtlinge an, vor allem Offiziersfrauen. Ihre Männer schickten sie fort, um im Ernstfall besser kämpfen zu können.

Der 14. November war ruhig, obwohl man wußte, daß sich in Mogilew immer größere Banden sammelten, daß die Stadt umzingelt war. An diesem Tag gingen einige unserer Agrarier hinüber, unter ihnen Dembicki und Lissner.

Auch am 15. war untertags alles ruhig. Abends gegen fünf Uhr kam die Frau von Oberst Ljubimov zu Papa: Der Oberst ließ Papa bitten, zum rumänischen Kommandanten zu gehen und ihn um hundert Mann zu ersuchen; diese würden nicht zum Kämpfen gebraucht; sie sollten bloß mit Maschinengewehren durch die Straßen patroullieren, das würde auf die bolschewistisch eingestellten Mogilewer Eindruck machen. Der Oberst ließ sagen, sie seien guter Stimmung; Verstärkung brauchten sie nicht. Mit Frau Ljubimova kam eine Welle von Mut. Alle lebten auf und wurden fröhlicher. Sie überbrachte uns auch das falsche Gerücht vom Herannahen der Alliierten, das so oft kolportiert wurde und an das alle weiter glaubten. Es halb uns, die Hoffnung auf einen baldigen guten Ausgang der Angelegenheit zu bewahren.

Wieder unterbreche ich, um zu vermerken, daß die Ereignisse des heutigen Tages noch nicht zu Ende sind. Um drei Uhr kam der Sohn des hiesigen Pfarrers aus Mogilew herüber – er wohnt in unserem Haus in der Sadowaja. Das ist das erste Lebenszeichen von Nuditschka seit dem 16. November. Dieser Bub versteht es, mit den Wachen auf der Brücke zu verhandeln, und konnte bis jetzt jederzeit hin- und hergehen. Er bringt schlechte Nachrichten; das einzig Gute ist, daß Nuditschka wohlauf ist.

Die Plünderung unseres Hauses hat begonnen. Sie begannen damit, die Pferde wegzuführen, sie nahmen die Futtervorräte, die Fässer mit Sonnenblumenöl und gelangten bis zu den Kleiderschränken. Nuditschka und der Pfarrer haben tapfer verteidigt, was sie konnten, aber sie werden schließlich nichts erreichen. Wenn die Plünderungen begonnen haben, kann man ihnen nicht mehr Einhalt gebieten. Ein Glück ist nur, daß das Haus bis jetzt bewohnbar ist. Wenn man beginnt, an verschiedene Lieblingsgegenstände zu denken, an unsere Tiere, an unser glückliches Leben zu Hause... Zu Hause! Wir haben keinen Platz mehr, den man als unser Haus bezeichnen könnte!...

Außer uns wurden heute auch noch die Jaruschinskis, die Bogudskis und Walewskis ausgeraubt. Bogudski wurde verhaftet, dann wieder freigelassen, danach neuerlich verhaftet. Jetzt ist er im Gefängnis. Jaruschinski und Walewski sind hier.

Ataki, 22. November (5. Dezember) 1918

Mamas Spanische Grippe läßt noch immer nicht nach. Das Fieber ist sehr hoch, die Mandeln schrecklich geschwollen. Gestern abend kam der Arzt und sagte, daß wir uns auch anstekken werden. Tatjana und Papa hatten die Grippe überhaupt noch nicht, ich schon zweimal. Alle Flüchtlinge leiden unter ihr.

Heute haben wir einige Einzelheiten über die Raubzüge in unserem Haus erfahren. Es scheint nicht so arg zu sein, wie es Boba beschrieben hatte... Die Banden kommen, um uns zu suchen, sie sagen, der Fürst und seine Familie seien schon zurückgekommen. Sie haben uns überall gesucht, sogar auf dem Dachboden; ich weiß nicht, was sie getan hätten, wenn sie uns gefunden hätten.

Broniza verhält sich ungewöhnlich ruhig. Sie beriefen eine Versammlung ein und beschlossen, daß alles an Ort und Stelle bleiben muß. Keine Scheune, weder der Zaun noch der Park wurden angerührt. Wir hatten über die Ernte des heurigen Jahres schon das Kreuz gemacht; das ist jedenfalls eine freudige Überraschung. Wir können sicher sein, daß es stimmt; ein Bauer kam zu Nuditschka und erzählte es ihr. Die Bauern sind mittlerweile gescheiter geworden, sie sehen, daß man nicht plündern kann, ohne dafür bestraft zu werden. Diese Ernüchterung ist eine sehr erfreuliche Erscheinung. In ihr liegt die Zukunft der Reaktion, auf ihr wird man ein neues, vernünftigeres Leben des Staates aufbauen können. Die Bauern werden mit der Zeit gefährlichere »Konterrevolutionäre« werden als die Offiziere und Gutsbesitzer.

Jetzt werde ich weiter erzählen, was hier in den letzten Tagen geschehen ist:

Am Abend des 15. November ging Papa auf Ersuchen von Oberst Ljubimov zum rumänischen Kommandanten Stefanescu, um ihn zu bitten, eine Einheit von hundert Mann nach Mogilew zu schicken. Major Stefanescu war sehr liebenswürdig, redete wie ein Buch und versprach, daß die Einheit noch heute Nacht hinüber gehen werde. In völliger Sicherheit, daß alles in Ordnung sei, trennten wir uns, um unsere Wohnungen aufzusuchen.

Gegen neun Uhr hörten wir plötzlich nahes Artilleriefeuer. Olga, Tatjana und ich zogen unsere Mäntel an und gingen hinaus, um zu erfahren, was das sein könne. Frau Ljubimova sagte uns, die Hundertschaft wolle Sulateckaja erobern und daß sich bei Serebrija, dem Gut der Krassowskis, sehr starke Banden angesammelt hätten. Wir haben keine Erfahrung, was Artilleriefeuer betrifft, und glaubten, daß die Unsrigen Serebrija oder Sulateckaja beschössen. Wir standen ziemlich lange im Hof und lauschten, beeindruckt vom schönen, mächtigen Klang des Abschusses, wie wir glaubten. In Wirklichkeit war es der Einschlag. Es war eine Batterie des Feindes, die Mogilew beschoß. Aus der Stadt antworteten Maschinengewehre und verstummten. Wir hörten dieser Musik in Ruhe zu; wir wußten nicht, daß nicht wir es waren, die schossen, und freuten uns, daß der Kampf endlich begonnen hatte und es den Genossen übel erging.

Auch Andrej ging hinaus, als er das Schießen hörte. Er wohnt höher oben am Berg als wir; von dort sieht man Mogilew. In der Stadt brannte kein elektrisches Licht, und in der Dunkelheit konnte man die Schüsse aus den Kanonen der Banditen ausgezeichnet sehen. Ungefähr eine halbe Stunde lang schwiegen unsere Geschütze, dann gaben auch sie ein paar Schüsse ab. In der Finsternis war ein gezielter Schußwechsel nicht möglich. Gegen zehn Uhr trat Stille ein. Zu dieser Zeit gingen Tatjana, Olga und ich nach Hause und legten uns friedlich schlafen, so als ob nichts gewesen wäre.

Der Beschuß begann am 16. November um sechs Uhr dreißig. Wir hörten lange diesem Lärm zu, unterhielten uns über den Kampf – darüber, daß die Unsrigen die Bolschewiken beschossen – oder über völlig belanglose Dinge. Gegen neun

Uhr, als wir noch nicht einmal fertig angezogen waren, stürzte Frau Krassowskaja zu uns herein. Sie war schrecklich aufgeregt und erzählte, daß riesige Banden von Bolschewiken die Lagerhäuser von Serebrija plünderten, daß es wegen ihrer guten Artillerie fast unmöglich sei, sie abzudrängen, und daß die Rumänen sich weigerten, über die Brücke zu gehen. Wir waren von diesen Ereignissen ziemlich erschüttert - gestern hatte alles noch so gut ausgeschaut.

Wir beeilten uns und gingen ins Freie; ich verzögerte mich um ein paar Minuten, weil ich Mamas Bett machte und ihr beim Waschen half. Ich trat allein vor die Tür und war verblüfft, wie schrecklich laut die Schüsse unter freiem Himmel waren. Gestern waren sie leiser und weniger zahlreich gewesen; jetzt spielte sich in einer Entfernung von einem halben Werst ein lebhafter Kampf ab. Artillerieschüsse von beiden Seiten, Maschinengewehr- und Gewehrschüsse, alles floß zu einer effektvollen, aber an den Nerven zehrenden Kampfsymphonie zusammen. Auf der Freitreppe pfiff eine Kugel an mir vorbei. Tatjana und Olga standen hinter dem Haus, zwischen zwei Steinwänden, bei ihnen waren Frau Krassowskaja und Frau Ljubimova. Dort war man sicher vor verirrten Kugeln.

Wir standen einige Zeit und horchten. Jetzt war der Ton unserer Abschüsse deutlicher zu hören, dann der ferne, leise Klang der Explosion. Die Abschüsse des Feindes waren weniger laut, mit immer anschwellender Stärke, dann kam der schreckliche Schlag der Explosion. Maschinengewehre bellten immer häufiger; Gewehrkugeln, manchmal einzeln, manchmal in ganzen Salven, zwitscherten nur so durch die Luft. Über den Platz kam mit schnellen Schritten Andrej. Dort pfiffen die verirrten Kugeln. Papa wollte abwarten, doch als er sah, daß der Kampf kein Ende nahm, schlug er sich auch zu uns durch.

Gegen zehn Uhr begannen auch die rumänischen Geschütze zu sprechen. Vom Berg hinter uns beschossen sie Mogilew mit Granaten- und Schrapnellfeuer, wobei die Schüsse eher nach Nemija gingen. Hier machte das einen noch größeren Eindruck als das frühere Feuer. Die Luft war erfüllt von einem ohrenbetäubenden Lärm; nach jedem Abschuß erfolgte ein derartiger Schlag, als ob der Himmel selbst entzweibrechen würde.

Jetzt glaubte niemand mehr an einen glücklichen Ausgang

des Kampfes. Es schien, daß unsere kleine Einheit von zweihundert Mann diese Kämpfe nicht überleben könne.

Olga und ich standen allein auf der Treppe, als der erste Verwundete gebracht wurde. In diesem Augenblick hatte die Schießerei ihren Höhepunkt erreicht; wir waren vertieft in den schönen und schrecklichen Anblick der über der Stadt explodierenden Schrapnells, als wir Stimmen hörten. Frau Iltschaninova kam mit einer Gruppe von Offizieren, die eine Tragbahre trugen. Ich erinnere mich nur mehr dunkel an diese Episode. Tatjana sagte, ich sei ins Zimmer gekommen und hätte gesagt, da wird ein Verwundeter gebracht, »but it is better not to look«. Ich glaube, ich wollte sagen, daß Mama nicht hinschauen soll. – Jetzt denke ich nicht ohne Scham daran, daß ich mich damals eben doch aufregte. Wahrscheinlich waren meine Nerven durch den Kampf, den wir zwar nicht gesehen, aber doch gehört hatten, sehr angespannt. Dieser blasse, blutverschmierte Verwundte, ein wirklicher Teilnehmer des von uns im Geist miterlebten Kampfes, rundete das Bild ab und beraubte uns für eine Minute unserer gewohnten Kaltblütigkeit.

Es entstand einige Verwirrung, alles lief durcheinander. Kinder kamen herein, sie wurden weggejagt, ein Bett wurde vorbereitet. Ich näherte mich Oberst Jürgens, der einer der Träger des Verwundeten war, und fragte:

»Kommen Sie direkt aus Mogilew?« und wollte hinzufügen »wie steht es?« Er hatte gerade nur Zeit, um »Ja« zu sagen, und trug die Tragbahre weiter. Dann drehte er sich zu mir um und sagte: »Sie sind doch auch aus Mogilew? Sind Sie es, die immer mit dem großen Hund spazieren geht?«

Ich wollte wissen, wie die Schlacht steht. Aus den Gesprächen der Offiziere konnte man entnehmen, daß alles verloren war. Das war alles, was ich wissen wollte; ausfragen wollte ich sie nicht.

Der zweite Verwundete wurde fast zur gleichen Zeit gebracht. Da es kein zweites Bett gab, rief ich Andrej und den ältesten Sohn unserer Hausfrau, und sie trugen meines heraus. Es wurde ins gleiche Zimmer gestellt, in dem schon der erste lag. Zum ersten Mal sah ich Verwundete, die direkt aus dem Feuer kommen. Bisher hatten wir nur jene gesehen, die ins Hinterland gebracht wurden. Beide waren furchtbar aufgeregt und begriffen scheinbar nicht ganz, was los war. Beide waren ungewöhnlich leicht verwundet; sie können Gott danken, daß sie so billig davongekommen sind. Die Hausfrau gab uns Bettwäsche, Tatjana und ich zogen sie aus, wir hoben sie auf die Betten und gaben jedem ein Glas Kognak. Es kam ein Arzt, der ebenso gut hätte wegbleiben können, denn wir hätten die Verbände besser gemacht als er. Die Verwundeten wollten sprechen; sie waren so aufgepulvert, daß sie nicht ruhig in ihren Betten liegen konnten; sie rutschten hin und her und erzählten. Tatjana und ich jagten die Kinder aus dem Zimmer und versuchten, sie zu beruhigen. Dann ließen wir sie allein.

Inzwischen ging die Kanonade immer weiter. Unser Häuschen erzitterte von oben bis unten. Aber jetzt schenkten wir diesen Tönen nur mehr geringe Aufmerksamkeit; jetzt wußten wir Bescheid, wie es auf einem Schlachtfeld aussieht. Das Verbinden der Verwundeten erfolgte ebenso ruhig wie in einem Spital im Hinterland. Nicht eine Minute dachten wir daran, daß eine Granate auch hier einschlagen könnte - völlig zu Unrecht, denn am selben Tag wurde auf dem Platz ein Jude verwundet und im Haus neben dem, in dem Papa und Andrej wohnen, explodierte ein Schrapnell, zum Glück in einem leeren Zimmer.

Gegen ein Uhr traten Olga und ich wieder hinaus auf die Treppe. Wir waren keine zehn Minuten dort, als wieder eine Prozession erschien: eine Gruppe von Offizieren mit einer Tragbahre, ihnen voran lief wieder Frau Iltschaninova. Diesmal war es nicht so einfach, wie bei den beiden ersten Verwundeten. Die Gesichter der Offiziere waren ernst: der Verwundete lag im Sterben.

»Geben Sie ihm Sauerstoff und spritzen Sie Kampfer. Er wird keine zwei Stunden mehr leben!« sagte uns Frau Iltschaninova. Sie erzählte, daß sie ihn in einer jüdischen Kaschemme gefunden habe. Es stellte sich heraus, daß Passanten ihn ausgezogen und seine Sachen versteckt hatten, in der Hoffnung, er werde sie nicht mehr brauchen.

Unsere Hausfrau protestierte, sie sagte, es sei kein Platz mehr, aber einen Sterbenden nicht aufzunehmen, wäre zu böse gewesen. Das ganze Haus lief zusammen, einige störten, andere halfen. Zum Schluß wurde der Verwundete unter allen erdenklichen Vorsichtsmaßnahmen in das zunächst gelegene Zimmer getragen und auf ein Notbett gelegt. Alle verließen den Raum außer Tatjana, mir und einem Offizier, der mit der Tragbahre gekommen war. Hinter der Bahre war auch mit verlorenem Gesichtsausdruck Jaroschinski erschienen. Ich konnte ihn gerade nur fragen, was mit seiner Frau und Antoscha sei. Er sagte, sie seien noch in Mogilew, dann verschwand er wieder. Der Offizier war so schwer an Spanischer Grippe erkrankt, daß er sich kaum auf den Beinen halten konnte; wir mußten ihn wegschicken. Ich begleitete ihn hinaus, fragte nach dem Namen des Verwundeten und bat ihn, die Angehörigen zu verständigen. Dann blieben Tatjana und ich allein.

Es war ein schwer zu ertragender Anblick: der Kranke lag regungslos, nur manchmal bewegte er zuckend den Kopf. Er war so blaß, daß sogar seine Lippen bläulich-weiß waren, jeder Atemzug war von einem kläglichen Stöhnen begleitet. Er hatte eine Verwundung in der Brust, direkt unter dem Herzen; er hatte so viel Blut verloren, daß der Mantel, auf dem er lag, vollkommen durchtränkt war. Was hätten wir tun können? Helfen konnte man nicht. Uns blieb nichts anderes übrig, als seinem Leiden zuzuschauen und unsere Machtlosigkeit zu spüren. Zur gleichen Zeit explodierten über Mogilew immer weiter die Granaten. Der Lärm der Einschläge veranlaßte den Kranken, unruhig die Augen zu öffnen. Ein Sanitäter erschien - der Arzt hatte sich geweigert zu kommen; mit vereinten Kräften machten wir einen Verband. Dann blieben wir wieder allein. So verging die Zeit. Wir gingen abwechselnd etwas essen; ich konnte mich kaum zwingen, ein paar Bissen hinunterzuschlucken.

Ich erwartete jede Minute, daß der Verwundete stirbt. Ich habe nie gesehen, wie Menschen sterben. In der Zwischenzeit hatte Mama Medikamente beschafft: wir konnten zwar dem weisen Rat von Frau Iltschaninova, ihm eine Kampferinjektion zu geben, nicht folgen, aber Mama hatte in ihrer Hausapotheke homöopathischen Kampfer. Danach wurde ihm besser, er sprach sogar ein paar Worte. Da beschlossen wir, ihn ins Landeskrankenhaus zu transportieren. Das Krankenhaus befindet sich vier Werst von Ataki; niemand wollte den Kranken so weit tragen. So heuerte Papa vier rumänische Soldaten an, die sich bereit erklärten, ihn für vierzig Rubel auf der Tragbahre hinzutragen. Unter größten Anstrengungen legten wir ihn auf die Bahre, die Rumänen trugen ihn fort.

Zu dieser Zeit - es war ungefähr vier Uhr - hatte das

Schießen fast aufgehört. Die Stadt war in den Händen der Bolschewiken. Alle Offiziere, die konnten, retteten sich über die Brücke und kamen nach Ataki.

Als alles vorbei war, ging ich in das Zimmer, in dem Mama schläft. Es war leer. Ich setzte mich auf einen Stuhl. Ich fühlte mich so schrecklich müde, daß ich dasaß und nicht einmal einen Finger rühren wollte. Es dämmerte. Nicht einmal denken wollte ich an das, was geschehen war, geschweige denn, was kommen werde. Andrej kam herein, der anscheinend ebenfalls die Einsamkeit suchte. Wir saßen, sprachen manchmal ein paar Worte. In den Ohren dröhnte der Lärm des heutigen Tages; mit großer Deutlichkeit sah ich vor mir weiter die Explosionen; jetzt, da alles still war, preßte sich das Herz voll Schrekken zusammen bei der Erinnerung an diese Töne.

Von diesem Tag an riefen die Rumänen den Belagerungszustand aus; nach sechs Uhr darf man nicht mehr auf die Straße. Papa, Andrej und Boba gingen früh, alle waren erschöpft und schläfrig. Befürchtungen der verschiedensten Art, Erinnerungen und Ängste haben am Abend dieses denkwürdigen Tages die Herzen vieler bewegt. Aus Mogilew hörte man einzelne Gewehrschüsse. Bei jedem hatte man den Eindruck, daß einer von den Unsrigen erschossen wird.

Unsere Abteilung hat tapfer gekämpft. Hundertsiebzig Mann standen gegen Tausende, wobei sie dreimal im Sturm den Bahnhof genommen und mehrere Stunden lang verteidigt haben. Aber auf der anderen Seite waren zu viele, sie haben gesiegt. Besonders ausgezeichnet hat sich »unsere« Hundertschaft. Sie waren abgeschnitten, haben sich aber durchgeschlagen und am tapfersten von allen gekämpft. Auf unserer Seite sind die Verluste nicht hoch: sechzehn Tote, zweiunddreißig Verwundete. Bei den anderen soll es fast vierhundert Tote gegeben haben. Anscheinend gibt es auch hohe Verluste unter der Zivilbevölkerung: allein im Jüdischen Spital liegen fünfzig Verwundete, darunter viele Kinder. Mogilew ist in den Händen der Räuber geblieben.

Ataki, 24. November (7. Dezember) 1918

Zum ersten Mal im Leben habe ich vergessen, daß ich heute Namenstag habe. Dann habe ich mich daran erinnert und es Tatjana und Olga gesagt, die es beide auch vergessen haben.

Als ob derlei Dinge jetzt überhaupt eine Bedeutung hätten!

Mamulitschka ist sehr krank, sie hat Rotlauf. Während der Arzt bei ihr war und seine Anordnungen gab, bin ich bei der Tür gestanden, um zuzuhören, plötzlich habe ich gefühlt, daß mir schlecht wird und daß ich gleich umfallen werde. Zum Glück ist Olga daneben gestanden. Die Revolutionserlebnisse hinterlassen ihre Spuren. Mamas Temperatur ist heute fast normal, aber sie hat eine scheußliche Geschwulst im Gesicht. Der Arzt sagt, daß es mindestens zwei Wochen dauern werde.

Heute hat Oberst Jürgens eine Nachricht von Oberst Puschtschin bekommen. In der Freiwilligenarmee weiß man schon, was hier geschehen ist. Unsere Mogilewer Einheit, die sich jetzt in Okniza befindet, soll nach Galatz fahren und von dort, zusammen mit den Franzosen, Podolien besetzen. Das ist eine gute Nachricht. Vielleicht werden diese Franzosen eines Tages aufhören, ein Mythos zu sein und sich in Wirklichkeit verwandeln. Nur waren wir halt schon sehr lange darauf. Ein Glück, daß jetzt alle Gefühle so abgestumpft sind, daß man sogar das Warten gleichgültig hinnimmt. In ein paar Tagen fährt auch Boba nach Galatz, um sich der Einheit anzuschließen.

Ataki, 26. November (9. Dezember) 1918

Heute geht es Mama etwas besser: sie hat kein Fieber, hat mit Appetit eine Bouillon mit Grieß gegessen, ihr Allgemeinbefinden ist besser, nur die Geschwulst im Gesicht ist immer noch gleich groß.

Es kommen wieder Burshui herüber. Die erste Zeit nach dem 16. November gelang es niemanden, sich über den Dnestr zu retten. Jetzt wurde eine neue Möglichkeit gefunden: einmal am Tag fährt ein Schiff über den Fluß. Das ist mit einem gewissen Risiko verbunden, weil die Rumänen die Passagiere nicht immer an Land gehen lassen. Aber auch hier wurde ein Ausweg gefunden: Auf diesen Schiffen kommen ganze Gruppen von Kriegsgefangenen herüber; ihnen schließen sich unsere Kollegen an, die natürlich ebenso zerrissene Militärmäntel tragen und ausschauen, wie es sich für hungrige Kriegsgefangene gehört. Der erste, der auf diese Weise geflohen ist, war der Sohn von Dembicki. Mit uns essen jetzt Jaroschinski und Zalesski, die von unserer Hausfrau verköstigt werden; von ihnen erfahren wir verschiedene Neuigkeiten.

Die ganze Familie Dembicki war bereits einige Tage vor dem 16. in Ataki. Am Tag vor dem Kampf hatten sie die verrückte Idee, nach Mogilew zurückzukehren. Natürlich sind sie dort steckengeblieben. Dembicki, der Vorsitzender der »Gesellschaft der Agrarier«, stand auf der Liste der Bolschewiken. Er verkleidete sich, rasierte Bart und Schnurrbart ab und versteckte sich mehrere Tage in einem Keller. Dann gelang es ihm irgendwie, in der Nacht in einem Boot herüberzukommen, wobei ihn die Rumänen mit Gewehrkolben verdroschen haben. Zalesski hat das komisch dargestellt, aber ich glaube nicht, daß es komisch war. Dann kam sein Sohn, verkleidet als Kriegsgefangener. Zalesski erzählte, daß er einen unbeschreiblichen Mantel und eine Militärmütze anhatte und seine anständige Kleidung in einem Sack mitführte.

Auch Dembickis Tochter kam mit dem Schiff, aber sie hatte eine Reihe von Hindernissen zu überwinden. Auch sie kam als Kriegsgefangener verkleidet, aber zum Unglück entdeckte sie beim Aussteigen Krassowski, der zur Landestelle gekommen war. Das ist jetzt der beliebteste Ort für die Spaziergänge der »Flüchtlinge«. Als sie ein bekanntes Gesicht sah, beging sie die Unvorsichtigkeit, die Kapuze zu lüften und ihm zuzulächeln. Dieser ging hin und wollte ihr beim Aussteigen helfen. Da bemerkte der rumänische Soldat, daß hier etwas nicht stimmte, er packte die Dembickaja und zog sie zu sich. »Ich ziehe sie zu mir, der Rumäne zu sich«, erzählt uns Krassowski, »ich sehe, daß die Sache nicht günstig steht und tue jetzt schon so, als ob ich sie nicht kennen würde. Ich laufe zum Kommandanten, damit er sie rettet, und treffe unterwegs Dembicki und Viktor. Im gleichen Augenblick kommt ein Jude vom Ufer und schreit, daß die Rumänen sie prügeln. Wir laufen zurück, Dembicki brüllt, daß das seine Tochter, Viktor, daß das seine Frau sei. Die Rumänen hören auf niemanden und jagen sie mit Kolbenschlägen zurück aufs Schiff. Ich habe auch etwas abgekriegt, aber nicht sehr stark«, beendet Krassowski seine Erzählung.

Ataki, 1. (14.) Dezember 1918

Mein Geburtstag. Ich bin wieder um ein Jahr älter geworden: Ich bin jetzt dreiundzwanzig!

Ich weiß nicht, warum ich seit dem frühen Morgen so entsetzlich schlecht aufgelegt bin. Mir sind »Läuse über die

Fürstin Sayn-Wittgenstein. Um 1925

Leber gelaufen«, alles erscheint so widerlich und abstoßend. Wenn man anfängt, Trübsal zu blasen, kann man schwer aufhören. Man grübelt immer weiter und wird zum Schluß verrückt. Die Gegenwart ist scheußlich, die Zukunft zeichnet sich in düsteren Farben ab, nur die Vergangenheit erscheint wie ein schöner Traum. Unwillkürlich kommt einem der Gedanke in den Kopf, daß es die besten Jahre des Lebens sind, die hier in dieser Situation verstreichen, daß es uns nie gelingen werde, aus dem Unglückskreis auszubrechen, der sich um uns geschlossen hat und der, ständig enger werdend, droht, uns ganz zu erdrücken.

Und dabei möchten wir doch leben! So leben, wie früher alle, ein glückliches, volles Leben. Warum fällt mir das Los zu, in diesem Loch zu verkommen, wenn früher junge Menschen wie ich das Leben genossen haben, ohne überhaupt nur daran zu denken, daß es auch anders sein könne? Wer ist an unserem Unglück schuld? In unserem Stand waren unsere Vorfahren schuldig vor dem Volk. Kann es sein, daß wir jetzt für ihre Sünden büßen müssen? Ein ausgewogenes Maß am Leid der gesamten Menschheit, damit die Welt in Harmonie ist? Wenn ich wenigstens davon überzeugt wäre, daß die Sünden der Menschheit durch die Leiden eines anderen Teils der Menschheit gesühnt werden - es wäre leichter!

Vor drei Tagen ist Nuditschka herüber gekommen. Sie war verkleidet, weil man sie sucht, und ist auf dem Schiff mitgefahren, obwohl sie große Angst hatte. Sie hat uns Geld und etwas Wäsche gebracht, alles was sie selbst anziehen konnte. Aber der Hauptzweck ihrer Fahrt war, uns zu warnen, daß man uns die ganze Zeit beobachtet, daß unser Leben nur durch die Rumänen gesichert ist, daß sie uns im Moment, wenn der Dnestr zufriert, holen werden, weil jeder Genosse in Mogilew unsere Adresse und die Adressen der anderen Gutsbesitzer in Ataki kennt. Was mußte Nuditschka empfinden, wenn sie das jeden Tag hören mußte! Man sieht in ihrem Gesicht, was sie in den letzten Tagen erlebt hat. Man sieht, wie ihre Seele gelitten hat. Für mich ist Nuditschka ein völlig außergewöhnlicher Mensch. Wenn es noch jemand derart Selbstlosen und Opferbereiten gibt, so ist das eine ganz große Seltenheit. Sie ist direkt eine Heilige.

Nuditschkas Berichte versetzten uns in tiefe Niedergeschlagenheit. Sie war in einer ärgeren Lage als viele andere, weil sie in unserem Haus wohnt. In der ersten Nacht nach den Kämpfen stürmten neun bewaffnete Bandenmitglieder das Haus. Immer die gleiche Frage: »Wo sind die Gutsbesitzer?«, immer die gleichen Drohungen. Dann begann der Raubzug. Danach quartierten sie sich im Wirtschaftstrakt ein. Ins Haus kommen sie, um Sitzungen abzuhalten, zu essen und sich zu unterhalten. Bei dieser Gelegenheit hört Nuditschka, was sie sagen: Umbringen, vernichten, verhaften, ausplündern! Das alles ist ja »Herrschaftsbesitz«, das heißt, es gehört ihnen, die »Herrschaften« müssen ausgerottet werden. »Wehe ihnen, wenn sie nach Mogilew zurückkommen! Nicht bloß nach einem Monat werden wir sie finden, auch noch nach einem Jahr! Wenn der

Fürst Sayn-Wittgenstein. Um 1925

Fluß endlich zufriert und wir hinüber können, um sie zu erwischen ...«, immer über das gleiche Thema ...

Seit Nuditschka bei uns war, ist die Stimmung sehr schlecht. Alle schleichen herum, als ob man sie ins Wasser getaucht hätte. Nach ihrer Rückfahrt waren alle noch geknickter. Gestern gegen elf Uhr ist sie zurückgefahren, wobei die Rumänen auf das Schiff geschossen haben, jedoch wurde zum Glück niemand verwundet.

Seit fünf Tagen kommen zwei junge Pawlows, die auch aus Mogilew geflohen sind, zu uns zum Essen. Sie sind schreckliche Pessimisten. Wenn man ihnen glaubt, kann nichts Gutes mehr kommen, alles ist verloren. Es steht überhaupt nicht dafür, sich zu wehren, etwas zu unternehmen, da sowieso nichts mehr zu retten ist. Sie glauben nicht an die Hilfe der Verbündeten, sie sagen, daß die Revolution auch in England und Frankreich ausbrechen werde. Solche Gespräche finden jetzt einen günstigen Nährboden, diese Stimmung ist ansteckend. Wenn es rundherum nichts Erfreuliches gibt, man an nichts mehr glaubt und noch dazu täglich solche Reden zu hören bekommt, so kommt man selbst in die verzweifeltste Stimmung.

Die Pawlows sind allerdings unschuldig: Seit Beginn der Revolution sind alle nur möglichen Schicksalsschläge über sie hereingebrochen. Ihr Vater war General und Papas Kollege im Pagenkorps, er hatte ein großes Gut im Königreich Polen und ein kleineres in unserem Bezirk. Er war fast Millionär. In ihr Haus in Podolien hatten sie im Laufe vieler Jahre von ihren Auslandsreisen die verschiedensten Kostbarkeiten gebracht, es war ein Palast und ein Museum. Natürlich wurde es geplündert, die Wertgegenstände nach Odessa gebracht; dort sind sie zugrunde gegangen. Drei Wochen vor unserer Flucht erkrankte der alte Pawlow an Typhus. In Mogilew lebten sie in einem winzigen Häuschen in zwei Zimmern, fast ohne Möbel, denn sie hatten nichts vom Gut gerettet. Drei Tage vor Beginn des Kampfes hörten wir, daß er gestorben ist. Es hat uns alle tief beeindruckt ...

Gestern wurde hier eine Panichida, der Totengottesdienst, für den alten Pawlow gelesen. In der armseligen, kalten Kirche waren nur Tatjana, Papa, Olga, Andrej, ich und die beiden Brüder Pawlow. Ein alter moldauischer Priester und ein ärmlicher Diakon haben irgendwie besonders kläglich zelebriert. Die ganze Atmosphäre machte einen niederschmetternden Eindruck. Unwillkürlich mußte ich daran denken, daß man vor zwei Jahren diese Panichida in einer Petrograder Kirche zelebriert hätte, unter Teilnahme einer riesigen Menge von Freunden und Bekannten. Der Unterschied ist ebenso groß wie der zwischen dem Leben dieses Menschen, das im Luxus verlaufen ist, und seinem Tod in der Bettleratmosphäre in Mogilew. Eigentlich ist es ja egal, in welcher Kirche man für das Seelenheil eines Verstorbenen betet. Trotzdem hat es mich tief berührt.

Ich glaube, wir haben in Ataki nichts mehr zu suchen. Es werden verschiedene Pläne für die Abreise gemacht. Papa war gestern beim Kommandanten Stefanica, um ihn um Passierscheine zu bitten. Er war sehr liebenswürdig, hat fast in jedem Satz »Mon prince« gesagt und geschworen, daß wir in zwei Wochen zu Hause in Mogilew sein werden. Passierscheine gibt er uns, sobald wir wollen.

Jetzt überlegen wir, ob wir wegfahren sollen, und wenn ja, wohin. Papa ist für Czernowitz, denn dorthin kann man halbwegs normal reisen; man muß nur einmal in Novosselitza umsteigen und kommt im allgemeinen in vierundzwanzig Stunden hin. Man könnte auch nach Jassy oder nach Bukarest fahren, oder nach Constanza und von dort mit dem Schiff auf die Krim. Aber das ist alles viel komplizierter. Von Belzy nach Jassy gibt es eine von den Rumänen im Krieg gebaute Eisenbahn. Sie wurde nicht auf einem Unterbau errichtet, so daß, wenn der Zug fährt, die Waggons von einer Seite auf die andere schaukeln, besonders in der Tauwetterperiode. Manchmal schwimmen die Schienen ganz weg, und man kann nicht fahren.

Es gibt noch eine andere Schwierigkeit: Wir haben wenig Geld bei uns. Jetzt haben wir etwa dreizehntausend Rubel, das ist in den heutigen Zeiten gar nicht viel. Das Geld liegt weiter auf der Bank und in der Stadtkasse. Die heurige Ernte in Geld zu realisieren, ist uns nicht gelungen. Man hat Papa vorgeschlagen, um sechshunderttausend die Fabrik zu verkaufen, aber auch das wurde nicht mehr durchgeführt. Hier verbrauchen wir am Tag mehr als hundert Rubel. Wenn schon in Ataki die Ausgaben so groß sind, was wird erst in Bukarest oder Jalta sein? Wenn die Zeiten ruhiger wären, könnten wir einen Bankkredit bekommen, aber im Augenblick ist Geld nirgendwo zu beschaffen.

Ataki, 2. (15.) Dezember 1918

Boba rät zu Czernowitz, aber ich möchte nicht dorthin. Ich möchte in Rußland bleiben, nicht ins Ausland fahren. Höchstens in die Schweiz, wenn man viel Geld hat? Aber es gibt kein Geld, und in die Schweiz will ich auch nicht.

Heute hat Frau Malinowskaja erzählt, daß in Odessa überhaupt keine Alliierten sein sollen; die Stadt soll von Petljuraleuten erobert worden sein, ebenso Kiew. Ist es möglich, daß diese Gerüchte wahr sind, oder sind sie eine üble Provokation? Was können wir hier in diesem Nest Ataki wissen? Alle lügen wie gedruckt. Jetzt haben wir eine Quelle, aus der wir vielleicht die Wahrheit erfahren werden: Gestern sind die Brüder Pawlow nach Jassy abgereist und werden uns von dort telegrafieren. Natürlich ist es nicht möglich, en toutes lettres zu schreiben, aber Papa hat mit ihnen eine Geheimsprache ausgemacht. Die Alliierten werden zum Beispiel »Brüder« heißen. Außerdem müssen sie uns mitteilen, ob die Strecke nach Jassy sehr schlecht ist, ob man dort unterkommen kann, ob es etwas zu essen gibt und so weiter. Die Pawlows werden versuchen, beim Stab der französischen Armee unterzukommen, weil sie sehr gut Sprachen sprechen. Sie haben Boba aufgefordert, mit ihnen zu fahren. Sie sind unglaublich geschickt; während des Krieges haben sie ähnliche Pöstchen beim Hauptquartier in Mogilew-Gubernski gehabt. Das sind Leute, wie man sie oft in der Petersburger und Garde-»Welt« antrifft: sie tun nie etwas selbst, immer gibt es jemanden, der alles für sie erledigt. Überall haben sie Bekannte, die bereit sind, ihnen alle Wege zu ebnen. Sie gehören zu einem Menschentypus, gegen den loszuziehen die Demokraten am meisten recht haben. Sie sind »äußerste Rechte«, wie ich noch nie jemanden gesehen habe. Ich bin auch eine Monarchistin, aber Ansichten wie den ihren könnte ich niemals beistimmen. Sie sind entweder blinde Monarchisten oder nur dickköpfig.

Die Genossen in Mogilew sagen, daß die ganze Ukraine in ihrem Besitz sei, deshalb herrscht große Freude und alles böllert in die Luft. Mittlerweile haben sie verlautbaren lassen, daß sie eine Kontribution von zwei Millionen Rubel eintreiben werden. Die ersten zwei Millionen, vielmehr eine Million zweihunderttausend Rubel hat Majewski eingesteckt und ist mit ihnen durchgegangen. Jetzt sammelt Genosse Kirienko sein Reisegeld.

Hier behaupten einige, daß die Alliierten in Slobodka sind. Auch die Rumänen schwören, daß sie bald den Dnestr überschreiten werden. Alle diese Geschichten über die Alliierten rufen jetzt nur mehr Wut hervor! Alle erwarten sie als Verteidiger und Retter, aber sie kommen und kommen nicht. Ich fange jetzt an, die Haßgefühle zu verstehen, die die Petrograder gegen sie empfunden haben. Menschen gehen zugrunde, aber sie wollen nicht verstehen, daß sie uns retten könnten. Natürlich interessieren sie sich überhaupt nicht für uns. Zeitweise fühle ich, wie ich langsam aber sicher immer gemeiner werde. Das Leben in einem Loch wie Ataki geht nicht spurlos vorüber. Langsam sinken wir immer tiefer; wir gehen durch alle Kreise der Danteschen, wenn nicht Hölle, so doch des Fegefeuers. Als wir aus Petrograd nach Broniza kamen und es hieß, daß wir jetzt hier leben werden, dachte ich oft »Den ganzen Winter in Broniza!!!« Dann sind wir nach Mogilew übersiedelt. Ich erinnere mich an den Widerwillen, den dises verschlafene Städtchen in mir hervorgerufen hat: »Was, in Mogilew sollen wir leben?!« Dann haben wir uns an Mogilew gewöhnt.

Jetzt befinden wir uns im dritten Kreis. Verglichen mit Ataki war Mogilew, das heißt die Sadowaja Nr. 16, ein Paradies. Was kommt nach Ataki?

Ataki, 3. (17.) Dezember

Ich habe noch nicht beschrieben, wie dieses Ataki ist und wie wir hier leben. Es ist eine jüdische Kleinstadt auf dem rechten Dnestr-Ufer, gegenüber von Mogilew. Das Zentrum von Ataki und das Aristokratenviertel ist der große, schäbige Hauptplatz oder »Majdan« (Platz auf moldauisch, Anm. d. Übers.). Hier stehen die schönsten Häuser; an einem Ende ist die Kirche. Die belebteren Plätze sind der alte und der neue Markt. Das Städtchen besteht aus vielen schrecklichen, schmutzigen kleinen Straßen und Gassen mit halbzerfallenen, krummen Häuschen, die von Menschen überquellen.

Um so eine Straße zu beschreiben, braucht man einen größeren Schriftsteller als mich. Wenn ich ab und zu durchgehe, diesen Schmutz, die Armut und alles Trostlose, Verfallene sehe, kommt es mir wie ein Alptraum vor. Die Haare stehen einem zu Berge bei dem Gedanken, daß man hier leben kann! Von überall kriechen alte Juden und Greisinnen heraus, die wie Hexen ausschauen, und schmutzige kleine Kinder. Junge Leute sieht man kaum, sie machen irgendwo Geschäfte. Und alle diese Leute begaffen uns mit der Neugierde von Wilden.

Unsere ganze Flüchtlingskolonie wohnt auf dem Majdan. Wir sind im Haus des Notars untergebracht, im schönsten von Ataki. In diesem Haus haben wir zwei Zimmer, in denen der weibliche Teil der Familie wohnt. Papa und Andrej wohnen im Haus des Pfarrers, Boba hat ein kleines Zimmer im gleichen Haus wie die Krassowskis. Zu Beginn unseres Abenteuers, wenn sich die »Flüchtlinge« trafen, fragten sie: »Haben Sie ein Bett?« und »Gibt es in Ihrem Zimmer andere unliebsame Bewohner?« Was das betrifft, ist unser Quartier besonders schlecht. Für uns vier gibt es nur ein Bett und einen kleinen, kaputten Diwan. In einem Zimmer gab es im Anfang Wanzen, die wir mit dem vorsorglich mitgebrachten Pulver vertrieben haben. Hier weiß man nicht einmal, was das ist. Vor Wanzen habe ich echt Angst, »ärger als vor tollwütigen Hunden«, wie Mama sagt. Es gibt Leute, die vor Fröschen, Mäusen oder Spinnen Angst haben; ich fürchte mich vor Wanzen, obwohl ich nie etwas mit ihnen zu tun hatte.

Als wir ankamen, erhielten wir zwei Betten, einen Diwan und ein Sofa. Sie waren so schrecklich, daß man auf ihnen nicht schlafen konnte: im Diwan Wanzen, das Sofa war kaputt. Wir waren ganz verzweifelt. Schließlich schlief Mama in einem Bett auf drei Matratzen, Tanja auf dem Sofa ohne Matratze, ich auf dem Diwan, überschüttet mit Wanzenpulver, und Olga auf einem Berg verschiedener Sachen auf dem Boden. So konnte es nicht weitergehen. Papa beschaffte für Mama ein anständiges Bett mit Gittereinsatz und zwei Matratzen vom Pfarrer, Tatjana verlängerte ihr Sofa durch einen Stuhl und legte eine Matratze darüber; das Loch dazwischen wird mit allem, was man findet, ausgestopft. Ich versuchte, auf dem Diwan zu schlafen, doch als ich eines Morgens neben meinem Kopfpolster eine dicke Wanze fand, packte ich meine Sachen und übersiedelte auf den Boden. Olga und ich teilten uns die Matratzen und richteten uns ganz gut ein, aber nach einer neuen Flüchtlingswelle nahm mir unsere Hausfrau die drei Polster weg, die ich auf die Matratze gelegt hatte. Jetzt schlafen wir so: Mamulitschka allein im kleinen Zimmer in ihrem mehr oder weniger erträglichen Bett. Das große Zimmer fungiert als Nachtasyl: Tatjana liegt auf ihrem angestückelten Bett, ich auf dem Boden neben dem Ofen und Olga auf dem Boden in der Ecke, unter dem Klavier. Tagsüber wird alles weggeräumt, abends werden aus dem kleinen Vorzimmer neben uns, das kalt ist und als Abstellraum dient, Matratzen, Decken, Polster herausgeholt. Jede sucht ihre Sachen und richtet sich für die Nacht ein; wenn alles ausgebreitet ist, ist es schwierig, sich im Zimmer zu bewegen.

Morgens gegen zehn Uhr dreißig kommt Andrej und bringt uns Weißbrot. Wir trinken Kaffee und, wenn das Geschirr abgeräumt ist, gehen wir auf den Markt. In der ersten Zeit war es lustig; es ist nur schade, daß wir nicht handeln können. In Ataki ist es schwer, inkognito zu bleiben. Wir kommen zu einem Stand, bei dem Obst zu haben ist: »Gute Äpfel, aus Eurem

Garten«, sagt ein Moldauer mit listigem Gesicht. »Aus welchem Garten?« fragen wir. »Na, aus Broniza! Gute Äpfel!« antwortet er.

»Seid Ihr nicht aus Broniza? Ihr seid doch die Herrschaft von Broniza!« müssen wir uns fast jeden Tag sagen lassen. Die arme Nuditschka, die gedacht hat, daß wir hier gut versteckt sind, hat sich sehr geirrt. Kaum hatten wir die Brücke hinter uns und setzten uns in die erste Kutsche, schaute uns der Kutscher einige Zeit an und fragte dann: »Sind Sie aus Broniza?« und auf unsere bejahende Antwort: »Ist es dort wirklich so schlecht?«

Einige Tage wußten die Bewohner von Ataki nicht, wer wir sind. Da damals Gerüchte umgingen, daß die Alliierten im Anzug seien, setzte jemand die originelle Ente in Umlauf, daß wir drei keine Frauen seien, sondern französische Aufklärer: »Sie sind so groß, haben rote Wangen und ungewöhnliche graue Mäntel und Stiefel an«. Diese Version hielt sich aber nicht lange, bald wußten alle, wer wir sind. Ein Beispiel: Tanja geht über den Majdan und hört hinter sich eine Frauenstimme: »Schau, die Tochter des Fürsten, aber sie hat Stiefel an!« Es stellte sich heraus, daß es eine Wäscherin aus der Gutsverwaltung war, die andere hatte auch dort gearbeitet. Beide haben gut verdient, und beide waren zufrieden.

»Hat die Herrschaft jemals jemanden bestohlen? Jetzt unterdrücken die reichgewordenen Bauern die armen Leute«, sagen diese Weiber. Immer das gleiche Lied! Welchen armen Landarbeiter man auch fragt, alle sagen das gleiche. Das ist eine gesunde Basis für eine Konterrevolution.

In der ersten Zeit, als alle noch voll freudiger Erwartungen waren, trafen sich die Mitglieder unserer Kolonie auf dem Majdan und erzählten sich gegenseitig die Neuigkeiten. Wir sitzen zu Hause und wissen alles, was in Ataki los ist. Jetzt sind trübe Zeiten angebrochen, allgemein herrscht Melancholie, niemand glaubt mehr irgend etwas; viele, die müde geworden sind, auf bessere Zeiten zu warten, sind weggefahren oder reden nur davon. Mir scheint, alle haben vor, nach Czernowitz zu übersiedeln. Ich will gar nicht daran denken, daß ich vielleicht wieder ins Hotel Bristol in das schmutzige Zimmer voll von Wanzen kommen könnte und in den »Schwarzen Adler« essen gehen müßte.

Ataki, 5.(18.) Dezember 1918

Die neuesten Gerüchte: Heute kam aus Woltschanzy eine Lokomotive und brachte die Nachricht, daß die Alliierten schon vor zwei Tagen Slobodka genommen haben und heute in Belzy eingetroffen sind. Hier haben viele wieder neuen Mut gefaßt. Andere sagen, daß in Mogilew Hochbetrieb herrsche: Große Wagenkolonnen sollen ununterbrochen die Stadt verlassen; auf dem jenseitigen Ufer patrouillieren Soldaten und beschießen die Boote, wenn es jemand riskiert, über den Fluß zu setzen. Kirienko hebt eine Kontribution von zweihunderttausend Rubel ein; die Juden haben aber abgelehnt zu zahlen. Es heißt, daß die Bolschewiken gedroht haben, die Stadt zu plündern. Wenn das wahr ist, so wittern sie etwas Unangenehmes.

Jetzt würde nur noch fehlen, daß sie die Brücke sprengen, wie bei ihrer ersten Flucht im Februar. Uns wäre das sehr unangenehm, obwohl es ein sicheres Zeichen wäre, daß es ihnen schlecht geht. Erstens steht unser Haus so nahe bei der Brücke, daß damals bei der ersten Sprengung hier alle Fenster herausgeflogen sind, zweitens wäre unsere Übersiedlung auf die andere Seite wesentlich schwerer zu bewerkstelligen – falls es uns beschieden sein sollte, wieder hinüber zu kommen. Meine arme Nuditschka! Mein Herz schmerzt, wenn ich an sie denke. Was erlebt sie jetzt? Wenn ihr nur nichts Böses angetan wird!

Ataki, 6. (19.) Dezember 1918

Eigentlich habe ich gar keine Lust zu schreiben, doch meine trübe Stimmung ist so stark, daß ich mich irgendwie ablenken muß. Den ganzen Tag sitzt man herum, weiß nicht, was man tun und wie man sich beschäftigen soll. Man ärgert sich über alles, alles geht einem auf die Nerven. Überhaupt vertrage ich die Verbannung in Ataki immer weniger ...

Die Bahnstrecke zwischen Belzy und Jassy ist völlig kaputt und unbefahrbar. Sie war schon unbenützbar, als Boba nach Jassy fuhr. Es heißt, daß die Alliierten in Falenty sitzen und nicht weiterfahren können. In Belzy ist auch unsere Einheit steckengeblieben, die nach Jassy verlegt worden ist, das heißt auch Zalesski, Lissner und die beiden Pawlows. Stefanica hatte geschworen, daß die Strecke bereits gerichtet sei, sonst

Die Verfasserin. 1931. Ch. Muther, Kreide. 1931

wären sie nicht gefahren. Wir haben uns gewundert, warum sie uns das versprochene Telegramm nicht geschickt haben. Jetzt ist es verständlich.

Heute sind Rumänen zu uns gekommen, um eine Wohnung und Stühle für eine Versammlung zu suchen. Sie sagten, daß sie bald so zahlreich sein würden, daß sie alle Wohnungen bräuchten. Boba hat erfahren, daß eine Infanteriebrigade herkommt. Stefanica bemüht sich, unsere Kolonie zu überreden, nicht wegzufahren, sondern ruhig in Ataki zu bleiben. Er schwört, daß nicht die geringste Gefahr bestehe. Im Moment denkt niemand an eine Gefahr; heute herrscht eine so gute Stimmung, daß niemand aus Ataki wegfahren will.

Ataki, 9. (22.) Dezember 1918

Ich langweile mich so, daß ich glaube, ich werde bald verrückt! Gestern war es ein Monat, seit wir in diesem verfluchten Nest herumsitzen. Ab und zu werde ich rasend vor Wut, ich ärgere mich über alle und möchte allen Unannehmlickeiten sagen. Wenn dieses Dahinvegetieren so weiter geht, weiß ich nicht, was aus uns allen werden wird. Die Stimmung wird immer schlechter, man gerät sich wegen Nichtigkeiten in die Haare.

Vor drei Tagen stürzte Krassowski zu uns herein: die Rumänen hätten Andeutungen gemacht, daß es hier gefährlich sei, daß etwas geschehen werde, und ein Offizier habe leise hinzugeflüstert, daß es noch in der gleichen Nacht Unangenehmes geben könnte. Unsere Agrarier haben Angst bekommen; sie haben sich einen Ruck gegeben und sind gestern weggefahren - das heißt, sie sind nicht weggefahren, weil sie den Zug in Woltschanzy versäumt haben! -: die Familien Krassowski, Wlassov und Bresenski. Die Lissners hätten mit ihnen fahren sollen, aber sie haben es sich in letzter Minute anders überlegt.

Unsere Kolonie hat sich in zwei Lager geteilt: in die Optimisten und die Pessimisten. Die ersten glauben trotz allem, daß sich etwas ereignen und die Lage zum besseren wenden werde. Ein Verwandter von Bogudski hat mit eigenen Augen in Jassy Franzosen gesehen; er sagt, daß sie in Richtung Ackerman-Bendery vorstoßen und die Rumänen hier über den Fluß setzen werden. Zu den Optimisten gehören vorderhand auch wir. Die Pessimisten meinen, daß Kiew und Odessa von Petljuraleuten besetzt seien, die mit den Alliierten ein Abkommen geschlossen haben, daß man sie nicht mehr als Bolschewiken ansehe, sondern als rein nationale Bewegung; daß die Alliierten gar nicht die Absicht haben, die Ukraine zu erobern; daß »in zwei oder drei Tagen« die Bolschewiken über den Fluß kommen und alle umbringen werden. Die Folgerung daraus ist: so schnell wie möglich wegfahren.

Ich glaube nicht einem einzigen der täglichen dummen Gerüchte. Einem Menschen in normalen Umständen muß es schwer sein zu verstehen, wie weit die Gleichgültigkeit gegenüber allem gehen kann, wenn man unter solchen Bedingungen lebt. Ich spüre eine immer größere Abstumpfung und Schwere im Kopf und im ganzen Körper. Wir rutschen immer tiefer in den Abgrund. Das ist der Grund, warum ich heute, als die Frage erörtert wurde, ob wir wegfahren oder bleiben sollen, als erste für die Abreise gewesen bin. Die »Ereignisse« lassen auf sich warten und hier noch einen Monat, auch nur zwei Wochen länger zu bleiben, ist wirklich zu viel! Ich habe Angst, daß ich bald aufhören werde, einem Menschen ähnlich zu sein.

Von hier kann man nur nach Czernowitz fahren, da die Eisenbahn zwischen Belzy und Jassy immer noch nicht funktioniert. Es heißt, daß in Czernowitz bald Unruhen ausbrechen werden; die Reise dorthin ist ein Alptraum, wenn man den einen glaubt; die anderen sagen, das sie sehr bequem ist. Ungeachtet aller Greuelgeschichten werden wir, scheint es, doch fahren.

Ataki, 10. (23.) Dezember 1918

Heute haben Tanja und Papa auf dem Majdan Major Sandu getroffen und ihn gefragt, ob hier Gefahr bestehe und ob er uns eine Reiseerlaubnis nach Czernowitz gebe. Sandu war sehr freundlich; er ist davon überzeugt, daß keine Gefahr besteht, daß diese Gerüchte nur von zweifelhaften Gestalten in Umlauf gesetzt werden. Passierscheine gibt er uns sofort, wenn wir wollen.

Unsere Kolonie hier schmilzt immer mehr zusammen: Heute sind Walewski und die Familie Malinowski weggefahren. Übriggeblieben sind wir und Jaroschinski, der auf die »Ereignisse« wartet.

Ataki, 11. (24.) Dezember

Gestern abend klopfte es an unsere Tür. Auf die Frage, wer da sei, antworteten Stimmen »Freunde, Freunde«. Es waren neue Flüchtlinge, diesmal aus Kiew: der ehemalige Polizeioffizier Brazul von der Hetman-Partei mit seinem Sohn, einem Offizier. Die Nachrichten, die sie von dort mitgebracht haben, sind schlechter, als man sich vorstellen kann. Kiew ist von den Petljura-Leuten besetzt, der Hetman ist geflohen, in der Stadt regiert der Terror. Es ist dort das gleiche geschehen wie in Mogilew, nur in einem viel größeren Ausmaß: ungefähr dreitausend freiwillige Offiziere standen fünfzehntausend bolschewistischen Petljura-Leuten gegenüber. Die Deutschen, von denen es hieß, daß sie auf der Seite der Freiwilligen stehen, gingen zu den Bolschewiken über: ihr Sowdep hat sich mit dem Sowdep der anderen abgesprochen und die Sache war erledigt. Dann haben sich die Leibwachen des Hetmans ergeben. Der Hetman ist nach einer Version in die Schweiz geflohen, nach einer anderen versteckt er sich in der deutschen Botschaft. In der Stadt wird Jagd auf Offiziere gemacht. Von den Ministern wurden einige verhaftet, andere sind geflohen. Wenn jetzt nicht rechtzeitig Hilfe von auswärts kommt, steht die Sache schlecht. Vor der letzten Invasion der Bolschewiken wurden täglich provokatorische Gerüchte über das Herannahen der Alliierten ausgestreut und die Bevölkerung hat sie geglaubt und sie jeden Tag erwartet. Das gleiche wie bei uns. Brazul selbst ist in einem Zustand wie ein Halbverrückter; er läuft im Zimmer auf und ab und fährt zusammen, wenn jemand die Tür aufmacht. Seiner Meinung nach ist alles verloren, alles vernichtet. Er glaubt, daß ihn die Rumänen zu den Bolschewiken zurückschicken werden.

In der Wohnung von Krassowski neben Boba wohnt ein Arzt, der vor kurzem aus deutscher Kriegsgefangenschaft zurückgekommen ist. Er war in Straßburg, als dort die französischen Truppen einmarschiert sind. Er ist Pole und hat mit Boba viel von der Zukunft Polens gesprochen. An Polen soll Posen abgetreten werden, außerdem Galizien, Wolhynien und das Gouvernement Podolsk. In Warschau wartet man auf die Ankunft Wilsons, der mit großartiger Geste das Großpolnische Reich gründen wird. Die zukünftige Staatsform soll eine Republik sein, das heißt es wird das geschehen, was uns schon Polen selbst gesagt haben: Es wird eine Menge verschiedener Parteien geben, die alle in eine andere Richtung ziehen werden und »la Pologne ne va pas durer trois jours«. Wenn das alles wahr ist, heißt das, daß unser Gouvernement ein Teil von Polen wird? Mir scheint, daß wir nach allem unseren Unglück etwas Besseres verdient haben!

Ataki, 13. (26.) Dezember

Gestern kam hier das Gerücht auf, daß Petljura aus Kiew davongejagt wurde und daß Lenin zum neuen Herrscher ausgerufen wurde. So reicht Sowdepien jetzt von Petrograd bis zur rumänischen Grenze, bis zum Dnestr. Die Ukraine hat sich selbst aufgelöst und an die Bolschewiken angeschlossen. Das ist an und für sich kein unwichtiges Ereignis, aber jetzt sind alle an so viele schwerwiegende, fast immer katastrophale Ereignisse gewöhnt, daß das keinen großen Eindruck macht. Es scheint, daß die Alliierten bis jetzt nicht wußten, ob die Petljura-Leute Bolschewiken oder Nationalisten sind. Jetzt kann man nicht mehr daran zweifeln; man kann nur hoffen, daß sie etwas unternehmen und gegen sie kämpfen werden.

Ataki, 14. (27.) Dezember 1918

... So habe ich heute gebadet, zum ersten Mal, seitdem wir in Ataki sind: Es ist ein richtiges Ereignis, weil es keine Wasserleitung gibt und das Wasser von weither in einem Faß gebracht wird. Das stört aber niemanden, denn ich glaube nicht, daß hier vielen der Gedanke kommt, ein Bad zu nehmen. Nach langer Suche haben wir jemanden gefunden, der bereit war, uns Wasser zu bringen; erst dann begann ich zu hoffen, daß es möglich sein werde. Als man mir sagte, daß das Bad fertig, das heißt das Wasser warm sei, erwartete mich etwas Erstaunliches. Die Wanne wird in der Küche aufgestellt, neben dem Herd, und dort können jene, die zu baden wünschen, hineinsteigen. Als ich in die Küche kam, war ich peinlich berührt: dort befanden sich die vier Mädchen, die im Haus angestellt sind, alle mit irgendwelchen Arbeiten beschäftigt. Was sollte ich tun? »Komm nicht mit deinen eigenen Vorschriften in ein fremdes Kloster«, lautet ein Sprichwort. Wegschicken konnte ich sie nicht, j'ai donc pris mon courage à deux mains und bin in die Badewanne gekrochen. Die Mädchen beobachteten diese Prozedur voll Interesse.

Ataki, 16. (29.) Dezember 1918

Die Alliierten kommen nicht, um Rußland als Staat wieder zu errichten! Sie wollen es nicht weniger versklaven als unsere ehemaligen Feinde, die Deutschen! Jetzt, wenn der Krieg mit einem bisher einzigartigen glorreichen Sieg der einen Seite und einer noch nie dagewesenen Niederlage der anderen beendet wurde, haben die siegreichen Armeen bestimmt keinen anderen Wunsch, als nach Hause zu gehen und auszuruhen, und nicht, Rußland vor dem Bolschewismus zu retten. Dienste dieser Art werden nicht umsonst geleistet. Von nun an wird Rußland nur mehr Schauplatz und Arena für die Unternehmungen anderer sein.

Das ganze Staatsgebiet wird in Teile aufgeteilt, in denen die Ententemächte das letzte Wort haben werden. Anscheinend wird Frankreich den ganzen südlichen Teil bekommen, den mittleren und nördlichen Teil Amerika, Japan Sibirien, England den Kaukasus, Zentralasien und Turkestan. Praktisch wird Rußland genau so aufhören zu existieren wie Österreich! Für Wilson war es früher vorteilhaft, die Losung »ohne Annexionen und Kontributionen« auszugeben, aber die Entente findet es jetzt praktischer, sich nicht daran zu halten. Es heißt, daß sie von Deutschland zweihundertachtzig Milliarden in Gold verlangen, was völlig unmöglich ist, denn eine derartige Summe kann kein einziges Land bezahlen; das jetzige verarmte, hungernde Deutschland schon gar nicht.

Ataki, 18. (31.) Dezember 1918

Unsere Abreise nach Czernowitz ist beschlossen, aber ein Zeitpunkt wurde noch nicht festgesetzt. Gestern haben wir Briefe von den Krassowskis bekommen, in denen Czernowitz in den verlockendsten Farben geschildert wird. Es sprechen sich jetzt alle dafür aus, dorthin zu übersiedeln. Sie schreiben, daß dort zu wohnen besonders angenehm sei: alles ist vorhanden, alles billig, sogar die Schuhe; es ist nur schwer, eine Wohnung zu finden, man muß im Hotel wohnen. Wir haben uns an die verrücktesten Verhältnisse gewöhnt, das heißt, daß wir auch dort leben werden, aber ich habe keine Lust, nach Czernowitz zu fahren. Vielleicht vor allem deshalb nicht, weil dort zu viele Bekannte sind. Ich stelle mir lebhaft die Mahlzeiten an der table d'hôte im Restaurant vor. Unsere Agrarier gehören nicht zur feinen Gesellschaft, und ihre Manieren sind ebenfalls nicht fein. Wahrscheinlich hat Lissner bereits jedem erzählt, daß sie vor der schrecklichen Revolution fliehen mußten, daß auf seinen Kopf Jagd gemacht wurde, daß er in Podolien Millionen zurücklassen mußte und so weiter. Sicher wissen bereits alle Gäste des Restaurants, wer sie sind, und gaffen sie von allen Seiten an. Deshalb möchte ich nicht mit ihnen zusammen in einem Restaurant essen und im gleichen Hotel leben.

Die Reisebedingungen sind folgende: Von hier nach Woltschanzy, zwei Werst, fährt man mit dem Wagen und setzt sich dort in den Zug; wenn man auf einen Waggon mit Fensterscheiben trifft, hat man Glück. Der Zug geht um drei Uhr nachmittags und kommt um sechs Uhr in Okniza an. Dort übernachtet man beim Juden Motcaru. Um sechs Uhr früh fährt der Zug ab, um vier Uhr nachmittags kommt er in Novosselitza an, wo der Czernowitzer Zug wartet. - Früher hat er nicht gewartet und man mußte in Novosselitza vierundzwanzig Stunden lang sitzen. - Um sieben Uhr abends ist der Zug in Czernowitz. Für uns spielt das keine Rolle, aber für Mama wird diese Reise schwer sein.

Ataki, 19. Dezember 1918 (1. Jänner 1919)

Wir haben beschlossen, in zwei Tagen zu fahren, am Samstag, den 21. Dezember. Wahrscheinlich werden wir in zwei Gruppen reisen, vielleicht aber auch alle zusammen.

Heute hatten wir eine unerwartete Freude: aus Mogilew kamen die Töchter des hiesigen Geistlichen herüber und haben uns eine Menge Sachen mitgebracht, an die wir sogar schon zu denken vergessen haben. Wir besaßen nur die Kleider, die wir auf dem Leib tragen, die mittlerweile schmutzig und widerlich sind. Die Kinder haben Tatjana und mir je einen schönen neuen Mantel gebracht, Wollkleider, Seidenblusen, meinen schwarzen Samtrock, Mama und Olga ebenfalls Kleider und ziemlich viel Wäsche. Jetzt ist die Sorge weggefallen, daß man in Czernowitz als unanständige Vogelscheuche herumlaufen müßte.

Das Leben in Mogilew wird immer schrecklicher. Die Plünderungen nehmen immer größere Ausmaße an, die Anarchie wird immer größer. Meine arme Nuditschka! Wenn ich an sie denke, habe ich ein sehr schlechtes Gewissen. Wenn es nur gelänge, sie dazu zu überreden, daß sie alles stehen und liegen läßt und mit uns kommt! Aber sie wird das Haus auf keinen Fall im Stich lassen, solange dort noch etwas ganz ist.

Ataki, 20. Dezember (2. Jänner)

Wir haben es uns anders überlegt: wir fahren alle zusammen am Sonntag. Einiges ist noch nicht fertig, die Wäsche ist noch nicht trocken. Die Reise erscheint uns nicht mehr so schrecklich. Schlecht ist nur, daß die rumänischen Soldaten ungefähr jeden zwanzigsten aufhalten und sein Gepäck durchsuchen, wobei sie sich anscheinend aussuchen, was ihnen gefällt.

In Czernowitz sind die Hotels leider sehr schlecht. Hier

empfiehlt man uns das Hotel »Central«, das, wie ich es mir vorstelle, ein schreckliches Loch ist. Lange im Hotel zu leben, ist nicht nur unbequem, sondern auch teuer ...

Ataki, 22. Dezember (4. Jänner)

Heute schlafen wir zum letzten Mal in unserem Nachtasyl. Unsere Hausfrau hat von uns fünfhundert Rubel für zwei Zimmer kassiert. Alles in allem hat unser Aufenthalt in Ataki mehr als zehntausend Rubel gekostet. Höchste Zeit, daß wir uns verabschieden.

Czernowitz, 26. Dezember (8. Jänner)
Hotel Central

Wir sind den zweiten Tag in Czernowitz, hatten aber schon Zeit, einen ordentlichen Katzenjammer zu bekommen. Wir hatten zum Schluß Ataki so satt, daß wir hierher wollten wie ins Paradies. Wie zu erwarten war, sieht es hier nicht wie im Paradies aus. Das Leben im Hotel ist unangenehm, unbequem und teuer; Geld können wir nirgendwo hernehmen. Unsere Situation ist im höchsten Maß ungewiß und angespannt. Offenbar wird man Jahre warten müssen, bis sich die Lage klärt, aber wie wir diese Jahre oder auch nur Monate leben sollen, was wir tun werden, womit unseren Unterhalt verdienen – ich weiß es nicht und bin außerstande, etwas auszudenken. Alle haben den Mut verloren, schleichen deprimiert herum, sind schweigsam und in düsterer Stimmung. Mit einem Wort: es ist mies.

Unsere Reise ist so gut verlaufen, wie wir nicht einmal hoffen konnten ... (Es folgt eine genaue Beschreibung).

In Czernowitz hatten wir kein Glück. Wir fuhren von Hotel zu Hotel, nirgends gab es freie Zimmer. Es war bereits halb zehn Uhr abends, dichter Nebel fiel, es war kalt, alle waren müde. Uns stand eine Nacht auf offener Straße bevor. Schließlich landeten wir in einem schrecklichen jüdischen Hotel, in das wir früher nicht einmal den Fuß gesetzt hätten. Die Zimmer waren schmutzig bis zum äußersten und so kalt, daß wir uns beim Eintreten nicht entschließen konnten, unsere Mäntel abzulegen. Allein beim Anblick der abstoßen dreckigen Betten überkam uns Verzweiflung.

Papa und Mama setzten sich noch einmal in einen Fiaker,

um etwas zu suchen; wir saßen in unseren Mänteln und warteten. Die Stimmung war auf dem Nullpunkt. Noch nie haben wir den Heiligen Abend so verbracht.

Endlich kehrte Papa zurück und sagte, daß er Zimmer im Hotel »Central« bekommen habe, in dem man uns vorher nichts gegeben hatte. Es stellte sich heraus, daß Zalesski, Walter und ein unbekannter Pole uns ihre Zimmer abgetreten hatten, und nachdem der Portier ein Trinkgeld bekommen hatte, erhielten wir noch zwei weitere. Unser Zimmer, das groß wie eine Scheune, hell beleuchtet, rein und verhältnismäßig warm ist, erschien uns von erlesenem Luxus. Wir gingen ins Restaurant, um noch etwas zu essen, und wurden von allen erstaunt betrachtet. Dann legten wir uns schlafen.

Am nächsten Tag zogen wir anständige Kleider an und fühlten uns wie verwandelt. Nach den Fetzen von Ataki sahen wir wieder wie Menschen aus. Wir waren froh, wieder mehr oder weniger so auszusehen wie früher. Wir gingen in der Stadt spazieren und kauften neue Hüte. Die Preise hier sind sehr hoch und das Leben im Hotel kostet unverschämt viel.

Wir setzen jetzt alle unsere Kräfte in Bewegung, um eine Wohnung zu finden. Wo immer wir zu guter Letzt leben werden, wir wollen versuchen, uns auch in Czernowitz häuslich einzurichten. Es sieht so aus, als ob sich unser Aufenthalt hier in die Länge ziehen würde.

Czernowitz, 30. Dezember, Hotel Central

Morgen ist eine Woche vergangen, seit wir hier sind, und noch immer besteht keine Hoffnung, aus dem Hotel herauszukommen. Wir haben in den letzten Tagen gedacht, daß es bald so weit sein werde, wir hatten eine Wohnung in Aussicht, sogar eine sehr gute. Aber daraus ist nichts geworden, und wir haben wieder einmal das Nachsehen. Heute hat uns ein verdächtiges Individuum versprochen, eine Wohnung oder sogar eine Villa zu verschaffen, wenn wir wollen, und uns auch mit Kaffee, Kakao, Seife, Zucker und allem zu versorgen, was »die Herrschaften« (im Original deutsch) befehlen. Ich weiß nicht, was daraus wird.

Die Stimmung hat sich bei allen etwas gehoben; man streitet etwas weniger. Die Lage ist immer gleich ungewiß.

Czernowitz, 1. (13.) Jänner 1919, Hotel Central

Wieder ein neues Jahr, wieder die gleiche Frage: Kann es sein, daß uns noch solch ein Jahr bevorsteht, gibt es keine Hoffnung auf eine Veränderung zum Besseren? Was von den Jahren 1917 und 1918 geblieben ist, sind traurige Erinnerungen. Ich will nicht an sie denken, es tut weh.

Gestern haben wir zwar nicht Neujahr gefeiert, aber den Abend ungewöhnlich verbracht. Um acht Uhr gingen wir ins Kino, in »Anna Karenina«. Das ganze verliert sehr mit den blöden deutschen Untertiteln, aber trotzdem war es erfreulich, wieder etwas Russisches zu sehen. Nach dem Film gingen wir ins »Rumelia« essen, wo ich fast eingeschlafen bin.

Heute sind Tatjana und ich um halb neun aufgestanden, weil wir in die Kathedrale gehen wollten, in der der Metropolit zelebriert. In Czernowitz sind die meisten Kirchen orthodox, aber seitdem die Rumänen die Bukowina okkupiert haben, wird der Gottesdienst nur auf rumänisch abgehalten. Der Metropolit Wladimir Repta schaut aus wie ein harmloser alter Mann. Es heißt, er sei zweiundachtzig Jahre alt. Wenn man ihn so vor sich sieht, kann man sich schwer vorstellen, daß es der gleiche Repta ist, über den während der ersten Eroberung von Czernowitz durch russische Truppen in »Novoje vremja« so böse Artikel gestanden haben, voll Erstaunen darüber, daß ein orthodoxer Metropolit beim Herannahen der russischen Armee die Flucht ergreift. Er soll die ukrainische Politik unterstützen ...

Wenn die Ukraine weiterbesteht, wird dort unweigerlich die Unierte Kirche eindringen. Der Katholizismus schläft nicht, und es gibt Leute wie Andrej Szeptyckyj, die sich um die Verbreitung der Union in der Ukraine kümmern werden, als Religion des ukrainischen Volkes. Werden sich unsere Ukrainer dagegen zur Wehr setzen können? Vielleicht werden sie über den ersten oder zweiten Gottesdienst ein wenig erstaunt sein, aber schon der dritte wird ihnen vorkommen wie die früheren, sie werden gar nicht bemerken, daß sie ihre Religion gewechselt haben ...

Czernowitz, 2. (15.) Jänner 1919

Schlechte Nachrichten! Wenn sie wirklich wahr sind, sind sie sehr schlecht! Heute sind Rafalski, Potocki und Lissner zur hiesigen englischen Mission gegangen, um irgendein blödes Memorandum über die Lage in Podolien abzugeben - als ob sie das etwas anginge! - Sie wurden kühl empfangen. Man teilte ihnen mit, daß die Engländer und Franzosen Petljura anerkannt haben; er hat sich verpflichtet, seine Schulden zu zahlen und eine Armee gegen die Bolschewiken aufzustellen. Man gab ihnen den Rat, nach Odessa zu fahren, da es passieren kann, daß sich die Franzosen von dort zurückziehen. Auf ihre Frage betreffend Denikin und die Freiwilligenarmee gaben die Engländer nur ausweichende Antworten. Man kann aus alledem schließen, daß unsere sogenannten Verbündeten sich darauf vorbereiten, etwas so Häßliches zu tun, wie es das bisher nicht einmal in der englischen Geschichte gegeben hat. Zuerst haben sie die Ukraine nicht anerkannt, sondern die Freiwilligenarmee unterstützt; durch die nun erfolgte Anerkennung der Ukraine versetzen sie dieser den Todesstoß, ohne überhaupt davon zu sprechen, wie viele Tausende unschuldiger Menschen jetzt sterben werden. Es ist so monströs, daß man es kaum glauben kann. Verzeihlich wäre es nur, wenn bei ihnen ebenfalls eine Revolution ausgebrochen wäre und sie an etwas anderes nicht mehr denken könnten. Aber vorderhand gibt es für diese Annahme keine Grundlage. Wenn es wahr ist, dann dreht sich die Welt um, und das wäre auch besser so. Dann soll ruhig alles zugrunde gehen, nicht nur wir allein! Ich habe immer gedacht, daß sie uns eine Gemeinheit antun werden, aber diesen unglaublichen Verrat konnte man nicht erwarten!

Czernowitz, 5. (18.) Jänner 1919, Hotel Central

Übermorgen übersiedeln wir endlich in eine Wohnung. Wir haben genug vom Hotel Central mit seinen Mäusen, seiner Kälte und den schnarchenden Nachbarn im Nebenzimmer! In der neuen Wohnung werden zwar nur Mama, Tatjana, Olga und ich Platz haben; Papa, Boba und Andrej werden in zwei Zimmern in zwei verschiedenen Straßen wohnen, aber trotzdem bin ich froh, daß wir unseren eigenen Winkel haben werden, wo uns niemand stört. Ich möchte so gern in einer Atmosphäre leben, die irgendwie an zu Hause erinnert, daß ich sogar mit Freuden an Beschäftigungen wie Kochen und Waschen denke. Es heißt, daß es fast unmöglich ist, Dienstboten zu bekommen. Wir mußten die Wohnung für drei Monate mieten, aber es glaubt sowieso niemand mehr, daß wir früher von hier wegkommen werden. Wir beginnen sogar, Zukunftspläne zu machen. In letzter Zeit haben wir etwas Mut geschöpft - außer an dem Abend, an dem wir von den Alliierten gehört haben. Papa und Mama sind mit der Wohnung beschäftigt, und wir sind sogar wieder lustig geworden. Nach alter Petrograder Gewohnheit durchstreifen Olga und ich tagelang die Stadt, kaufen irgendwelche Kleinigkeiten und suchen neue Straßen ...

Gestern haben Tatjana und ich mit Krassowski einen rumänischen orthodoxen Priester besucht, den die ganze russische Kolonie kennt. Vater Michail ist ein sehr sympathischer Mensch, er liebt die Russen sehr und mag die Uniaten und den Kardinal Szeptyckyj nicht. Morgen gehen wir alle wieder hin.*

Die beiden letzte Tage sind wir wieder in besserer Stimmung dank eines Planes von Krassowski: Wir möchten nicht weit von der Stadt ein kleines Anwesen pachten und dort eine Arbeitskolonie gründen, bestehend aus der Familie Krassowski und uns. Dort wollen wir eine kleine Landwirtschaft und Geflügelzucht beginnen und alles selbst machen. Für die Feldarbeit könnte man einige ehemalige Offiziere gewinnen, die zusammen mit Boba und Andrej die schweren Arbeiten verrichten; Milchwirtschaft, Geflügel- und Kaninchenzucht und der Gemüsegarten werden unser Arbeitsgebiet. Wir würden trachten, daß dieser Hof Erträge bringt, um unsere Finanzen, die sehr bald völlig versiegt sein werden, zu verbessern. Die ganze Mogilewer Kolonie zerbricht sich den Kopf, wie man Geld verdienen könnte. Die Zeiten sind schwer. Wir werden noch lange nicht nach Hause zurückgehen können, vielleicht überhaupt nie. Krupensky und noch jemand wollen das größte Czernowitzer Café kaufen. Ich weiß nur nicht, wie sie das machen wollen, wenn sie kein Geld haben.

Ich glaube, daß unser Plan besser ist. Was kann schöner sein als die Bearbeitung des Bodens, etwas das wir kennen und lie-

* Das war Diakon Michail Ursuleac, der Vater der berühmten Opernsängerin Viorica Ursuleac. (Ergänzung der Verfasserin 1982)

ben? Allein dafür, mit Tieren zu tun zu haben, Kühe zu melken, Kälber zu füttern, Hühner zu züchten, gäbe ich ein Jahr meines Lebens. Wieder in eine ländliche Atmosphäre zu geraten, nicht von Dienstboten abzuhängen, mit guten Menschen zusammenzuarbeiten, auf einem Stück Land zu leben, das einem zwar nicht gehört, trotzdem aber Erde ist mit Gras, Bäumen und Tieren – kann es etwas Schöneres geben? Wenn das alles Wirklichkeit wird, werden wir uns so gut einrichten, wie wir nicht zu träumen gewagt haben.

In ein paar Tagen werden Papa und Boba nach Ataki fahren und versuchen, ein paar Dinge aus Mogilew herüberzubekommen. Wenn möglich, müssen sie Geld beschaffen. Ich würde nicht gern ins triste Ataki zurückkehren, den Majdan und die ganze Notarsgesellschaft wiedersehen. Czernowitz ist zwar eine kleine Stadt, aber hier gibt es ein paar interessante Dinge, und man hat nicht das Gefühl, daß das Gehirn schläft.

Morgen ist in der Kathedrale ein Gottesdienst und anschließend eine Prozession mit Wasserweihe. Wir wollen unbedingt teilnehmen, obwohl ich schon heute Schnupfen habe.

7. (20.) Jänner 1919

Gestern haben wir den Tag sehr abwechslungsreich verbracht; hier ist es trotz allem besser als in Ataki. Wir sind früher aufgestanden als sonst und sind in die Kirche gegangen.

Nach dem Mittagessen waren wir mit Mama in der neuen Wohnung. Dort herrscht noch ein heilloses Chaos, deswegen werden wir erst morgen übersiedeln. Abends gegen vier Uhr haben Krassowskis und wir Vater Michail besucht, der uns mit einer traditionellen Weihnachtsspeise bewirtet hat. Er gefällt mir sehr gut. Ich möchte ihn bitten, mir die Ektenie (Fürbitten während des Gottesdienstes, Anm. d. Übers.) auf rumänisch aufzuschreiben, damit man versteht, was in der Kirche gebetet wird.

Vater Michail hat versprochen, uns bei der Suche nach einem Hof zu helfen. Aber mir scheint jetzt, daß aus dieser Sache nichts werden wird; alle haben schon wieder ihren Schwung verloren. Wir Slawen sind zu nichts fähig! Früher war ich böse, wenn das jemand gesagt hat, aber jetzt entdecke ich in mir und meiner Umgebung diese Züge slawischer Faulheit und Inkonsequenz, die in jedem Slawen vorhanden sind. Wir sind sehr wohl fähig, spontan alles zu vollbringen; unter dem Eindruck der Minute können wir alles leisten. Aber sobald der Eifer erkaltet und die Energie zusammenbricht, ist es wieder aus. Früher haben wir an die Hegemonie der Slawen geglaubt, manchmal wiederholen wir das noch. Ist es nicht so, wie wenn man beim Anblick eines gestürzten Pferdes sagt, daß es morgen bestimmt wieder den Wagen ziehen werde?

Schlußbemerkung

Damit bricht der vierte Band des Tagebuches ab. Der fünfte existiert nicht mehr. Aus den letzten Seiten ist zu entnehmen, daß der Tiefpunkt bereits überwunden war. Der unerwartete Wendepunkt im Schicksal der Familie Sayn-Wittgenstein wird hier allerdings nicht mehr beschrieben:

Eines Abends erschien in der kleinen Czernowitzer Wohnung wie ein Deus ex machina eine ältere Dame, Gräfin Saint-Quentin, die Gattin eines ehemaligen österreichischen Generals und Gustbesitzers in der Bukowina, die von den Flüchtlingen aus Rußland gehört hatte. Sie lud sie ein, machte sie mit den übrigen Großgrundbesitzern des Serethales bekannt, und vor allem die drei Mädchen wurden überall mit offenen Armen aufgenommen. Sehr bald, im November 1920, heiratete Tanja einen Sohn des reichsten Grundherrn der Bukowina, den Grafen Konstantin Wassilko. Die Verfasserin des Tagebuches kam auf Vermittlung ihrer neuen Freunde als Erzieherin auf ein Gut im eben erst tschechisch gewordenen Österreich-Schlesien und lernte dort den jüngsten Bruder ihrer Arbeitgeberin, einen aus russischer Kriegsgefangenschaft heimgekehrten, ehemaligen österreichischen Offizier und Monarchisten kennen, dessen Welt ebenso in die Brüche gegangen war wie ihre: Graf Andreas Razumovsky. Sie heirateten 1922, und die Erzählerin wurde das, was sie an einer Stelle des Tagebuches als großen Wunsch bezeichnet: »Mittelpunkt einer großen Familie wie Mamulitschka«. Ein anderer Wunsch ging allerdings nicht in Erfüllung. Sie hat alle ihre Lieben überlebt und, zusammen mit ihrem Mann, die schwere Aufgabe übernommen, einige bis zum Tod zu pflegen und die »heilige Tat der Übergabe der Toten an die Erde« zu vollziehen. 1927 starb auf ihrem Gut in Schönstein ihre Mutter, 1939 ebenfalls dort, im Alter von einundvierzig Jahren, ihr Bruder Andrej an Leukämie, 1943 in Wien, im Alter von zweiundvierzig Jahren, ihre Schwester Olga an Krebs. Fürst Sayn-Wittgenstein ist 1932 auf Capri gestorben, Tatjana - deren weiteres Schicksal ein dickes Buch füllen würde - 1974 in Lünen (Bundesrepublik Deutschland). Auch das Schicksal der Tagebuchschreiberin selbst wäre wert, beschrieben zu werden - leider hat sie selbst nie mehr zur Feder gegriffen, sondern ihre überragenden geistigen Fähigkeiten ausschließlich zur Förderung ihrer Kinder eingesetzt. Bis zu ihrem Tode im Juni 1983 ist sie das Zentrum ihrer Familie geblieben, zuerst in der Tschechoslowakei, dann in Österreich, das ihr zur zweiten Heimat wurde.

Zu sagen bleibt noch eines: Prinz Boris, der vielzitierte Boba, ging, sobald seine Familie in Rumänien halbwegs Boden unter den Füßen hatte, zurück nach Südrußland, er schloß sich den Truppenverbänden unter seinem ehemaligen Kommandanten Baron Wrangel an und scheint nach Auskunft aus Pariser Kreisen bereits bei einem seiner ersten Gefechte gegen die Bolschewiken gefallen zu sein. Die Familie hat von ihm nichts mehr gehört. Auch von Nuditschka kam kein Lebenszeichen mehr.

Die Personen

(Im Unterschied zum Text entspricht die Transkription der Namen im Register den internationalen Regeln.)

Alekseev, Michail Vasil'evič, General, 1857-1918. Nach Februarrevolution 1917 Oberbefehlshaber in Mogilev-Gubernskij, danach Oberbefehlshaber der Freiwilligenarmee. Herzschlag am 25.9.1918.

Avksent'ev, Nikolaj Dmitrievič, 1978-1943, führende Persönlichkeit der Sozialrevolutionäre. 1917 Innenminister, nach der Oktoberrevolution Emigration nach Paris.

Beltz, von (falsche Namensform), siehe Böhm-Ermolli

Bobrinskaja, Varvara Nikolaevna, Gräfin, geb. L'vova, 1865-1940, Emigration i.d. Tschechoslowakei.

Bobrinskij, Gavrila Alekseeviv̌ (Gavrilka), 1898-1918, erschossen von Bolschewiki in Essentuki.

Böhm-Ermolli, Eduard Freiherr v., 1856-1941, General, 1918 österr. Oberbefehlshaber i. d. Ukraine.

Breško-Breškovskaja, Ekaterina Konstantinovna, 1844-1934, »Großmutter der Revolution«, Sozialrevolutionärin. Ab 1919 USA, dann Tschechoslowakei.

Čcheidze, Nikolaj Semenovič, 1864-1926, Menschewik, 1917 Leiter des Petrograder Stadtrates, nach Oktoberrevolution Flucht nach Georgien, 1921 Emigration, 1926 Selbstmord.

Černov, Viktor Michajlovič, 1873-1952, letzter Vorsitzender der Sozialrevolutionären Partei (Zentrum). Mai-August 1917: Landwirtschaftsminister, 1920 Emigration.

Chmel'nickij, Bogdan, ca. 1595-1657, Hetman der Ukraine, vereinigt 1654 die Ukraine mit Rußland.

Denikin, Anton Ivanovič, General, 1872-1947, Oberbefehlshaber der Weißen Armee bis März 1920, danach Türkei, später Frankreich, nach dem Zweiten Weltkrieg USA.

Dmitrij Pavlovič, Großfürst, 1891-1941, beteiligt am Rasputin-Mord.

Duchonin, Nikolaj Nikolaevič, General, 1876-1917. Nach Februarrevolution Oberkommandierender nach Alekseev, am 3.12.1917 von Matrosen erschlagen.

Dybenko, Pavel Efimovič, 1889-1938. Revolutionär. Nach Februarrevolution Vorsitzender des »Centrobalt«. Aktiv bei Vorbereitung der Oktoberrevolution, unterdrückt 1921 Aufstand von Kronstadt, 1928-1938: Oberbefehlshaber in Zentralasien, 29.7.1938 (Bucharin-Prozeß) erschossen.

Eichhorn, Hermann von, 1848-1918, Feldmarschall, deutscher Oberbefehlshaber in der Ukraine, am 30.7.1918 in Kiew ermordet.

Eneri, Irina, Pianistin, nach der Revolution Emigration.

Erdeli, Ivan Egorovič, Feldmarschall, Divisionsgeneral unter Denikin.

Filonenko, Maksimilian Maksimilianovič, Rechter Sozialrevolutionär, 1917 Kommissar der 8. Armee, danach Hauptquartier, 1918: Weiße Armee. Emigration nach Paris, Rechtsanwalt, 1938 Verteidiger von V.N. Plevickaja, Mitentführerin von General Miller.

Gučkov, Aleksandr Ivanovič, 1862–1936, Führer der Progressiven Partei, Minister in der Provisorischen Regierung, nach 1918 Emigration nach Paris.

Gruševskij (Hruševskyi), Michail Sergeevič, 1866–1934, 1917 Vorsitzender der Zentralen Rada der Ukraine, Sozialrevolutionär, 1924 Rückkehr in die UdSSR.

ISKOSOL (Isponitel'nyi komitet Soveta soldatskich deputatov 12. Armii), gegründet März 1917, Menschewiken und Sozialrevolutionäre. Im Februar 1918 aufgelöst.

Jusupov, Feliks Feliksovič, Fürst, 1887–1967, einer der Rasputin-Mörder, Emigration nach Paris.

Kaledin, Aleksej Maksimovič, 1861–1918, General, Juni 1917: zum Ataman der Kosaken gewählt, unterstützt Kornilov, Mitbegründer der Freiwilligenarmee, nach Eroberung von Novočerkassk durch Bolschewiken - Selbstmord am 13.2.1918.

Kamenev, Lev Borisovič, Revolutionär und engster Mitarbeiter Lenins, 1934: angeklagt wegen Mord an Kirov, 1936: Schauprozeß und Todesurteil.

Kerenskij, Aleksandr Fedorovič, 1881–1971, Petersburger Rechtsanwalt, Sozialrevolutionär, 1917: Minister, dann Ministerpräsident der Provisorischen Regierung, Emigration nach Paris.

Kokoškin, Fedor Fedorovič, Jurist, Mitglied des Präsidiums der Konst. Demokraten. Am 28. Oktober 1917 verhaftet; Peter-Pauls-Festung, am 6.1.1918 ins Spital überführt und dort von eindringenden Soldaten im Bett erschossen.

Kollontaj, Aleksandra Michajlnova, 1872–1952, Mitglied der VKP (b) seit 1915, erster weiblicher Volkskommissar. 1922: eine der Führerinnen der »Arbeiteropposition«, danach Gesandte auf verschiedenen Posten (im Krieg in Schweden).

Konovalov, Aleksandr Ivanovič, 1875–1948, stellvertretender Ministerpräsident in der Provisorischen Regierung, einer der Organisatoren des Kronstädter Aufstandes 1921, Emigration nach Paris.

Kornilov, Lavr Georgievič, General, nach Offensive gegen Petrograd 1917 Gefangener in Bychov, flieht zur Freiwilligenarmee, gefallen im Kampf um Ekaterinodar am 13.(26.)4.1918.

Krylenko, Nikolaj Vasil'evič, 1885–?, Mitglied VKP(b) seit 1905, einer der Wegbereiter der Oktoberrevolution, November 1917: Oberbefehlshaber der Armee, organisiert Kampf gegen die Deutschen. Gründer des Obersten Gerichtshofes, 1931–37: Volkskommissar für Justiz, 1937 verhaftet, vermutlich 1940 erschossen.

Lenin, Vladimir Il'ič, 1870-1924.

Lukomskij, Aleksandr Sergeevič, 1868-1939, kaiserlicher General im Hauptquartier. September 1917 Gefangener in Bychov, danach Oberkommandierender der Freiwilligenarmee, Minister unter Denikin. 1920: Türkei. Mitglied d. russ. Regierung im Ausland.

Lunačarskij, Anatolij Vasil'evič, 1875-1933, 1917-29 Volkskommissar für Bildung und Unterricht.

L'vov, Georgij Evgen'evič, Fürst, 1861-1925, Präsident der 1. Duma, März-Juni 1917: Ministerpräsident, Emigration nach Paris.

L'vov, Nikolaj Nikolaevič, 1867-1944, Mitglied der Duma, Gründer der Progressiven Partei, Freiwilligenarmee. Mitglied der russ. Regierung im Ausland.

L'vov, Vladimir Nikolaevič, Mitglied der Duma, versucht 1917, zwischen Kerenskij und Kornilov Kontakt herzustellen.

L'vova, Anna Nikolaevna (Njura), verh. Durnovo, 1898-1963, emigriert nach Frankreich, † in Kanada.

Markov II, Nikolaj Evgen'evič, 1866-?, Monarchist, radikaler Rechter, Duma-Mitglied, Politische Rolle in der Emigration.

Martov, L. (Pseudonym für Ju. O. Cederbaum), 1873-1923, Führer der Menschewiken, 1901-1917 im Ausland, 1921 Ausweisung aus Rußland (Berlin).

Michail Aleksandrovič, Großfürst, 1878-1918, Bruder des Zaren, 1912 nicht ebenbürtige Ehe, verzichtet 1917 auf die Zarenkrone. Erschossen 5/18.7.1918 in Perm.

Miljukov, Pavel Nikolaevič, 1859-1943, Führer der Partei der »Konstitutionellen Demokraten« (»Kadetten«), Minister in der Provisorischen Regierung, Emigration nach Paris, dort führende polit. Rolle.

Mumm von Schwarzenstein, Baron, deutscher Botschafter in der Ukraine 1918.

Muralow, N.J., Trotzkist, Stadtkommandant von Moskau. Im September 1936 verhaftet, Januar 1937 zum Tode verurteilt.

Murav'ev, Michail Artem'evič, 1880-1918, Oberstleutnant, Linker Sozialrevolutionär; Oktoberrevolution: Vorsitzender des Verteidigungsrates, dann Oberbefehlshaber der Ostfront. Wird nach Teilnahme am sozialrevolutionären Aufstand in Moskau bei seiner Verhaftung getötet.

Nachimson, Semen Michajlovič, 1885-1918, Berufsrevolutionär, Februar 1917: Petrograder Komitee des Stadtsenats, November 1917: Vorsitzender des ISKOSOL, im Juli 1918 von Weißen erschossen.

Nekrasov, Nikolaj Vissarionovič, 1879-1940, Kadett, Mitglied der Duma, der Provisorischen Regierung: Minister für Verkehr, 1921-30: Leitungsmitglied des Centrosojuz der RSFSR.

Neždanova, Antonina Vasil'evna, 1873-1950, Opernsängerin.

Nikolaj Nikolaevič, Großfürst, 1856-1929, 1914-1915 Oberbefehlshaber der russ. Armee, Emigration nach Frankreich.

Nikolaus II., Kaiser, 1868–1918, regiert v. 1894–1917, am 4/17.7.1918 von Bolschewiki in Ekaterinburg mit Familie erschossen.

Nogin, Viktor Pavlovič, 1878–1924, Menschewik, Februar 1917: einer der Organisatoren des Sowjets von Moskau, 1918 Stellvertretender Volkskommissar für Arbeit.

Omel'janovič-Pavlenko, M., General, 1918: Oberbefehlshaber der Ukraine.

Pavlenko, Oberst, siehe Omel'janovic-P.

Petljura, Simon, 1877–1926, Vorsitzender der Zentralen Rada der Ukraine, 1926 ermordet.

Pjatakov, Leonid Leonidovič, 1888–1918, 1917 Organisator der Roten Armee, Mitglied der Ukrainischen Rada, 1918 in Kiew ermordet.

Protopopov, Aleksandr Dmitrievič, 1866–1918, letzter zaristischer Innenminister, Protegé von Rasputin, 1918 als Konterrevolutionär erschossen.

Puriškevič, Vladimir Mitrofanovič, 1870–1920, Monarchist, Duma-Mitglied, einer der Rasputin-Mörder. Gestorben 1920 an Typhus.

Puščin, Aleksandr Fedorovič, † 1953, Offizier im Generalstab, Organisator des Aufstandes von Mogilew-Podolsk im November 1918, danach in der Freiwilligenarmee unter Wrangel, Emigration nach Paris, dort bekannter Ikonenmaler.

Rasputin, Grigorij Efimovič, 1872–1916, Wunderheiler aus Sibirien, unheilvoller Einfluß auf die Zarin, 1916 ermordet.

Repta, Vasile, 1902–1924 orthodoxer Metropolit in Czernowitz, gestorben 1926.

Rodzjanko, Michail Vladimirovič, 1859–1924, Führer der Partei der Oktobristen, Vorsitzender der 4. Duma. 1918: Don-Gebiet, Emigration nach Jugoslawien.

Romanovskij, General, Gefangener in Bychov, danach Befehlshaber i. d. Freiwilligenarmee, 1920 in Konstantinopel ermordet.

Rykov, Aleksej Ivanovič, 1881–1938, Revolutionär, nach Oktoberrevolution mehrere Ministerposten, Freund von Kamenev, 1938 Todesurteil.

Šaljapin, Fedor Ivanovič, 1873–1938, berühmter Opernsänger (Baß) in Moskau und Petersburg, seit 1922 im Ausland.

Samsonov, Aleksandr Vasil'evič, General, 1914 Befehlshaber in Ostpreußen, nach Schlacht bei Tannenberg Selbstmord.

Savinkov, Boris Viktorivič, Sozialrevolutionär, Terrorist, Februarrevolution: Politischer Kommissar im Oberkommando, Juli 1918: beteiligt am Aufstand d. Sozialrevolutionäre, 1924 Selbstmord.

Ščeglovitov, Ivan Grigor'evič, 1861–1918, 1906–15: Jusitzminister, Vorsitzender des Staatsrates, nach Februarrevolution verhaftet, 1918 erschossen.

Schingarew siehe Šingarev

Ševčenko, Taras. 1814–1861, ukrainischer Dichter.

Šingarev, A.I., Arzt, Mitglied des Präsidiums der Konst. Demokraten, Finanzminister in der Provisorischen Regierung 1917. Am 28.10.1917 verhaftet, Peter-Pauls-Festung, am 6.1.1918 ins Spital überführt und dort von eindringenden Soldaten im Bett erschossen.

Skobelev, Michail Dmitrievič, 1843–1882, General, Kriegsheld im russ.-türkischen Krieg 1877.

Skoropadskij, Pavel Petrovič (Skoropadskyj, Pavlo), 1873–1945, General, 29.4.–14.12.1918: Hetman der Ukraine, Emigration nach Berlin.

Šljapnikow, A., 1884–1937, Menschewik, erläßt mit Molotov Manifest vom 26.2.1917, Arbeitsminister; Januar 1935: angeklagt im Kirov-Mord und verschwunden.

Sobinov, Leonid Vital'evič, 1872–1934, berühmter lyrischer Tenor.

Stürmer, Boris Vladimirovič, 1848–1917, 1894–1902 im Justizministerium, 1904: Staatsrat, 1916: Ministerpräsident und Außenminister. Nach Februarrevolution in Peter-Pauls-Festung.

Suchomlinov, Vladimir Aleksandrovič, 1848–1926, 1905–15: Kriegsminister, Emigration nach Berlin.

Šulgin, Vasilij Vital'evič, 1878–1976, Monarchist, flieht über Südrußland, 1926 illegal in Rußland, wird beim zweiten illegalen Grenzübertritt Ende der zwanziger Jahre verhaftet, danach Sowjetunion.

Szeptycki, Andreas Graf, 1865–1944, 1900–1944: Erzbischof und Metropolit von Lemberg (Unierte Kirche), Mitglied des österreichischen Herrenhauses, 1915–17 Häftling in Rußland, Vorkämpfer der Unierten Kirche.

Tagancev, Nikolaj Stepanovič, 1843–1923, Jurist, Mitglied des Staatsrates.

Trepov, Dmitrij Fedorovič, 1855–1906, führende Rolle bei Niederwerfung des Aufstandes von 1905, Generalgouverneur von Petersburg.

Trockij, Lev Davidovič(Trotzki, Leo), 1879–1940, Berufsrevolutionär und Mitorganisator der Oktoberrevolution, Oktober 1927: Parteiausschluß, 1929: Ausweisung 1940: ermordet in Mexico.

Tschcheidze siehe Čcheidze

Tschernov siehe Černov

Vasil'čikova, Marija Aleksandrovna, 1859–1934, 1915 Überbringerin eines Briefes zur Anknüpfung von Separatfriedensverhandlungen zwischen Deutschland und Rußland, 1918, Emigration nach Österreich.

Verchovskij, Aleksandr Ivanovič, 1886–1938, 30.9.–22.10.1917: Kriegsminister, danach Rote Armee, 1921–30 Lehrer an der Kriegsakademie, 1930–32 im Generalstab, 1938 erschossen.

Vinničenko, Vladimir (Wynnyčenko, Wolodymyr), 1880–1951, Präsident der Zentr. Rada d. Ukraine, Sozialrevolutionär, Emigration nach Paris.

Wassiltschikoff siehe Vasil'čikova

Wied, Prinz Wilhelm Friedrich Heinrich, Fürst von Albanien, 1876–1945, Thronbesteigung am 7.3.1914, im September Flucht.

Winnitschenko, siehe Vinničenko.
Wrangel, Peter Nikolaevič Baron, 1878–1928, Generalleutnant, 1920: Oberkommandierender der Weißen Armee, Emigration.
Zinov'ev, Grigorij Evseevič, 1883–1936, Freund von Lenin, führende Persönlichkeit im Staat, 1926: Politbüro-Ausschluß als Trotzkist, 26.8.1936: Schauprozeß und Todesurteil.
Zubov, Nikolaj Pavlovič, Direktor d. Moskauer Waisenhauses »Nikolaevskij Institut« und Mitglied des Staatsrates, Onkel der Verfasserin.

9,–

Martin von Katte
Schwarz auf Weiß

Erinnerungen eines Neunzigjährigen
212 Seiten, Abbildungen, Leinen

Der enthauptete Jugendfreund Friedrichs des Großen hat den Namen Katte in die Geschichte eingehen lassen, aber das Geschlecht der Katten, die Nachbarn der Bismarck in Schönhausen waren, zählt seit Jahrhunderten zu den großen Familien Preußens.
Der letzte Zolchower Katte aus dem Elbhavelwinkel, das Land enteignet und die Schlösser gesprengt, erzählt nun als Neunzigjähriger aus seinem Leben und dem seiner Vorfahren. Während er von der Zeit als Kampfflieger im Ersten Weltkrieg berichtet oder über den lebenslangen Freund Ernst Jünger schreibt, schieben sich die Zeiten ineinander. Hier reitet er hinaus, nach dem Stand des Roggens zu sehen; dort ist er Offizier der Wehrmacht oben an der russischen Front im Baltikum und gleich darauf bei Dietl am Nordmeer. Und dann die Gespräche mit dem Vetter Peter Yorck in Klein-Oels über die Notwendigkeit eines rettenden Staatsstreichs, wobei man sich des gemeinsamen Vorfahren erinnert, des Tauroggener Yorck.
Aus den schmalen Blättern diese Bandes steigt noch einmal eine Welt auf, die gesättigt mit Geschichte war.